도널드 트럼프
DONALD TRUMP

도널드 트럼프
—DONALD TRUMP—
정치의 죽음

강준만 지음

인물과
사상사

한다" • "진실을 말하고, 우리를 지킬 수 있는 건 트럼프밖에 없다" • '무슬림 입국 금지'를 지지하는 공화당 유권자 65퍼센트 • "트럼프가 한 말, 열에 일곱은 거짓"? • 트럼프와 백인 우월주의 단체 KKK단의 관계 • "트럼프 현상은 공화당의 자업자득이다" • "2015년은 '도널드 트럼프 전과 후로' 나뉜다"

가장 부정직하고 불공정한 집단' • '트럼프의 비밀 병기는 친필 편지' • "나 같은 사람에게 시간을 내서 편지를 보내주다니"

트럼프는 왜 '불사신'이 되었는가?

'테프론 현상'을 능가하는 '트럼프 현상'

"이것은 새로운 짐승이다. 주류 언론이 정조준해서 저격했지만 끄떡도 없다. 묵직한 경고도 신랄한 고발도 통하지 않는다. 추문 들추기나 조롱도 소용없다. 공격 받을수록 강해진다. 미국 공화당의 유력한 대통령 후보인 트럼프 말이다. 『뉴욕타임스』나 『워싱턴포스트』를 읽다 보면 트럼프는 푸틴이나 김정은과 유사한 반열이다. 언터처블이란 뜻이다. 심지어 프랑켄슈타인 박사의 괴물처럼 묘사되기도 한다. 그를 길러낸 공화당은 물론 거대 언론사도 어찌할 수 없는 상대가 돼버렸다는 뜻이다."[1]

이준웅 서울대학교 언론정보학과 교수의 말이다. 아닌 게 아니라 다른 정치인 같았으면 무너져도 수십 번 무너졌을 무지막지한 발언을 해놓고서도 사과는커녕 오히려 자신이 옳다고 큰소리를 쳐대는데도 무사할 뿐만 아니라 오히려 인기가 올라가는 사람, 이 정도면 '불사신 不死身'이라고 표현하는 게 옳을 것 같다. 도널드 트럼프Donald J. Trump, 1946~, 그는 미국 정치, 아니 세계 정치의 불사신이 되었다.

돌이켜보건대, 칼 로브Karl Rove, 에드 롤린스Ed Rollins 등 미국의 내로라하는 선거 전문가들은 이구동성으로 트럼프의 정치적 가능성에 대해 어림도 없다고 코웃음 쳤다. 트럼프가 그런 코웃음을 비웃듯 승승장구한 이후에도 "트럼프는 넘어선 안 될 선을 넘었다"며 그의 정치 생명은 끝났다는 전문가들의 예측이 매주 여러 차례의 빈도로 계속 나왔지만, 트럼프는 여전히 건재하다.[2]

정도도 덜하고 유형은 좀 다를망정 지도자들 가운데 이런 불사신 유형의 원조는 로널드 레이건Ronald Reagan, 1911~2004이었는데, 그를 묘사한 표현이 '테프론 대통령'이었다. 테프론Teflon은 먼지가 붙지 않는 특수섬유의 상표 이름인데, 레이건이 온갖 실책을 저질러 놓고도 그 실책의 책임에서 면제되는 기이한 현상을 가리키는 말로 쓰였다. 칼럼니스트 조지 윌George Will은 레이건의 테프론 특성을 이렇게 표현했다. "어느 방에 들어갔다고 하자. 그런데 천장이 무너졌다. 얼굴에 반창고 하나 붙일 필요도 없이 상처 하나 입지 않고 당당히 걸어나올 수 있는 사람이 바로 레이건이다."[3]

트럼프가 온갖 막말을 해놓고도 무사한 걸 가리켜 다시 '테프론'이라는 말이 등장했고, 트럼프는 "그 누구도 트럼프를 쩔쩔매게 할 수는 없다You can't stump the Trump"라는 슬로건과 함께 '테프론 돈Teflon Don'이라는 별명까지 얻었다.⁴ 그러나 트럼프는 천장이 무너졌는데 상처 하나 입지 않고 당당히 걸어나오는 건 물론 비판자의 수에 필적하는 지지자들의 뜨거운 박수까지 받는다는 점에서 '테프론 현상'을 능가한다. 아무래도 불사신이라는 표현이 더 어울리는 것 같다. 이 불사신의 탄생은 그가 애초에 웃음거리로 치부되었다는 점에서 드라마틱하다. 트럼프는 정반대로 모든 언론과 정치 전문가를 웃음거리로 만들고 말았으니 말이다. 그래서 이런 이변을 가리켜 '트럼프 현상'이라는 말이 나왔다.

트럼프에 관한 논의, 이대로 좋은가?

그 불사신에 대한 연구가 미국은 물론 전 세계 곳곳에서 저널리즘의 형식으로 활발하게 전개되고 있다. 그렇지만 그 연구의 대부분은 당위의 역설과 트럼프에 대한 감정 표현의 형식으로 이루어지고 있다. 트럼프를 낳게 한 배경에 대한 연구도 많지만, 그마저 성찰보다는 트럼프를 비난하려는 의욕이 앞선다. 트럼프가 선동의 소재로 삼는 현실이 왜 이렇게 오랫동안 방치되어왔으며, 그것이 교정될 희망이 보이는지에 대한 성찰은 없이 그걸 트럼프가 악용하고 있다는 비난만 해대는 데에 충실하다는 이야기다.

연구의 초점 설정에서 트럼프 연구는 빈곤 연구처럼 대해야 하는 게 아닐까? 빈곤을 연구하는 사람이 빈곤층을 연구 대상으로 삼는 건 일견 당연해 보이지만, 그렇게 해선 답이 안 나온다. 아니 틀린 답이 나올 가능성이 높다. 그런 연구 방식은 암묵적으로 빈곤의 책임이 빈곤층에게 있다는 전제에서 출발하기 때문에 빈곤의 책임을 빈곤층에게만 묻는 '피해자 탓하기blaming the victim'로 전락하기 십상이다.

부유층과는 다른 빈곤층의 부정적인 행태를 찾아내기는 매우 쉽다. 그래서 나오는 답도 뻔하다. 그런 부정적인 행태를 교정하는 것이 빈곤에서 탈출할 수 있는 길이라는 답이 예견되어 있다는 말이다. 그런데 정말 그런가? 빈곤 연구는 빈곤층보다는 크게는 전반적인 경제 구조와 메커니즘, 작게는 부유층의 행태와 그들의 재산 증식 방식(예컨대, 부동산 투기)이 누구를 희생으로 한 것인지에 초점을 맞출 때에 제대로 이루어질 수 있는 게 아닌가?

마찬가지로 트럼프에 대한 연구도 트럼프 개인의 혐오할 만한 행태보다는 그런 행태에도 그가 인기를 누리는 이유에 초점을 맞춰야 하는 게 아닌가? 물론 트럼프는 빈곤층과는 달리 '피해자'일 순 없지만, 문제에 대한 정확한 이해를 위해선 그렇다는 말이다. 트럼프를 비판하는 수준을 넘어서, '트럼프 현상'을 그것이 제기한 문제들에 대한 답과 실천을 이루어내는 동력과 계기로 삼아야 하는 게 아닌가? 그렇다면 트럼프는 비난과 저주의 대상이라기보다는 일종의 '악마의 변호인Devil's Advocate' 역할을 수행하고 있다고 볼 수도 있지 않을까?

「"먹고살기 힘들어 한 번 엎어보려 한 것"」. 2016년 7월 11일 아침 내 눈에 확 들어온 『경향신문』 17면 머리기사의 제목이다. 브렉시트(영국의 유럽연합 탈퇴) 이후, 영국 런던 사람들의 반응을 살핀 기사다. 먹고살기 힘든 사람들은 별 말이 없는 가운데 먹고사는 데에 별 지장이 없는 사람들은 브렉시트를 찬성한 사람들을 조롱하고 모욕하기에 바쁜 게 아닌가 하는 생각을 해보게 하는 기사다.

사실 잃을 게 많은 사람들이 잃을 게 없는 사람들의 변화에 대한 열망을 조롱하는 건 오랜 역사를 자랑한다. 심지어 겁박마저 서슴지 않으며, 이런 겁박엔 거의 예외 없이 '히틀러', '나치', '파시즘' 따위의 단어들이 등장한다. 구글에 '트럼프 히틀러'를 영어로 검색하면 4,150만 건의 결과가 나올 정도로(2016년 3월 현재),[5] 트럼프를 히틀러와 동일시하고 싶어 안달하는 사람이 많다. 물론 그런 사람들 중엔 일부 시위대를 포함하여 트럼프로 인해 그 누구보다 잃을 게 더 많은 이들도 있을 것이기에 그들의 그런 반대와 저항은 이해할 수 있지만, 트럼프에 대한 모든 분석을 시위대의 구호로 대체할 수는 없는 일 아닌가.

트럼프 반대자들은 트럼프가 '부끄러운 욕망shameful desires'을 표현할 수 있게끔 해주는 역할을 하고 트럼프 지지자들은 그 기회를 이용해 자신들의 '어두운 감정dark emotions'을 방출하고 있다고 주장한다. 트럼프 지지자들은 그런 시각이 "싸가지 없다"고 분노하며, 트럼프는 그런 분노를 잘 이용한다. 트럼프 지지자들은 자신들이 언론과 지식인들에게서 인종차별주의자, 무식하고 무지한 자, 멍청이, 또라이, 인간성이 결여된 사람들 등으로 취급받는 것에 대해 분노하며, 그래서 트럼프의 말이 옳다고 생각해 트럼프에 대한 지지의 강도를 높여간다. 트럼프 지지자들이 생각할 때에 자신들은 평범한 미국인일 뿐인데, 자신들이 그렇게 간주되는 것 자체가 트럼프의 옳음을 말해주는게 아니냐는 논리다.[6]

'히틀러'·'나치'·'파시즘' 딱지 붙이기가 대안인가?

미국인들의 정치에 대한 냉소와 혐오가 극에 달했다는 건 어제 오늘의 이야기가 아니다. 양당제 민주주의? 공화당과 민주당의 차이는 펩시콜라와 코카콜라의 차이와 다를 게 없다며 코웃음 치는 미국인이 많다. 진짜 문제는 '엘리트 대 비非엘리트'의 구도인데, 정치라는 건 출세한 엘리트들 간의 밥그릇 싸움에 지나지 않는다고 보는 것이다. 미국 외교 전문지『포린폴리시Foreign Policy』는 2005년 창간 35주년 특집으로 내놓은「오늘은 존재하지만, 내일은 사라질 것」에서 2040년쯤 사라질 것 중의 하나로 정당을 꼽았는데,[7] 그 근거가 바로 정치 혐오다. 이는 '정치의 죽음'이라고 해도 좋을 정도로 심각한 현상인데, 그걸 내내 방치하다가 그 토양을 이용해 번성한 '트럼프 현상'의 책임을 트럼프에게만 묻는 게 과연 현명한 일인가?

공화당과 민주당의 차이는 펩시콜라와 코카콜라의 차이와 다를 게 없기 때문에 둘은 더욱 사생결단死生決斷의 싸움에 매달린다. 약 100년 전 지그문트 프로이트Sigmund Freud, 1856~1939가 말한 '사소한 차이에 대한 과도한 집착narcissism of small differences' 때문이다.[8] 정치의 전반적인 보수화 체제에선 큰 이슈를 놓고 싸울 일이 없어진다. 하지만 '싸움 없는 정치'는 생각할 수 없으므로 여야 정당들은 사소한 차이를 큰 것인 양 부풀리는 싸움을 하게 되는 것이다. 정당들 간의 차이가 사소할수록 싸움은 더 격렬해지고 증오는 더 깊어진다. 그래야만 자신들의 존재 근거는 물론 존재감을 확인·확보할 수 있기 때문이다.[9]

미국에서 공화-민주 양 진영의 당파주의가 극단화되는 정치적 양극화political polarization를 가리켜 '두 개의 미국The Two Americas'이니 '제2의 남북전쟁The Second Civil War'이니 하는 말까지 나올 정도였고,[10] 미국인의 97퍼센트가 이런 정치적 양극화를 심각하게 여기고 있다.[11] 그런 상황에서 트럼프는 미 의회의 양극화를 강하게 비난하고 나섰으니,[12] 트럼프가 '분열주의 정치'를 한다고 비난할 수 있는 자격을 가진 사람이 과연 얼마나 될 것인가? 트럼프야말로 정치적 양극화를 부추긴 주범 중의 한 명이 아니냐는 반론이 얼마나 큰 설득력을 가질 수 있을까?

여론조사 결과를 보면 미국인의 3분의 2는 미국 경제가 부자들을 위해 조작되었다고 여긴다. 10명 중 7명이 엘리트 정치인은 보통 사람의 삶에 관심이 없다고 생각한다.[13] 특히 공화당 지지 유권자들의 93퍼센트가 "미국이 현재 잘못된 길로 가고 있다"고 생각하고, 83퍼센트가 경제 상황에 만족하지 못하는 등 불만으로 가득 차 있다.[14] 그러니 이번 대선에서 공화당 성향의 유권자들마저 3명 중 2명(66퍼센트)이 "미국의 차기 대통령은 기성 정치권 밖 경험을 한 인사가 돼 워싱턴에 새로운 기운을 불어넣어야 한다"고 답하는 건 당연한 일이 아니겠는가.[15]

언론은 이런 민심을 반영하는 결과가 나타나는 걸 가리켜 '아웃사이더 돌풍'이니 '아웃사이더의 반란'이니 하는 말을 붙이지만, 다수 유권자에게 기성 정치는 기득권 체제 유지를 호도하기 위한 쇼 아니면 상징일 뿐이다. 우리가 트럼프 현상에서 가장 주목해야 할 점은 바로 이것이겠건만, 성찰은 온데간데없고 그저 트럼프 못지않은 막말이나 '히틀러'·'나치'·'파시즘' 따위의 딱지 붙이기로 대응하니 이 어찌 답답한 일이 아니랴. 비교적 객관적 시선을 유지하는 데 유리한 한국에서조차 그런 일이 벌어진다.

기성 정치는 곪아 있는 사회적 문제들의 존재를 인정하지 않으려 하고, 그걸 까발리려는 사람에겐 그 방법론만을 물고 늘어진다. 왜 그럴까? 정치의 역할은 문제 해결이 아니라는 걸 인정하고 체념하기 때문이다. 사실 모두가 다 알고 있는 공개된 비밀이다. 그렇기에 그 비밀을 아무리 떠들어대고 공격해대도 그 누구도 주목하지 않는다.

트럼프는 아주 고약한 방법으로 그 비밀을 까발리고 나섰고, 그래서 세상의 주목을 받은 건 물론 광범위한 지지까지 누리게 되었다. 트럼프를 지지하는 이들이 민주주의에 반대하는 게 아니다. 이미 사경을 헤매는 민주주의에 대해 찬성을 하건 반대를 하건 그게 무슨 상관이란 말인가. 트럼프 현상은 민주주의의 기본 메커니즘이 작동하지 않는 '정치의 죽음'을 웅변해준다.

'정치의 죽음'에서 꽃을 피우는 '반反엘리트 포퓰리즘'

이런 '정치의 죽음'이라는 토양에서 꽃을 피우는 반反엘리트 포퓰리즘은 미국 사회 내에 거대한 잠재적 지지층을 확보하고 있는 현상인데, 이는 공화당 정치인보다는 민주당 정치인에게 불리하게 작용한다. 똑같은 엘리트 행태를 보이더라도 공화당 정치인들은 민주당 정치인들과는 달리 평소 평등을 주장하지 않았기 때문에 별 타격이 없다. 반면 민주당 정치인들 중에서도 진보적 가치를 내세우는 이들은 늘 '언행일치言行一致'라고 하는 점에서 공격의 표적이 된다.

트럼프의 경쟁자인 힐러리 클린턴Hillary Clinton, 1947~의 최대 약점도 바로 그것이다. 예컨대, 『뉴욕포스트』는 힐러리가 2016년 4월 뉴욕주 경선 승리 뒤 연설에서 소득불평등을 개선하겠다고 강조했지만, 당시 입었던 재킷은 이탈리아 명품 브랜드 조르조 아르마니 제품으로 가격이 1만 2,495달러(약 1,400만 원)라고 보도했다. 이에 대해 보수 매체 『워싱턴프리비컨Washington Free Beacon』은 "미국 노동자 연소득 평균치의 40퍼센트에 달한다"고 비난했고, 트위터에선 '1만 2,000달러짜리 재킷을 입고 불평등에 대한 연설을 해선 안 된다'거나 '(할인유통업체) 타깃의 옷보다 1만 2,000달러짜리 아르마니 재킷의 장점을 얘기하는 게 나앗을 것', '클린턴이 가난을 알기나 하나' 등의 비난이 쏟아졌다.

『뉴욕포스트』가 힐러리를 골탕 먹이려고 쓴 기사 같진 않다. 이 신문은 2008년 대선에서 공화당 부통령 후보로 나선 세라 페일린Sarah Palin 전 알래스카 주지사도 당시 공화당 전당대회에서 15만 달러짜리 옷을 받아 구설수에 오른 적이 있다고 했고, 트럼프도 1벌에 7,000달러에 달하는 이탈리아 명품 브랜드 '브리오니'의 정장을 즐겨 입는다고 전했으니 말이다. 그러나 페일린과 트럼프는 괜찮아도 힐러리는 욕을 먹는 것, 그게 바로 동서를 막론하고 진보를 내세우는 정치인의 숙명이다.

그런데 힐러리는 이런 문제점을 제대로 이해하고 있는 것 같지 않다. 트럼프의 전용기 유세를 문제 삼아 "일반인과는 동떨어진 사람"이라고 비판하는 걸 보더라도 그렇다. 그는 2016년 4월 25일 델라웨어주 윌밍턴Wilmington 유세에서 트럼프를 겨냥해 "미국의 대통령이 되고 싶다면 미국을 잘 알고 친숙해져야 한다"면서 "미 전역의 각계각층,

그리고 다양한 배경의 미국인들과 시간을 함께 보내야 한다"고 말했다. 이어 "큰 비행기에서 내려 (자만 섞인) 대규모 유세를 하고, 또 자신이 생각할 수 있는 모든 사람을 모욕한 뒤 다시 그 큰 비행기를 타고 플로리다에 있는 자신의 골프장 클럽하우스나 뉴욕의 펜트하우스로 돌아가는데 그렇게 해서는 세상 돌아가는 것을 알 수 없다"고 지적했다.

지극히 옳은 말씀이지만, 이는 힐러리에게 부메랑으로 돌아갈 수 있는 비판이다. 특히 힐러리의 축재蓄財와 관련해서 그렇다. 힐러리의 남편 빌 클린턴Bill Clinton, 1946~ 전 대통령은 온갖 송사에 휘말렸고, 2001년 백악관을 떠날 때에는 빚만 1,100만 달러 정도였다. 하지만 각종 컨설팅과 강연 수입으로 1년 만에 모든 부채를 청산했다. 힐러리는 2014년 6월 ABC 방송 인터뷰에서 한 번에 최고 20만 달러(약 2억 3,000만 원)에 달하는 고액 강연을 한 이유를 설명하면서 "남편의 대통령 퇴임 당시 우리는 '빈털터리dead broke'였을 뿐 아니라 수백만 달러의 빚을 지고 있었다"고 말해 논란이 일기도 했다.

그런데 문제는 빚을 갚고 나서도 계속 그런 행보를 보였다는 점이다. 부부는 이후 15년간 2억 달러를 번 것으로 추산된다. 고액 강연료가 주요 수입원인데, 특히 월스트리트를 상대로 한 고액 강연은 두고 두고 힐러리의 발목을 잡고 있다. 민주당 경선에서 힐러리의 경쟁자였던 버니 샌더스Bernie Sanders는 텔레비전 토론에서 힐러리가 골드만삭스에서 무려 60만 달러의 강연료를 받은 것을 추궁했다. 트럼프도 수시로 힐러리가 월스트리트의 조종을 받고 있다고 비난하는데, 조종까진 아닐망정 그녀가 월스트리트의 이익을 적극적으로 대변해온 건 분명한 사실이다.[16]

제도화된 사기 행각에 대한 반발

좀 심하다는 것일 뿐 힐러리만 그런 게 아니다. 2003년 민주당 대선 후보 지명전에 참가했던 존 에드워즈John Edwards는 "지난 수십 년 동안 민주당이 끊임없이 저지른 죄악은 속물근성이었다"고 주장했다. 노동운동가 앤디 스턴Andy Stern은 민주당 정치인들의 전형적 이미지를 "볼보자동차를 몰고 다니고, 비싼 커피를 홀짝이고, 고급 포도주를 마시고, 동북부에 살고, 하버드나 예일대를 나온 리버럴"로 규정했다.[17]

민주당은 정치 참여에서부터 정치자금에 이르기까지 부자 유권자들에게 과도하게 의존하고 있어서 사실상 그들에게 발목이 잡힌 상태기 때문에 경제 정책상 좌클릭하기가 어렵게 되어 있다. 지난 수십 년간 가난한 사람들마저 공화당에 표를 던진 이유에 대해 『뉴욕타임스』 칼럼니스트 니컬러스 크리스토프Nicholas Kristof는 2004년 '민주당의 여피화the yuppication of the Democratic Party'를 지적했다.[18]

그렇기 때문에 민주당 정치인들은 수사적 진보성을 전투적으로 드러내는 경향이 있는데, 이는 역으로 트럼프 현상의 토양이 된다. 트럼프는 "가난한 사람들의 표에 의존하는 민주당은 그들을 계속 가난하게 놔두면 계속 표를 얻게 된다. 슬픈 역설이다"고 조롱한다.[19]

잘 생각해보자. 미국은 물론 한국에서도 유권자들은 정치인의 말을 믿지 않는다. 왜 그런가? 정치인들은 늘 아름다운 말만 하기 때문이다. 지킬 수도 없고 지킬 뜻도 없는 공약公約 아닌 공약空約은 그 이행 여부가 문제일 뿐 온갖 당위적 미사여구美辭麗句로 현란하다. 그런 사실상의 사기 행각 또는 제도화된 사기 행각에 질릴 대로 질린 유권자들 앞에 전혀 다른 유형의 정치인이 나타난다. 바로 트럼프다.

트럼프는 "오늘날 중요한 문제 중의 하나는 정치가 불명예가 되었다는 사실이다. 좋은 사람들은 정부에 들어가지 않는다"며 자신의 대결 상대를 기성 정치로 포지셔닝하는 자세를 취한다. 트럼프가 기성 워싱턴 정치를 싸잡아 비난할 때 반복적으로 쓰는 말이 'All Talk, No Action(말만 있고 행동이 없다)'이다. 그는 "워싱턴 정치인들은 '해가 뜰 겁니다. 달이 질 겁니다. 온갖 좋은 일이 있을 겁니다'라고 말하는데 국민은 그런 감언이설甘言利說은 필요 없다. 실천을 원하고, 일자리를 원한다"고 강조한다.[20]

어디 그뿐인가. 트럼프는 사석에서 은밀하게나 할 수 있는 말을 공개적으로 마구 내뱉는다. 비난이 빗발쳐도 사과는커녕 오히려 더 공격적인 태도를 보인다. 사람들이 그 대담성에 열광한다. 그간 막말을 한 정치인은 많았지만, 이들은 논란이 커지면 곧 자신의 발언을 철회하거나 사과했다. 그러나 트럼프의 사전에 철회나 사과는 없다. 그는 막무가내로 끝까지 밀어붙인다. 이게 지지자들에겐 '담대함'과 '진정성'으로 여겨진다.

트럼프는 과거에 반대급부를 바라고 정치 기부를 했다고 밝혔다. 너무도 당당해 뻔뻔하다고 여겨질 정도로 말이다. 그러나 지지자들에겐 그런 뻔뻔함마저 트럼프의 존경하지 않을 수 없는 솔직성과 투명성으로 간주된다.[21] 공사公私 영역 구분의 파괴를 획책하는 트럼프의 공약公約이 공약空約이 된다 해도 그건 그들이 그간 수십, 수백 번 당해 온 제도화된 사기 행각에 비하면 별 문제가 안 된다. 트럼프 반대자들로선 그런 지지자들이 다 미쳤다고 말하면 속은 편하겠지만, 그것이 과연 진실인가 하는 것은 별개의 문제다.

40년간 미국을 지배한 '정치적 올바름' 논쟁

트럼프가 파괴하려고 애를 쓰는 이른바 '정치적 올바름PC, Political Correctness'은 그의 지지자들이 염증을 느끼는 제도화된 사기 행각의 일부로 간주된다. 지난 40년간 미국에서 사회적 논란의 한복판에 있었던 PC를 이해해야 '트럼프 현상'의 비밀도 풀리니, 좀 자세히 이야기해보자.

　PC는 1975년 미국여성기구American Organization for Women의 회장 캐런 드크로Karen C. DeCrow, 1937~2014가 만든 말로, 다문화주의multiculturalism를 주창하면서 성차별이나 인종차별에 근거한 언어 사용이나 활동에 저항해 그걸 바로잡으려는 운동이다. 이 운동은 1980년대에 미국 대학가를 중심으로 전개됨으로써 성차별적·인종차별적 표현을 시정하는 데에 큰 성과를 거두었지만, 곧 보수파의 반격에 직면했다. 1980년대 후반 보수 논객들은 '정치적 올바름' 운동에 대해 "미국의 역사상 표현의 자유를 보장하는 수정헌법 제1조에 대한 가장 큰 위협", "나치돌격대의 사상통제운동", "AIDS만큼 치명적인 이데올로기 바이러스" 등과 같은 비난을 퍼부었다.

　급기야 대통령까지 나섰다. 1991년 5월 4일 조지 부시George H. W. Bush, 1924~ 대통령은 미시간대학의 졸업식 연설에서 PC 운동을 비난함으로써 'PC 운동'을 둘러싼 논란을 격화시켰다. 그의 연설 직후 텔

레비전 방송은 각종 PC 특집 방송을 내보내기 시작했다. PC에 관한 논쟁 붐이 일어난 것이다.[22]

그 결과 1991년 이전엔 미국 언론에서 PC라는 표현을 거의 찾아볼 수 없었으나 1990년대 중반에 이르러 1년에 5,000번 이상 미국의 주요 일간지와 잡지에 등장했으며, 1997년 한 해에만 7,200번이나 사용된다. '다문화주의'나 '다문화적'이라는 단어도 1981년에는 미국의 주요 신문에서 40개의 기사에 나타난 반면 1992년에는 2,000개 이상의 기사에 나타난다. 배리 글래스너Barry Glassner는 이런 일련의 반격이 작은 불안 요인을 뻥튀기하는 미국 특유의 '공포의 문화The Culture of Fear'의 산물이라고 주장했다.[23]

'공포의 문화'에서 비롯된 지나친 비난이었을망정 PC 운동 진영의 포용력엔 확실히 문제가 있었다. 그들은 자신들의 운동에 반대하거나 공감하지 않는 사람들에 대해 '인종차별주의자'나 '성차별주의자'라는 딱지를 남용하는 경향이 있었다. 그래서 반대자들은 그들의 그런 행태가 죄 없는 사람을 공산주의자라고 부르는 것과 무엇이 다르냐며 '새로운 매카시즘'이라고 비난했다. PC 운동가들을 '언어경찰language police', '사상경찰thought police'이라고 부르는 목소리도 높았다. '권위주의적 리버럴리즘authoritarian liberalism'이라는 딱지도 붙었다.[24]

대학들이 시류에 편승해 앞다퉈 PC를 수용하는 '과잉 경쟁'을 한 것도 문제를 악화시키는 데 일조했다. 코네티컷대학University of Connecticut은 '부적절한 웃음'을 금지시켰고, 듀크대학Duke University은 흑인 학생을 조롱하는 얼굴 표정을 찾아내기 위한 감시위원회를 조직했다. 미네소타대학University of Minnesota은 성적 관심의 대상이 된다는 이유로 여학생들의 치어리더 활동을 금지시켰다. 치어리더 여학생들이 그렇지 않으며 자신들은 괜찮다고 반발하자 대학 측은 "그들은 자신들도 모르는 사이에 희생자가 되고 있기 때문에 그들의 의견은 중요하지 않다"고 반박했다.

여러 대학에서 PC 위반에 대한 규제와 징계를 하는 데 적용한 원칙에도 무리가 많았다. 예컨대, 누군가를 모욕할 의도가 없었다고 말하는 건 면책이 안 되었으며, 증거는 필요 없고 피해자의 진술만으로 충분했다. 1980년대 말 미시간대학University of Michigan은 그간의 경험상 피해자가 거짓 진술은 하지 않는 법이라고 주장했다.

그러나 1990년 3월 에머리대학Emory University에서 일어난 사건은 그런 주장을 무색하게 만들었다. 한 흑인 여학생이 극심한 인종차별을 당했다고 주장해 전국적 화제가 되었던 사건이다. 이 여학생은 자신의 기숙사 방에 괴한이 침입해 벽에 살해 위협을 포함한 인종차별 욕설을 써놓았다고 말했다. 그러나 이 주장은 여학생이 자신의 시험 커닝 사건에 대한 관심을 돌리려고 벌인 자작극임이 밝혀졌다. 인종차별을 부각하는 데에 앞장섰던 전미유색인지위향상협회NAACP, National Association for the Advancement of Colored People 애틀랜타 지부가 곤란하게 되었지만, 지부장은 개별 사건의 사실 여부가 중요한 게 아니라 백인 중심의 대학에서 흑인 학생이 당하고 있는 차별의 현실이 중요하다고 반박했다.

스탠퍼드대학에선 백인 학생이 흑인 학생에게 욕을 하는 건 안 되지만 그 반대는 가능하다는 스피치 코드speech code를 제정했다. 피해자의 특권이라는 이유에서였다. 하와이 법대 교수 마리 마쓰다Mari

Matsuda는 "희생자가 우세한 집단의 구성원에게 불쾌한 언어로 공격을 하는 것은 허용된다"고 주장했다.[25]

2012년 3월 뉴욕시교육청은 '공룡', '생일', '핼러윈', '수영장·컴퓨터를 갖춘 집', '테러리즘' 같은 용어를 시가 주관하는 시험문제에 쓰지 말도록 금지했다. 학생들에게 불편한 감정을 불러일으킨다는 이유다. 공룡은 창조론을 확신하는 기독교 근본주의자를 불편하게 하고, 생일은 여호와의증인 신도가 기념하지 않으며, 핼러윈은 이교도 관습을 연상시키기 때문이라고 한다. 수영장 있는 집도 가난한 아이들이 언짢아한단다.[26]

"있는 그대로의 세상을 말하자"

이렇듯 PC는 과잉의 연속이었다. 왜 그렇게 된 걸까? 캐스 선스타인Cass R. Sunstein은 그런 과잉이 이른바 '집단 편향성'에 의한 '정보와 평판의 쏠림 현상'에서 비롯된 것이라고 말한다. "사회적으로 선호되는 견해를 지지할 뿐만 아니라 서로 비슷한 사고방식을 가진 사람들은 주로 서로 간에만 대화를 나눌 것이고, 이는 더욱 심한 극단주의로 이어질 수밖에 없다. 바로 이런 이유로, 많은 캠퍼스에서 정치적 올바름이 정말 극단적이고 때로는 심지어 터무니없는 수준까지 가기도 한다. 그 결과, 학생들은 미국 사회 전반에서 널리 공유되는 보수적이거나 온건한 입장을 주장하는 것이 점점 어렵다고 느끼게 되는 것이다."[27]

과유불급過猶不及은 말은 쉬워도 지키기는 매우 어려운 것이다. 어떤 운동이건 일단 탄력을 받으면 브레이크를 걸기는 어려우며, 계속 앞으로 나아가려는 관성의 지배를 받기 때문이다. 그 관성의 힘은 2010년 대에도 건재하다. 1980년대 후반부터 시작된 '정치적 올바름'에 대한 공격이 그간 이렇다 할 성과를 거두지 못했기 때문이다. 바로 이런 상황에서 '정치적 올바름'에 대한 영향력 있는 공격수로 나서 이전과는 차원이 다를 정도로 큰 성공을 거두고 있는 인물이 바로 트럼프다.

트럼프는 사람들이 '정치적 올바름'에 진절머리를 내고 있음에도 감히 그걸 입 밖에 내지 못하고 있다며, 자신이 그들의 대변인 노릇을 하겠다고 했다. 그는 "이 나라가 가진 큰 문제는 정치적으로 올발라지려는 것"이라며 무슬림의 미국 입국 금지에 반대하는 사람들을 "정치적으로 올바르기를 원하는" 사람들이라고 일축한다. 여성이 전투를 하는 데 큰 문제가 있는데도 군이 이를 추진하는 것은 "정치적으로 올바르기를 원하기 때문이다".

한 사례를 보자. 트럼프는 2016년 4월 21일 타운홀 미팅 형식으로 진행된 NBC 방송과의 인터뷰에서 미 재무부의 20달러 지폐 앞면 인물 교체 계획과 관련, 20달러 지폐의 앞면 인물을 앤드루 잭슨Andrew Jackson, 1767~1845 전 대통령에서 흑인 여성 인권운동가 해리엇 터브먼Harriet Tubman, 1820~1913으로 변경하는 것은 '정치적 올바름'의 또 다른 사례라고 비판했다.

트럼프는 "잭슨 전 대통령은 재임 기간에 이 나라를 위해 엄청난 성공의 역사를 이룬 사람"이라면서 "나라면 20달러 지폐(앞면)에 잭슨 전 대통령을 그대로 남겨둘 것"이라고 말했다. 그는 특히 "20달러 지폐 인물 교체는 순전히 '정치적 올바름'에 따른 (정치적) 결정"이라고 비판하면서 "잭슨 전 대통령은 아주 오랫동안 20달러 지폐를 상징하는 인물이었다. 이는 이 나라의 매우 중요한 누군가(잭슨 전 대통령)를 나타내는 것이었다"고 강조했다.

트럼프는 이어 "터브먼도 굉장히 훌륭한 사람"이라면서 "그러나 잭슨 전 대통령은 20달러 지폐(앞면)에 그대로 남겨놓고 대신 터브먼은 다른 화폐의 인물로 할 수 있는지 등 대안을 모색해봐야 한다"고 주장했다. 그러면서 "터브먼을 2달러 지폐의 인물로 할 수도 있을 것이다. 또 아예 새로운 지폐를 만드는 것도 방법인데 이것이 더 적절할 수 있다"고 덧붙였다.[28]

대학생 시절 힐러리의 멘토이기도 했던 사회운동가 솔 알린스키 Saul Alinsky, 1909~1972는 사회운동가들을 향해 이념이나 도그마의 포로가 되지 말고 '있는 그대로의 세상the world as it is'을 보라고 했지만, 트럼프는 '정치적 올바름'과는 정반대로 '있는 그대로의 세상을 말하는 telling it like it is' 것을 자신의 트레이드마크로 삼았고, 지지자들은 바로 그 점에 열광했다.

자신들도 늘 생각은 하고 있었지만 사회적 압력에 의해 감히 입 밖에 낼 수 없었던 것을 말하는 트럼프의 대담함은 자신들이 더는 침묵하지 않아도 된다는 걸 일깨워주었으며, 다른 정치인들이 입으로는 온갖 아름다운 말을 하면서도 그걸 지키지 않는 것은 그냥 내버려둔 채 트럼프의 '있는 그대로의 세상을 말하는' 것에 대해서만 비난을 퍼붓는 것은 크게 잘못된 게 아니냐는 게 그들의 생각이다.[29]

트럼프는 '정치의 죽음'이라는 잿더미에서 태어난 피닉스

트럼프만 '정치적 올바름'을 공격한 건 아니다. 공화당 경선에서 경쟁자들도 '정치적 올바름'에 대해선 적대적이었다. 테드 크루즈Ted Cruz, 1970~는 "정치적 올바름이 국민들을 죽이고 있다"고, 마코 루비오Marco Rubio, 1971~는 "급진좌파들이 이스라엘 파괴를 선전하는 영리하고 정치적으로 올바른 방법을 찾았다"고, 릭 샌토럼Rick Santorum, 1958~은 "공화당은 무슬림의 입국 금지에 대해 말할 수조차 없는 정치적 올바름에 염증이 난다"고, 칼리 피오리나Carly Fiorina, 1954~는 "우리 정부는 정치적으로 올바르기 때문에 자주 무능해진다"고 비판했다.[30]

하지만 트럼프는 '정치적 올바름'을 공격할 뿐만 아니라 스스로 정치적으로 올바르지 않은 막말을 마구잡이로 내뱉는다는 점에서 타의 추종을 불허할 정도로 독보적이다. 그래서 그가 욕을 먹는 것이지만 동시에 그렇기 때문에 공화당 후보가 되는 성공을 거두었다.

'정치적 올바름'에 대해 강한 거부감을 갖고 있는 사람들의 심리를 '정치적 올바름'의 관점에서 이해하려는 건 어리석다. 정반대로 보아야 한다. 사실 이건 '위선'에 대한 철학적 문제이기도 하다. 위선을 좋아한다고 말하는 사람은 없지만, 우리는 공적 영역에선 위선이 필요하다고 생각한다. 개인적으로 극심한 차별을 저지르는 사람일지라도 공개적인 자리에선 차별에 반대한다는 말을 한다. 우리는 그것이 문명인다운 예의라고 생각한다.

그런 예의의 제도화가 낳은 결과는 무엇인가? 공적 영역에선 차별에 반대하는 아름다운 언어들이 난무하지만, 온갖 영역에서 차별은

교묘하고 악랄하게 더욱 기승을 부리고 있다. 누구나 인정할 게다. 그럼에도 우리는 공개적으론 계속 위선을 떨어야 한다는 상식을 무슨 진리인 양 믿고 있다. '정치적 올바름'에 대해 강한 거부감을 갖고 있는 사람들의 자기정당화는 바로 이런 겉 다르고 속 다른 사회적 문법이라는 토양에서 생겨난다.

우리가 진정 차별에 반대한다면, 사회적 공인들이 겉으로 내뱉는 말에만 주목할 게 아니라 결과를 봐야 한다. 우리는 어떤 지도자나 고위 공직자가 입으로는 차별에 반대한다고 해놓고 실제로는 자신의 책임하에 있는 조직이 엄청난 차별을 저지르는 것에 대해 분노하지 않는다. "원래, 그런 것 아냐"라는 식으로 가볍게 넘어간다. 반면 어떤 지도자나 책임자가 차별을 정당화하는 발언을 조금이라도 하면 벌떼같이 들고 일어난다. 이거 좀 우습지 않은가? 좀더 일찍 개입했어야 했던 게 아닌가?

트럼프가 후자에 속한다는 말을 하려는 게 아니다. '정치적 올바름'에 대한 공격이 먹혀들어가는 토양이나 배경을 이해해보자는 뜻이다. 말로는 '차별 반대'를 외치지만 실제로는 '엄청난 차별'을 일상화한 체제보다는 차라리 언행일치言行一致를 전제로 '적정 수준의 차별'을 용인하는 게 훨씬 더 나은 게 아닌가? 부당한 차별이 광범위하게 저질러지고 있다는 걸 잘 알면서도 그걸 체념해 받아들이다가 어떡하다가 차별의 증거가 나타나야만 펄펄 뛰는 현 방식, 이대로 좋은가? 트럼프 현상을 이런 문제에 대해 깊이 생각하고 그걸 실천으로 옮길 수 있는 계기로 이용해보는 건 어떤가?

트럼프가 정치를 죽인 게 아니다. 그는 이미 이루어진 '정치의 죽음'이라는 잿더미에서 태어난 피닉스phoenix, 즉 불사조不死鳥와 같다. 물론 그 피닉스는 대선의 최후 승자가 될 수 있는 문턱에서 실패할 수도 있지만, 이미 공화당 후보의 자리를 쟁취한 것만으로도 우리에게 '정치의 죽음'에 어떻게 대처할 것이냐는 심대한 질문을 던져주었다고 볼 수 있다.

트럼프가 누린 특별한 기회, 미디어 혁명

'정치적 올바름'과는 정반대로 '있는 그대로의 세상을 말하는telling it like it is' 정치인은 트럼프가 최초인가? 아니다. 전혀 그렇지 않다. 트럼프가 이전 인물들보다 그 점에선 유능하긴 하지만, 미국 정치사에 트럼프와 유사한 인물은 여러 명이 있었다. 그들과 트럼프의 차이점은 '타이밍'이다. 이걸 이해하는 데엔 미국 저널리스트 맬컴 글래드웰 Malcolm Gladwell의 『아웃라이어Outlier』(2008)라는 책이 도움이 된다.

'아웃라이어'는 각 분야에서 큰 성공을 거둔 탁월한 사람들을 말한다. 우리는 아웃라이어들의 성공 이유를 그들의 타고난 재능으로 돌리는 경향이 있다. 『아웃라이어』는 이런 상식에 이의를 제기한 책이다. "그들의 역사를 구분 짓는 진정한 요소는 그들이 지닌 탁월한 재능이 아니라 그들이 누린 특별한 기회이다"라는 게 글래드웰의 주장이다.[31]

개인컴퓨터 혁명의 역사에서 가장 중요한 해는 1975년이다. 이 혁명의 수혜자가 되려면 1950년대 중반에 태어나 20대 초반에 이른 사람이 가장 이상적이다. 실제로 미국 정보통신IT 혁명을 이끈 거물들은 거의 대부분 그 시기에 태어났다. 마이크로소프트의 빌 게이츠, 애플의 스티브 잡스, 구글의 에릭 슈밋 등은 1955년생이며 다른 거물들도 1953년에서 1956년 사이에 태어났다.[32] 개인컴퓨터 혁명이 미국에 비해 10여 년 늦은 한국에선 서울공대 86학번 3인방(김범수 카카오 의장, 이해진 네이버 의장, 김정주 NXC 대표)이 사실상 인터넷을 지배하고 있는데,[33] 이들은 모두 1966년에서 1968년 사이에 태어났다.

그렇다면 트럼프가 누린 특별한 기회는 무엇인가? 그건 바로 대중의 정보 획득과 입소문 전파에서 신문과 텔레비전 등 전통 미디어가 모바일 SNSSocial Networking Service에 압도당하는 '미디어 혁명'이 트럼프의 대선 도전 시기에 성숙 단계 또는 최고조에 이르렀다는 점이다. 트럼프는 "나는 유권자들의 소유다. 나는 천사가 아니지만 그들에 의해 올바른 일을 할 것이다"며 모바일 대중에게 자신을 이용할 것을 권한다.[34] 트럼프가 온갖 비난에도 끄떡없는 불사신이 된 데엔 그런 미디어 혁명과 더불어 그 혁명에 대처하지 못한 언론의 문제, 아니 기존 저널리즘의 기본 작동 방식과 메커니즘의 근본적 결함도 도사리고 있다.

이건 본문을 통해서 살펴보는 동시에 '맺는말'에서 자세히 논하기로 하자. 이 책은 그런 주장들을 담고 있기는 하지만, 동시에 트럼프의 일생에 대한 기록적 가치에도 큰 의미를 두고자 했다. 일종의 역사 서술 방식을 택한 것도 바로 그런 이유 때문이다. 깊이 있는 생각은 나중에 하더라도 일단 독자들께서 이 책을 부담 없이 즐기면서 2016년 11월 8일(미국 대선일)까지 미국 대선에 관한 언론 기사들을 이해하고 평가하는 데에 조금이라도 도움을 얻으면 좋겠다. 더 나아가 이 책이 미국 정치는 물론 미국 사회에 대한 이해를 풍요롭게 하고 미국 못지않게 위선의 제도화가 극에 이른 가운데 정치의 죽음을 목격하고 있는 우리의 현실을 되돌아보게 하는 기회가 된다면 더욱 좋겠다.

2016년 8월
강준만

제1장

"저는 뉴욕 부동산업계의 왕이 되고 싶습니다"

왜 독일 출신이면서도 스웨덴 출신 행세를 했나?

도널드 트럼프는 1946년 6월 14일 미국 뉴욕시 퀸스Queens에서 프레드 트럼프Fred Trump, 1905~1999와 메리 트럼프Mary Trump, 1912~2000의 5남매 중 넷째로 태어났다. 대부분의 미국인들이 그렇듯이, 그의 집안은 이민자로 가득했다. 트럼프의 할아버지 프레더릭 트럼프Frederick Trump, 1869~1918는 16세이던 1885년 포도원을 하던 독일 카를슈타트Kallstadt의 집을 떠나 뉴욕에 이민을 왔다. 트럼프의 할머니 엘리자베스 트럼프Elizabeth Trump, 1880~1966 역시 독일 출신으로 "프레더릭의 고향 카를슈타트의 이웃집 딸"이었다. 트럼프의 어머니 메리는 스코틀

랜드에서 왔다.[1]

프레더릭은 수입이 괜찮은 식당을 경영했지만, 프레드 트럼프가 13세이던 1918년 스페인에서 발병해 전 세계적으로 5,000만 명 이상의 희생자를 냈던 인플루엔자 유행병에 걸려 사망했다. 엘리자베스는 프레드를 포함한 세 자녀를 키우기 위해 재봉 일을 했으며, 프레드는 과일가게 배달, 구두닦이, 건축 공사장에서 재목 나르기 등 온갖 허드렛일을 해야 했다.

건축에 관심이 많던 프레드는 목수 일을 배워 고등학교를 졸업한 지 1년 만인 1923년 퀸스에 있는 우드헤이븐Woodhaven에서 첫 번째 독립주택을 지었다. 5,000달러를 들여 7,500달러에 팔았다. 그는 아직 미성년자였기에 어머니인 엘리자베스를 내세워 회사명을 '엘리자베스 트럼프 앤드 선Elizabeth Trump & Son'이라고 짓고, 어머니로 하여금 모든 계약 관계를 대행토록 했다. 그의 사업은 날로 번창해 1930년대 후반 2,500채의 주택을 지을 정도로 큰 성공을 거두었다.[2]

프레드는 1936년 같은 고향 출신인 메리와 결혼했는데, 이들 사이에서 태어난 5남매는 1937년에 태어난 장녀 메리앤Maryanne, 1938년에 태어난 장남 프레드 주니어Fred Jr., 1942년에 태어난 차녀 엘리자베스Elizabeth, 1946년에 태어난 차남 트럼프, 1948년에 태어난 3남 로버트Robert였다.

트럼프는 자서전에서 할아버지는 스웨덴 출신이라고 썼지만,[3] 이는 아버지가 임대아파트 사업의 주요 고객층인 유대인을 염두에 두고 그들을 기분 상하지 않게 하려고 스웨덴 출신으로 행세했던 것에 따른 것이다. 할아버지가 미국에 건너와 적응하기 위해 성을 Drumpf에서

Trump로 바꾼 것처럼 말이다.[4] 트럼프는 나중에 독일 출신이라고 실토하고, 독일계 미국인의 행사에 적극 참여한다.

초등학교 2학년 때 선생님의 얼굴에 주먹을 날린 망나니

트럼프가 자란 뉴욕 퀸스 자메이카Jamaica Estates의 동네 웨어햄 플레이스Wareham Place는 백인 이외는 거의 살지 않는 동네였다. 소수 인종은 아예 발을 들여놓지 못했다. 트럼프가 인터뷰에서 "그곳은 오아시스였다"고 회상할 정도다. 『뉴욕타임스』는 "오늘날 트럼프의 배타적 이민 정책의 뿌리는 여기서 시작됐다"는 분석을 내놓는다.[5]

트럼프의 집은 방이 23개, 화장실이 9개나 되는 대저택이었다. 바로 옆집에 살았던 프레드 퀸트는 이렇게 회고한다. "트럼프의 부친(프레드)은 매일 파란 캐딜락 리무진을 타고 출퇴근했고 트럼프는 엄마(메리)와 빨간 컨버터블 스포츠카를 타고 등·하교했죠. 극단적으로 이야기하면 트럼프는 '화이트(백인) 아메리카'에서 고립돼 성장한 겁니다. 근데 아이러니하게도 이 동네는 현재 힌두교인, 무슬림, 중국인이 섞여 사는 동네로 변했습니다."[6]

부유하긴 했지만 가정교육은 매우 엄격했다. 교회에 나가서 신앙생활을 열심히 하는 것과 근검절약을 하는 건 필수였고, 집안에는 엄격한 귀가 시간과 그 밖의 여러 규칙이 있었다. 집안에서 욕을 하는 건 절대 금기였고, 어떤 군것질 거리도 먹지 못하게 했다.[7]

프레드는 성공한 사업가이긴 했지만, 대인관계를 불편해하는 수줍은 성격의 소유자였다. 그는 그런 성격 개조를 위해 젊은 시절 베스트셀러 『친구를 얻고 사람을 움직이는 방법How to Win Friends and Influence People』(1936)의 저자인 처세술 전문가 데일 카네기Dale Carnegie, 1888~1955의 훈련 프로그램을 수강하면서 카네기의 처세술 가운데 "하고자 하면 무엇이건 할 수 있다"는 슬로건을 평생 신조로 삼고 그걸 자식들에게도 수없이 강조했다.[8]

가정교육은 엄격했지만, 트럼프는 초등학교 시절 사고뭉치였다. 하루는 옆집에서 공놀이를 하다 공이 트럼프의 집으로 넘어갔는데 트럼프는 공을 돌려줄 생각은 않고 "경찰을 부르겠다"고 난리를 쳤다. 어린애였지만 이웃 사람들에겐 작은 공포의 대상이었다. 학교에서도 마찬가지였다. 여학생들에게 음료수를 뿌리고 선생님에게 칠판 지우개를 던졌으며, 2학년 땐 음악 선생님이 음악에 대해 아무것도 모른다며 선생님의 얼굴에 주먹을 날려 눈을 멍이 들게 만들었다. 선생님 구타는 당장 퇴학감이었지만 아버지의 막강한 영향력 덕분에 처벌은 가벼운 근신 처분에 그쳤다. 그는 훗날 성공한 후 이 시절에 대해 "나는 소동을 일으켜 사람들이 어떤 반응을 보이는지 테스트해보는 걸 좋아했다"고 말했다.

부친 프레드는 트럼프의 이런 망나니 성격을 우려해 13세가 되던 1959년 트럼프를 뉴욕군사학교New York Military Academy에 보냈다. 부모는 트럼프가 그곳에서 적응할 수 있을까 걱정했지만, 그건 기우였다. 그는 놀라울 정도로 적응을 잘했을 뿐만 아니라 야구팀의 주장을 맡는 등 제법 뛰어난 리더십을 발휘했다.

트럼프는 나중에 자서전에 "거기서 지내면서 규율과 투쟁적인 성격을 실행으로 옮기는 방법을 배웠다"고 썼지만, 실은 그 이상이었다. 당시 뉴욕군사학교는 가혹한 신고식과 더불어 폭력이 난무하는 곳이어서 그 문화에 잘 적응했다는 것은 '수단과 방법을 가리지 않는 경쟁과 승리' 욕망을 내면화했다는 걸 의미하는 게 아니냐고 보는 시각도 있다.[9]

트럼프는 야구, 미식축구, 축구, 농구, 테니스 등 스포츠에 매우 능했다. 야구부에선 투수를 맡았는데, 10대 중반의 나이임에도 시속 80마일(128킬로미터)의 공을 던져 포수를 맡은 친구는 늘 손이 멍드는 곤욕을 치러야 했다. 그의 야구 실력이 소문이 나면서 심지어 필라델피아 필리스Philadelphia Phillies를 포함한 메이저리그 야구팀들의 스카우트 대상에 오르기도 했다.[10]

훗날 트럼프는 스포츠를 통해 많은 걸 배웠다고 주장한다. "나는 야구와 테니스, 그리고 골프 등의 스포츠를 직접 체험하고 관전함으로써 사업과 인생에 대한 통찰력을 얻게 되었다. 내가 이 스포츠들을 통해 배운 교훈은 정확성, 본능, 박자에 대한 중요성이다. 사업에서도 이 세 가지를 모두 갖추어야만 승자가 될 수 있다."[11]

그것만 배운 게 아니다. 명성이 가져다주는 짜릿함을 처음 느끼고 배웠다. 그는 뉴욕군사학교 입학 3년 차에 야구 덕분에 지역신문의 헤드라인을 장식하는 영예를 누렸다. 「Trump Wins Game for NYMA(트럼프가 뉴욕군사학교의 승리를 이끌다)」. 도널드 트럼프라는 이름이 최초로 언론에 등장한 사건이었다. 그는 50년이 지난 후에도 이때의 감격을 잊지 못한 채 '놀라운amazing' 일이었다고 회고했다.[12]

트럼프는 스포츠뿐만 아니라 데이트에도 능했다. 그는 뉴욕군사학교 시절 데이트 상대 여학생이 많은 걸로 소문이 자자했다. 한 동급생은 "도널드는 잘생긴 데다 부잣집 아들인지라 여자들이 그를 좋아했다"고 했고, 또 다른 동급생은 "데이트 상대가 어찌나 많았는지 마치 회전문 같았다"고 회고했다.[13]

하지만 트럼프에겐 친한 친구가 없었다. 뉴욕군사학교 시절의 룸메이트였던 테드 러바인Ted Levine의 증언에 따르면, 트럼프는 무슨 일에서건 누구에게건 지는 걸 절대 못 견딜 정도로 경쟁적인 성격인데다 그런 승리욕으로 인해 자기방어적이어서 그의 곁에 가까이 가기가 어려웠다고 한다.[14] 실제로 트럼프는 나중에 성공한 후 쓴 자기계발서들에서도 '친구'보다는 '가족'의 중요성을 집요하다 싶을 정도로 강조하며, 정치 행사도 '가족 행사'처럼 연출한다.

'펜실베이니아대학 와튼 스쿨'이라는 후광

걷기 시작할 무렵부터 아버지를 따라 건축 공사장에 갔던 트럼프는 아버지가 일하는 모습과 인부들을 관리하는 모습을 지켜보았다. 13세 땐 공사장에서 불도저를 직접 운전하면서 일을 거들기도 했다. 그는 뉴욕군사학교에 다닐 때에도 주말이나 방학이 되어 집에 돌아오면 다시 아버지를 따라다니며 청부업자를 다루는 법, 건물들을 살피는 법, 새로운 건축용 토지를 사기 위해 흥정하는 방법 등을 배웠다.[15]

1964년 뉴욕군사학교를 졸업한 트럼프는 이제 18세로 병역 대상이었다. 군사학교를 나온 김에 군에 입대하면 딱 어울릴 일이었지만, 그는 입대를 연기할 수 있는 대학 진학을 택했다. 그는 배우나 프로듀서가 되기 위해 남가주대학University of Southern California 영화학과에 들어가고 싶은 생각에 한동안 빠졌지만, 결국 아버지의 뒤를 따라 부동산업에 뛰어들기로 결심했다. 그래서 그는 집에서 멀리 떠나지 않기 위해 뉴욕 브롱크스Bronx에 있는 가톨릭계 대학인 포드햄대학Fordham University 경영학과에 입학했다. 하지만 영화와 연예계에 대한 그의 관심은 평생 지속된다.

트럼프는 2년이 지난 뒤 최고가 되어야 한다는 생각으로 아버지의 후광을 이용해 명문 아이비리그에 속하는 펜실베이니아대학 와튼 파이낸스 스쿨Wharton School of Finance에 편입했다. 당시 와튼 스쿨의 입학 경쟁률은 5대 1 정도였기에 트럼프의 실력으론 이 대학에 입학할 수 없어 처음부터 편입을 염두에 두고 포드햄대학에 들어갔다는 주장도 있다.

자신이 금수저 출신이기 때문에 와튼 스쿨에 들어가 대충 공부한 것 아니냐는 세간의 시선이 따가웠던지 트럼프는 기회가 있을 때마다 결코 그렇지 않다고 항변했다. "내가 이렇게 말하면 놀라겠지만 나는 대학 시절에 꽤 모범적인 학생이었다. 나는 진지한 자세로 수업에 집중하는 학생이었으며, 모든 수업에 잘 적응했다." "나는 수학과 과학을 매우 잘했다. 많은 이들이 내가 대학 시절에 모범생이었다고 말하면 믿지를 않는다. 오늘날의 내가 사람들 앞에서 부각되는 모습과 조용히 앉아서 공부하는 학생의 모습이 서로 부합되지 않기 때문일 것이다."

트럼프의 지적 능력을 옹호하거나 그를 깔봐선 안 된다는 주요 논리가 와튼 스쿨 출신이라고 하는 학벌이라는 게 흥미롭다. 트럼프는 처음엔 와튼 스쿨에 다른 학교에는 없는 부동산개발학과가 있다는 것에 마음이 끌렸지만, 졸업 후에야 비로소 와튼 스쿨 졸업이 갖는 상징 자본의 위력을 깨달았다고 말한다. "나는 와튼의 학위를 특별하게 생각하지는 않았으나 거래를 하는 사람들은 상당히 높은 평가를 했고 그 때문에 굉장한 특권을 가진 것으로 여겨졌다. 그래서 나는 와튼에서 공부한 것을 매우 기쁘게 생각하고 있다."[16]

트럼프는 기쁘게 생각하는 정도를 넘어서 자신이 와튼 스쿨 출신임을 수시로 강조하고 과시했다. 와튼 스쿨을 명문 비즈니스 스쿨 중의 하나라고 하는 수준을 넘어서 '미국 최고의 비즈니스 스쿨the best business school'이라고 단언하는가 하면, '논쟁의 소지는 있겠지만 arguably'이라는 단서를 달아 '가장 입학하기 어려운 학교'라고 뻐겼다.[17] 트럼프는 나중에 자신의 장남과 장녀 모두 와튼 스쿨에 입학시킨다.

"저는 뉴욕 부동산업계의 왕이 되고 싶습니다"

와튼 스쿨 시절 트럼프에겐 좌절도 있었으니, 그건 바로 뉴욕군사학교 시절부터 자신의 장기였던 청춘사업에서 일어났다. 그는 펜실베이니아대학 교정에서 한 동갑내기 여학생에게 첫눈에 반해버렸는데, 그녀는 바로 영화배우 캔디스 버건Candace Bergen, 1946~이었다. 이미 2년 전에 영화배우로 데뷔를 한 데다 펜실베이니아대학에서도 '홈커밍

여왕Homecoming Queen'에 '미스 펜실베이니아대학Miss University of Pennsylvania' 타이틀까지 차지했으니 천하의 바람둥이 트럼프에게도 결코 쉽지 않은 상대였다.

트럼프는 버건에게 구애 공세를 펼쳤지만 결국 실패하고 말았다. 트럼프는 훗날 성공한 뒤 가진 언론 인터뷰에서 자신의 패배를 인정하기 싫었던지 "그녀는 당시 프랑스 파리에서 온 35세 먹은 사람과 연애를 하고 있었다"는 점을 강조했다. 버건은 1980년 프랑스 영화감독 루이 말Louis Malle, 1932~1995과 결혼했는데, 말이 바로 그 사람인지는 모르겠다.[18]

펜실베이니아대학은 컬럼비아대학이나 하버드대학에 비해 학생들의 반전反戰 시위가 덜한 곳이긴 했지만, 그래도 적잖은 시위와 집회가 열렸다. 당시 트럼프는 개인적으론 전쟁에 반대했지만, 그런 시위나 집회가 있는지조차 모를 정도로 다른 일에 몰두해 있었다. 그건 캔디스 버건의 마음을 얻는 것보다 중요한 일이었다.

와튼 스쿨에 편입하자마자 수강한 부동산개발 과목 첫 시간에 교수가 별 생각 없이 "왜 이 과목을 수강하게 되었는가?"라는 질문을 던지자 트럼프는 이렇게 외쳤다. "저는 뉴욕 부동산업계의 왕이 되고 싶습니다I'm going to be the King of New York Real Estate."[19]

그런 목표에 따라 트럼프는 친구들이 신문의 만화나 스포츠 기사를 읽고 있을 때 연방주택관리국의 저당권 상실 명단을 살펴보았다. 정부에서 융자를 받았다가 저당권을 잃은 건물의 목록을 살피는 게 취미였다는 이야기다. 그는 그런 취미 덕에 오하이오주 신시내티Cincinnati에 있는 1,200가구의 아파트 단지인 스위프튼 빌리지Swifton Village를 찾아냈다. 그는 아버지와 함께 오하이오주의 이 파산한 아파트 단지를 600만 달러(현재 기준 약 68억 원)에 구입해 각종 리모델링을 거쳐 1년 반 만에 1,200만 달러(약 136억 원)에 되파는 '천부적 자질'을 보여주었다.[20]

자신을 내세우는 것도 트럼프의 천부적 자질이라면 자질이다. 스위프튼 빌리지는 트럼프가 찾아낸 게 아니라 그의 아버지가 1964년에 찾아낸 것이라고 쓰여 있는 책도 있어 어떤 게 진실인지는 알 수 없지만, 설사 트럼프가 찾아낸 것이라 하더라도 그건 아버지의 돈으로 벌인 사업이 아닌가. 그럼에도 트럼프는 자서전에서 이것이 '내가 벌인 최초의 큰 사업'이라고 주장했다. 2015년 10월 26일 뉴햄프셔주 앳킨슨Atkinson 유세에서 트럼프는 아버지에게서 사업 자금으로 빌린 100만 달러(11억 3,000만 원)를 '푼돈small loan'이라고 언급해 구설에 오르기도 했다.[21]

아버지 사업의 후계자는 단연 트럼프였다. 아버지는 처음엔 장남인 프레드 주니어에게 사업적인 기대를 걸었지만, 장남은 사업이 적성에 맞지 않아 아버지와 자주 충돌했고 결국 자신의 적성에 따라 비행기 조종사의 길을 걸었다. 장남은 낚시와 보트 타기도 좋아했는데, 아버지보다 강한 사업 마인드를 갖고 있던 트럼프는 자신보다 여덟 살 많은 형에게 이런 건방진 충고를 했다고 한다. "형, 도대체 뭐하는 거야? 시간만 낭비하고 있잖아."[22]

미리 말하자면, 장녀인 메리앤은 나중에 연방고등법원 판사를 지낼 정도로 법조계에서 두각을 나타내지만, 장남인 프레드 주니어는 '경쟁과 승리'만을 강조하는 아버지의 뜻에 부응하지 못해 좌절을 겪으면서 알코올중독으로 인한 질병으로 1981년 사망한다. 트럼프는 형의 죽음을 애도했다는 말을 많이 하지만, 속을 다 털어놓는 개인 인터뷰에선 형이 남의 말에 잘 속아넘어가는 사람sucker이었으며, 형의 죽음은 자신에게 반면교사反面教師의 교훈을 주었다고 말했다.[23]

트럼프의 '거대건축 콤플렉스'

1968년 대학 졸업 후 트럼프는 곧장 아버지의 사업에 참여해 임대료를 수금하러 다니는 일을 시작했는데, 이런 일에 영 흥미를 느낄 수 없어 독립을 해야겠다는 결심을 하게 되었다. "이제 막 와튼을 졸업해서 어떻게 보면 폭력적이고 좋게 봐도 유쾌하지 않은 일에 빠져들었기 때문이다.······흥미를 끌지 못한 두 번째 요인은 낮은 이윤이었다. 아버지의 아파트 임대 사업은 동전 몇 푼 버는 정도였고 호화스러운 요소가 없었다."[24]

트럼프는 그런 이유 외에도 자신이 독립을 결심하게 된 진짜 이유는 자신의 꿈과 비전을 실행하기 위해서는 교외에서 주택 건축업을 하는 것으로 불가능하다는 판단 때문이었다고 말한다. 그는 자서전에서 "나는 크게 생각하기를 좋아한다. 사람들은 대개 무언가 결정을 내려야 할 경우 일을 성사시킨다는 것에 대해 두려움을 갖기 때문에 규모를 작게 생각하는 경향이 있다. 그런 점이 나 같은 사람에게는 굉장히 유리하게 작용하지만"이라면서 다음과 같이 말한다.

"내 아버지는 브루클린과 퀸스에 저소득층을 위한 주택을 지으셨는데, 그때도 나는 더 좋은 장소에 구미가 당겼다. 퀸스에서 일할 때 나는 포리스트힐스 쪽이 유망하다고 생각했으나, 조금 나이가 들어 보니 포리스트힐스보다는 5번로가 훨씬 유리한 장소였다. 그래서 일찍부터 맨해튼 쪽을 노리게 됐는데 이런 것으로 보아 나는 목표에 대한 센스가 있는 것 같다. 나는 좀 여유 있게 산다고 해서 만족하지는 않았다. 뭔가 기념비적인 건물, 큰 노력을 들일 가치가 있는 건물을 짓고 싶었다."[25]

'기념비적인 건물'은 트럼프의 평생 화두가 되었는데, 이걸 이해해야 그의 모든 정치적 행보에 대한 이해도 가능해진다. 앞으로 충분히 입증해 보이겠지만, 트럼프는 이른바 '거대건축 콤플렉스edifice complex'의 화신이다. 영국 건축가 데얀 수딕Deyan Sudjic은 『거대건축 콤플렉스The Edifice Complex: How the Rich and Powerful Shape the World』(2005)에서 "건축을 통해 자연의 풍경을 변화시키는 것과 정치권력을 행사하는 것은 사람의 의지를 실현하는 일이라는 점에서 심리적 유사성을 가진다"며 다음과 같이 말한다.

"시민 개개인의 의사 따위는 중요하지 않다고 여기는 권력자에게는 도시 전체를 인형의 집 크기로 축소한 모형을 통해 자신의 세계관을 눈으로 확인하는 일이 굉장히 매력적으로 느껴질 것이다.……건축은 자의식이 약한 사람들의 자의식을 부추긴다. 그런 사람들은 점점 더 건축에 집착하다가 마침내 건축 자체를 목적으로 삼게 되고, 더 큰 규모로 건물을 짓고 또 지으면서 중독자가 된다."[26]

트럼프에겐 '거대건축 콤플렉스'가 중독 이전에 타고난 기질인 것으로 보인다. 트럼프의 어머니는 스코틀랜드 출신답게 '근검절약 정신이 철저하면서도 기질적으로 남에게서 주목받는 걸 좋아했다. 트럼프는 "나는 어머니로부터 쇼맨십을 물려받은 듯하다. 어머니는 극적이고 위대한 것에 대한 육감을 가지고 계셨다. 물론 보수적인 가정주부였지만 어머니는 외부 세계에 대한 감각도 가지고 계셨다"며 다음과 같이 말한다.

"어머니는 스코틀랜드에서 태어났으나, 엘리자베스 여왕의 대관식을 TV를 통해 온종일 꼼짝 않고 시청하신 적이 있다. 어머니는 화려한 광경에 매료되었고 충성심, 영광 등의 느낌에 푹 빠진 듯하였다. 아버지는 옆에서 안절부절못하시며, '됐어, 이젠 그만 봅시다. 예술가들이나 좋아할 내용 아니오?'라며 채근하셨지만 어머니는 꼼짝 않으셨다. 아버지와 어머니는 그런 의식에서는 정반대였다. 어머니는 화려하고 우아한 것을 좋아했으나 아버지는 몹시 현실적이어서 경쟁과 효율성을 따지는 일에만 흥미를 느끼셨다."[27]

트럼프의 어머니는 심지어 병들어 누워 있을 때조차도 가족 행사를 거르지 않고 모두 모이게 해서 다른 식구들이 자신을 쳐다봐주는 것을 좋아할 정도로 다른 사람들의 관심과 주목의 대상이 되는 걸 즐겼다고 한다. 반면 아버지는 남 앞에 나서는 걸 좋아하지 않는 일중독자였다. 트럼프에 따르면, "아버지는 믿을 수 없을 만큼 지독한 일벌레였다. 매일 아침 6시마다 어김없이 공사장에 나가 억척스럽게 일을 시작했다. 원맨쇼를 하는 거나 마찬가지였다. 누군가 아버지 생각대로 일을 하지 않으면 당장 뛰어들어 일을 끝내버리기 일쑤였다."[28]

트럼프 역시 누구 못지않은 일중독자였는데, 일중독 기질은 아버지, 남의 주목을 열망하는 '관심종자' 기질은 어머니에게서 물려받은 것 같다. 사실 트럼프의 가장 놀라운 점은 그의 일중독을 가능케 하는 체력이 아닌가 싶다. 그는 하루에 3~4시간만 자면서 미친 듯이 일하는 건 물론 싸움을 밥 먹듯이 해대니 말이다.

그가 새벽에 일어나 가장 먼저 하는 일은 신문 읽기였다. "나는 다른 많은 사업가들이 그러는 것처럼 경제면만 읽는 게 아니라 시간이 되는 한 다양한 분야의 기사를 읽으려고 노력한다. 새로운 변화는 이 세상의 모든 분야에서 일어나고 있기 때문이다. 신문을 읽는 것은 하루를 시작하는 매우 좋은 방법이다. 새로운 정보를 얻는 것은 내가 살아 있다는 느낌을 갖게 만들고, 여기에 더해 어느 정도의 성취감도 준다. 그리고 더 많은 것을 배우고자 하는 동기도 부여한다."[29]

트럼프, 꿈에 그리던 맨해튼에 진출하다

같은 뉴욕이라고 하지만, 트럼프가 진출하고 싶어 한 맨해튼Manhattan 은 뉴욕시를 구성하는 5개 독립구borough 중의 하나로 당시엔 다른 독립구인 브롱크스Bronx, 브루클린Brooklyn, 퀸스Queens, 스테이튼 아일랜드Staten Island와는 비교할 수 없을 정도로 한두 단계 급이 높은 뉴욕 중의 뉴욕이었다.

1971년 트럼프는 뉴욕 맨해튼에 아파트를 임대함으로써 맨해튼 진출의 거점을 마련했다. 자신의 꿈을 생각하며 꽤나 흥분되었던 모양이다. 그는 자서전에서 "이때의 기분이란! 퀸스 출신으로 브루클린에서 일하고 있던 어린애에 불과했던 내가 어느 날 갑자기 어퍼 이스트

사이드Upper East Side에 아파트를 하나 갖게 된 것이다"며 다음과 같이 말한다.

"그러나 진짜 중요한 것은 이사 덕분에 맨해튼과 훨씬 더 친해졌다는 사실이었다. 단순한 방문이나 사업상 맨해튼에 오는 보통 사람의 걸음걸이와는 판이한 모습으로 나는 거리를 쏘다니기 시작했다. 좋은 부동산들도 거의 다 알게 되었다. 나는 이제 시골 출신의 어린애가 아니라 도회지 놈이 돼버린 것이다. 이때의 나는 세상에서 최고였다. 젊은데다 대단한 정열을 갖고 있었으며, 일을 하기 위해 브루클린으로 통근을 해야 했지만 그래도 맨해튼에 살고 있지 않은가."[30]

트럼프가 맨해튼에서 했던 첫 번째 일은 당시 그곳에서 가장 인기가 있었던 회원제 사교클럽 '르 클럽Le Club'에 가입하는 것이었다. 물론 인맥 형성을 위해서였다. 그곳이 미녀가 많은 것으로 유명한 점도 작용했을 것이다. 그러나 르 클럽이 트럼프 같은 애송이를 받아줄 리는 만무했다. 수없이 전화를 걸고 클럽 회장을 찾아가 읍소를 하는 등 천신만고 끝에 간신히 가입할 수 있었는데, 한 가지 조건은 나이든 회원들의 젊고 예쁜 부인들을 유혹하지 않는다는 것이었다.

그 회장은 이미 10대 시절부터 발휘된 트럼프의 끼를 간파했던 것같다. 그는 르 클럽을 드나들면서 거의 매일 밤을 밖에서 보내는 환락의 생활을 즐겼다. 그러면서도 그는 술·담배·마약은 하지 않았으며, 이는 이후 내내 지키는 그의 생활신조가 되었다.

트럼프는 『재기의 기술The Art of the Comeback』(1997)에서 "아무리 예쁜 여성도 결국 미쳤거나 바보였다"며 "그렇기 때문에 그 누구와도 진지하게 사귀지 않았고, 매일 파트너를 바꿨다"고 고백했다. 트럼프는 또 "여성은 늘 최고의 연기자다. 겉으론 내숭을 떨지만 속을 들여다보면 모두 킬러killer(거칠고 독을 품었다는 뜻)"라고 단언했다. 트럼프는 "내 여성 편력을 쓰면 그 순간 베스트셀러가 될 것"이라고 했지만, 그건 타블로이드 언론의 몫이었으니 트럼프가 스스로 나설 일은 아니었다.[31]

트럼프는 1973년 11월 뉴욕시장으로 선출된 에이브러햄 빔Abraham Beame, 1906~2001 등의 뉴욕 정치인들과 관계를 맺기 시작했는데, 이는 그의 아버지가 빔을 배출한 민주당 클럽에 소속되어 있었고 빔과 잘 알고 지내는 사이였기에 어려운 일은 아니었다. "모든 부동산 개발업자들이 그렇듯이 아버지와 나는 빔과 그 외 다른 정치인들에게 돈을 건네주었다. 정치인들에게 돈을 건네준다는 것은 뉴욕시의 부동산 개발업자들에겐 매우 상식적이고 관행화된 일이었다."[32]

트럼프는 아파트 임대사업 시 흑인차별을 했는가?

아버지가 회장직을 맡아 2선으로 물러나면서 트럼프는 얼렁뚱땅 지은 트럼프 오거나이제이션Trump Organization이라는 간판을 내건 회사의 수장으로 부동산 사업을 순조롭게 진행함으로써 뉴욕 부동산업계에선 제법 이름을 얻게 되었다. 1973년 트럼프 오거나이제이션이 뉴욕에서 관할하는 아파트는 총 1만 4,000채에 이르렀다.

1973년 10월 트럼프 오거나이제이션은 흑인에게 아파트 임대를 해주지 않았다는 사실 때문에 공정주택법Fair Housing Act을 위반했다는 혐의로 법무부에 의해 고소를 당했다. 예전에 신시내티에서 고소를 당했던 것과 비슷한 상황이 다시 발생했지만, 조용하고 원만하게 타협 짓고 넘어갔던 아버지와 달리 트럼프는 그 고소가 부당하다고 생각했다. 이 사건을 1면 머리기사로 보도한 『뉴욕타임스』의 기자에게 트럼프는 그 혐의는 "절대적으로 터무니없다absolutely ridiculous"고 반박했다.

"사실 우리는 일부 아파트를 흑인들에게 임대해주고 있었다. 단지 백인이건 흑인이건 간에 사회복지 대상자들에겐 임대를 해주지 않고 있을 뿐이었다. 나는 역시 같은 건축업자인 새뮤얼 르프라크가 정부의 압력에 못 이겨 하는 수없이 사회복지 대상자들을 받아들였을 때 어떤 일이 일어났는지를 똑똑히 알고 있었다. 그들은 르프라크의 건물들을 망쳐버린 것이나 다름없었다. 우리는 임대료를 제대로 지불할 수 있고, 말쑥하고 깨끗하며, 좋은 이웃이 될 수 있고, 임대료보다 적어도 4배가량의 소득이 있어야 한다는 우리의 요구 조건을 충족시킬 수 있는 그런 임차인들을 원했다."[33]

트럼프의 주장을 그대로 받아들인다면, 그는 흑인차별을 한 게 아니라 계급차별을 한 셈인데, 트럼프는 이 문제를 르 클럽에서 알게 된 변호사 로이 콘Roy M. Cohn, 1927~1986과 의논했다. 콘으로 말하자면 매카시즘의 주인공인 상원의원 조지프 매카시Joseph R. McCarthy, 1908~1957의 심복 보좌관으로 악명을 떨친 인물이었다. 이후 콘은 사실상 트럼프의 멘토로서 트럼프에게 큰 영향을 미치게 된다.

트럼프는 콘의 조언에 따라 기자회견을 열어 정부를 상대로 1억 달러 손해배상을 청구하는 소송을 낸다고 발표했다. 의도적으로 인종차별을 한 적도 없었고 집세를 낼 수 있다고 판단되는 사람에게만 집을 임대하는 건 집 주인의 고유 권리라고 주장하면서 소장을 접수했지만 결국 기각되었다. 이 소송전은 2년간의 지루한 공방 끝에 흑인 신문에 임대 광고를 싣고 빈 아파트의 일정량을 입주자의 수입에 상관없이 먼저 임대해준다는 조건을 내거는 것으로 마무리되었다.[34]

콘은 여러 모로 트럼프에게 큰 도움을 주었기에, 트럼프의 책늘엔 콘이 매우 긍정적으로 묘사되어 있다. 콘이 트럼프에게 준 조언들 중 하나는 결혼을 하게 되면 반드시 혼전계약서prenuptial contract를 작성하라는 것이었다. 이혼 시 재산 분할과 관련하여 조목조목 상세하게 규정해두어야 나중에 재산이 거덜 날 일이 없다는 이야기였는데,[35] 트럼프는 이후 이 조언을 지나치다 싶을 정도로 잘 지켜 두 번의 이혼에도 재산상으로 아무런 타격을 받지 않게 된다.

『뉴욕타임스』와 'TV 아침 토크쇼'에 데뷔하다

1976년 트럼프의 인생에 중요한 사건이 일어났다. 아직 이렇다 할 사업 실적을 낸 것도 아닌데 『뉴욕타임스』의 기자 주디 클렘스러드Judy Klemesrud, 1939~1985가 트럼프를 흥미롭게 보고 그에 관한 장문의 인터뷰 기사를 쓴 것이다. 전반적으로 매우 호의적인 기사였다. 클렘스러드는 트럼프가 영화배우 로버트 레드퍼드Robert Redford와 닮았다고 했는데, 이는 2년 전 레드퍼드가 주연을 맡아 개봉한 영화 〈위대한 개츠비The Great Gatsby〉를 염두에 둔 것이어서 트럼프는 졸지에 제이 개츠비Jay Gatsby와 같은 인물로 '격상'된 셈이었다. 이 기사는 트럼프의 운전

기사 겸 보디가드인 로버트 우치Robert Utsey는 임시해고 된 경찰 출신으로 장전된 총을 지니고 있다고 소개했는데, 이는 다분히 트럼프의 '개츠비화' 냄새를 풍겼다.

트럼프는 이 인터뷰에서 자신은 남 앞에 나서는 걸 수줍어한다고 주장하면서도 자신이 와튼 스쿨을 수석 졸업했다고 자랑했는데, 첫 번째 주장은 듣기에 민망하고 두 번째 자랑은 검증이 필요한 것이었지만 가벼운 읽을거리 기사인지라 그냥 넘어가고 말았다. 이 기사엔 "도널드는 내가 본 사람들 중 가장 스마트하다"는 아버지 프레드의 '증언'이 실렸는데, 이 또한 읽기에 민망한 것이었다. 이 기사가 트럼프의 단점을 전혀 지적하지 않은 건 아니었지만, 트럼프가 부동산 판매를 위해 과장하는 경향이 있다는 업계 사람들의 증언과 트럼프가 말을 너무 빨리 한다는 정도의 것에 불과했다.

기사 내용이 제법 재미있었던지, 이 기사가 나가고 나서 트럼프는 TV(채널 7) 아침 토크쇼에까지 출연하는 행운을 누렸다. 이 토크쇼를 진행한 스탠리 시겔Stanley Siegel, 1936~2016은 단지 토크쇼의 흥미성을 위해 트럼프를 '부동산 거물real estate tycoon'로 부르는 과장을 범함으로써 트럼프를 우쭐하게 만들어주었다. 이제 트럼프가 미디어 스타로서 나아가는 문이 열리기 시작한 셈이었다. 나중에 성공을 거두면서 그의 개츠비 흉내도 본격화된다.

트럼프의 운전기사 겸 보디가드인 우치는 약 40년 후 트럼프에 대해 한 가지 흥미로운 증언을 하게 되는데, 그 요점은 트럼프가 자신을 아주 잘 대해주었다면서 "왜 사람들이 도널드를 부정적으로 보는지 모르겠다"는 것이었다. 자신의 결혼식 때 참석해 좋은 선물까지 주었고, 아내가 임신했을 때 자신의 의료보험으론 커버되지 않는 의사의 진료비까지 대신 내주었고, 아이가 태어났을 때 아기를 차에 태울 수 있는 베이비 시트까지 사주는 등 너는 잘해줄 수가 없었다는 이야기다. 그래서 경찰에 복직할 수 있게 되었을 때 그와 헤어지는 게 싫어 망설였다는 이야기도 덧붙였다.[36] 자신에게 충성하면 더할 나위 없이 잘해주고 자신에게 적대적이면 응징하는 트럼프 용인술의 한 단면이라 할 수 있겠다.

트럼프, 체코 출신 모델 이바나와 결혼하다

로이 콘이 알려준 혼전계약서 덕분에 자신이 돈을 아낄 수 있었던 걸 널리 알려야 한다고 생각했던 걸까? 트럼프가 나중에 쓴 자기계발서들엔 미국의 이혼율이 58퍼센트임을 상기시키면서 "혼전계약서를 작성하라"는 글이 빠짐없이 들어가 있다. 『재기의 기술The Art of the Comeback』(1997)엔 아예 「혼전계약의 기술The Art of the Prenup」이라는 장章까지 만들어 소개했다.[37] 어떤 조언을 해주는 걸까? 예컨대, 다음과 같은 식이다.

"이혼 소송을 겪은 당사자들은 이 세상에서 가장 악랄한 사람이 누구냐는 질문을 받으면 아마도 전 남편, 혹은 전 아내라고 말할 것이다. 이와 같은 돌발적인 상황으로부터 당신 자신과 당신의 사업을 지키고자 한다면 혼전계약서를 작성하라.……혼전계약서를 작성하지 않았더라면 오늘의 나는 존재하지 않았을 것이다. 분명히 모든 것을 잃고 빈털터리가 되었을 것이다."[38]

혼전계약서라는 방패로 무장한 트럼프는 1977년 4월 7일 31세의 나이에 3년 연하인 체코 출신의 모델 이바나 젤니치코바Ivana Zelníčcková, 1949~와 뉴욕 마블협동교회Marble Collegiate Church에서 트럼프 가문과 오랜 인연을 맺어온 노먼 빈센트 필Norman Vincent Peale, 1898~1993 목사의 주례로 결혼식을 올렸다.

필은 『긍정적 사고의 힘The Power of Positive Thinking』(1952)이라는 초대형 베스트셀러로 미국의 대표적인 자기계발 전문가로 명성을 떨친 인물이었다. 필의 세속적인 신학은 신학자인 라인홀드 니부어Reinhold Niebuhr, 1891~1971에게서 '컬트cult'라는 비판을 받을 정도로 자주 논란을 빚었다. 트럼프는 필의 설교를 매우 좋아했는데, 그것은 필의 설교가 하나님에 대해서는 물론 세속적으로도 긍정적 사고를 강조했기 때문이다. 필은 트럼프가 '정직한 겸손'을 갖고 있다고 칭찬하는 등 두 사람은 내내 우호적인 관계를 유지했다.[39]

체코에서 스키 선수를 하다가 캐나다로 망명한 후 모델로 일하던 이바나는 야심만만한 여자였다. 훗날 이바나는 "도널드와 내가 서로에게 더 강하게 끌린 것은 단순히 사랑이라는 감정뿐만 아니라 서로에게서 비슷하게 넘쳐나는 에너지 때문이었던 것 같다"고 말했다.[40]

5남매 중 넷째였던 트럼프는 자신도 결혼하면 5남매를 두겠다고 입버릇처럼 말했는데, 트럼프와 이바나 사이에선 아들 도널드 주니어Donald, Jr., 1977~, 에릭Eric, 1984~, 딸 이방카Ivanka, 1981~가 태어난다. 나중에 다른 여자들에게서 두 아이를 더 두어 결국 5명을 채우게 된다.

트럼프는 지겨울 정도로 가족의 소중함을 강조했지만, 피가 섞이지 않은 가족, 즉 아내에겐 좀 다른 태도를 보였다. 이바나와 결혼을 할 때에도 체코 출신으로 미국에 가족이 없는 이바나의 경제 사정을 모를 리 없었겠건만, 그는 계속 모른 척하는 '대범함'을 보였다. 이바나는 부모를 미국으로 오게 할 돈이 없어 결혼식엔 아버지만 초청해야 했다.[41] 트럼프의 그런 '대범함'은 나중에 이바나와 이혼을 할 때에도 유감없이 발휘된다.

제2장

★

"나쁜 평판은 평판이 전혀 없는 것보다 낫다"

'트럼프'라는 이름을 알린 그랜드 하얏트호텔과 트럼프타워

1970년대 초 뉴욕시 정부가 심각한 재정난에 처해 있을 무렵 42번가 그랜드 센트럴 터미널 주변 지역은 침체된 건 물론 음침한 우범 지역으로 전락했다. 그 지역에 있는 유서 깊은 코모도호텔Commodore Hotel은 흉물스러웠고 폐허를 방불케 했다. 트럼프가 맨해튼에서 벌인 최초의 대형 사업은 26층짜리 코모도호텔을 34층으로 높이고 호화스럽게 완전히 새 건물로 탈바꿈시키는 그랜드 하얏트호텔the Grand Hyatt Hotel의 건설이었다.

트럼프의 아버지는 "크라이슬러 빌딩도 파산하는 마당에 코모도를 사겠다는 발상은, 침몰하는 타이태닉 갑판에서 자리를 차지하겠다고 싸우는 것하고 뭐가 다르냐'고 반대했지만, 트럼프의 고집으로 밀어붙여 1978년부터 공사를 시작한 이 사업은 모든 사람을 깜짝 놀라게 할 만큼 대성공을 거두었다. 1980년 호텔 개장 후 예전 코모도호텔일 때는 하룻밤 숙박료를 아무리 싸게 해도 오지 않던 사람들이 몇 배의 비용에도 아랑곳하지 않고 몰려들어 뉴욕의 경기 부흥과 재건을 알리는 상징물로 자리 잡게 되었다.[1]

트럼프의 주장에 따르자면, 하얏트호텔 리노베이션 사업은 그에게 "일을 제대로 해내는 사람이라는 명성을 얻을 수 있는 길을 안내했고, 1983년 트럼프타워를 완공하면서 그 명성은 더욱 단단해졌다".[2] 사실 트럼프가 전국적인 명성을 얻게 된 사업은 1979년 12월에 공사를 시작해 1983년 11월 30일에 완공시킨 58층짜리 주상복합아파트 트럼프타워Trump Tower였다. 완공 후 매주 10만 명이 넘는 사람이 몰려드는 관광 명소가 된 트럼프타워는 트럼프가 최초로 본격적인 악명을 얻게 된 계기가 된 사업이기도 했다.

트럼프타워는 맨해튼 5번로 57번가에 있는 11층 건물을 헐고 지은 것인데, 이 건물엔 미술적 가치가 있는 아르 데코Art Deco 장식 벽이 있었다. 트럼프는 공사 직전 메트로폴리탄 미술관에서 장식 벽을 기증할 의사가 있는지 묻는 전화를 받고 별 생각이 없이 그렇게 하겠노라고 답했다. 그런데 건물을 허물기 시작하면서 문제가 생겼다. 장식 벽들이 생각했던 것보다 훨씬 무거워 공사 기간이 수 주일간 늘어날 수밖에 없다는 것을 알게 된 것이다. '나는 그다지 가치가 있다고 생각지 않는 아르 데코 조각품들을 구하기 위해 수십만 달러를 허비할 각

오는 돼 있지 않았다. 그래서 직원들에게 그것들을 허물어버리라고 지시했다."[3]

다음 날 『뉴욕타임스』는 조각품들을 허물고 있는 인부들의 사진을 1면에 게재했고, 사설을 통해 '대중의 감수성을 깔아뭉개는 타산적 현금 범람'이라며 "고층 빌딩은 결코 위인을 만들지 못하며 대형 거래가 미술 전문가를 만들지도 못한다는 것은 분명하다"고 비판했다.

『뉴욕타임스』를 비롯한 언론의 비판은 이제 트럼프가 서서히 '권력자'의 반열에 진입했다는 걸 의미하는 것이기도 했다. 이 사건과 관련, 트럼프는 자서전에서 다음과 같이 말한다.

"나는 곧 내가 현대의 개발업자들에 대한 모든 악의 상징이 되리라는 것을 알았다. 돌이켜보면 그 조각품을 파괴하도록 시킨 것이 후회가 된다. 그러나 나는 그것들이 정말로 가치 있는 것인지 지금도 확신할 수 없으며 나에 대한 비판은 엉터리나 위선적인 요소가 많다고 생각한다. 그러나 이제 나는 어떤 사건이 상징적인 중요성을 띨 수 있다는 것을 깨달았다. 솔직히 그런 것을 계산에 넣기에는 나는 너무 어렸고 너무나 성급했었다."[4]

"나쁜 평판은 평판이 전혀 없는 것보다 낫다"

트럼프가 트럼프타워를 짓는 과정에서 200명의 폴란드 노동자를 고용한 것도 나중에 논란이 되었다. 불법 이민자로서 노조에 가입되어 있지 않던 그들은 강제 출국의 위협 때문에 3분의 1의 임금만 받았으며, 매우 열악한 환경에서 휴식도 없이 일주일 내내 일했고, 그 자리에 있던 과거의 건축물을 철거하는 과정에서 석면에 노출되었다. 하지만 뉴욕의 건축 노조는 그 어떤 문제 제기도 하지 않아 트럼프와 범죄 조직의 연계설이 제기되기도 했다. 이 문제를 둘러싸고 무려 15년을 끈 법정투쟁이 벌어지는데, 트럼프는 시송일관 모든 건 하청업체가 한 일이고 자신은 그 문제의 현장에 가본 적도 없다고 주장했다.[5]

트럼프가 장식 벽 파괴와 관련해 "나는 너무 어렸고 너무나 성급했었다"고 한 것은 진심으로 한 말 같진 않다. 그는 자신의 비판자들을 '위선자'라고 비난한 건 여전히 고수했으며, 이 논란은 나중에 트럼프타워의 판매에 유리하게 작용했으니 말이다. 트럼프를 비판한 기사들은 한결같이 "세계에서 가장 호화로운 빌딩 중 하나를 건립하는 데 길을 터주기 위해"라는 식으로 시작했기 때문에, 사실상 트럼프타워에 대한 홍보를 해준 셈이 되고 말았다.

이 사건에 대한 트럼프의 진심은 이것이다. "나는 사업가고 그 경험으로부터 하나의 교훈을 배웠다. 즉 좋은 평판은 나쁜 평판보다 낫다. 그러나 나쁜 평판은 때때로 평판이 전혀 없는 것보다 낫다. 간략히 말해서 논란은 장사가 된다는 것이다."[6]

트럼프타워가 '세계에서 가장 호화로운 빌딩 중 하나'라는 건 사실이었다. 트럼프는 '최고 중의 최고'를 만들기 위해 무진 애를 썼다. 특히 바닥 전부와 6층이나 되는 벽에 최고급 대리석을 쓴 아트리움atrium이 압권이었다. 트럼프는 사람들을 황홀하게 만들고 흥분시키기 위해 그렇게 했노라고 했다.

그 대리석은 이바나가 둘째 아이인 이방카를 임신한 지 7개월이나 되는 몸으로 이탈리아 채석장까지 날아가 구해온 것이었다(트럼프는 저서에서 이바나 이야긴 전혀 하지 않은 채 자신이 이탈리아 채석장을 수차례 직접 방문해 구해온 것이라고만 썼다). 상점들이 있는 아케이드에는 사방을 뒤덮은 거울과 작은 나이아가라폭포를 연상시키는 약 25미터짜리 인공 폭포가 있었다. 건물의 효율성에만 집착해온 트럼프의 아버지가 그런 사치스러움을 이해하기는 어려웠다.

"나는 지금도 아버지가 반쯤 공사가 진행 중이던 트럼프타워를 방문하셨던 그날을 기억하고 있다. 트럼프타워의 전면은 유리로 장식됐는데 물론 벽돌보다 비용이 훨씬 많이 들었다. 더구나 우리가 사용한 유리는 최고급인 '브론즈 솔라'였다. 건물을 둘러보신 아버지는 이런 말씀을 하셨다. '너는 왜 저 망할 놈의 유리만 쓰느냐? 4층이나 5층까지만 유리를 쓰고 나머지 위층은 벽돌로 짓는 게 어때? 아무도 꼭대기까지는 처다보지 않아.'"[7]

트럼프타워의 가격을 12배로 올릴 수 있었던 비결

총 263채나 되는 트럼프타워 아파트의 판매 개시 직전 경쟁사인 뮤지엄타워가 트럼프타워보다 훨씬 낮은 가격에 아파트를 팔기로 했다는 정보가 입수되었다. 직원들은 걱정했지만, 트럼프는 정반대로 생각했다. 그는 높은 판매 가격을 유지했을 뿐만 아니라 오히려 파는 데 까다롭게 구는 '역판매 기술'을 구사했다.

트럼프는 "우리는 결코 서둘러 계약서에 서명하지 않았다. 사람들이 들어오면 우리는 그들에게 모델 아파트들을 보여주고 앉아 이야기를 나눈다. 만일 그들이 관심을 보이면 가장 인기 있는 이 아파트를 구입하고 싶어 기다리는 인명부가 있다고 설명한다. 아파트가 사기 힘든 것처럼 보이면 보일수록 더 많은 사람들이 그것을 원하게 된다"며 다음과 같이 말한다.

"수요가 급증함에 따라 우리는 계속 가격을 인상해 12배까지 올릴 수 있었다. 우리는 그때까지 뉴욕에서 가장 값비싼 빌딩이었던 올림픽타워보다 더 비싸게 팔기 시작했다. 그리고 얼마 되지 않아 고층의 가격을 거의 2배로 인상했다. 사람들은 2개의 침실이 있는 아파트를 150만 달러에 샀으며 빌딩 건축을 끝내기도 전에 아파트의 대부분이 팔렸다."[8]

마이클 잭슨Michael Jackson, 스티븐 스필버그Steven Spielberg, 조니 카슨Johnny Carson 등 유명 인사들의 입주도 그런 고급화 전략의 홍보에 일조했다. 트럼프타워 안에 입주한 상점들은 뉴욕에서 가장 비싼 임대료를 내야 했지만, 그곳에 오는 사람들은 대부분 구경꾼들뿐이어서 장사가 되지 않을 수 있다는 우려의 목소리가 나오기 시작했다. 그러자 트럼프는 트럼프타워에 판매점을 갖고 있지 않다면 그 브랜드는 뉴욕에 있을 필요가 없다는 말로 그런 우려를 잠재웠다. 설사 적자를 보더라도 제품의 광고 · 홍보용으로 운영하라는 것이었다.

트럼프는 263채의 아파트 중 비상시를 대비해 자유롭게 사용할 목적으로 12채 정도를 판매 시장에 내놓지 않았으며, 그 가운데 꼭대기 층에 있는 3채를 가족 거주용으로 사용했다. 트럼프 가족의 아파트는 호화의 극치였다. 운동장만큼 넓은 거실에서 탁 트인 전경을 바라볼 수 있게 했고, 작은 폭포가 있었으며, 천장은 프레스코 벽화로 치장했으며, 의자부터 기둥과 수도꼭지까지 금박으로 치장을 했다.

트럼프는 트럼프타워의 전 사업에 1억 9,000만 달러를 들였는데, 2억 4,000만 달러의 판매액을 기록함으로써 5,000만 달러의 이익을 남겼다. 아파트 판매 중개인 역할까지 도맡아 1,000만 달러의 수수료 수입까지 올렸다. 아파트 외의 사무실이나 아트리움에서 받는 임대료는 연간 수백만 달러 이상에 달했다.[9] 그러나 이때까지만 해도 트럼프는 자신의 브랜드화엔 아직 눈을 뜨지 못했던 것으로 보인다. 다음과 같은 고백으로 미루어볼 때 말이다.

"트럼프타워가 거의 완성되고 있을 때였다. 빌딩에 어떤 이름을 붙일지 아직 결정하지 못한 상태였다. 나는 친구에게 이 빌딩의 이름을 '티파니타워'라고 지을까 생각한다고 말했다. 티파니 본사와 맞붙어 있었기 때문이다. 그는 내 빌딩에 왜 다른 사람 이름을 붙이느냐고 물었다. 핵심을 찌르는 한마디였다. 결국 빌딩 이름은 트럼프타워로 결정됐다. 오랜 고민 끝에 완성한 사소한 이름 하나가 내 이름을 세상에 널리 알리는 신호탄이 되었다. 내 브랜드의 시작이었다."[10]

트럼프, 개인 브랜드화의 선구자가 되다

이제 트럼프는 개인 브랜드화의 모든 이치를 깨달아 이 분야의 선구자로 우뚝 서게 된다. 그는 "트럼프라는 이름이 브랜드로서 인식되기 시작한 것은 트럼프타워가 뉴욕의 명소로 자리 잡으면서부터였다. 본질적으로 나는 이 거대한 랜드마크와 거기에 붙인 이름만으로 나 자신을 광고한 것이다"며 다음과 같이 말한다.

"대대적인 광고를 하지 않아도, 구체적인 행동을 하지 않아도 상관없다. 트럼프타워가 문을 열었을 때, 모든 면에서 고급스러운 빌딩의 면모는 트럼프라는 브랜드를 대중의 뇌리 속에 '최고급'과 동의어로 각인시켰다. 마침내 언론의 관심을 받으며 명성을 얻었고, 우리 브랜드는 돈과 권력, 호화로움의 동의어가 되었다. 브랜드는 나를 반영한다. 나를 어떻게 알리고 싶은지 주의 깊게 선택해야 한다."[11]

트럼프타워의 건설로 이제 트럼프는 유명 인사로서 확고부동한 지위를 누릴 수 있었다. 때마침 텔레비전에서도 유행하기 시작한, 유명 인사의 동정을 시시콜콜히 다루는 이른바 '유명 인사 저널리즘celebrity journalism'은 유명해지고 싶어 하는 트럼프의 열망에 날개를 달아준 격이었다. 『피플』은 1981년 가을 트럼프는 '억만장자'라고 소개했는데, 이는 과장하기 좋아하는 트럼프조차 아직 자신을 '억만장자'라고 주장하지 않았다는 점에서 다소 황당한 것이었다.

이처럼 '유명 인사 저널리즘'은 매체들 간의 경쟁으로 인해 유명 인사가 스스로 나서지 않더라도 흥미성을 더하기 위한 상업적 목적으로 인물을 부풀리는 관행을 갖게 되었다. 그런 상황에서 트럼프는 1983년 『피플』의 '올해의 비즈니스맨'으로 선정되었으며, 다음 해 봄에는 『뉴욕타임스매거진』 표지에 「뻗어가는 도널드 트럼프 왕국The Expanding Empire of Donald Trump」이라는 제목과 함께 사진이 실리기도 했다.[12]

홍보에 큰 관심을 기울이지 않았던 아버지와는 달리, 트럼프는 이제 '언론플레이의 귀재'로 거듭나게 된다. 일반적으로 부동산업자들은 홍보를 하더라도 자신이 지은 건물 홍보만 할 뿐 자신을 드러내진 않는 게 업계 관행이었다. 부동산업자들에 대한 평판이 좋은 것도 아니어서 괜한 구설수에 오를 이유가 없다는 이유에서였다. 그러나 트럼프는 자신에 관한 모든 뉴스에 비상한 관심을 기울였으며, 기자의 전화엔 반드시 답을 했고, 기자의 전화가 없으면 스스로 뉴스를 만들어내는 경지에까지 이르렀다.[13]

트럼프타워가 완공된 후 얼마 지나지 않아 트럼프는 미식축구의 2부 리그인 USFLUnited States Football League 소속이었던 뉴저지 제너럴스New Jersey Generals라는 미식축구팀을 900만 달러에 인수한 데 이어 1부 리그인 NFLNational Football League를 상대로 독점금지법 위반을 걸어 13억 2,000만 달러의 손해배상 청구 소송을 벌임으로써 사람들이 가장 많이 읽는 스포츠 지면의 단골 주인공이 될 수 있었다.[14]

하지만 트럼프는 소송에서 승리한 대가로 겨우 3달러 76센트라는 상징적인 돈만 받아냄으로써 싼값으로 NFL에 진입하고자 했던 목표는 이루지 못했다. 그래서 그답지 않게 나중에 이런 후회를 했다. "차라리 처음부터 최고급의 팀, 바로 NFL의 팀을 직접적으로 인수했어야 했다.……USFL에서 겪었던 일은 나에게 무엇을 하든 최고급의 것으로 하라는 분명한 교훈을 남겨주었다."[15]

애틀랜틱시티의 카지노 사업과 '위대한 개츠비' 흉내

트럼프타워 건설 기간 중 트럼프는 뉴저지주 애틀랜틱시티Atlantic City

의 카지노 사업에도 눈을 돌렸다. 1976년 11월 애틀랜틱시티에 국한해 도박을 합법화하는 안건이 주민투표를 통과해 1977년 중반 법으로 확정됨으로써 미국의 도박계가 들뜨기 시작했는데, 이는 곧 부동산 산업의 대목을 예고하는 것이기도 했다. 도박 사업에 대한 세간의 부정적 인식을 의식해서였을까? 그는 "나는 도박에 대해 도덕적인 저항감을 별로 느끼지 못했는데 그 이유는 도박에 대한 반대 의견이 대부분 위선적으로 보였기 때문이다"며 다음과 같이 말한다.

"나는 뉴욕증권거래소야말로 오히려 세계 최대의 도박장일 수 있다는 생각을 해왔다. 뉴욕증권거래소가 보통 도박장과 구별되는 유일한 점은 도박사들이 푸른 줄무늬 양복을 입고 가죽 가방을 가지고 다닌다는 것뿐이었다. 만약 세계의 모든 카지노에서 거래되는 판돈을 합친 것보다 훨씬 더 많은 돈이 거래되는 증권거래소라는 도박장이 법으로 허용되고 있다면, 사람들이 블랙잭, 크래프스, 룰렛게임에 돈을 거는 것도 마찬가지로 허용돼야 할 것이다."[16]

1980년 겨울 애틀랜틱시티의 한 건축업자가 해안 도로변의 전망이 좋은 부동산을 구할 수 있게 되었다는 사실을 알려오자, "카지노 사업에 관한 환영이 미친 듯이 나를 덮쳐왔고 시간이 흐를수록 더욱 강렬한 의욕을 솟구치게 했다".[17]

그런 환영과 의욕은 1984년 5월 14일 '트럼프플라자의 하라스 Harrah's at Trump Plaza'의 개막식으로 결실을 맺었다. 이 카지노는 나중에 트럼프플라자 호텔 카지노Trump Plaza Hotel and Casino로 이름을 바꿔 영업을 했다. 트럼프는 1985년 6월 제2의 카지노인 트럼프캐슬Trump Castle을 개장했고, 1988년엔 타지마할 카지노Taj Mahal Casino를 인수하게 된다.

또한 트럼프는 1985년 플로리다 팜비치Palm Beach에 있는 마라라고 Mar-a-Lago라는 초호화 별장을 800만 달러라는 헐값에 사들였다. 8만 937제곱미터(2만 4,483평)나 되는 넓은 땅에 세워진 마라라고는 포스트시리얼의 상속인 마저리 메리웨더 포스트Marjorie Merriweather Post, 1887~1973가 1924년 미국 건축가 매리언 와이어스Marion Wyeth, 1889~1982에 의뢰해 4년 동안 공들여 지은 대저택이었다.

처음엔 부동산 시장에 2,000만 달러의 매물로 나온 것이었지만, 구세대 부자에겐 너무 비싼 가격이었고 신세대 부자에겐 너무 낡은 건축 양식이라는 이유로 외면당하다가 트럼프의 손에 떨어진 것이었다. 1920년대 호황기의 절정에 이탈리아산 석재를 사용해 15세기 스페인 풍으로 지어진 이 거대한 별장은 458개의 침실과 33개의 욕실, 하인들을 위한 27개의 방이 있었다.

트럼프는 이 별장의 구입을 통해 스콧 피츠제럴드Francis Scott Fitzgerald, 1896~1940의 『위대한 개츠비The Great Gatsby』(1925)에 등장하는 제이 개츠비Jay Gatsby처럼 자신의 부와 화려함을 과시하고 싶어 했다. 그는 마라라고에 대해 말할 때마다 "미국에서, 아니 북미에서 가장 큰, 또는 톱2나 톱3인 저택"이라고 뻐기길 좋아했다.

파티장의 중앙 홀에 자신의 거대한 유화 초상을 설치해놓고 그 주변엔 자신을 표지 인물로 다룬 잡지들을 은으로 장식된 액자에 담아 전시하는 발상, 트럼프가 아니라면 누가 1980년대에 그런 '광란의 20년대Roaring Twenties'의 한 장면을 재현할 마음을 먹었겠는가. 그웬다 블레어Gwenda Blair는 다음과 같이 말한다.

"도널드는 주말마다 자신의 전용 비행기를 타고 그곳으로 가서 사회 저명인사들을 초대해 자신의 입지를 알리기 위한 목적으로 사용하고 싶어 했다. 그는 극단적인 과시를 하고 싶어 했고 그래서 자신이 돈을 어떻게 벌었는지 조용히 입 다물고 있는 일반적인 부자들과는 다르게 지금까지 자신이 얼마나 머리를 잘 써서 돈을 벌어왔는지 떠벌리는 스타일이었다."[18]

왜 부자 친구 집에 놀러간 아이는 자기 이름마저 잊었나?

트럼프의 그런 극단적 과시엔 단순한 허영심 충족을 넘어서 그만한 실질적 효용이 있었다. 동물학자 리처드 코니프Richard Conniff는 『부자 The Natural History of the Rich』(2002)에서 "오늘날 사교계의 명사들이 일류 손님들을 초대하기 위하여 결사적으로 다투면서 파티를 경쟁적으로 열고 있는 현상에 학자들이 주목하지 않는 것은 안타까운 노릇이다"고 개탄하면서, 향연은 사회적 지위를 획득하고 보유하는 수단이었을 뿐만 아니라 전쟁의 의식화된 대용 수단이었다는 점에 주목한다. 낭비적인 접대는 뇌물만큼 효과가 있다는 이유도 있다. 그러니 이것만큼은 몸에 밴 인색함과는 달리, 펑펑 써도 일종의 투자라는 의식이 부자들에겐 있는 것이다.[19]

아무리 인색한 부자라도 집만큼은 으리으리한 호화판을 선호한다. 왜 그럴까? 코니프는 "영장류의 생활에 지배 행위는 거의 호흡만큼이나, 그리고 아마도 잠재의식만큼이나 기본적일 것이다"라고 말한다.[20]

달리 말해, 부자들의 넓은 집은 방문객들을 압도함으로써 소기의 지배 효과를 거둘 수 있다는 것이다. 미국의 부자들 중엔 집 입구에서 차를 타고도 한참을 들어가야 할 만큼 넓은 집을 갖고 있는 이가 많다. 그런 집에 살면서 어린 시절 친구들을 집으로 데려온 어느 여성의 말이 재미있다.

"그들의 말과 표정이 참으로 재미있었습니다. 보통은 그저 아무 말 없이 조용했습니다. 자동차 진입로로 차를 타고 들어오면 친구들이 더욱더 조용해졌습니다.……친구들은 자기 이름을 기억하는 것조차 어려웠습니다."[21]

대기업 최고경영자나 고위 공직자들의 집무실이 넓은 것도 바로 이런 효과와 무관치 않다. 게다가 집무실 앞에 늘씬하고 아름다운 여비서가 한 명도 아니고 두세 명 버티고 있으면, 방문객은 따질 일이 있었다 하더라도 기가 꺾여 고분고분해지기 마련이다.

보통 사람을 겸손하게 대하는 예의 바른 부자도 많지만, 그게 그들의 본질은 아니다. 부자의 본질은 지배욕이다. 돈을 지배했듯이, 사람들을 지배하고자 하는 것이다. 성공은 높은 테스토스테론(남성 호르몬) 반응을 불러오고, 이것은 다시 더욱 지배적인 행동을 낳고, 이는 더 많은 성공을 불러온다. 생물학자들은 이것을 '승자 효과winner effect'라고 부르는데, 코니프는 바로 여기서 부자의 정체성을 찾는다. 그런데 홍미로운 건 보통 사람들이 기꺼이 그런 정체성 확인 게임에 적극 동참해준다는 사실이다. 코니프는 묻는다.

"우리는 왜 부자들의 부당한 요구를 다 들어주고, 그들의 오만으로 인해 상처받고, 그들의 인심에 대하여 차라리 우리 자신의 가족들을 위하여 남겨두는 것이 좋을 성 싶은 충성심으로 보답하고, 심지어는 그들을 올해의 시민으로, 예술의 후원자로, 지구의 친구로, 박애주의자로 존경까지 하는가?"[22]

돈 때문인가? 꼭 그렇지는 않다. 부자를 우러러본다고 해서 자신에게 돈이 떨어지는 것도 아니다. 코니프는 동물학자답게 동물적 본능에서 그 이유를 찾는다. "우리는 부분적으로는 두렵고, 보호가 필요하며 사회적 위계질서를 갈망하는 것이며, 그러한 갈망은 영장류의 진화에 깊이 뿌리를 두고 있고 또한 모든 어린이의 생활에서 반복되고 있다.……얻어맞는 배우자들과 학대받는 어린이들이 자신들을 학대하는 사람에게 매달리는 단 하나의 이유도 바로 지배적인 개인이 지니는 인력 때문이다.……사회의 위계질서에 자신을 적응시키는 것은 우리들에게 안전감을 가져다주기 때문에 우리는 정상에 있는 사람들을 섬김으로써 특별한 기쁨을 얻는다."[23]

왜 우리는 부자에게 복종하고 싶어 하는 걸까?

코니프는 '사회적 위계질서의 혜택'을 역설한다. 그는 "적어도 이론상으로 위계질서는 한 집단 내의 개인들에게 더욱 효과적으로 역할을 수행하도록 한다"며 다음과 같이 말한다.

"한 연구에서 연구자들은 몇몇 병아리 무리들에게는 모이 먹는 순서를 방해받지 않고 내버려두고, 다른 무리들의 경우는 어느 병아리가 경쟁을 통해 우두머리가 되었건 간에 매주 그 우두머리를 제거하여 그들의 먹이 먹는 순서를 고의적으로 혼란스럽게 만들었다. 그 결과 위계질서를 방해받지 않은 무리들의 경우 싸움질도 덜할 뿐만 아니라 부하들도 모이를 더 많이 먹을 수 있었고, 체중이 더 빨리 불었을 뿐만 아니라 달걀도 더 많이 생산했다."[24]

인간도 병아리와 다를 바 없다는 말인가? 그렇다는 게 코니프의 주장이다. 그는 "일단 위계질서가 정해지고 나면, 그 집단은 더이상 피 흘리는 것은 피하고 대신에 지배 또는 복종이라는 의식화된 제스처로 계급을 인정한다"며 다음과 같이 말한다.

"부자는 멋을 부리고 고약한 농담까지 한다. 그의 부하들은 그의 주위에 모여서 부자의 지위를 알아주는 듯 웃음을 터뜨린다.……부하들도 자주 자신들의 지위에서 위안을 발견하며, 귀속감과 자신들의 한계를 재확인한다. 부자이자 세력 있는 사람들은 우리들에게 신비로운 매력과 중요한 인물임을 상상함으로써 느낄 수 있는 연상聯想이라는 스릴을 맛보게 하기 때문에 우리는 또한 부하라는 사실을 즐기기도 한다."[25]

트럼프는 자신의 책에서 코니프의 주장들을 여러 차례 긍정 인용했는데,[26] 그가 '부자의 힘'을 외면했을 리 만무하다. 자신의 부를 더 많은 사람이 감상해주고, 더 나아가 자신에게 복종해주길 원한 걸까? 트럼프는 곧 마라라고를 부자와 유명 인사들을 위한 컨트리클럽으로 개조해 입회비 7만 5,000달러에 월세 6,000달러를 받고 이용할 수 있게 했다. 마라라고를 이용한 고객 중엔 마이클 잭슨Michael Jackson, 1958~2009 등과 같은 스타도 많았는데, 이게 뉴스가 되면서 이들은 이용 그 자체만으로 마라라고를 선전해주는 역할을 했다.[27] 이런 식으로 마라라고는 이후 두고두고 뉴스거리가 되면서 트럼프의 인정욕구를 충족시키는 데에 큰 기여를 하게 된다. 예컨대, 2016년 3월에 나온 외신을 보자.

"『뉴욕타임스NYT』는 미국 플로리다주 동쪽 해변 도시 팜비치에 위치한 트럼프의 대저택 '마라라고Mar-a-Lago' 내부 사진들을 게재했다. 트럼프가 주로 휴가를 보내기 위해 찾는 호화 별장인 마라라고는 정원만 축구장 11개 규모에 맞먹는 8만여㎡에 달한다. 이 밖에 금박 장식의 응접실과 수영장, 스파, 테니스 코트 등을 갖춘 이곳은 현재 트럼프그룹이 극소수의 상류층 고객을 대상으로 운영하는 비공개 클럽하우스로 쓰이기도 한다. 『NYT』는 마라라고를 '왕의 성', '(트럼프의) 베르사유 궁전'이라 칭했다. 이슬람 스타일의 예술 양식을 빌려와 가운데에는 22m 높이의 탑이 우뚝 서 있고, 내부는 이탈리아 제노바에서 수입한 석재와 16세기 벨기에에서 유행한 미술사조인 플랑드르파 스타일의 융단 등 고풍스러운 장식으로 가득하다."[28]

"나는 항상 초고층 빌딩을 좋아했다"

1985년 1월 뉴욕시 웨스트사이드의 강변부지 31만 5,654제곱미터(9만 5,485평)를 1억 1,700만 달러에 사들인 트럼프는 뉴욕시 록펠러센터에 본부를 두고 있던 NBC-TV가 뉴저지주로 이전을 하고 싶어 한다는 사실을 알고 NBC-TV 본사 유치를 위해 자신의 건설 프로젝트에 '텔레비전 시티Television City'라는 이름을 붙였다. 어떻게 해야 이 계획에 사람들의 이목을 집중시킬 것인가? 언론플레이의 귀재인 트럼프는 그해 11월 그 땅에 세계에서 제일 높은 150층 건물을 짓겠다는 계획을 발표했다.

트럼프의 발표에 따르면, 그 건물은 세계에서 가장 높을 뿐만 아니라 세계에서 가장 큰 TV 스튜디오와 세계에서 가장 큰 쇼핑센터, 7,900가구의 아파트를 수용하는 엄청난 공사 규모였다. 이는 트럼프 자신의 '거대건축 콤플렉스'를 노골적으로 드러낸 계획이었다. 이와 관련, 트럼프는 다음과 같이 말한다.

"나는 항상 초고층 빌딩을 좋아했다. 어린아이였을 때 뉴욕에 와 아버지를 졸라 그 당시로서는 세계에서 제일 높은 건물인 엠파이어스테이트 빌딩 구경을 갔던 일이 지금도 기억난다. 그 후 시카고에 시어스 타워가 세워져 타이틀을 가져갔다. 나는 세계에서 제일 높은 빌딩을 뉴욕에 다시 세워야 한다는 생각을 품었고 뉴욕은 그런 자격이 있는 도시다."[29]

중요한 건 그런 자격 여부가 아니라 언론의 관심이었다. 아니나 다를까 언론은 트럼프가 던진 미끼를 덥석 물며 호들갑을 떨기 시작했다. 11월 19일 스위스 제네바에서 개최된 미소정상회담 취재를 위해 제네바로 간 〈CBS 이브닝 뉴스〉 앵커맨 댄 래더Dan Rather, 1931~는 하루의 주요 뉴스를 요약한 뒤 정상회담 뉴스를 제쳐놓고 트럼프의 계획을 먼저 보도했다. "오늘 뉴욕에서 도널드 트럼프가 세계 최고의 빌딩을 세우겠다는 계획을 발표했습니다."

『뉴스위크』는 한쪽 전면을 할애해 「도널드 트럼프의 오만한 야망」이라는 기사를 썼고, 『뉴욕타임스』는 사설을 통해 "시간이 흐르면 위대한 꿈과 헛된 망상은 가려진다. 150층짜리 빌딩에서 뉴욕과 다른 모든 지역을 굽어보려는 도널드 트럼프의 꿈을 정확하게 묘사하기에는 아직 시기가 이르다"고 했다. 그렇게 높은 빌딩은 불필요하며 그렇게 높은 집에서 살고 싶어 하는 사람도 없고 트럼프는 그런 고층 빌딩을 지을 능력도 없다고 주장하는 비평가들노 있었지만, 칼럼니스트 조지 윌George Will, 1941~은 다음과 같은 호의적인 반응을 보였다.

"도널드 트럼프는 이성적인 인물은 아니다. 그렇지만 다행스럽게도 인간은 이성에만 의지해서 살 수는 없다. 과도한 것도 미덕이 될 수 있다고 믿는 사람이 트럼프다. 그는 미국의 분출하는 에너지를 상징하는 맨해튼의 마천루와 같은 미국인이다. 그는 초고층 빌딩은 필요 없다는 이유 때문에 그것이 필요하다고 말한다. 그는 건축상의 풍요가 우리에게 유익하다고 믿고 있으며 일리가 있는 주장이다. 성급함과 열정, 그리고 충동은 미국의 특성 중 일부다."[30]

이런 논쟁의 와중에 트럼프는 자신의 아파트에서 훤히 내려다보이는, 센트럴파크 근처에 있는 울먼 스케이팅 링크Wollman Skating Rink라는 공영 스케이트장에 눈을 돌렸다. 1950년에 지어진 이 스케이트장은 대대적인 보수공사를 위해 1980년에 폐장되었지만, 뉴욕시에서 2,000만 달러라는 돈과 6년의 시간을 들였음에도 공사는 별로 진척된 것이 없었다. 물론 뉴욕시 관료들의 관료주의와 무능 탓이었다. 트럼프는 뉴욕시와 타협을 봐 스케이트장의 개보수 작업을 자신의 주도로 225만 달러를 들여 5개월 만인 1986년 11월 13일에 개장시킴으로써 뉴욕 시민들의 뜨거운 지지를 받았다.[31]

록펠러를 능가한 트럼프의 꿈

트럼프는 뉴욕 시민들의 뜨거운 지지를 텔레비전 시티 프로젝트의 동력으로 삼고자 했지만, 일은 뜻대로 돌아가지 않았다. 뉴욕 언론과 전문가들이 강하게 반대를 하고 나선 데다 뉴욕시장 에드 코크Ed Koch, 1924~2013는 NBC가 록펠러센터에 계속 머무르면 재정 지원을 해주겠다고 하는 등 악재가 계속되었다. 트럼프가 코크 체제하의 뉴욕은 '재앙disaster'이라고 보복성 비난을 하자, 코크는 트럼프를 '도살장에 끌려간 돼지stuck pig'에 비유해 반격했고, 이에 트럼프는 코크를 '천치moron'라고 욕하는 등 두 사람 사이에 난타전이 벌어지기도 했다.

그런 악재에 더해 150층 마천루가 들어서면 30블록에 걸친 지역에 그림자가 드리우게 될 것이란 보고서가 발표되면서 일반 시민들의 반대도 거세졌다. 결국 '텔레비전 시티' 프로젝트는 불발로 끝나고 말았지만 트럼프로선 세상의 주목을 받는 소기의 성과는 이루었으니 손해를 본 건 아니었다.

이와 관련, 그웬다 블레어Gwenda Blair는 "도널드는 슈퍼스타가 되었고 유명인이 되었다. 신문 기사에 셀 수도 없을 만큼 자주 등장을 했고 수많은 잡지의 커버스토리로 다루어졌다. 『포브스』가 선정한 미국 부자들 100명에서 항상 50위권 언저리에 머물렀지만 대중들은 도널드가 최고 상위권에 있거나 아님 제일 부자로 알고 있었다"며 다음과 같이 말한다.

"도널드는 자신이 가진 부를 광고하고 다녔고 대중들이 그런 자신을 동경하게끔 만들었다. 자신이 가진 재산의 평가액이 조금이라도 떨어지는 것처럼 발표되는 날에는 자신의 재산은 그것보다 훨씬 더 많다고 강하게 주장했다. 몇 년 동안 꾸준히 자신에 대해 떠벌리고 허세를 부린 끝에 그는 만인의 억만장사가 되었다. 록펠러가 쌓았던 부와는 거리가 멀었음에도 불구하고 도널드는 부의 상징인 록펠러를 자신의 라이벌로 생각했고 사람들이 '록펠러처럼 부자가 되고 싶다rich as Rockefeller'는 꿈 대신 '트럼프처럼 부자가 되고 싶다rich as Trump'는 생각을 갖길 바랐던 것 같다."[32]

가진 돈은 록펠러급엔 훨씬 못 미쳤지만, 트럼프의 꿈은 록펠러가 생각도 못하던 곳을 향하고 있었다. 1988년 대선을 염두에 두었던 걸까? 1987년 9월 이제 41세인 트럼프는 9만 4,800달러를 들여 『워싱턴포스트』, 『뉴욕타임스』, 『보스턴글로브』 등 3대 신문에 실은 '미국인들에게 보내는 공개편지' 형식의 광고에서 미국 외교정책의 실패를 지적했다.

"수십 년 동안 일본과 다른 나라들은 미국을 이용해왔다. 미국은 원유 공급 과정에서 별로 중요하지 않은 페르시아만을 미국이 지키는 한 이런 어처구니없는 일은 계속될 것이다. 일본과 다른 나라들은 원유 공급 과정에서 미국이 지키는 수송로에 전적으로 의존하고 있다. 그런데 왜 그들 나라는 그들의 이익을 지키기 위해 미국이 감수하고 있는 막대한 비용과 인명 피해에 대한 대가를 지급하지 않는가."

트럼프는 이어 "미국 손에 존립 자체가 달린 사우디가 걸프만을 지키는 데 전혀 협조하지 않고 있다. 세계가 미국은 소유하지도 않은 배를 보호하고 필요하지 않은 원유 공급을 지켜주고 있다고 미국 정치인들을 비웃고 있다"고 썼다. 트럼프는 특히 일본에 대해서는 "미국이 일본의 방위 비용을 공짜로 제공함에 따라 방위비에 대한 부담 없이 유례없이 엄청난 흑자를 기록한 덕에 강하고 활기찬 경제를 건설했다. 미국이 방위 비용을 부담해줌으로써 일본은 경제 선진국으로 도약했다"고 주장했다.

트럼프는 상황이 이런 만큼 "일본과 사우디아라비아, 그리고 방위비용 부담 능력이 있는 여러 나라에 대해 비용을 지불하게 하자. 그 돈으로 엄청난 재정 적자를 타개하자. 그 돈으로 미국 농민들을 돕고 병든 사람과 집 없는 사람들을 돕자"며 미국 방위 정책의 대전환을 촉구했다. 트럼프는 "미국 국민이 아닌 다른 나라에 세금을 부과함으로써 미국 경제를 성장시키고 위대한 미국이 다시는 비웃음을 사는 일이 없도록 하자"는 말로 광고 편지를 끝맺었다.

이 광고를 게재할 당시 트럼프는 뉴욕시장, 주지사, 상원의원 등 다양한 선출직 자리에 이름이 거론되고 있었지만, 아직 '경량급'이었기에 그의 광고는 이렇다 할 반향을 불러일으키진 못했다. 트럼프는 광고 게재 직후인 1987년 10월 '도널드 트럼프를 대통령으로draft Donald Trump' 운동을 전개하던 공화당원 마이크 던바Mike Dunbar의 초청으로 뉴햄프서 지역을 방문하기도 했다.

뉴햄프서 지역은 미국 대선 후보들의 경선이 시작되는 상징적인 장소로 당시 미국 언론계에서는 트럼프가 이듬해인 1988년에 치러질 대선 출마를 암시하는 듯한 행보를 보였다고 평가했다. 트럼프는 방문 당시 그곳에 있는 로터리클럽 회원들 앞에서 사실상 그의 정치적인 첫 대중 연설을 했는데, 핵심 내용 역시 일본, 사우디아라비아, 이란 등 당시 우방 국가들과 월스트리트, 워싱턴 정치인 등에 대한 맹비

난이었다. 그는 "I ♥ Donald Trump"라는 차량 범퍼 스티커를 뿌리는 것도 잊지 않았다.[33]

나중에 밝혀진 사실이지만, 트럼프는 당시 공화당 후보인 조지 부시George H. W. Bush, 1924~의 러닝메이트 후보로 고려되었다. 부시 측에서 먼저 고려한 게 아니라 트럼프가 부시 측에 접근해서 그 아이디어를 제시했다는 설이 많았지만, 트럼프는 부시의 참모인 리 앳워터Lee Atwater, 1951~1991가 먼저 자신에게 접근했다고 주장했다. 앳워터는 1991년에 죽었으니 확인할 수 있는 길은 없었다.[34]

트럼프의 베스트셀러 『거래의 기술』

트럼프의 뉴햄프셔 로터리클럽 연설은 과연 순수한 정치 행사였을까? 이런 의문을 갖게 만드는 건 당시 트럼프의 뉴햄프셔행에 동행한 사람들이 여성 앵커 바버라 월터스Barbara Walters가 진행하는 ABC-TV의 〈20/20〉 촬영 팀이었기 때문이다. 즉, 트럼프의 뉴햄프셔행은 〈20/20〉에 내보낼 그럴듯한 그림을 얻기 위한 '쇼'가 아니었나 하는 것이다.

얼마 후 방영된 〈20/20〉 프로그램에서 월터스는 11년 전 『뉴욕타임스』 기사가 그러했듯이 트럼프를 매우 돋보이게 만들었다. 제목도 '모든 것을 가진 남자The Man Who Has Everything'였다. 트럼프 가족은 '미국의 왕족American royalty'으로 묘사되었고, 트럼프의 저택, 요크, 전용기, 리무진 등 화려한 부富가 흥미성의 초점이 되는 이른바 '부 포르노

그라피wealth pornography'를 방불케 했다.

이 프로그램이 방영된 날은 트럼프의 자서전『거래의 기술The Art of the Deal』이 판매에 들어간 날이었으니, 이게 과연 우연이었을까? 물론 우연은 아니었다. 앞서 지적한 바와 같이 '유명 인사 저널리즘celebrity journalism'의 경쟁 체제가 낳은 결과였다. 이 프로그램이 방영된 지 사흘 후 트럼프는 필 도너휴Phil Donahue가 진행하는 토크쇼에 출연했고, 트럼프의 주가는 점점 더 치솟기 시작했다.

1987년 11월 출간된 트럼프의『거래의 기술The Art of the Deal』은 출간되자마자 선풍적인 인기를 끌었다. 트럼프타워에서 열린 트럼프의 출판기념회도 볼 만했다. 수천여 명이 참석한 출판기념회장에서 바이올리니스트 20명의 연주가 울려 퍼지는 가운데 트럼프 부부가 장내를 돌며 인사를 했다. 권투 프로모터로 트럼프의 지인인 돈 킹Don King은 트럼프 부부를 가리키며 "왕과 왕비입니다!Here's the king and the queen!"라는 소개 멘트를 반복해서 외치고 있었다.[35]

교묘하고 전면적인 홍보의 대승리였다.『거래의 기술』은 32주간『뉴욕타임스』논픽션 부문 베스트셀러 1위에 오르면서 미국에서만 최소 500만 부 이상 팔렸으며, 그의 대선 출마 이후 다시 잘 팔려나가고 있다. 트럼프는『거래의 기술』이 지금까지 나온 경제경영서 중 가장 많이 팔렸다고 주장하면서, 자신이 가장 좋아하는 책은『성경』이며, 두 번째가 바로『거래의 기술』이라고 공공연히 말해왔다. 그는 대선 캠페인 과정에서도 "『거래의 기술』의 저자 트럼프입니다"라고 자신을 즐겨 소개했다.[36]

그런데 미리 말하자면, 공동 저자인 저널리스트 토니 슈워츠Tony

Schwartz가 거의 30년간의 침묵을 깨고 2016년 7월 18일 공화당 전당대회 개막일을 맞아 트럼프에게 일격을 가하는 '양심선언'을 하고 나섰다. 그는 온라인판에 먼저 공개된 주간지 『뉴요커』와의 인터뷰와 빌 클린턴Bill Clinton, 1946~의 백악관 공보실장 출신인 조지 스테퍼노펄러스George Stephanopoulos가 진행하는 ABC 뉴스의 〈굿모닝 아메리카Good Morning America〉 인터뷰에서 "책 내용은 완전히 허구"라며 "과거로 돌아갈 수 있다면 책 제목을 '소시오패스(반사회적 인격 장애)'로 지었을 것"이라고 밝혔다. 그는 트럼프가 사실을 과장하거나 거짓말을 일삼았던 것을 상기하며 "거짓말은 그에게 두 번째 본성"이라고 주장했다.

돈이 필요해서 집필에 참여했다는 슈워츠는 이 인터뷰에서 "잔혹한 재벌보다는 호감 가는 캐릭터가 책 판매에 도움이 될 것이라는 생각에 최대한 긍정적인 빛깔로 트럼프라는 인물을 칠했다"고 말했다. 그는 "나는 돼지에게 립스틱을 발랐다"며 "트럼프를 실제보다 매력적인 인물로 만들어준 데 깊은 후회를 느낀다"며 "만약 트럼프가 대통령에 당선돼 핵 코드를 손에 쥐게 되면 '문명의 끝'으로 이어질 가능성이 크다"고 말했다.

슈워츠는 "『거래의 기술』은 내 손으로 썼다"며 "트럼프는 원고에 빨간 줄을 몇 개 그은 정도"라고 말했다. 슈워츠는 트럼프가 자서전 집필에 아무런 기여도 하지 않고 혼자 공을 독차지하려는 데에 충격을 받았다고 고백했다. 그는 판매 부수를 높이기 위해 트럼프를 최대한 긍정적인 인물로 묘사했지만 실제 트럼프는 깊이 있는 대답을 할 줄 모르고 집중력이 떨어지는 사람이며, 아내에게 트럼프를 가리켜

'살아 있는 블랙홀living black hall'이라고 말했다고 털어놓았다.

트럼프는『뉴요커』와의 전화통화에서 "그 책은 내가 썼다. 내 책"이라며 "나는 그(슈워츠)가 주머니에 2센트도 없을 때 그를 도왔다"고 말했다. 그는 슈워츠가 '엄청난 배신'을 저질렀다며 "자기 홍보를 위해 그랬겠지만 그게 자신에게 도움이 되지 않는다는 걸 알게 될 것"이라고 했다. 하지만 트럼프는『뉴요커』와의 통화 직후 곧바로 슈워츠에게 전화해 "아무도 읽지 않는 망해가는 잡지『뉴요커』와 통화했다. 당신이 나에게 비판적이라고 들었다"고 말하며 짧은 언쟁을 벌이다 "잘 살아라Have a nice life"는 말과 함께 전화를 끊었다고『뉴요커』는 밝혔다.[37]

왜 이런 일이 벌어진 걸까? 아무래도 이 책의 집필 기간 당시 트럼프는 민주당 지지자였다는 점을 감안해야 할 것 같다. 슈워츠는 자신의 정치 성향을 공개적으로 드러낸 적은 없지만 그간의 활동으로 보아 민주당 지지 성향을 갖고 있는 것으로 보인다.[38] 슈워츠는 그간 침묵했던 이유에 대해 "트럼프가 대통령이 되겠다고 나서리라곤 꿈에서도 생각해본 적이 없었기 때문인데, 이제 그가 공화당 대통령 후보가 된 이상 그를 저지하는 것은 시민으로서의 의무"라고 했다.[39]

그렇다면 이 책을 어떻게 봐야 할까? 트럼프 연구의 자료로 삼을 가치가 없는 걸까? 그렇게 보긴 어려울 것 같다. 유명인이 자서전이나 회고록을 집필할 때 대필 작가를 쓰는 것은 흔한 일인데다, 그런 경우 유명인은 구술 수준에서만 참여하기 때문이다. 책은 슈워츠 홀로 썼고 책을 많이 팔기 위해 최대한 트럼프를 긍정적으로 묘사했을망정 슈워츠 스스로 18개월 동안 트럼프를 인터뷰한 후 쓴 책이라고 밝힌 점에 주목해야 할 것 같다. 즉, 긍정적 과장을 걷어낸 콘텐츠의 핵심은 여전히 트럼프를 이해하는 데에 도움이 되지 않겠느냐는 것이다.

"'너무 탐욕스럽다'는 말은 있을 수 없다"

『거래의 기술』이 출간되기 한 달 전에 개봉된 영화 〈월스트리트Wall Street〉엔 주인공 고든 게코Gordon Gekko의 입을 빌려 '탐욕은 선greed is good'이라는 '명언'이 등장하는데, 한 평론가는 『거래의 기술』이 1980년 대에 유행한 '탐욕은 선' 현상의 전형이라고 평했다. 트럼프 역시 평소 "'너무 탐욕스럽다'는 말은 있을 수 없다"고 주장한 탐욕 예찬론자였기에 그러한 평가는 사실에 부합하는 것이었지만,[40] 『거래의 기술』은 탐욕을 예찬하는 책만은 아니다. 트럼프는 이 책을 다음과 같은 선언으로 시작한다.

"나는 돈 때문에 거래를 하는 것은 아니다. 돈은 얼마든지 있다. 내게 필요한 양보다 훨씬 많다. 나는 거래 자체를 위해서 거래를 한다. 거래는 나에게 일종의 예술이다. 어떤 사람들은 캔버스에 아름다운 그림을 그리고 또 훌륭한 시를 쓴다. 그러나 나는 뭔가 거래를 하는 것이 좋다. 그것도 큰 거래일수록 좋다. 나는 거래를 통해서 인생의 재미를 느낀다. 거래는 내게 하나의 예술이다."[41]

트럼프는 그 예술의 11가지 원칙을 제시한다. "크게 생각하라." "항상 최악의 경우를 예상하라." "선택의 폭을 최대한 넓혀라." "발로 뛰면서 시장을 조사하라." "지렛대를 사용하라." "입지보다 전략에 주력하라." "언론을 이용하라." "신념을 위해 저항하라." "최고의 물건을 만들어라." "희망은 크게, 비용은 적당히." "사업을 재미있는 게임으로 만들어라."[42] 이게 아마도 슈워츠가 말하는 '허구'인 것 같은데, 이런 건 다 건너뛰고 트럼프다운 주장 2개만 살펴보자.

"사람들은 왜 나에게 자선 만찬을 주재해달라거나, 자선 모임에 나와 연설을 해달라고 부탁할까? 나는 솔직해지고 싶다. 그것은 내가 위대한 사람이기 때문이 아니다. 사람들은 내가 부자 친구들이 많다는 것을 알기 때문이다. 내가 만찬회에 나가면 부자 친구들이 몰려와 테이블을 사고 물건을 사기 때문이다. 나는 그 게임을 이해한다. 싫다 해도 멋지고 근사하게 빠져나갈 방법이 없는 것이다."[43]

"예술은 사기"라는 주장은 어떤가? 한국의 백남준이야 자신이 예술가였기에 그 특권으로 그렇게 외칠 수 있었지만, 그럴 만한 자격이 없는 트럼프가 무슨 배포로 이렇게 말하는지 모르겠다. "나는 항상 많은 현대미술이 사기라고 느껴왔다. 또 가장 성공한 화가는 예술가이기에 앞서 남보다 뛰어난 세일즈맨이거나 판촉 요원이라고 믿어왔다.…… 예술의 세계란 우스꽝스러운 것이다."[44]

트럼프는 나중에 쓴 다른 책에선 자신의 주장을 정당화하기 위해 피카소까지 끌어들인다. 언젠가 피카소의 그림을 본 사람이 피카소에게 무얼 의미하느냐고 묻자, 피카소는 "20만 달러를 의미한다"고 답했는데, 이는 피카소가 예술을 비즈니스로 보았다는 걸 의미하는 것이라는 게 트럼프의 주장이다.[45]

그런데 그런 솔직의 관점에서 보자면 트럼프가 말한 11가지 원칙은 슈워츠가 지어낸 것 같고, 핵심 원칙은 그 11가지에 들어가 있지 않은 것 같다. 트럼프는 점잖게 말했더니 듣는 척도 안 하던 사람들이 거칠게 나갔더니 태도가 확 달라져 고분고분해지더라는 경험담을 소개하면서 "사람이란 가끔 거칠게 나갈 필요가 있을 때는 그렇게 해야 한다"고 말한다.[46] 이게 가장 중요한 원칙 아닌가? 트럼프가 가장 철저하게 지키고 있는 원칙도 바로 이것 아닌가? 가끔 거칠게 나가는 정도가 아니라 늘 거칠게 나가면서 가끔 부드럽게 구는 게 트럼프의 기본 처세술이자 거래 방식이 아니냐는 것이다.

같은 맥락에서 트럼프의 전기를 쓴 그웬다 블레어Gwenda Blair는 트럼프의 평소 행동을 통해서 본 그의 성공 요인은 이런 것들이라고 주장한다. "무슨 일이든 반드시 이겨라." "뻔뻔해지는 것에 인색하지 마라." "어떤 일이든 자기 자신을 홍보 수단으로 삼아라." "결과에 상관없이 이겼다고 우겨라." "언제나 과대포장을 해라."[47]

어느 곳에 가건 가장 주목받는 인물이 된 트럼프

일관되게 그런 원칙들에 충실했던 트럼프는 1987년 가을 세계에서 세 번째로 큰 요트를 3,000만 달러를 들여 구입한 뒤 이름을 트럼프 프린세스Trump Princess로 바꾸었다. 국제 무기상으로 사우디아라비아의 대부호인 아드난 카쇼기Adnan Khashoggi, 1935~가 1970년대 말에 건조한 이 요트엔 11개의 손님용 객실과 2개의 인공폭포와 52명의 승무원들이 잘 수 있는 4인용 선실이 있었는데, 단점 중 하나는 배가 너무 커서 정박할 수 있는 곳이 흔치 않다는 것이었다. 그러나 그건 트럼프에게 중요치 않았다. 그는 그 요트를 구입하자마자 새로운 자랑거리에

흠뻑 빠져 떠들고 다녔지만 그 배에서 단 하룻밤도 묵지 않았고 나중엔 별 관심도 보이지 않았기 때문이다.

트럼프는 요트와 별도로 1988년 뉴욕의 59번가 모퉁이에 있는 중세 영국 풍으로 지어진 플라자호텔을 4억 750만 달러에 사들였다. 숙박률이 곤두박질치고 있던 호텔을 그 액수에 산다는 건 누가 봐도 정신 나간 짓이었다. 이런 의문에 대한 답을 하기 위해 트럼프는 『뉴욕타임스』에 의견광고를 내 다음과 같이 답했다.

"나는 부동산을 산 게 아니고 모나리자 같은 걸작품을 하나 산 겁니다. 내 인생에 있어 처음으로 경제적 가치를 따지지 않고 거래를 했는데 플라자호텔이 성공적으로 운영된다고 하더라도 내가 지불한 액수를 정당화시킬 수는 없을 것입니다. 하지만 내가 한 일은 뉴욕이 다른 모든 호텔들을 훌쩍 뛰어넘는 호텔을 가질 수 있는 기회를 주는 것입니다! 나는 플라자호텔을 뉴욕 유일의 위대한 호텔, 아니 세계에서 가장 위대한 호텔the greatest hotel in the world로 만들기 위해 헌신할 것입니다."[48]

이는 다목적 홍보 멘트라 할 수 있겠다. 플라자호텔이 경제적으로 실패하더라도 뉴욕을 사랑하는 자신의 공공적 마인드도 과시하면서 플라자호텔이 '호텔의 모나리자'가 될 것이라는 광고도 하고, 성공하면 자신을 기적을 만든 사업가로 부각할 수 있다. 그러나 이 광고 내용보다는 트럼프가 자신의 직원에게 한 말이 가슴에 더 와 닿는다. "내가 여기저기 부동산들을 사들이는 건 꼭 돈을 벌려고 하는 건 아니야. 신문지상에 내 이름이 자꾸 오르내려서 사람들 기억 속에 남아 있게 만들려고 하는 거야. 그게 곧 내가 바라는 성공이 되는 거지."[49]

그런 신조에 따라 트럼프는 플라자호텔을 사들인 바로 그해에 이스턴 항공사가 소유하고 있던 21대의 보잉 727기를 3억 6,500만 달러에 사들여 트럼프 항공사Trump Airlines를 만들었다. 그는 1대당 100만 달러를 들여 최고급으로 개조하겠다고 자랑해대더니, 그렇게 보이게 만들려고 단풍나무로 된 합판을 벽에 두르고 가죽 시트와 화장실에는 금장을 두르게 했다.

날이 갈수록 승객들이 저가 항공을 선호하는 상황에서 그런 흐름을 거스르겠다는 건 트럼프의 평소 소신이긴 했지만, 그는 항공 분야엔 문외한이 아닌가. 그는 비행기마저 '하늘을 나는 빌딩'으로 간주해 자신의 분야로 여겼겠지만, 비행기는 부동산 분야와는 거리가 멀었다. 트럼프 항공사가 운항을 시작한 지 5개월째로 접어들 때 30년 만에 최악의 경기 침체에 유가 상승까지 겹쳐 결국 1992년에 문을 닫게 된다.[50]

1989년 어느 날 트럼프는 맨해튼에 있는 한 장난감 가게에서 자신의 얼굴과 이름이 새겨진 보드 게임에 사인을 해주는 이벤트를 벌이고 있었다. 보드 게임뿐이랴. 트럼프의 이름과 얼굴은 곳곳에 흘러넘쳤다. 컴퓨터게임, 캐딜락 자동차, 파커 만년필, 안경, 와인, 보드카, 생수병, 스테이크, 초콜릿, 남성용 향수, 넥타이, 셔츠, 신사 정장, 벨트, 가죽제품 등 품목을 가리지 않았다. 그는 게리 트루도Gary Trudeau의 〈둔즈베리Doonesbury〉를 비롯한 만화의 단골 주인공이기도 했다. 그럼에도 트럼프는 멈출 줄을 몰랐다. 그는 자신의 이름이 질릴 정도로 흘러넘치는 애틀랜틱시티에 "당신은 오늘 꼭 트럼프 같네요You're looking very Trump today"라는 입간판을 세움으로써 trump를 일반 단어로 쓰이게 만들겠다는 야심을 노골적으로 드러냈다.

트럼프를 스타star나 셀러브리티celebrity로 부르기엔 모자랐다. 그는 슈퍼스타superstar, 메가셀러브리티megacelibrity, 셀러브리트 중의 셀러브리티celebrities' celebrity로 불리면서 어느 곳에 가건 가장 주목받는 인물이 되었다. 로스앤젤레스에서 열린 한 자선행사의 VIP 룸엔 그레고리 펙Gregory Peck, 밥 호프Bob Hope, 조지 번스George Burns 등 쟁쟁한 유명 인사들이 가득했다. 하지만 주목의 대상은 단연 트럼프였다.

자신의 그런 지위를 잘 알고 있을 뿐만 아니라 즐긴 트럼프는 자신을 3인칭으로 묘사하는 걸 좋아했다. "트럼프가 말하기를"이라거나 "사람들은 그 일을 할 수 있는 유일한 사람은 트럼프라고 말한다"는 식으로 말이다.[51] 트럼프는 그런 3인칭 화법은 정치를 할 때에 더욱 잘 구사될 수 있고 더 잘 어울린다는 점을 깨닫고 점점 더 그쪽으로 나아가게 된다.

제3장

"자기가 잘한 걸 끊임없이 떠들고 과시하라"

'세계 8대 불가사의 중 하나'로 인한 파산 위기

1990년 2월 트럼프는 일본인 가시와기 아키오柏木昭男에게 승부를 겨루자며 자신이 소유한 뉴저지주 애틀랜틱시티 '트럼프 타지마할' 카지노 호텔로 초청했다. 가시와기는 전 세계 카지노를 돌며 바카라로 수백만 달러를 딴 도박사다. 트럼프는 가시와기와의 승부를 전 세계 언론이 보도하면 트럼프 카지노가 세계 최고로 부상할 수 있을 것으로 기대했다. "위험하다"며 만류한 측근들의 우려대로 트럼프 카지노는 가시와기와의 바카라 대결에서 이틀 만에 600만 달러(69억 원)를 잃었다.

트럼프는 3개월 후 가시와기를 다시 초청했다. 이번엔 미 국방부에 자문하는 랜드연구소의 수학 전문가를 동원해 바카라의 승리 확률까지 자문 받았다. 트럼프의 도박은 적중했다. 가시와기와의 리턴 매치에서 트럼프 카지노는 1차전의 손해를 메우고도 남는 1,000만 달러(115억 원)를 땄다. 트럼프는 『재기의 기술The Art for the Comeback』(1997)에서 당시 승부를 놓고 "나는 도박사였다. 이건 (그때까지) 내 스스로도 전혀 몰랐다"고 썼다. 미국의 정치 전문 일간지 『폴리티코Politico』는 지금도 카지노업계에서 전설처럼 남아 있는 이 세기의 대결을 전하며 "트럼프는 한때 카지노를 운영했던 소유자만이 아니라 그 자신이 무모한 도박사였다"고 평했다.[1]

도박사의 치명적인 문제는 늘 이길 수만은 없다는 데에 있는데, 트럼프도 예외는 아니었다. 총 11억 달러 이상의 공사비를 들여 1990년 4월 5일에 개장한 타지마할 카지노는 트럼프 스스로 '세계 8대 불가사의 중 하나the Eighth Wonder of the World'라고 자화자찬을 할 정도로 거대하고 화려한 건 분명했지만, 그를 빚더미 위에 올라앉게 만들었다.

트럼프는 살면서 돈 걱정을 한 적이 없을 정도로 부유하게 살아왔지만 유동성이 높은 자산은 별로 없었다. 대부분 그가 가진 부동산을 처분해야만 현금을 손에 넣을 수 있는 구조였기 때문에 늘 파산의 위험을 안고 있었다.[2]

1990년 6월 4일 『월스트리트저널』은 「위태로운 제국Shaky Empire」이라는 제목의 1면 머리기사에서 트럼프가 타지마할을 오픈한 지 두 달도 안 되어 재정적으로 심각한 위기 상태에 빠졌다고 보도하면서 자금을 마련하기 위해 뉴욕에 있는 4개의 주요 은행장들과 비밀 회동을 하고 있다고 보도했다.

총 20억 달러에 이르는 은행 부채와 카지노에 얽혀 있는 정크본드junk bond는 10어 달러가 넘었고, 너욱 큰 문제는 트럼프 자신이 보증을 섰던 8억 달러였다. 하루에 100만 달러꼴로 1년이면 3억 5,000만 달러를 이자로 내야 했고 그건 트럼프이 수입을 훨씬 님는 돈이었다. 결국 트럼프는 구제금융 신청을 했고, 사후 대책을 마련하기 위한 투자자들 사이의 격렬한 논쟁이 수도 없이 벌어졌다.

이와 관련, 그웬다 블레어Gwenda Blair는 "보통 채무자들을 보면 아무런 저항도 없이 채권자들이 파산 절차를 어떻게 처리해나가는지 가만히 지켜볼 텐데 도널드만큼은 달랐다. 도널드라는 채무자는 오히려 더 세게 나가고 있었다"며 다음과 같이 말한다.

"결국 채권자들은 도널드의 요구를 들어주기로 했는데 그 이유는 도널드가 아무리 파산에 내몰렸다 하더라도 대중들의 시선을 받고 있는 스타였기 때문이었다. 협상 과정 내내 수많은 신문사와 TV 방송국들이 협상장 밖에서 진을 치고 기다리면서 진행 과정을 보도할 만큼 도널드는 사람들의 시선을 사로잡고 있는 대단한 스타였다.……결국 채권자들 모두는 도널드의 채무가 너무 커서 그를 파산으로 몰아가는 것을 꺼려했고 또 그런 악역을 맡는 모습을 대중들에게 보여주기 싫어했다."[3]

"자기가 잘한 걸 끊임없이 떠들고 과시하라"

트럼프를 살린 건 5년 전 실패로 돌아간 '텔레비전 시티' 프로젝트의 모태였던 강변부지였다. 트럼프가 리버사이드 사우스Riverside South라는 시민단체들의 개발계획안을 전폭적으로 수용하면서 돌파구가 열렸다. 트럼프의 변화에 대해 언론은 소련이 공산주의를 버린 것과 같은 엄청나게 놀랄 만한 일이라고 대서특필했다.

이제 '트럼프시티Trump City'라는 이름을 붙인 리버사이드 사우스 개발계획은 트럼프가 원래 계획했던 규모의 절반 이상을 줄이고 그에 따라 공사 비용도 반 이상이 감축되었다. 이 새로운 계획을 발표하는 기자회견장에서 트럼프는 그간 자신의 몰락을 예상하며 조롱했던 언론을 겨냥해 "내 인생에서 가장 큰 전환점이 될 것입니다. 지금까지 나에 대해 이러쿵저러쿵 말이 많았던 사람들이 이제는 자신들의 말에 대해 책임을 져야 할 때입니다"라며 기염을 토했다.

트럼프는 1994년 토지 운영권과 개발권을 홍콩 컨소시엄에 넘겼는데, 그 땅을 담보로 대출받았던 2억 5,000만 달러를 그쪽에서 떠안고 그와 별도로 8,800만 달러를 받는 동시에 개발과 분양을 통해 얻어지는 이윤의 일정 부분을 받기로 하는 조건이었다.

이와 관련, 그웬다 블레어Gwenda Blair는 "비록 지금은 그 프로젝트가 도널드의 손을 떠난 건 분명하지만 그래도 사람들의 마음속에서는 아직도 그곳이 도널드의 책임하에 움직인다고 생각을 한다. 트럼프시티로 시작된 개발계획은 토지변경 허가를 얻기 위해 리버사이드 사우스라는 이름으로 바뀌었고 지금은 다시 트럼프 플레이스Trump Place로 바

뛰어서 새로 지어진 정문 위에 달려 있다"며 다음과 같이 말한다.

"트럼프 플레이스처럼 도널드가 실질적인 소유주가 아닌 곳에도 자신의 이름을 자꾸 내걸려고 하는 이유는 자기 자신 즉 도널드라는 사람 그 자체를 브랜드화하려는 이유 때문이었다. 자신의 이름을 내걸고 분양을 하거나 임대를 하는 일 자체만으로도 높은 가격을 받을 수 있다는 광고 선전 효과를 누릴 수 있다는 사실을 의미하기도 했다. 이제 그는 실질적인 공사를 진행하는 부동산 개발업자라기보다는 공식적인 자리에 나가 발표만 하거나 개발계획에 대한 아이디어만 제공하는 일을 하는 사람이 되었다. 한때 도널드가 억만장자가 되기 위해 억만장자처럼 보일 수 있는 엄청난 일들을 벌였던 것처럼 자신의 이미지가 브랜드화되기 시작하면서 많은 혜택들을 받기 시작했다."[4]

"자기 자신의 인정을 받지 못하면 그 누구도 편안할 수 없다." 미국 작가 마크 트웨인Mark Twain, 1835~1910의 말이다. 트럼프는 나중에 쓴 자기계발서에서 이 말을 인용하면서 "자기가 잘한 길 끊임없이 떠들고 과시하라"고 조언하는데,[5] 이 조언이야말로 그가 파산 위기에서 벗어날 수 있었던 이유다. 그는 이후에도 세 차례 더 파산의 위기에 처하지만, 그때마다 그를 살린 건 그렇게 해서 만든 트럼프라는 브랜드 파워였다.

물론 그게 전부는 아니었다. 그는 또 다른 자기계발서에서 "계단을 올라가면서 만나는 사람들을 함부로 대하지 마라. 그들은 계단을 내려올 때 다시 만나게 될 사람들이다"며 "혼자 잘났다고 자랑하지 마라"는 말을 한다. 자신이 몇 차례의 위기에서 벗어날 수 있었던 것은 은행 사람들과 좋은 관계를 형성해두고 있었기 때문이란다.

"1980년대에 은행 사람들에게 많은 이익을 창출해주며 신뢰를 쌓아두었기에 1990년대에 내가 위기에 처했을 때 그들이 나를 살려주었던 것이다.……나는 언제나 이렇게 말했다. '역시 당신이 최고입니다!' 비록 내가 훨씬 더 많은 돈을 벌고는 있지만 나는 언제나 은행 사람들에게 '당신이 더 훌륭합니다'라고 했다."[6]

서로 머리채를 잡고 싸운 이바나와 메이플스

그러나 트럼프는 자신의 아내에게만은 "역시 당신이 최고입니다!"라고 말할 뜻이 전혀 없었던 것 같다. 결혼생활 13년 만인 1990년 초 트럼프는 17년 연하인 여배우 말라 메이플스Marla Maples, 1963~와 바람을 피우면서 타블로이드 언론을 그 어느 때보다 즐겁게 만들어주었다. 1991년 『뉴욕포스트』엔 메이플스의 말을 인용해 이런 헤드라인까지 내걸렸으니 어찌 트럼프가 고맙지 않겠는가. 「"도널드 트럼프와의 섹스가 내 생애 최고의 섹스였다Sex with Donald Trump was the best sex I ever had"」.

당시 트럼프는 2년 이상 부부관계를 갖지 않을 정도로 이바나를 외면하고 있었다. 가슴이 작다고 불평하는 트럼프를 만족시켜주기 위해 대대적인 성형수술까지 해가면서 애를 썼지만 한번 떠난 트럼프의 마음을 되돌리긴 어려웠다. 트럼프를 히틀러와 연결시키는 근거가 될 만한 이바나의 증언이 나온 것도 바로 이즈음이었다.

이바나는 1990년 『배너티페어Vanity Fair』 인터뷰에서 트럼프는 히틀러의 연설 모음인 『마이 뉴 오더My New Order』를 침대 옆 캐비닛에 보관하고 있다고 했다. 당황한 트럼프는 그 책은 히틀러의 자서전인 『니의 투쟁』이며 유대인 친구가 준 것이라고 해명했다. 유대인이 준 것이기에 문제가 없지 않느냐는 뜻이었겠지만, 책을 준 마티 데이비스Marty Davis는 "나는 트럼프의 친구이긴 하지만 유대인은 아니다"고 했다. 그러자 곤란해진 트럼프는 자신은 문제의 책을 읽은 적은 없다고 둘러댔다.[7] 이는 트럼프를 히틀러로 보고 싶어 하는 사람들에게 두고두고 좋은 근거로 활용된다.

어찌 되었건 이바나와의 관계가 악화된 상황에서 트럼프가 메이플스를 처음 만난 건 1987년 『거래의 기술』 출판기념회장에서였다. 조지아주 돌턴Dalton 출신의 메이플스는 당시 24세의 여배우로 전형적인 남부 미녀였다. 키가 176센티미터인 메이플스는 이미 16세 때에 『플레이보이』에서 누드모델 제안을 받기도 했던 육체파였다. 메이플스에게 첫눈에 반한 트럼프는 온갖 물량 공세를 퍼부어 그녀의 마음을 사로잡았다.

이때부터 비밀스러운 두 집 살림을 해온 트럼프는 1989년 크리스마스 휴가 기간엔 가족과 함께 콜로라도주 애스펀Aspen 스키장에 가면서 몰래 메이플스를 그곳으로 불러들였고, 결국 그곳에서 이바나가 메이플스와 서로 머리채를 잡고 싸움을 벌이게 만든 엽기적 행각도 불사했다. 결국 트럼프는 1991년 이바나와 이혼해, 1993년 10월 메이플스와의 사이에서 딸 티파니Tiffany를 낳고, 그해 12월 21일 메이플스와 결혼식을 올렸다.

트럼프는 플라자호텔에서 1,300명의 하객이 운집한 가운데 화려하게 열린 결혼식을 마케팅 수단으로 활용했다. 그는 결혼식 리허설을 연예가 소식을 다루는 한 텔레비전 프로그램에만 독점적으로 찍을 수 있게 한 동시에 결혼식 사진을 잡지와 신문들에도 팔았다. 그리고 그 돈을 자선단체에 기부하겠다고 했다. 이와 관련, 그웬다 블레어Gwenda Blair는 다음과 같이 말한다.

"그가 두 번째 결혼식을 마케팅의 수단으로 활용하려고 했던 것은 누구나 다 아는 사실이었는데 결혼 발표를 하기 앞서 도널드는 가족들과 친구들에게 메이플스와의 결혼이 자신의 사업에 해가 될지, 득이 될지를 물어봤다. 한술 더 떠서 전처인 이바나와 다시 합치는 게 대중들의 여론이 더 좋지 않을까라고도 고민을 했었다고 한다."[8]

트럼프와 이바나의 이혼 이유는 성적 매력의 문제뿐만 아니라 흥미롭게도 처음에 두 사람을 맺어주었던 이유와 같은 것이었다. 넘치는 에너지와 강한 승부욕. 이바나가 트럼프의 사업에 참여하면서 두 사람은 어느덧 경쟁자의 관계로 변한 것이다. 트럼프는 자신의 지인에게 이렇게 불평한 적이 있었다. '다른 여자들은 내가 이거 해, 저거 해라고 얘기를 하면 아무 소리 없이 시킨 대로 하기 때문에 나중에 시킨 일을 잘 끝냈는지 확인만 하면 됐는데 이바나는 전혀 내 말을 듣지를 않아."[9]

다이애나까지 넘본 '트로피 와이프'에 대한 열망

메이플스와의 두 번째 결혼생활 6년 만인 1996년 8월 영국 왕세자 찰스와 왕세자비 다이애나Princess of Wales Diana, 1961~1997가 이혼하자 트럼프는 다이애나에 눈독을 들이기 시작했다. 그는 인기프로그램 〈하워드스턴쇼The Howard Stern Show〉에 출연해 "영국 다이에나비 그리고 가수 머라이어 케리와 잠자리를 갖고 싶다"고 말하기도 했는데,[10] 다이애나에 대한 관심은 단순한 소망 이상이었다. 다이애나를 몇 번 만난 적이 있는 트럼프는 그녀야말로 '꿈의 여인a dream lady'이라고 말했다.

2015년 8월 영국 『선데이타임스』에 따르면 영국의 유명 방송 진행자인 셀리나 스콧Selina Scott은 다이애나가 트럼프에게서 스토킹에 가까운 구애 공세를 받았다고 밝혔다. 다이애나와 친분이 있던 스콧은 "트럼프가 다이애나비를 최고의 '트로피 와이프trophy wife'로 보고 있던 게 분명하다"고 주장했다. 트로피 와이프는 돈을 많이 번 중장년층의 남성이 자신의 성공을 과시하기 위해 장식품처럼 맞아들이는 젊고 아름다운 여성을 뜻한다.

스콧은 "트럼프가 하나에 수백 파운드(100파운드는 약 18만 원)에 달하는 꽃다발을 융단폭격 하듯 켄싱턴 궁전(다이애나비의 거처)에 보냈다"고 증언했다. 스콧은 "꽃과 난초가 집에 무더기로 쌓이자 다이애나비가 점차 걱정을 하기 시작했다"며 "트럼프가 다이애나비를 스토킹한다는 느낌이 들기도 했다"고 말했다. 그는 이어 "'소름이 끼친다'며 다이애나가 대책을 물었다"고 전한 뒤 "내가 '그냥 쓰레기통에 버리라'고 답하자 다이애나는 웃었다"고 덧붙였다.

스콧은 다이애나가 1997년 8월 31일 사고로 숨지고 나서 트럼프가 같은 맥락으로 지인들에게 한 말도 소개했다. 그는 "트럼프가 다이애나비와 데이트를 하지 못한 게 한스럽다고 친구들에게 말하고 다녔다"며 "다이애나비와 연애할 기회가 항상 있었다는 말도 했다"고 전했다. 실제로 트럼프는 1997년 발간한 자서전 『재기의 기술The Art for the Comeback』에서 다이애나비에 대한 뜨거운 호감을 털어놓았다. 그는 "여성과 관련해 단 한 가지 후회가 있다면 다이애나 스펜서와 연애를 해보지 못한 것"이라며 "다이애나비는 매력이 넘쳐흘러 그 존재만으로도 방을 환하게 밝히는 진정한 공주였다"고 썼다.[11]

'트로피 와이프'에 대한 트럼프의 열망은 다이애나 사후에도 식을 줄을 몰랐다. 1997년 5월부터 아내 메이플스와 별거 상태에 들어갔던 트럼프는 1998년 24세 연하인 슬로베니아 모델 멜라니아 나우스Melania Knauss, 1970~와 바람을 피웠고, 1999년 2월 메이플스와 이혼했다. 이바나와 이혼할 때도 그랬지만, 메이플스와의 이혼 과정도 추잡했다.

트럼프와 메이플스의 관계가 좋지 않던 1996년 4월 어느 날 늦은 밤 팜비치Palm Beach 경찰이 트럼프의 별장에서 멀지 않은 백사장에서 메이플스가 그녀의 보디가드와 함께 뒤엉켜 있는 것을 발견했다는 기사들이 타블로이드 언론을 통해 쏟아져나온 적이 있었다. 메이플스는 용변이 급해서 보디가드가 망을 봐준 것뿐이라고 주장했는데, 트럼프는 이 사건에 대해 아무런 말이 없었다. 그러다가 뒤늦게 이혼을 발표하는 기자회견장에서 그 사건을 언급함으로써 메이플스에게 위자료를 적게 주겠다는 속셈을 적나라하게 드러냈다.

실제로 메이플스가 받은 위자료는 200만 달러에 불과했다. 메이플스는 받아들일 수 없다며 18개월간 법정투쟁을 벌이다가 새로운 남자가 나타나면서 트럼프의 그런 조건에 굴복하고 말았다. 메이플스와

체결한 혼전계약서에 따르면 결혼생활 5년 후에는 일정액의 현금을
부인에게 주기로 약속했기 때문에 서류상으로 만 5년이 되기 전에 이
혼을 함으로써 그 돈을 아꼈다는 시각도 있다.[12]

트럼프, 미녀 사업에까지 뛰어들다

트럼프는 1996년 '미스USA' 조직위원회와 '미스유니버스' 조직위원
회를 인수함으로써 미녀 산업에도 뛰어들었다. 그는 "내가 '미스유니
버스'와 '미스USA' 조직위원회를 인수했을 때, 그 대회들은 별 볼 일
이 없었다. 절대 황금시간대에 방영될 수 있는 프로그램이 아니었다.
시청률도 저조해서 대회를 후원하는 스폰서도 거의 없었다. 물론 최
고 미인들을 볼 수 있다는 점은 매력적이긴 했지만, 이 대회에 사업적
인 관심을 갖는 나를 이해하는 사람은 거의 없었다"며 다음과 같이 말
한다.

"하지만 나는 이 대회에서 상당한 잠재력을 보았다. 잘만 꾸민다면
크게 주목받을 수 있다고 확신했다. NBC를 통해 중개된 2011년 미스
USA는 그날 저녁 황금시간대에 최고 시청률을 기록했다. 지금은 중
요한 국가적·세계적 행사로 성장해 최고의 미인대회로 여겨지고 있
다. 몇몇 사람들은 말한다. '그래, 자네 참 운이 좋구먼.' 하지만 그것
은 단순한 운이 아니었다. 우리는 미인대회 포맷을 업그레이드해 좋
은 상품을 만들어내기 위해 엄청난 노력을 기울였다.⋯⋯성공에서 가
장 중요한 부분은 겨우 숨만 붙어 있는 것을 가져다가 되살려낼 때 느

끼는 짜릿한 감정이다."[13]

트럼프의 이런 자기 자랑이 그 나름의 근거가 없는 건 아니었다. 트럼프는 처음에 이 미녀 산업 지분의 반을 CBS에 팔았는데, 방송 철학의 차이로 인해 둘 사이에 끊임없는 갈등이 일어났다. CBS는 MTV 스타일로 제작하는 걸 고집한 반면, 트럼프는 미인대회 본연의 모습으로 가야 한다고 주장했다. 트럼프는 결국 2002년 방송 파트너를 CBS에서 NBC로 바꿈으로써 성공을 거둘 수 있었다. 트럼프는 이 미녀 산업 이벤트 사업체를 2015년까지 소유하게 된다.

트럼프는 1997년에 출간한 『재기의 기술The Art of the Comeback』에서 1990년 파산 위기에 처했을 때 당시 연인 관계를 유지하고 있던 말라 메이플스를 등장시켜 자신의 비참한 상황을 다음과 같이 묘사했다.

"어느 날 말라와 손을 잡고 5번가를 걷다가 길 건너편에 맹도견과 함께 컵을 들고 서 있는 한 남자를 가리키며 물은 적이 있다. '당신, 저 사람이 누군지 알아요?' 말라는 대답했다. '그럼요, 저 남자는 거지예요. 너무 안 좋지 않아요? 그는 슬퍼 보여요.' 나는 '맞아요. 그는 거지예요. 그러나 그는 나보다 9억 달러는 더 많은 부자예요!'라고 대답했다. 그녀는 나를 보며 물었다. '무슨 말이죠, 도널드? 어떻게 그가 9억 달러나 더 가졌다는 거예요?' 내가 대답했다. '돈만 놓고 이야기했을 때, 그가 무일푼이라 해도 나는 9억 달러를 빚지고 있잖아요.'"[14]

그 어떤 일이 있어도 죽는 소리를 안 하는 트럼프가 왜 이런 말을 공개했을까? 자신의 재기를 드라마틱하게 만들기 위한 장치로 여겨진다. 그래야 자신이 말하는 '재기의 기술'이 더 실감나게 여겨질 게 아닌가 말이다. 위기만 벗어났다 하면 일을 벌이는 게 그의 체질인지라,

그는 1999년엔 250명의 외국 모델을 수입해 트럼프 모델 매니지먼트 Trump Model Management라는 모델 회사를 세우는 등 미녀 사업에 끊임없는 관심을 기울였다.

유엔본부 건물을 압도한 '트럼프월드타워'

트럼프는 1999년 뉴욕 유엔 플라자에 세계에서 제일 높은 주거용 건물인 트럼프월드타워Trump World Tower를 세우고자 했다. 고급 주택가로 유명한 맨해튼 동쪽 1번가 유엔본부 바로 앞에 세워질 예정이었던 트럼프월드타워는 72층이었지만 유달리 큰 층간 높이로 90층짜리 일반 건물만큼 높았다. 이 때문에 39층인 유엔본부 건물이 압도당하는 건 물론 나지막한 주택 일색인 이 지역 경관을 해친다며 인근 주민들이 공사 중단 소송까지 내며 반대했다.

이 사업엔 대우건설도 관련되어 있어 한국에서도 화제가 되었다. 아파트 건물 신축 예정지 인근에 살고 있으며 반대 운동을 하는 시민 단체에 소속되어 있던 원로 언론인 월터 크롱카이트Walter Cronkite, 1916~2009는 김대중 대통령에게 1999년 8월 2일자로 보낸 서한에서 그 같은 계획의 추진을 중단하도록 설득해줄 것을 요청했다.

크롱카이트는 8월 12일 언론에 보도된 이 서한에서 "그 규모와 활동 범위 그리고 유명세로 볼 때 사실상 한국을 대표하는 것으로 볼 수 있는 (주)대우가 아파트 건물 신축 예정지의 소유주라는 사실을 최근에 알게 됐다"며 "대우의 개발 사업이 계획대로 추진된다면 신축 건물의 크기가 유엔본부 건물의 2배에 이르기 때문에 유엔본부와 주변의 공원이 완전히 압도될 것"이라고 주장했다.

크롱카이트는 "국가의 운명이 유엔의 지원에 심대한 영향을 받은 한국이 유엔의 위상을 다치게 한다면 이를 크게 후회할 것"이라면서 김대중 대통령에게 "위대한 지도자로서 유엔본부 건물보다 더 큰 건물을 세우지 않도록 (주)대우를 설득해줄 것을 정중히 촉구한다"고 썼다. 그는 또 "한국이 그 같은 존경의 표시를 보내올 경우, 뉴욕 시민들과 세계 공동체 가족들에 의해 영원히 기억될 것"이라고 덧붙였다.[15]

당국은 "개인 사업에 정부가 압력을 넣을 수 없다"는 이유로 요청을 무시했는데, 크롱카이트가 한국을 후진국으로 본 게 아니라면 애초에 무리한 요청이었다. 결국 이 사업은 분양 7개월 만에 3,887만 달러(460여 억 원)를 벌 정도로 대성공을 거두었다. 분양가가 상당히 비쌌지만, 트럼프의 수완 덕에 전체 372채의 72퍼센트인 215채를 팔아치울 수 있었다.[16]

대우건설의 시공으로 2001년에 완공된 이 '유리로 된 초고층 빌딩'은 전문가들에게서도 수많은 비난을 받았지만, 트럼프는 오히려 그런 비난을 즐겼다. 그는 건축비평가 허버트 머스챔프Herbert Muschamp가 『뉴욕타임스』에 쓴 평가가 가장 마음에 든다고 했다. "트럼프는 비평가들의 목소리에 관심을 기울일 때보다 무시할 때 훨씬 좋은 결과물을 만들어낸다." 그러면서 자신의 독자들에게 이렇게 충고한다.

"비난을 받지 않으려면 위험을 무릅쓰지 말아야 한다는 사실을 생각해보면, 사람들의 비난을 받아들이기가 쉬워진다. 위험을 무릅쓰는 것을 두려워해서는 안 된다. 그리고 자신에 대한 비난이 쏟아진다면 회사가 일을 잘하고 있다는 뜻으로 받아들여라."[17]

한국까지 진출한 '트럼프월드타워'

성공이 성공을 낳는다고 했던가. 유명 인사들의 일거수일투족에 집착하는 언론 덕분에 트럼프월드타워의 홍보는 저절로 이루어졌다. 예컨대, 2000년 7월에 나온 기사를 보자. "빌 게이츠 마이크로소프트ms 회장이 뉴욕 맨해튼에 200억 원이 넘는 고급 아파트 한 채를 장만해 세간의 관심을 끌고 있다. 미 서북부에 위치한 시애틀을 '둥지'로 삼고 있는 게이츠 회장이 반대편인 뉴욕에 거처를 마련한 것은 이번이 처음이다.⋯⋯그가 사들인 아파트는 미국의 유명한 부동산 개발업자 도널드 트럼프 소유의 '트럼프월드타워' 건물 내에 있으며 맨 꼭대기층 바로 아래층 전부를 차지하고 있다. 유엔본부가 내려다보이는 훌륭한 전망을 자랑하는 이 아파트의 전체 면적은 8,500평방피트(약 240평)로 가격은 1,980만 달러(약 225억 원)나 된다. 평당 약 1억 원꼴이다."[18]

트럼프를 존경한다는 『부자 아빠 가난한 아빠Rich Dad Poor Dad』(1997)의 저자 로버트 기요사키Robert Kiyosaki, 1947~는 "어떤 건물이든 트럼프라는 이름이 붙는 순간 그 건물의 가치는 최소한 40~50퍼센트가 올라간다"고 주장했는데,[19] 그 정도까진 아닐망정 한국에서도 미국을 제외하고 최초로 트럼프라는 이름을 단 아파트가 생기기 시작했다.

대우건설은 트럼프월드타워 사업 참여를 통해 초고층 아파트의 가치를 깨닫고 국내에서 '트럼프월드'라는 주상복합 아파트를 1999년 서울 여의도 트럼프월드 1차, 2000년 서울 여의도 트럼프월드 2차, 2001년 서울 용산 등 모두 7곳에 지어 성공을 거두었다. 대우건설은 트럼프월드 1차를 분양하면서 당시 하버드대학 수석 졸업이라는 이슈를 불러일으켰던 홍정욱의 부친이자 영화배우인 남궁원을 모델로 했다. '부유층'과 '자녀교육 성공'이라는 이미지를 내세워 '트럼프월드' 이미지를 각인시켰다.

트럼프는 대신 브랜드와 관리 노하우를 빌려주고 5년간 700만 달러(80억 원)를 챙겼다. 1998년 대우그룹의 초청으로 내한한 그는 대우중공업 옥포조선소를 방문해 '개인 요트'로 사용하기 위해 구축함 1척을 발주하겠다는 의향을 내비쳐 이목을 끌기도 했다. 그는 1999년에도 한국을 찾았다. 외환위기 상황에 세계적 부동산 재벌의 잇단 방한은 이목을 끌었고 그는 국내 언론과의 인터뷰에서 "한국은 아시아 어떤 나라보다 잠재력이 크다. 대우와 함께 벌이는 아파트 분양이 한국 경제 회복에 빛을 발하게 될 것"이라고 말하기도 했다.

트럼프는 2004년에는 영종도 등 인천·전남권 관광레저개발 사업 투자 협약을 위해 한국을 찾기로 했으나 갑자기 일정을 취소해 빈축을 사기도 했다. 당시 우리 정부에서 이미 협약식 등을 대대적으로 홍보한 상황이었지만 트럼프는 방한을 취소하고 대신 에미Emmy상 시상식에 참석했다.[20]

끊임없이 자신을 증명하고 과시해야만 하는 고독한 투쟁

1999년 6월 25일 트럼프의 아버지인 프레드 트럼프가 99세를 일기로 세상을 떠났다. 그가 남긴 재산은 2억 5,000만 달러에서 3억 달러였는데 자식들에게 균등하게 배분되었다. 650명이 넘는 각계각층의 인사들이 참석한 장례식장에서 뉴욕시장 루돌프 줄리아니Rudolph Giuliani는 고인에 대한 짧은 추도문을 낭송했고, 뒤이어 둘째 딸인 엘리자베스는 아버지가 평소 좋아했던 시를 나지막이 읊조렸고, 막내아들인 로버트는 아버지가 돌아가시기 바로 전 상황에 대해 이야기를 하며 울먹거렸고, 큰 딸 메리앤은 자신이 학창시절 때 아버지에게 보냈던 편지를 읽었다. 트럼프는 무슨 말을 했을까?

"도널드는 다른 자식들과 달리 자기 자신에 대해 자랑스럽게 떠벌리고 있었다. 그리고 그 자리에서 유일하게 일인칭 대명사를 쓴 사람이기도 했다. 다른 사람들이 프레드를 기억하며 그분이라는 말로써 고인에 대해 언급했지만 도널드는 '나, 나에게, 나의'라는 말로 일관하면서 자신이 아버지에게 얼마나 신임을 얻었는지에 대해 얘기를 했다. 도널드는 어렸을 때도 그랬지만 지금도 패배라는 단어를 모르고 살고 있다. 그에게 후회라는 단어는 어울리지 않았고 오직 성공이라는 두 글자만 존재했을 뿐이다." 21

아버지가 돌아가신 그해에 트럼프는 팜비치에 트럼프 인터내셔널 골프클럽Trump International Golf Club을 개장함으로써 골프 사업에도 본격적으로 뛰어들었다. 이후 뉴욕, 뉴저지, 로스앤젤레스와 두바이, 아일랜드, 스코틀랜드까지 진출해 총 18개의 골프장을 운영함으로써 트럼프는 세계적인 골프 사업가로서도 명성을 떨친다.

2002년 11월 ESPN닷컴은 트럼프가 골프 코스 사업에서 거물로 떠오르고 있다고 보도했다. 이 기사에서 트럼프는 "내가 소유한 골프장은 모두 질적인 면에서 US오픈을 개최할 만한 코스"라며 "어렵지 않으면 훌륭한 코스가 아니며 역시 멋있지 않으면 훌륭한 코스가 아니다"고 말했다. 트럼프는 2005년엔 골프에 관한 책 Trump: The Best Golf Advice I Ever Received,까지 출간했다.[22]

골프장을 제2의 사무실로 활용할 만큼 골프광인 트럼프는 골프 예찬론을 펴는데, 그 핵심은 골프가 기업가에게 사무실에선 결코 찾을 수 없는 구상의 기회를 준다는 점이라고 말한다. 골프는 집중력과 측정 능력이 필요한 두뇌 게임이며, 사실상 혼자 하는 외로운 게임으로 CEO가 하는 게임이 바로 그것이라는 게 트럼프의 지론이다.[23]

트럼프는 자신의 골프장을 자기과시의 기회로 삼았는데, 이를 잘 보여준 게 2001년 12월 자신의 호화로운 리조트인 마라라고에서 주최한 LPGA 챔피언십이었다. 그는 이 대회 유치를 통해 세계 최고의 여성 프로 골퍼 30명이 다투도록 만드는 동시에 호화로운 생활을 하는 부자들에게 자신의 화려한 리조트를 보여주는 기회를 만들었다.[24] 끊임없이 자신을 증명하고 과시해야만 하는 트럼프의 고독한 투쟁은 2000년대 들어 새로운 국면을 맞게 된다.

제4장
★

"매주 2,000만 명이 보는 〈어프렌티스〉는 완전히 차원이 다르다"

2000년 대선 출사표, 『우리에게 걸맞은 미국』

2000년 대선을 앞둔 1999년 10월 7일 트럼프는 개혁당Reform Party 후보로 대선에 출마할 의사를 밝히면서 자신의 러닝메이트 제1후보로 인기 정상의 토크쇼 사회자 오프라 윈프리Oprah Winfrey를 꼽았다. 트럼프는 CNN 방송의 〈래리 킹 라이브〉 대담 프로그램에서 "만약 그렇게 하겠다고 마음만 먹는다면 그녀는 멋진 후보가 될 것"이라며 윈프리를 "매우 특별한 여성"이라고 치켜세웠다.[1]

개혁당 경선에서 팻 뷰캐넌Pat Buchanan에게 밀려 도중하차하고 말았지만, 트럼프는 당시 펴낸 『우리에게 걸맞은 미국The America We

Deserve』(2000)에서 국가 부채, 테러리즘, 의료 문제 등 미국의 주요 문제들에 대한 자신의 비전과 정책을 밝혔다.

트럼프는 사실상의 대선 출사표였던 이 책에서 65세 이상 고령자들에 대한 무상 공공의료 보장 제도인 메디케어Medicare가 펑크가 나게 되어 있는 괴물임에도 지도자와 정치인들이 이 문제를 외면하고 있다며 자신의 차별성을 강조했다. "빌 클린턴은 그 괴물을 가만히 응시하다가 눈길을 돌렸다. 그는 힘든 결정을 피하기로 한 것이다.……그 골치 아픈 사안을 회피한 정치인은 클린턴 한 사람만이 아니다. 효과적인 재정비를 진척시키기 위해서는 신품종의 정치인이 필요하다."[2]

트럼프는 저소득층 무상 공공의료 보장 제도인 메디케이드Medicaid 역시 같은 상황에 놓여 있다며, 메디케이드가 파산하면 어떤 일이 벌어질지에 대해 경고했다. "만약 그 환자가 내 부모라면 그분이 평생을 통해 이루어놓은 모든 것이 사라진다는 얘기다. 그리고 대개는 남은 한 부모가 곤경에 빠지게 된다는 뜻이기도 하다. 그것은 또한 가족들에게 무거운 재정 부담을 떠안겨줄 수도 있다. 결국 베이비붐 세대의 자녀는 배를 타고 세계 일주를 하려던 계획을 접고 엄마 혹은 아빠를 괜찮은 시설에 모시기 위해 자신의 자동차까지 팔게 될지도 모른다."[3]

그러나 제법 심각하게 쓴 비전과 정책 위주의 책이 잘 먹혀들 리는 없었다. 트럼프는 그게 못내 아쉬웠던 모양이다. 기회가 있을 때마다 그 책에 대한 아쉬움을 이런 식으로 토로했다. "나는 그 책을 내가 쓴 책 가운데 최고로 생각하고 있어요. 우리가 직면하고 있는 여러 문제들을 다룬 책이거든요. 그런데도 내가 쓴 다른 책들보다 훨씬 적게 팔렸죠."[4]

왜 자신의 책들 중 가장 적게 팔렸을까? 트럼프는 사람들이 자신의 사업에 관한 이야기는 듣고 싶어 해도 정치에 관한 이야기는 듣고 싶어 하지 않는 게 그 이유라면서, 그럼에도 이 책이 얼마나 중요한지를 다시 강조한다. 자신은 이 책을 자랑스럽게 생각하는 이유가 있는데, 그건 이 책이 미국에서 테러 발생과 미국의 경제 몰락을 예견했기 때문이라는 게 트럼프의 주장이다.[5]

이 책엔 한국과 관련해 주목할 만한 대목이 있다. 트럼프는 "북한 핵 능력은 미국에 직접적 위협"이라며 "경험 있는 협상가로서 볼 때 북한이 핵·미사일을 시카고와 로스앤젤레스, 뉴욕에 떨어뜨릴 능력을 갖추게 되면 그때는 이 미친 사람들과의 협상은 별 소용이 없을 것"이라고 주장했다. 이어 그는 "나는 핵전쟁thermonuclear war을 원하지 않지만, 협상이 실패할 경우 북한이 실질적 위협을 주기 전에 우리가 먼저 무법자들을 겨냥해 정밀 타격a surgical strike해야 한다고 본다"고 말했다. "나는 호전광은 아니다. 다만 북한의 핵 협박과 미국의 인명 피해를 막을 수 있다면 대통령으로서 재래식 무기를 이용해 북한의 목표물을 타격하는 명령을 내릴 준비가 돼 있다."[6]

트럼프 일생의 전환점, 〈어프렌티스〉

그러나 트럼프가 그렇게 북한까지 걱정해도 좋을 상황은 아니었다. 그의 부동산 사업은 늘 불안정했기 때문이다. 결국 2004년 트럼프호텔 앤드 카지노리조트Trump Hotel & Casino Resort가 막대한 이자 비용을 견디지 못해 파산 보호 신청을 준비해야 할 상황이 벌어지고 말았다. 그런데 대마불사大馬不死의 원리는 미국에서도 통했던 모양이다. 막상 그런 상황이 벌어지자 채권자들은 채무 일부를 탕감해주고 금리를 낮 춰주기로 했을 뿐만 아니라 트럼프의 회장 및 CEO 자리를 그대로 유 지해주는 결정을 내렸다. 달라진 건 트럼프의 지분이 줄어들었다는 것인데, 이에 대해 트럼프는 다음과 같이 말했다.

"나는 빚만 잔뜩 남은 회사의 지분이 56퍼센트에서 27퍼센트로 줄 어들었다. 빚만 잔뜩 있는 회사의 56퍼센트와 27퍼센트 지분 중 어 느 게 더 좋을지는 뻔한 일이기 때문에 그 어떤 누구보다 더 훌륭한 거 래를 한 셈이다. 카지노들은 항상 내게 좋은 거래만 안겨다준다. 이번 일로 해서 내가 얼마나 이득을 본지 아는가? 비밀이지만 상당히 많다. 개인적으로 빚에 대한 부담을 많이 줄였고 또 생긴 돈으로 뉴욕에 있 는 부동산에 투자를 할 수 있고 그래서 너무 행복하다."[7]

트럼프는 언론 인터뷰에서도 자신의 파산 위기는 '실패'가 아니라 '성공'을 말하는 것이며, 그 위기라는 것도 '단지 기술적인 문제just a technical thing'였을 뿐이라고 허세 또는 후안무치厚顔無恥의 자세를 보 였다.[8]

그렇게 해서 또 한 번의 파산 위기를 극복한 트럼프는 『포브스』가 선정한 2004년의 '400인 갑부 리스트'에서 26억 달러의 재산으로 74번 째로 돈이 많은 부자로 이름을 올릴 수 있었다. 이에 트럼프는 그 기사 가 틀렸다면서 자신의 재산은 60억 달러라고 주장했다. 그웬다 블레 어Gwenda Blair는 "누구 말이 맞는지가 중요한 게 아니고 트럼프는 그런 식으로 언론들과의 논쟁을 통해 세간의 관심을 지속적으로 받으려고

하는 것이다"고 했다.[9]

그렇게 집요하게 세간의 관심을 받으려고 하는 관심종자로서 트럼프의 일생에 전환점이 될 만한 큰 사건이 바로 2004년 초에 일어났는데, 그건 바로 트럼프가 NBC 리얼리티 쇼 〈어프렌티스Apprentice〉에 진행자이자 절반의 지분을 갖는 공동 프로듀서로 참여하게 된 것이었다. 이는 트럼프를 12년 후 공화당 대통령 후보로 등극하게 만드는 결정적인 사건이었다.

트럼프의 〈어프렌티스〉 참여는 〈서바이버Survivor〉라는 리얼리티 프로그램의 PD였던 마크 버넷Mark Burnett, 1960~의 요청에 의해 이루어진 일이었는데, 버넷은 트럼프의 오랜 팬이었다. 20대 후반 로스앤젤레스 해변에서 티셔츠를 팔고 있던 버넷은 우연히 『거래의 기술』(1987)을 읽고 영감을 받아 성공할 수 있었고, 그래서 트럼프를 '가장 존경하는 인물'로 모시게 되었다고 한다.[10]

2004년 1월 8일에 첫 방송을 내보낸 〈어프렌티스〉는 21만 5,000명의 신청자 중에서 선발한 출연자 16명이 15주 동안 경쟁을 벌이면서 끝까지 살아남은 1명만이 25만 달러의 연봉이 걸린 트럼프 회사 정식 직원이 될 수 있는 서바이벌 프로그램이었다. 트럼프는 출연자들에게 가차 없이 "당신은 해고야You are fired"라고 내뱉었는데, 이 말은 폭발적인 인기를 누리는 유행어가 되었다. 그러자 트럼프는 이 말에 대한 저작권 등록을 했다.

〈어프렌티스〉는 '트럼프의, 트럼프에 의한, 트럼프를 위한' 것이라고 해도 좋을 정도로 트럼프의 특이한 말투와 외모, 과장된 표현 방식 등은 이 프로그램에 딱 들어맞았다. 『텔레비전위크』의 편집장 미셸 그레피Michele Greppi는 다음과 같이 말했다.

"도널드는 시청자를 들었다 놨다 하는 능력이 있었다. 그래서 그 쇼를 볼 때마다 다음에 어떤 일이 벌어질지 긴장의 끈을 놓지 못하게 만들었다. 최종 승자가 누가 될지는 별로 궁금하지 않았지만 한 회가 끝날 때마다 도널드가 참가자들 중 누구를 해고시키고 누구를 칭찬할지는 정말 궁금했다."[11]

"매주 2,000만 명이 보는 〈어프렌티스〉는 완전히 차원이 다르다"

트럼프가 "당신은 해고야"라는 말이 시사하는 것처럼 몰인정하게만 비친 건 아니었다. 이 프로그램은 트럼프의 인간미를 돋보이게 만드는 효과도 낳았다. 트럼프 자신의 경제적 파산 위기와 뒤이은 위기 극복은 물론 좌절한 출연자를 위로하는 모습에서부터 자신의 머리카락을 조롱하는 '셀프 디스'에 이르기까지 시청자들이 트럼프에 대해 친근감을 갖게 만들었다.

그 모든 요소가 절묘하게 결합되면서 이 프로그램은 폭발적인 인기를 누렸다. 평균적으로 2,000만 명, 많을 땐 4,000만 명의 시청자들이 즐겨보는 프로그램이 되었고, 20여 개국에 판권이 팔려나가 세계 곳곳에서 방송되었다. 게다가 이 프로그램은 홍수 사태라고 해도 좋을 정도로 많은 PPL(간접광고)로 큰 재미를 보았다. 개인 전용비행기에서부터 치약에 이르기까지 이 프로그램에 등장하는 제품들은 방송 후 주문이 폭주했다.

참가자들은 우승 여부에 관계없이 모두 유명세를 타 각종 매체에서 인터뷰 요청이 쇄도했고 수많은 회사에서 스카우트 제의가 들어왔다. 참가 신청을 원힌 지원자들은 아침 일찍부터 트럼프타워 앞에서 장사진을 치고 있었고, 그러다가 트럼프가 그들 앞에 잠깐이라도 나타나는 날에는 트럼프의 이름을 부르며 열광적으로 환호했다. 그때 모습이 꼭 비틀스가 열성적인 팬들 앞에 나타난 게 아닐까 하는 착각이 들 정도였다고 한다. 트럼프 자신도 이런 인기에 놀라 "나는 〈어프렌티스〉 이전에도 유명 인사라고 생각했었는데, 매주 2,000만 명이 보는 〈어프렌티스〉는 완전히 차원이 다르다"며 흐뭇해했다.[12]

이런 인기는 트럼프를 본떠 만든 말하는 26.99달러짜리 인형의 등장으로까지 이어졌다. 그의 외모를 최대한 살리기 위해 오므라진 입술과 짙은 눈썹을 하고 있었고, 가장 큰 특징은 대머리를 감추기 위해 한쪽으로 빗어 넘긴 오렌지색 머릿결 대신 갈색 머리가 멋있게 자리 잡고 있는 인형이었다. 이 인형의 이름은 '〈어프렌티스〉에서처럼 말하는 도널드 트럼프 인형Apprentice Talking Donald Trump Doll'이었는데, 아마존에서 가장 많이 품목 리스트에 올랐다. 인형의 가슴을 누르면 트럼프가 그 프로그램에서 했던 말들이 그 목소리 그대로 나왔다. "자존심을 지켜라." "크게 생각해라." 2004년 10월 트럼프는 뉴욕 한복판에서 열린 이 인형의 판촉 행사장에서 줄을 길게 늘어선 수백 명의 사람에게 사인을 해주기도 했다.[13]

이렇듯 트럼프는 〈어프렌티스〉를 통해 자신을 가장 크게 성공한 사람으로 포장하고 싶어 했던 평소의 욕망을 원 없이 충족시킬 수 있었다. 물론 그건 실익과 연결되었다. 트럼프가 부동산개발 사업을 전혀 하지 않았던 곳까지도 트럼프라는 브랜드가 퍼져나갔으니 말이다.

어디 그뿐인가. 트럼프는 회당 출연료 5만 달러를 두 번째 시즌부터는 300만 달러로 올려 받았다. 그가 14시즌 동안 벌어들인 돈은 총 2억 1,360만 달러였으며, 그는 이 프로그램의 인기를 발판으로 2005년 프라임타임 에미상Primetime Emmy Award 후보로 올랐고, 2007년 할리우드 명예의 거리Hollywood Walk of Fame에 이름을 올렸다. 또한 트럼프는 자신의 부인과 자식들까지 심사위원 등으로 출연시켜 그들의 패션 사업을 공짜로 홍보했고, 트럼프 회사에 취직한 우승자들은 실제로는 트럼프 회사의 홍보 요원으로 활동했다. 트럼프의 평소 일하는 모습을 실제처럼 보여준다며 프로그램에 출연한 트럼프 회사의 중역들도 유명 인사가 되었다. 트럼프로선 그야말로 꿩 먹고 알 먹는 비즈니스였던 셈이다.

트럼프라는 이름은 '만능 브랜드'이자 '부의 대명사'

브랜드 전문가인 컬럼비아대학 경영대학원 교수 번 슈밋Bernd Schmitt은 "도널드는 개인을 브랜드화한 선구자 중 한 사람이다. 컴퓨터 하면 사람들이 가장 먼저 빌 게이츠와 스티브 잡스를 떠올리듯이 도널드는 부동산 하면 가장 먼저 떠오르는 브랜드가 되었다"고 했지만, 실은 그 이상이었다. 트럼프는 이제 부동산을 넘어선 '만능 브랜드'이자 '부의 대명사'로 자리매김을 할 수 있었다.[14]

트럼프는 자신을 브랜드의 관점에서 바라보고 생각했다. "브랜드를 갖지 못한 비즈니스는 그저 바쁘기만 한 '비지-니스busy-ness'에 불과하다"고 말한다. 그는 "〈어프렌티스〉성공한 다음 다양한 이벤트와 회의에서 언설을 해달라는 요청이 쇄도했다. TV 광고를 찍자는 요청도 쇄도했고, 〈새러데이 나이트 라이브〉의 진행을 맡아달라는 요청도 받았다. 언설 요청은 1주일에 일두 번 정도 들어온다. 또 많은 출판사들이 찾아와 새로운 책을 쓰자고 제안한다. 내 사업은 예전에는 꿈꾸지도 못했던 수준으로 확장되고 번창하고 있다"며 다음과 같이 말한다.

"이처럼 브랜드의 인지도를 높일 수 있는 기회가 오면, 반드시 그 기회를 잡아 자신의 브랜드를 널리 퍼뜨릴 수 있어야 한다. 절대 안락한 영역에 안주해서는 안 된다. 위험을 무릅써야 한다. 자신의 브랜드에 대해 확신하지 못하면, 먼저 브랜드를 똑바로 펼쳐야 한다. 자신의 브랜드가 최고라는 확신에 차야 하고, 세상에 자신의 브랜드를 신나게 이야기하고 주춤거리지 않고 마구 퍼뜨릴 수 있어야 한다."[15]

2005년 맨해튼에는 트럼프라는 이름이 들어간 빌딩이 11곳이나 되었고 그 건물들 중 절반 이상은 트럼프의 돈이 한 푼도 들어가지 않거나 극히 일부만 투자를 한 건물들이었다. 그럼에도 트럼프는 트럼프라는 이름이 들어간 건물은 모두 자신이 주인이나 마찬가지라고 주장했다. 뉴욕뿐만 아니라 미국 전역에서 트럼프라는 이름이 들어간 아파트가 세워졌으며, 건설업자들이 트럼프라는 브랜드를 통해 소비자들에게 알리고자 했던 것은 '비싼 최고급'이라는 이미지였다.[16]

미리 이야기를 하자면, 나중에 트럼프가 일부라도 지분을 갖고 있는 회사의 수는 515개에 이르는데, 그 가운데 트럼프의 이름을 쓴 회사가 264개, 트럼프의 이니셜DJT을 쓴 회사는 54개에 이른다.[17] 슈밋은 "아무리 성공적인 브랜드라도 다른 제품들에까지 남용하면 그 가치가 희석될 수 있다"고 경고하지만,[18] 자신의 이름이 너무 곳곳에 노출되는 것에 대해 어떻게 생각하느냐는 질문을 받았을 때 트럼프는 왜 그런 말을 물어보는지 의아하게 생각했다.

"그게 무슨 말인지 이해하지도 못하는 듯했고 여기저기 너무 많이 노출된다고도 생각하지 않았다. 곳곳에서 이용되고 있던 자신의 이름이나 사진이나 목소리들은 당연히 있어야 할 자리에 있다고 생각을 했다. 여기저기서 자신의 이름이 어떻게 오르내리면서 내용이야 설령 안 좋다 하더라도 화제의 중심이 되는 게 더 중요하다고 생각을 했다."[19]

"성공하려면 모멘텀을 유지하라"

텔레비전을 통해 그렇게 폭발적인 인기를 누렸으면 쉴 법도 하건만, 트럼프는 신디케이트 라디오 방송도 했으며, 자기계발 전문가로서 출판 시장까지 휩쓸겠다고 작정했던 모양이다. 그는 2004년 한 해에만 『트럼프: 부자가 되는 법Trump: How to Get Rich』, 『정상에 오르는 법The Way to the Top: The Best Business Advice I Ever Received』, 『트럼프: 억만장자처럼 생각하기Trump: Think Like a Billionaire』 등 책 3권을 출간했다.

트럼프는 『트럼프: 부자가 되는 법』의 서문에 "이 책을 읽어야 할 50억 가지 이유"라는 과장된 제목을 붙이면서 "빵을 만드는 법을 제빵사에게 묻듯이, 돈을 버는 법은 억만장자에게 물어야 한다"며, 돈 버는 법에 관한 수많은 책이 있지만 자신의 책은 억만장자가 직접 썼다는 점에서 독보적이라고 주장했다.[20] 이런 자기 자랑에 대한 거부감을 잠시 누르고 책을 읽어보면 이 책이 의외로 재미있고 유익하다는 걸 알 수 있다. 특히 선배 부동산업자 윌리엄 레빗William Levitt, 1907~1994의 사례에 근거한 "모멘텀을 유지하라Maintain Your Momentum"는 글이 인상적이다.

레빗은 1947년 파격적인 조립주택 대량 건설 방안을 내놓았다. 전후 대략 500만 채의 주택이 당장 필요할 것으로 추정했던 연방정부가 이 방안을 받아들이면서 자동화된 일괄공정체계에 따라 조립식 주택이 초스피드로 대량 건설되었다. 이런 주택 단지엔 '레빗타운Levittown'이란 이름이 붙여졌다. 1951년 7월 3일자 『타임』 표지 인물로 등장할 정도로 큰 성공을 거둔 레빗은 1956년 자신의 회사를 ITT라는 기업에 오늘날의 수십억 달러에 해당하는 1억 달러에 매각하고 프랑스에서 은퇴 생활을 즐겼다. 그러다가 위기에 처한 ITT의 요청에 따라 20년 만에 부동산업계에 복귀했다가 파산하고 말았다.

트럼프는 1994년 레빗이 사망하기 2주 전 어느 칵테일파티에서 한 구석에 초라한 모습으로 서 있는 레빗을 만나 인사를 건넸더니, 레빗이 자신에게 이런 말을 들려주었다고 했다. "나는 모멘텀을 잃었어. 20년간 세상 밖으로 격리되었다가 돌아왔더니 나는 예전의 내가 아니더라구." 이 에피소드를 소개한 트럼프의 메시지는 간단하다. 우리나라 연예인들이 예능 프로그램에서 즐겨 쓰는 말이기도 하다. "물 들어왔을 때 열심히 노 저어라!" 모멘텀의 중요성은 트럼프의 다른 책들에

도 빠지지 않고 등장한다.[21]

트럼프의 자기계발서들이 늘 그렇듯이, 이 책엔 자기계발과는 관련 없는 트럼프 자신의 이야기도 많다. 그가 '보복의 화신'이라는 걸 입증해주는 이야기 한 토막. 〈CBS 이브닝 뉴스〉 앵커맨 댄 래더Dan Rather, 1931- 는 〈60 Minutes〉에서 트럼프를 부정적으로 다룬 바 있었다. 인터뷰 형식의 트럼프 인물 다큐였기에 트럼프는 래더에게 팜비치에 있는 자신의 별장과 골프 클럽을 구경시켜주면서 지극정성으로 잘 대접했다고 한다. 그래서 자신이 원하는 멋진 방송이 나올 걸로 기대하고 텔레비전 앞에 앉았는데, 이게 웬일인가.

래더 팀은 트럼프의 연설을 두 개 촬영했는데, 하나는 준비되지 않은 행사여서 관중석이 텅 비었던 반면, 또 하나는 서서 듣는 사람들이 있을 정도로 관중석이 꽉 찬 행사였다. 그런데 방송에 나온 건 관중석이 텅 빈 연설 장면 뿐. 트럼프는 래더가 자신을 가급적 부정적으로 보이게끔 하려고 작심을 했다고 판단한 것 같다.

이어지는 그의 보복 멘트를 감상해보자. "댄 래더는 절대적으로 그 어떤 재능도, 카리스마도, 매력도 없어 시청률이 바닥을 기고 있는데도 CBS는 그를 감싸면서 이런저런 변명만 늘어놓고 있다. 길거리에서 아무나 붙들어 CBS에 데려와 뉴스를 읽게 해보라. 그렇게 해도 댄 래더가 진행하는 뉴스보다는 시청률이 높게 나올 것이다."[22] 래더는 낮은 시청률로 인해 2005년 뉴스 앵커직을 하차한다.

"과소평가당하는 것을 역이용하라"

트럼프는 『트럼프: 억만장자처럼 생각하기』에서는 지구상의 60억 이상 되는 인구 가운데 억만장자는 587명뿐이라며, 독자들에게 그 억만장자 그룹에 참여할 뜻이 없느냐고 묻는다. 그 그룹에 참여할 수 있는 확률은 1,000만 분의 1이지만, 그런 확률에 개의치 않고 시도하는 게 바로 억만장자의 사고법이라고 말한다. 인습적 사고와 상식과 결별하고 자신의 비전에 충실하면 억만장자는 못 되더라도 백만장자가 될 가능성은 있다는 게 트럼프의 주장이다.

그런데 트럼프가 제시한 구체적인 방법들을 읽다 보면 "억만장자가 되면 뭐가 좋은 거지?"라는 생각을 갖게 만들기에 족하다. 예컨대, 이런 방법들 말이다. "휴가를 갖지 마라. 일을 즐겨야 한다는 이야기다. 일을 즐길 수 없다면 직업이나 직장을 잘못 택한 것이다. 필요 이상의 잠을 자지 마라. 내 경우 4시간이면 충분하다."

트럼프가 제시한 10가지 방법 가운데 가장 가슴에 와 닿는 것은 6번째 것으로 "과소평가당하는 것을 역이용하라"는 것이다. 그는 그 사례로 자신이 존경하는 로널드 레이건Ronald Reagan, 1911~2004을 든다. 레이건을 빌려 자신의 이야기를 하려는 것 같다. 경쟁자들은 레이건을 과소평가했다. 배우 나부랭이가 무슨 대통령을 한다구! 그런 식으로 오판했다. 그의 지성과 정치적 경험을 조롱했다. 그러나 결국 승자는 레이건이었다.

트럼프는 『트럼프: 부자가 되는 법』에서 한 자신의 주장, 즉 끊임없이 자신을 알려야 한다는 자기 홍보의 중요성을 강조한 것을 수정하고 싶다며, 그 사례로 조엘 앤더슨Joel Anderson 이야기를 한다. 트럼프는 수년간 트럼프타워에 사는 앤더슨을 엘리베이터에서 보면서 가볍게 인사만 나누었지만, 그가 누군지 몰랐다고 한다. 어느 날 앤더슨이 아주 낮은 자세로 자신의 집에서 하는 파티에 트럼프를 초청했다.

트럼프는 잠시 몇 분 동안 얼굴만 내밀겠다는 생각으로 앤더슨의 집에 들렀다가 파티에 참석한 사람들을 보고 깜짝 놀랐다. S. I. 뉴하우스S. I. Newhouse, 애나 윈투어Anna Wintour 등 거물급 유명 인사들이 그곳에 와 있었고, 앤더슨은 알고 보았더니 미국에서 가장 큰 신문잡지 유통회사인 앤더슨뉴스Anderson News의 회장이자 CEO라는 걸 알게 되었다는 이야기다. 그래서 트럼프가 새롭게 내린 결론. "때때로 자신을 알리는 것은 필요하지만, 다른 사람들이 자신을 위해 그 일을 해주는 것이 더욱 좋다."[23]

트럼프는 출판 활동과 더불어 타블로이드 언론을 즐겁게 해주는 일도 빠뜨리지 않았다. 트럼프는 2004년 4월 멜라니아에게 150만 달러짜리의 13캐럿 다이아몬드로 된 약혼반지를 선물하면서 타블로이드 언론의 주목을 받았는데, 그에겐 약혼과 결혼도 대중의 시선을 끄는 이벤트였다. 그는 멜라니아와 동거 관계를 유지하다가 2005년 1월 22일 팜비치의 한 교회에서 과거보다 화려한 결혼식을 올렸다.

타블로이드 언론은 멜라니아의 웨딩드레스가 20만 달러짜리며, 웨딩 케이크는 3,000송이 장미꽃에 둘러싸인 50파운드짜리였으며, 결혼식에 참석한 500명의 하객 중엔 오프라 윈프리Oprah Winfrey, 클린트 이스트우드Clint Eastwood, 엘턴 존Elton John, 영국 찰스 왕세자Prince Charles of England, 모나코 앨버트공Prince Albert of Monaco, 바버라 월터스

Barbara Walters, 데이비드 레터맨David Letterman, 아널드 슈워제네거Arnold Schwarzenegger, 루돌프 줄리아니Rudolf Giuliani, 빌 클린턴Bill Clinton 부부 등 내로라하는 유명 인사들이 포함되었다는 등 이런저런 이야깃거리를 신나게 보도했다.

트럼프가 타블로이드 언론이 스타가 되기 위해 두 번의 이혼과 세 번의 결혼을 한 건 아니겠지만, 이런 이혼과 결혼은 일반적으로 유명 인사celebrity가 자신의 지위를 유지하는 데에 큰 역할을 했다. 유명 인사는 이야깃거리가 떨어지면 곧 잊히고 마니까 말이다. 트럼프는 60세의 나이였음에도 2006년 멜라니아가 아들 배런Barron을 낳음으로써 자신의 꿈인 5남매를 완성했는데, 이 또한 타블로이드 언론의 주요 뉴스거리였다.[24] 그의 큰 아들도 5남매를 둔 걸 보면 5남매는 트럼프 집안의 불문율인가 보다.

결혼을 한 세 여인 외에도 트럼프와 염문을 뿌린 걸로 보도된 유명 여성들의 이름은 배우 캐서린 옥센버그Catherine Oxenberg, 1961~, 배우 로빈 기븐스Robin Givens, 1964~, 이탈리아 가수이자 모델 카를라 브루니Carla Bruni, 1967~, 모델 캐럴 알트Carol Alt, 1960~, 모델 카라 영Kara Young, 1969~, 테니스 스타 가브리엘라 사바티니Gabriella Sabatini, 1970~, 올림픽 스케이트 금메달리스트 페기 플레밍Peggy Fleming, 1948~, 화장품 회사 중역 조젯 모스바허Georgette Mosbacher, 1947~, 디자이너 캐럴라인 로엠Carolyne Roehm 등 끝이 없었다.[25]

트럼프의 사회진화론 이데올로기

트럼프는 2006년 『부자 아빠 가난한 아빠Rich Dad Poor Dad』(1997)의 저자 로버트 기요사키Robert Kiyosaki, 1947~와 함께 『부자가 되는 법Why We Want You to Be Rich: Two Men, One Message』(2006)이라는 책을 출간한다. 기요사키는 새로운 사업을 막 시작하면서 고전하고 있을 때에 트럼프의 『거래의 기술』(1987)을 읽고 상당한 충격을 받고 트럼프를 멘토 삼아 성공을 이루어낸 인물이었다.

이 책에서 트럼프가 자신은 '역사광'이라는 걸 밝힌 게 흥미롭다. "기요사키와 나는 역사광이다. 우리가 통하는 이유 중 하나는 두 사람 모두 역사를 하나의 지침으로 삼는다는 점이다. 똑같은 실수를 반복하는 것보다는 역사를 통해 미리 배우는 것이 여러모로 바람직하기 때문이다. 격언에도 있듯이 역사를 통해 배우지 못한 사람들은 같은 실수를 반복하게 되어 있다."[26]

기요사키는 트럼프와의 두 번째 공저로 출간한 『마이더스 터치Midas Touch』(2011)에서 자신이 트럼프와 함께 『부자가 되는 법』을 쓴 이유를 사람들은 궁금해했다며 그 이유를 다음과 같이 밝힌다.

"우리는 거대한 변화가 서서히 다가오고 있다는 것을 알았다. 그것은 바로 중산층의 소멸이다. 이 사실을 사람들에게 미리 알려주기 위해 함께 책을 썼다. 그 모든 상황을 우리는 쉬운 말로 설명했다. 중산층이 사라지면서 이제는 부자 아니면 가난뱅이 둘 중 하나로 가는 길밖에 남지 않았다. 우리는 사람들이 부자로 가는 길을 선택하기를 바랐다. 사람들이 비참하게 죽어가지 않도록, 부자가 되고 싶은 열망을 불어넣어주고 싶었다."[27]

　이런 생각은 사실 '부자 예찬론'이 미국 사회를 휩쓸었던 1880년대를 연상케 한다. 1882년 가을 미국을 방문한 영국 사회학자 허버트 스펜서Herbert Spencer, 1820~1903는 영국에선 점차 외면되고 있었지만, 미국에선 폭발적인 인기를 누렸다. 왜 그랬을까? '적자생존適者生存, survival of the fittest'이라는 말을 처음 사용한 스펜서의 사회진화론Social Darwinism이 영국을 거쳐 이젠 미국의 사회적 분위기에 잘 들어맞았기 때문이다.[28]

　'미국의 스펜서'라 할 미국의 대표적인 사회진화론자인 예일대학 교수 윌리엄 섬너William Graham Sumner, 1840~1910는 노골적인 '부자 예찬론'을 폈다. 그는 "백만장자는 자연도태의 산물"이며, 그들은 어떤 역할을 하기 위해 자연스럽게 선정된 사회의 대행자로 보는 것이 마땅하며, 그들의 존재는 사회적으로도 이로운 것이라고 단언했다. 당면한 사회문제를 인간의 힘으로 해결하거나 과학적인 방법으로 진보를 이룩할 수는 없다고 믿은 섬너는 "석판과 펜을 들고 새로운 사회를 건설할 청사진을 그릴 수 있다고 생각하는 것은 인간이 범할 수 있는 가장 큰 오류이다"고 주장했다.[29]

　트럼프는 실제 경험까지 갖춘 현대판 '윌리엄 섬너'라고 해도 과언이 아닐 정도로 사회진화론에 심취한 것으로 보인다. 트럼프는 늘 자신의 인생을 '생존을 위한 투쟁struggle for survival'으로 묘사했다. 전기 작가 마이클 단토니오Michael D'Antonio와 가진 10시간 대화 중 그는 내내 '경쟁' 이야기와 더불어 세상을 '승자'와 '패자'로만 보는 시각을 드러냈다고 한다.[30]

트럼프의 좌우명 "크게 생각하라"

트럼프는 2007년엔 자기계발 전문가 빌 쟁커Bill Zanker와 『크게 생각하라Think Big and Kick Ass in Business and Life』를 출간했다. 트럼프는 "나는 젊었을 때부터 '크게 생각하자'를 신조로 삼아왔다. 그리고 내가 지금과 같은 성공을 이룰 수 있었던 것은 이와 같은 신조 따라 행동해왔기 때문이라고 생각한다"며 이렇게 말한다. "생각이라는 것을 할 줄만 안다면 누구라도 큰 생각을 할 수 있다. 이것은 선택의 문제일 뿐이다. 당신이 지금 어떤 상황에 처해 있든 누구도 당신이 크게 생각하는 것을 가로막지는 못한다."[31]

크게 생각한다는 건 무슨 뜻인가? 쟁커가 자신의 경험을 토대로 실감나게 설명한다. 러닝 아넥스Learning Annex라는 자기계발 사업체를 운영하고 있던 쟁커는 트럼프를 연사로 초청하기로 하고 트럼프 비서에게 강연료로 1만 달러를 제안했다가 퇴짜를 맞았다. 다음에 2만 5,000달러, 그다음에 10만 달러를 제시했지만, 여전히 퇴짜였다. 오기가 생긴 쟁커는 100만 달러를 제시했다. 연간 매출액 550만 달러를 넘지 못한 러닝 아넥스로서는 도박과 다름없는 액수였다. 그제서야 트럼프에게서 직접 전화가 오는데, 자신의 강의에 몇 명을 모을 수 있겠느냐는 질문이었다. 쟁커는 일을 성사시키기 위해 무리를 해서 "1,000명을 모을 자신이 있습니다"라고 답했는데, 트럼프의 요구 조건은 1만 명이었다. 이후 어떤 일이 벌어졌는가?

쟁커는 "트럼프에게 '좋습니다!'라는 말 한마디로 인해 나는 그전과는 다른 삶, 한 번도 살아본 적이 없는 삶으로 나 자신을 밀어넣은 셈이었다. 그날 이후 생각의 크기가 달라지기 시작했다. 무엇보다 1만 명의 사람들을 모아 트럼프의 강의를 듣게 만들어야 했다. 그런데 무슨 일이 일어났는지 아는가? 마치 모든 사람이 트럼프의 강의를 듣고 싶어 하는 것 같았다. 트럼프가 강의를 한다는 소식에 사람들은 폭발적인 반응을 보였다. 이것이 바로 '러닝 아넥스 웰스 엑스포Learning Annex Wealth Expo'의 시작이었다"며 다음과 같이 말했다.

"자그만치 3만 1,500여 명이나 되는 사람들이 제1회 러닝 아넥스 웰스 엑스포에 참가해 트럼프의 강의를 들었다. 트럼프의 사무실로 처음 전화를 했을 때만 하더라도 전혀 예상치 못했던 놀라운 결과였고, 트럼프에게 약속했던 강의료도 쉽게 지불할 수 있었다. 이 일로 인해 나는 크게 생각하면 큰일을 이루어낼 수 있다는 사실을 직접 확인하게 되었다. 트럼프를 만난 이후 러닝 아넥스는 해마다 400퍼센트 이상 성장하고 있다. 2006년에는 연매출 1억 달러를 넘어섰다."[32]

보통 사람이 크게 생각하려면 어떻게 해야 하는가? 그는 "무엇을 하더라도 최고급으로 하고 최고급으로 소유하려고 하라. 이것이 크게 생각하는 것에 걸맞은 행동이며, 결국은 이렇게 하는 것이 당신의 성공을 돕는다"고 말한다. "당신이 몸에 걸치고 있는 옷, 구두, 타이, 코트, 시계, 보석 같은 것들은 당신이 어떤 사람인지를 드러내는 효과적인 단서가 된다. 아직 충분한 예산이 없는 상태라면 구입하는 물건의 개수를 줄여서라도 최고급의 것을 몸에 지니도록 하라. 더 가치 있는 것을 몸에 지니고 있을수록 다른 사람들이 인식하는 당신의 이미지 역시 그에 따라 높아지게 된다."[33]

명품이 잘 팔리는 이유를 알 것 같다. 이런 속물적인 조언이야 널리 알려져 있는 것이기에 새로울 건 없지만, 평범한 사람이 트럼프의 조언대로 크게만 생각했다간 쫄딱 망할 수도 있겠다는 생각이 든다. 트럼프는 상위 2퍼센트에 드는 성공을 하고자 한다면 다른 사람들에게서 '노No'라는 대답을 듣는 일에 익숙해져야 한다고 주장하고 있으니 말이다.[34]

"사회는 정글이다. 똑같이 되갚아주라!"

이어 트럼프는 사회진화론 특강에 나선다. '사회는 정글'이라고 단언하는 트럼프는 "세상은 험한 곳이고 사악한 사람들은 도처에 널려 있다. 많은 이들이 지금은 문명화된 시대라고 말하지만, 실상은 여전히 잔혹한 시대일 뿐이다. 물론 사람들은 당신의 면전에서는 웃음을 보일 것이다. 하지만 그들이 마음속으로는 무슨 생각을 할지 알 수 없는 일이다"며 다음과 같이 말한다.

"당신은 먼저 자기 자신을 보호할 줄 알아야 한다. 어떤 사람들은 단순히 재미삼아 당신을 괴롭히고 상처를 주고 손해를 입히려고 할 것이다. 정글의 사자는 오직 배가 고플 때만 다른 사람을 죽이지만, 인간은 재미를 위해 다른 생명을 죽이는 존재라는 점을 기억하라. 심지어 당신과 친하게 지내는 친구들 중에도 당신의 직업, 당신의 집, 당신의 돈, 당신의 아내, 당신의 애완용 강아지를 빼앗고 싶어 하는 이들이 있을 것이다. 당신과 친하게 지내는 친구들도 이러한데 당신의 '적'들은 얼마나 더 심하겠는가!"[35]

누군가가 당신을 모욕하거나 손해를 입힌다면 어떻게 할 것인가? 바로 여기서 트럼프의 신념인 보복론이 등장한다. "똑같이 되갚아주라!"라는 것이 트럼프의 조언이다. 왜 그런가? "상대방에게 똑같이 되갚아주지 않는다면 당신은 바보가 될 뿐이다. 누군가가 당신에게 못된 짓을 저지른다면 쫓아가서 똑같이 하라. 우선은 그렇게 해야 속이 후련해지고, 또 당신에게 못된 짓을 저지른다면 어떻게 되는지를 다른 사람들에게 보여주는 효과도 있다."[36]

거래 쌍방이 모두 이익을 취하는 거래가 진정으로 좋은 거래가 아닌가? 그렇게 말할 법도 한데, 트럼프는 '말도 안 되는 소리'라고 일축한다. "정말로 좋은 거래는 당신이 승리하는 거래다. 당신이 더 많은 이익을 취하고 상대방이 패하는 거래를 만들어야 한다. 나는 거래나 협상을 하는 경우 거래 상대방으로부터 완전한 승리를 거두기 위해 최선을 다한다. 이것이 내가 지금까지 수많은 거래를 '진정으로 좋은' 거래로 만들 수 있었던 이유다."[37]

트럼프의 책들이 인기를 누리는 이유는 바로 이런 '솔직함'이 아닐까 싶다. 그는 너무도 솔직해 밝혀선 안 될 유명 인사들과의 사적인 관계에 대한 내용까지 그대로 책에 써버린다. 한때 대통령 후보로도 거론되었던 크라이슬러 회장 리 아이어코카Lee Iacocca의 이야기는 읽기에 민망할 정도다. 1990년대 초 아이어코카는 부동산 투자를 통해 짭짤한 재미를 보고 싶어 트럼프의 투자에 묻어가는 식으로 참여를 했다고 한다. 그런데 그 투자와 관련된 악재가 터지자 아이어코카는 트럼프에게 투자에서 빠지고 싶은데 돈을 돌려줄 수 있겠느냐고 요청을 했던 모양이다.

"그의 전화를 하도 자주 받아서 이제는 그의 목소리가 우는 소리로 들릴 정도가 되었고, 실제로 그는 자신의 돈을 돌려달라며 운 적도 있다. 나는 리가 엄청난 규모의 자산을 보유하고 있는 것으로 알고 있는데, 그런 그가 그 정도의 투자금액 때문에 울다니, 왜 그랬던 것일까 궁금하기도 하다. 게다가 눈물이라곤 한 방울도 가지고 있지 않을 것 같았던 리가 소리 내 울다니, 내게는 충격이었다. 나는 우리의 관계를 청산하고 그에게 투자금을 돌려주었다. 더이상 그의 전화를 받지 않아도 된다고 생각하니 홀가분한 기분도 들었다."[38]

그러나 이 책에 사회진화론적 조언만 있는 건 아니다. 좋은 말도 많다. "인생의 무상함을 생각하라"는 뜻밖의 충고도 있다. "큰일을 추진할 때 생기는 중압감은 어떻게 해결하십니까? 수십억 달러짜리 거래를 하고 수십억 달러의 부채가 있는 상황에서 밤에 잠이 잘 안 오거나 하지는 않습니까? 텔레비전 쇼를 진행하는 일이 떨리지는 않습니까?" 트럼프는 사람들이 자신에게 그런 질문을 자주 한다면서 자신은 그리 큰 부담을 갖고 있지 않다고 말한다.

"아니, 도대체 이런 일이 뭐가 그리 큰일이란 말인가? 지금 이라크에서 무슨 일이 일어나고 있는지 생각해보라. 동남아시아 쓰나미 때는 수십만 명의 사람들이 순식간에 사라졌다.……넓게 보고 필요한 때에는 냉소적인 태도를 갖도록 하자. 지금 당신이 심각하게 불안해하고 있는 일도 이 세상의 전체적인 관점에서 보면 아무것도 아닌 일일지도 모른다."[39]

트럼프의 '오바마 때리기' 운동

석유재벌 존 D. 록펠러John D. Rockefeller, 1039~1937는 "내 돈은 하나님이 준 것"이라고 주장했는데,[40] 트럼프는 그 정도까지는 아니었다. 그러나 트럼프는 록펠러와는 달리 자꾸 대통령직을 넘본다는 점에서 공사公私 영역 간 괴리를 어떻게 조정하겠다는 것인가 하는 의문을 불러일으켰다. 부자 아니면 가난뱅이 둘 중 하나로 가는 길밖에 남지 않은 상황에서 부자가 되는 법을 역설하는 건 사적 영역에서 문제될 게 없을지 몰라도 대통령이라는 자리는 다수에 속하는 가난뱅이들의 문제도 해결해야 할 게 아닌가. 이에 트럼프는 어떤 답을 갖고 있는 것인가? 트럼프가 택한 건 우선 '외국 때리기'였다.

트럼프는 2010년 폭스뉴스 〈온 더 레코드On the Record〉의 진행자 그레타 밴 서스터렌Greta Van Susteren과의 인터뷰에서 "얼마 전 내가 소유한 호텔에 LG TV 4,000대를 주문해 설치했다. 모두 한국 기업 제품이다. 그들은 막대한 수익을 올리는 경제대국"이라고 말했다. 이어 "우리는 끊임없이 군함과 항공기를 보내고 기동훈련을 하고 미군 2만 8,000명이 한국에 주둔해 있다. 그런데 미국이 돌려받는 것은 하나도 없다"며 한국의 '안보 무임승차론'을 꺼냈다.[41]

2011년 4월 19일 대통령 출마를 고려 중이었던 트럼프는 "중국은 환율 조작을 통해 미국에게 막대한 피해를 입히고 있고 일자리도 빼앗아가고 있다"고 비난하면서, 자신이 미국의 대통령이 된다면 중국산 수입품에 대해 25퍼센트의 관세를 부과하겠다고 밝혔다. 그는 또한 사우디아라비아를 비롯한 석유수출국기구OPEC가 유가 폭등을 부추기고 있다며 "유가는 앞으로 더 오를 것으로 우려된다"고 말했다. 미 연방정부의 부채에 대해서는 "어떠한 정치적 방법을 동원해서라도 지금 당장 줄이는 것이 중요하다"고 강조했다.[42]

트럼프는 '오바마 때리기'에도 나섰다. 버락 오바마Barack Obama, 1961~ 대통령은 2008년 대선 때 출생 논란이 있었다. 미국인 어머니와 케냐인 아버지가 하와이에서 낳았는데, 실제로는 출생지가 케냐이며 따라서 애초에 대통령이 될 자격이 없다는 음모론이 끊이지 않았다. 이 음모론은 오바마가 재선에 도전하는 2012년 대선을 앞둔 2011년에도 다시 불거졌는데, 이때 트럼프는 그런 음모론을 공격적으로 제기한 '버서birthers'라고 불리는 그룹을 이끌었다.

2011년 4월 중순 트럼프는 자신이 여러 명의 사설탐정을 고용해 하와이로 보냈다며 곧 진실을 밝혀낼 것처럼 큰소리를 쳤지만, 탐정들은 아무것도 찾아내지 못했다. 그럼에도 트럼프는 공세를 계속해댔으며, 4월 19일 ABC 방송에 출연, "오바마 대통령이 출생기록을 공개하면 나도 납세 신고서를 공개하겠다"고 약속했다. 오바마는 4월 25일 "호놀룰루에서 1961년 8월 4일 오후 7시 24분에 태어났다"는 공식 출생증명서를 공개했다. 머쓱해진 트럼프는 그 출생증명서를 꼼꼼히 검증해보겠다고 대꾸했지만, 더는 의혹을 제기할 만한 건수를 찾아내지 못했다.[43]

4월 30일 오바마는 백악관 출입기자단 연례 만찬에서 자신의 출생 의혹을 집요하게 제기해온 트럼프를 면전에 두고 화끈한 조크joke 퍼레이드를 펼쳤다. 오바마는 "그가 틀림없이 백악관의 변화를 가져올 것"이라며 백악관 잔디밭에서 비키니 걸들이 뛰어놀고 그 사이에 트럼프가 서 있으며, 카지노 같은 건물로 변한 백악관 풍자 사진을 보여 줘 관객들을 폭소로 몰아넣었다. 트럼프가 여성 스캔들에 휘말려왔던 점을 한꺼번에 풍자한 것이다. 오바마는 또 트럼프가 자신의 출생증 명서 공개를 요구했던 점을 의식, "그는 이슈를 만들어내는 능력으로 미래 대통령으로서의 자질을 보여줬다"며 "아마 앞으로 달 착륙이 실제 있었던 일인지 등에 대해서도 따지고 들 것"이라고 말했다.[44]

트럼프는 나중에 쓴 책에서 오바마의 조롱에 대해 웃어야 할지 인상을 찡그려야 할지 진지한 표정을 지어야 할지 난감했다면서도 화제의 중심은 자신이었기 때문에, 즉 자신이 사실상 스타였기 때문에 그 만찬을 즐겼다고 주장했다. 자신이 분노한 건 다음 날 아침에 받아본 신문들이 "트럼프가 당황해 어쩔 줄 몰랐다"는 식으로 보도한 것이었다며, 그러한 언론 보도는 '폭력적인brutal' 것이었다고 비난했다.[45]

2012년 대선 출사표, 『강해져야 할 때』

2011년 12월 트럼프에 대한 세상의 관심은 그가 『USA투데이』와 갤럽의 여론조사에서 '가장 존경받는 미국인 10인ten most admired men and women' 중 6위를 차지했다는 데에 쏠렸겠지만, 트럼프가 더 원했을 관심은 바로 그 시점에 출간한 『강해져야 할 때Time to Get Tough: Making American No. 1 Again』였으리라.

자신이 존경하는 로널드 레이건Ronald Reagan, 1911~2004의 말을 인용하는 것으로 시작하는 이 책은 사실상 『우리에게 걸맞은 미국The America

We Deserve』(2000)에 이은 제2의 대선 출사표였다. 그는 자신이 사랑하는 미국이 총체적인 경제적 재앙에 처해 있기 때문에 이 책을 쓰게 되었노라고 주장한다.[46]

미국을 재앙으로 몰아간 첫 번째 적은 중국이다. 트럼프는 중국이 환율 조작으로 미국 경제를 망치고 있는데도 중국이 미국의 적이 아니면 무어냐고 반문하면서 자신의 비판자들에게 아이들의 미래를 생각하라고 일갈한다. 이대로 가면 중국이 곧 미국을 제치고 제1의 경제 대국이 될 텐데 그래도 좋다는 거냐고 윽박지른다. 곁다리로 한국이 주한미군 주둔 비용을 다 내게 해야 한다고 주장한다.

트럼프는 미국의 산업 기반과 일자리를 빼앗아가는 해외 아웃소싱 outsourcing이 역겹다며 왜 외국에 있던 사업 기능을 국내로 들여오는 온쇼링onshoring에 대해 아무도 말하지 않느냐고 반문한다. 중국의 환율 조작에 단호히 대응하는 건 물론 온쇼링을 실천할 수 있는 사람을 대통령으로 뽑아야 한다고 주장한다.

트럼프는 자기주장의 설득력을 높이기 위해 경제학자 폴 크루그먼 Paul Krugman, 1953~을 '급진좌파'요 '오바마 숭배자'라고 부르면서 그가 2009년 10월에 한 주장을 소개한다. "평상시라면 중국이 미국의 일자리를 도둑질해가고 있다는 주장을 단호히 거부하겠지만 지금은 그게 분명한 사실이다. 중국의 환율에 대해 어떤 조치가 취해져야 한다." 크루그먼조차 이렇게 말할진대 자신의 주장이 무슨 문제냐는 항변이다. 그는 중국이 계속 미친 척한다면 중국산 수입품에 대해 25퍼센트의 관세를 부과해야 한다고 재차 역설한다.[47]

트럼프는 중국이 환율 조작뿐만 아니라 국방 예산에 대해서도 거짓말을 하고 있다고 비난한다. 국방 예산을 다른 부처의 예산으로 잡아 실제 규모보다 훨씬 적은 것처럼 미국을 속이고 있다는 것이다. 그러면서도 그는 사신이 중국 인민에 대해 큰 존경심을 갖고 있으며, 다만 자신이 존경하지 않는 것은 미국이 중국을 상대로 협상하고 거래하는 방식이라고 주장한다.[48]

트럼프는 오바마가 이 모든 걸 방치하는 건 물론이고 오히려 중국을 정당화해주면서 키워주고 있다며 그를 '지역사회 조직가 대표'라고 비하한다. 평생에 걸쳐 경영을 전혀 해본 적이 없고 단지 '지역사회 조직화 운동'만 해본 사람이 국제적 협상과 거래를 제대로 할 수 있겠느냐는 것이다. 그는 오바마의 인기는 바닥이지만, 하늘을 찌를 정도로 높은 곳이 있는데 그건 바로 크렘린Kremlin이라고 주장한다. 오바마는 러시아의 비위를 맞추는 데에 급급하기 때문에 러시아 지도자들은 오바마에게 환호를 보내고 있다는 것이다.[49]

트럼프는 심지어 자신의 자본주의 옹호론에까지 오바마를 끌어들여 오바마를 비판한다. 자신은 자본주의를 보호해야 한다고 생각할 정도로 자본주의를 사랑한다며, 문제는 오바마 행정부의 '정실 자본주의crony capitalism'지 자본주의 그 자체가 아니라는 것이다.[50]

2012년 대선 출마의 일환으로 오바마에 관한 음모론을 제기했던 트럼프는 100만 달러를 들여 자신의 대선 출마 여부와 관련된 사전조사를 했는데, 반응이 영 신통치 않았던 것 같다. 그는 2012년 대선 출마를 포기한 채 공화당 후보인 밋 롬니Mitt Romney, 1947~를 지지하게 되는데, 2016년 출마로 미룬 것일 뿐 대선 출마의 꿈을 포기한 건 아니었다.[51]

왜 트럼프는 '소송왕'이 되었는가?

트럼프는 대선을 한 달 앞둔 2012년 10월 대선 구도를 단박에 바꿔놓을 수 있는 "미국 대통령에 관한 아주아주 큰 무엇인가를 갖고 있다"며 폭로를 예고했지만, 이것 역시 불발로 끝나고 말았다. 코미디언인 빌 메이허Bill Maher는 트럼프의 이런 행태를 코미디의 소재로 삼았다. 그는 2013년 1월 NBC 방송의 〈투나잇쇼〉에서 트럼프를 향해 "엄마가 오랑우탄과 성관계를 해서 생긴 알"이 아님을 입증한다면 트럼프 재단에 500만 달러를 기부하겠다는 농담을 했다. 트럼프가 2012년 대선 때 "오바마가 대학 원서와 여권 기록을 제출한다면 (오바마 고향인) 시카고의 빈민 아동과 전미암협회 등에 즉각 500만 달러의 수표를 끊어 기부하겠다"고 한 발언을 비꼰 것이었다.

그러나 트럼프는 "메이허의 농담은 인신 모독"이라며 강경 대응에 나섰다. 그는 1월 8일 메이허 앞으로 자신의 출생증명서 사본을 첨부한 내용증명을 보내 500만 달러를 허리케인 샌디Hurricane Sandy 피해자 단체 등 5곳에 즉각 기부하라고 독촉했다. 그는 2월 4일 폭스방송에 출연해 메이허를 상대로 소송을 제기했다고 밝혔다. 그는 "출생 정보를 제공했는데도 메이허가 약속을 지키지 않고 있어 오늘 500만 달러 지급 청구 소송을 낸 것"이라며 분을 삭이지 못했다. 이에 메이허는 "농담과 계약은 구분할 줄 알아야 한다"며 "미국 법률 시스템은 부유한 천치가 갖고 노는 장난감이 아니다"고 응답했다. 트럼프는 8주 후 소송을 철회했다.[52]

메이허를 상대로 제기한 소송이 시사하듯이, 트럼프는 사실 '소송왕'이었다. 그는 2005년 『뉴욕타임스』 기자 티머시 오브라이언Timothy L. O'Brien이 『트럼프 네이션Trump Nation: The Art of Being the Donald』이란 책에서 자신을 억만장자billionaire가 아니라 백만장자millionaire라고 부른 것에 대해서조차 소송을 제기했을 정도다.

물론 책 내용 중에 트럼프가 억만장자인 것처럼 허세를 부렸다는 식으로 묘사한 대목이 있었으니 트럼프가 화를 낼 만했지만, 그렇다고 소송까지 갈 일은 결코 아니었다. 2011년 최종 패소 판결을 받았지만, 트럼프로선 승리나 다를 바 없었다. 그 자신이 나중에 밝혔듯이 애초 소송의 목적은 기자를 끝까지 괴롭혀 비참하게 만들려고 한 것이었으니 말이다.[53]

2016년 6월 『USA투데이』는 지난 30년간 미 연방 법원과 33개 주 법원에 트럼프와 그의 소유 기업이 연관된 소송 건수를 조사한 결과 3,500건으로 집계되었다고 보도했다. 이 가운데 트럼프가 원고로 소를 제기한 것은 1,900건에 달했다. 트럼프와 트럼프 소유 기업이 피소된 사건도 1,450건으로 나타났다. 150건은 파산 또는 제3자 기업의 문제로 법원의 판결을 받았거나 기다리는 중이다.

소송의 내용은 수백만 달러에 이르는 부동산 분쟁부터 트럼프 개인의 명예훼손까지 다양했다. 전체 소송 건수의 절반에 달하는 1,600건이 트럼프가 빚 갚기에 실패한 카지노 고객을 상대로 낸 소송이었다. 또 트럼프가 보유 자산의 가치를 낮춰 세금을 덜 내거나 아예 세금을 내지 않아 휘말린 분쟁도 100건이 넘었다.

트럼프는 이길 가능성이 있는 소송에선 온갖 수단을 동원해 뛰어드는 반면 질 게 뻔한 소송은 재빨리 발을 빼고 다른 이들에게 책임을 전

가했으며, 사소한 문제에 과도한 소송으로 대응했다. 플로리다주 포트로더데일Fort Lauderdale 트럼프 콘도 사기 사건과 관련해 원고들이 트럼프의 이름을 믿고 투자했다고 주장하자 트럼프는 "(트럼프가) '개발한다'는 의미는 트럼프 회사가 '개발업체'라는 뜻은 아니다"라며 발을 뺐다. 또 트럼프라는 브랜드를 달고 진행 중인 프로젝트가 어려움을 겪으면 자신의 이름을 바로 빼버리는 등 '트럼프' 브랜드 가치를 지키기 위해 심혈을 기울였다.[54]

대선 이슈가 된 '트럼프대학' 사기 사건

모든 소송이 다 그런 건 아니었지만, 그는 유명 인사의 소송을 일일이 보도하는 언론 관행을 간파해 소송을 상대에게 겁을 주는 동시에 자기 PR의 도구로 활용했다.[55] 예컨대, 트럼프는 2002년 11월 뉴욕시를 상대로 5억 달러의 손해배상 청구 소송을 제기했다. 뉴욕시의 부패한 세무 관리들이 뇌물을 받고 다른 부동산 소유주들에게 세금을 깎아준 뒤 차액을 보전하기 위해 자신에게 과다한 재산세를 부과했으며 그처럼 높은 세금 때문에 건물의 자산가치가 떨어져 5억 달러나 싼 헐값에 팔아야 했다는 이유에서였다. 트럼프는 이 같은 음모는 "미국 역사상 최대 규모의 은행강도"라고 분개하면서 연간 1,160만 달러로 평가된 트럼프타워의 재산세를 701만 달러로 낮춰줄 것도 함께 요구했다.[56]

트럼프는 2015년 1월엔 팜비치시 당국을 상대로 1억 달러(약 1,193억 원) 규모의 소송을 제기하기도 했다. 팜비치 공항이 항공기 경로를 변경해 비행기들이 마라라고 저택에 지나치게 가깝게 난다며 손해배상을 청구한 것이다. 이를 두고 외신들은 "공화당은 미국의 과도한 소송 문화에 반대해왔으나 유력 대통령 후보인 트럼프는 정반대의 행보를 보인다"고 꼬집었다.[57]

물론 트럼프가 늘 원고가 되는 건 아니었다. 그는 자주 피고가 되기도 했다. 가장 대표적인 게 특히 2013년 8월에 터진 소송 사건이다. 8월 24일 뉴욕 검찰총장 에릭 슈나이더만Eric Schneiderman은 사설 교육기관 '트럼프대학Trump University' 대표로 있는 트럼프 등을 상대로 교육 사기 혐의로 뉴욕주 맨해튼 지방법원에 손해배상 청구 소송을 냈다. 소송 가액은 4,000만 달러(약 445억 원)로 뉴욕주 검찰이 수강생 모집과 교육과정에서 피해를 본 이들을 대신해 소송을 추진했다.

뉴욕주 검찰에 따르면 트럼프대학은 미 전역을 상대로 트럼프대학 수강생을 모집했다. 수업 내용은 부동산 투자와 자산관리 등이었다. 비인가 사이버대학이었지만 수업비는 비쌌다. 3일짜리 단기 세미나 과정에 학생 5,000여 명에게서 1만~3만 5,0000달러에 달하는 수강료를 받았다. 그러나 트럼프대학에는 광고와는 달리 부동산 투자와는 무관한 세미나가 많아 수강생의 지탄을 받았다. 트럼프대학 과정을 마친 수강생들은 트럼프 그룹 견습생으로 일할 예정이었지만 이 또한 지켜지지 않았다. 트럼프와의 면담도 당초 약속과 달리 이루어지지 않았으며, 트럼프의 실물 사진 옆에서 기념사진을 찍었을 뿐이다.

뉴욕주 검찰이 트럼프 회장을 사기죄로 고소하자 트럼프 변호를 맡은 미셸 코언Michele Cohen은 "사기란 없었다"며 "정치적 보복으로 국민 세금을 낭비하는 일이 없어야 한다"고 말했다. 코언은 슈나이더만이

2010년 검찰총장 선출 유세 과정에서 트럼프의 자금을 받았다고 주장했다. 당시 받은 기부금은 1만 2,500달러였다. 코언은 기부금 규모가 줄자 슈나이더만이 정치적 압력을 행사했다고 항변했다.

뉴욕주의 기소 근거에는 트럼프가 자신의 교육기관에 '대학'이라는 명칭을 붙였다는 내용도 포함되었다. 슈나이더만은 "부동산 세미나만 제공하는 트럼프대학은 뉴욕에서 대학 명칭을 사용할 수 없다"며 "트럼프대학은 교육 당국의 경고를 무시하고 수년간 불법으로 대학교라는 명칭을 써왔다"고 말했다. 트럼프대학은 2010년 6월에 명칭을 'The Trump Entrepreneur Initiative'로 바꾸었다.[58]

이 사건은 이후 2016년 대선 때까지 두고두고 트럼프를 괴롭히게 된다. 트럼프는 2014년 11월 17일 폭스뉴스의 〈폭스&프렌드〉에 출연해 대선 출마 의향이 있냐는 질문에 "나는 여러분을 깜짝 놀래킬지도 모른다"며 "누가 출마하는지 지켜보고 있다"고 말했다. 그는 이어 "만약 내가 출마하기로 한다면 나는 굉장히 좋은 대통령이 될 것이고 미국은 아무것도 빼앗기지 않을 것"이라고 덧붙였다. 즉, 여건이 된다면 오는 2016년 대선에 출마할 수 있다는 뜻을 보인 셈이었다.[59] 지난 1988년, 2000년, 2004년, 2008년, 2012년 대선 때도 공화당 내 후보 경선 참여를 저울질했으나 결국 나서지 않았던 트럼프가 2016년 대선엔 달라질 것인가?

제5장

★

"아메리칸 드림을 복원시킬 것을 맹세한다"

"미국을 진정으로 다시 위대하게 만들 유일한 사람"

2015년 1월 24일 트럼프는 아이오와주 디모인Des Moines에서 열린 '자유 서밋' 행사에서 자신이 2012년 공화당 경선에서 중도 포기하지 않고 후보가 되어 오바마를 상대로 승리했어야 했다면서 5월까지 대권 도전 여부를 결정하겠다고 밝혔다. 그러면서도 그는 밋 롬니Mitt Romney, 1947~와 젭 부시Jeb Bush, 1953~가 2016년 대선에서 공화당 후보로 나서면 민주당에 이길 수 없다고 주장했다.

트럼프는 "밋(롬니)은 안 된다. 과거에 (2012년 대통령 선거에 출마했지만, 버락 오바마 후보에게) 패배했기 때문"이라며 "오바마를 꺾는 게 차기 (민주당) 후보에게 이기는 것보다 훨씬 쉬웠다고 생각한다. 그때 이겼어야 했다"고 말했다.

트럼프는 "부시도 안 된다. 우리가 가장 원치 않는 게 '또 다른 부시'"라고 밝혔다. 아버지 조지 H. W. 부시 전 대통령과 형 조지 W. 부시에 이어 대권을 노리는 젭 부시 전 주지사에게 미 국민이 느끼는 '부시 피로감'을 상기시킨 것이다. 트럼프는 "그(젭 부시)가 출마하면 유권자들은 그의 형(조지 W. 부시)이 2008년 대선에서 오바마에게 정권을 내준 점을 기억하게 될 것"이라며 "(부시 전 대통령의 실정 때문에 공화당 소속인) 에이브러햄 링컨이 살아 돌아와 후보로 나섰더라도 이기지 못했을 것"이라고 주장했다.[1]

2월 25일 트럼프는 『워싱턴포스트』와의 전화 인터뷰에서 "(대선 출마에 대해) 그 어느 때보다 진지하다"며 2016년 대선에 공화당 후보로 출마하는 방안을 고려하고 있다고 밝혔다. 그는 "모두 내가 단지 재미로, 또는 기업에 도움이 되기 때문에 이런다고 생각한다"며 "재미있지도, 재미를 위해서 하는 것도 아니다. 이 나라가 심각한 문제에 처해 있기 때문에 이렇게 하는 것"이라고 말했다.

트럼프가 차기 대선 출마를 고심하고 있다는 소식이 전해지자 민주당뿐 아니라 공화당도 회의적인 시선을 보냈다. 공화당 성향의 토머스 래스Thomas Rath 전 뉴햄프셔 검찰총장은 미국이 자유국가고 그가 자신의 돈으로 무엇을 하든 관계없지만 대통령으로 선출될 것이라는 생각은 상당히 동떨어져 보인다며 대통령 출마는 일주일에 한 번 하는 리얼리티 쇼와는 다른 문제라고 지적했다.[2]

3월 18일 트럼프는 2016년 대선 출마 가능성을 탐색하기 위한 준비위원회를 공식으로 구성해 가동한다고 밝혔다. 그는 이날 낸 보도 자료에서 "미국 국민은 말만 하고 행동하지 않는 정치인들로부터 얻는 것보다 훨씬 더 나은 것을 받을 자격이 있다"며 "부동산 개발 경험 등을 살려 사회기반시설을 재건하고 국경 통제를 강화하며 일자리를 창출하고 국방을 강화하겠다"고 밝혔다. 그러면서 "내가 사랑하는 미국이 심각한 상황에 부닥쳐 있다. 미국을 진정으로 다시 위대하게 만들 유일한 사람이 바로 나"라고 주장했다.

트럼프는 본격적인 대선 출마 준비를 위해 NBC 방송의 리얼리티 쇼 진행자 자리를 그만두는 한편 공화당 내 후보 경선과 대선 본선에서 성패를 가르는 스윙 스테이트swing state(초경합 주)인 아이오와주, 사우스캐롤라이나주, 뉴햄프셔주에서 선거를 도울 참모들을 고용했다.[3]

4월 12일 힐러리가 미국인들의 '챔피언'이 되겠다며 2016년 대선 출마를 공식으로 선언했다. 자신의 대선 출마 준비를 하느라 스트레스가 쌓였던 걸까? 아니면 자신의 입을 자기 자신조차 통제할 수 없었던 걸까? 힐러리가 대선에 출마한다는 이야기를 들은 트럼프는 "제 남편도 만족을 못 시켰는데 과연 미국을 만족시킬 수 있겠냐"는 글을 트위터에 올렸다가 삭제하는 해프닝을 벌였다.

힐러리를 싫어하는 동시에 여성 폄하 의식을 가진 사람들이 사석에서나 킬킬대며 농담으로 할 수 있는 말을 트위터에 올렸다가 다시 생각해본 것 같은데, 트위터를 비롯한 SNS는 과연 사적 영역인가 공적 영역인가? 이제 시간이 흐를수록 그런 고민조차 사치스러울 정도로 공사公私 영역의 구분이 완전히 파괴되는 막말의 대향연이 전개된다.

"아메리칸 드림을 복원시킬 것을 맹세한다"

2015년 6월 16일 트럼프는 뉴욕 맨해튼 트럼프타워 로비에서 "미국을 다시 위대한 국가로 만들겠다"는 거창한 포부를 밝히며 대선 출마를 공식 선언했다. 배경에 8개 성조기를 설치한 가운데 그는 "아메리칸 드림을 복원시킬 것을 맹세한다"며 "나는 신이 창조한 최고의 일자리인 '대통령이' 되겠다"고 말했다. "Make America Great Again(미국을 다시 위대하게 만들라)"이라는 트럼프의 슬로건은 로널드 레이건Ronald Reagan, 1911~2004이 1980년에 대선 캠페인 슬로건으로 사용한 것인데, 트럼프는 보수의 전성시대였던 1980년대에 대한 향수를 불러일으키려고 한 건지도 모르겠다.

트럼프는 역사상 최고의 강력한 군대를 갖겠다고 했으며, 이란의 핵 보유를 막겠다고 했다. 그는 중국, 멕시코, 일본이 가져간 일자리를 미국으로 가져오게 할 것이라고 했다. 20명에 육박하는 공화당 후보들 가운데 "튀어야 산다"고 생각했던 걸까? 트럼프는 대뜸 멕시코를 겨냥, "그들은 문제가 많은 사람들을 (미국으로) 보내고 있다. 이들은 성폭행범이고 마약, 범죄를 가져오고 있다"며 "남쪽 국경에 거대한 방벽을 쌓겠다. 돈은 멕시코에게 내도록 하겠다"고까지 말해 뜨거운 논란을 불러일으켰다.

트럼프는 1999년에 이어 또다시 자신의 러닝메이트로 '토크쇼의 여왕' 오프라 윈프리를 꼽았다. 윈프리는 절대 그럴 마음이 없다고 밝힌 바 있음에도 그는 "그녀는 좋은 사람이며 재능도 있다. 나의 좋은 친구기도 하다"며 "오프라 윈프리가 러닝메이트가 됐으면 좋겠다. 그

러면 아주 쉽게 이길 것 같다"고 말했다.[4]

트럼프는 "나는 진짜 부자"라며 선거에 남의 돈을 끌어다 쓸 필요가 없다고 재력을 과시했다. 그는 대선 출마 선언과 더불어 자신이 소유한 부동산, 현금, 채권·채무 등 92억 4,000만 달러(10조 3,386억 원)에 달하는 재산을 신고했는데, 경제 전문지 『포브스』가 그의 순자산으로 추정했던 41억 달러(4조 5,875억 원)의 배가 넘는 규모였다.

트럼프의 출마 선언장엔 유명 포크록 가수 닐 영Neil Young의 대표곡 〈로킨 인 더 프리 월드Rockin' in the Free World〉가 배경 음악으로 깔렸는데, 닐 영은 즉각 성명을 통해 "트럼프는 내 노래를 사용할 권리가 없다. 또한 나는 (민주당 대선 후보인) 버니 샌더스의 오랜 후원자"라고 말했다. 반전주의자인 닐 영은 지난 2006년 이라크 전쟁을 비판하며 조지 W. 부시 전 대통령의 탄핵을 촉구하는 뜻이 담긴 노래 〈리빙 위드 워Living with War〉를 발표하는 등 반反공화당주의자로 살아왔다.

트럼프는 논란이 커지자 트위터를 통해 "닐이 꿈속에서 나에게 '그 노래를 사용해야 한다'고 말했다"고 밝혔다. 트럼프 캠프의 대변인은 미국 작곡가저작자출판인협회와의 계약을 통해 합법적으로 사용권을 얻었다면서 "그러나 우리는 이 곡을 앞으로 쓰지 않을 것이다. 쓸 수 있는 노래는 너무나 많다"고 밝혔다. 대변인은 "트럼프 씨가 닐 영과 다른 정치관을 갖고 있지만 트럼프 씨는 닐 영을 매우 좋아한다"고 강조했다.[5]

트럼프의 연설 전 트럼프 소개는 딸 이방카Ivanka가 맡았는데, 이방카의 소개는 아빠에 대한 애정과 극찬으로 가득 차 있을망정 한 가지 핵심을 찌르는 이야길 했는데 그건 바로 '정치적 올바름'에 관한 것이었다. "저의 아빠는 '정치적 올바름'의 정반대입니다. 아빠는 자신이 생각하는 걸 말하고 말하는 걸 생각합니다."[6]

사실 바로 그게 트럼프가 지지자들에게서 인기를 누리는 최대 이유였다. 그 첫 번째 시험대라 할 수 있는 트럼프의 멕시코 관련 발언은 일파만파를 불렀다. 멕시코 정부가 항의했고, NBC 방송과 미국 내 스페인어 방송사인 유니비전 및 메이시백화점이 트럼프와 관계 중단을 선언했다. LA갤럭시 축구 구단은 트럼프 소유의 골프장에서 예정되었던 자선 골프를 취소했다. 이것 말고도 거부·취소 사례가 많았다.[7]

'멕시코 성폭행범' 발언 논란

트럼프의 '멕시코 성폭행범' 발언은 공화당 내 노선 싸움으로 이어졌다. 잽 부시Jeb Bush와 지지층이 겹쳐 대선 불출마를 선언했던 밋 롬니Mitt Romney는 트럼프 발언에 대해 "심각한 실수"라고 지적했다. 플로리다주 상원의원 마코 루비오Marco Rubio는 "트럼프의 발언은 모욕적이고 부정확할 뿐만 아니라 분열적이다"고 했고, 공화당 주자 중 유일하게 낙태를 공개 찬성해왔던 전 뉴욕 주지사 조지 퍼타키George Pataki도 "무례하다"고 트럼프를 비판했다.

반면 강경 보수인 티파티의 지지를 받는 텍사스주 상원의원 테드 크루즈Ted Cruz는 "불법 이민 문제는 더이상 방치되어서는 안 되며, 트럼프가 사실을 말했다"고 거들었고, 신경외과 의사 출신 흑인 논객 벤 카슨Ben Carson은 "트럼프의 선동적 스타일이 문제일 뿐 불법 이민에 대한 핵심 메시지는 옳다"고 했다. 당 바깥의 압력단체인 미국보수연합American Conservative Union의 맷 슐랩Matt Schlapp 회장은 "트럼프 얘기에 귀를 기울여야 한다"고 압박했다. 2014년 버락 오바마 대통령 탄핵을 거론했던 스티브 킹Steve King 하원의원은 "트럼프는 소신을 과감하게 밝힌 몇 안 되는 정치인"이라고 치켜세웠다.

6월 말 실시된 CNN과 미국 전략연구컨설팅ORC 여론조사에서 트럼프는 공화당 주자 중 12퍼센트를 얻어 젭 부시(19퍼센트) 다음을 차지했다. 한 달 전인 5월 말 같은 기관 조사에서 트럼프의 지지율은 3퍼센트였다가 '멕시코 성폭행범' 발언 이후 오히려 수직 상승했다. 트럼프의 지지율 상승은 공화당 지지자 중에서도 '장·노년 보수'의 지지 덕분이었는데, 이들은 히스패닉 불법 이민자에 대해 품고 있던 속내를 트럼프가 시원하게 내뱉어줘 대리만족을 느낀 것으로 분석되었다.

7월 4일 젭 부시는 "이처럼 전례 없는 추한 발언을 하는 것은 공화당을 대변하는 게 아니다"며 "트럼프가 틀렸다"고 공개 비난했다. "트럼프는 불을 지르고 자극하고 관심을 끌기 위해서 이런 말을 하고 있다." 젭 부시는 취재진이 아내가 멕시코 출생인데 개인적으로 불쾌했는지를 묻자 "물론이다. 당연히 그렇다"고 했다.

트럼프는 곧바로 성명을 내 "부시는 국경과 국경 치안에 대해 아무것도 이해하지 못하고 있다"며 "법을 어기고 국경을 넘는 불법 이민자들이 사랑 때문에 오는 것으로 믿고 있다"고 비아냥거렸다. 젭 부시의 아내인 멕시코 출신 콜룸바 부시Columba Bush를 끌어들인 비난이었다. 트럼프는 며칠 후 "젭 부시는 자기 부인 때문에 멕시코 불법 이민자들을 좋아해야 한다"는 글을 리트윗했다가 삭제하기도 했다.[8]

7월 7일 밤 트럼프는 폭스뉴스와의 전화 인터뷰에서 "나는 불법 이민에 대해 전적으로 반대한다"면서 최근 샌프란시스코에서 발생한 멕시코 출신 불법 이민자의 '묻지마 살인' 사건을 근거로 불법 이민에 대한 비판을 이어갔다. 트럼프는 "샌프란시스코에서 한 아름다운 젊은 여성이 그곳에 있어서는 안 되는 남자의 총에 맞아 숨졌다. 그 남자는 5번이나 추방됐는데 멕시코는 그를 다시 미국으로 돌려보냈다"고 말했다.

그러면서 트럼프는 "내 생각에는 멕시코 정부가 그를 강제로 미국으로 돌려보낸 것이다. 그들이 많은 범죄자를 우리나라로 자꾸 보내고 있다"고 주장했다. 트럼프는 이어 "내가 불법 이민 문제를 제기했고 내가 그 문제를 꺼내기 전에는 사회적 이슈도 아니었다"면서 "불법 이민자들이 우리의 허술한 국경을 넘어와 사람을 죽이고 또 많은 문제를 일으키는 것을 보여주는 수천 건의 사례가 있다"고 목소리를 높였다.

트럼프는 다음 날인 8일 NBC 뉴스와의 인터뷰에서 "내가 (공화당 대선 후보로) 지명된다면 히스패닉의 표를 얻어낼 것"이라고 장담했다. 그는 "많은 합법 이민자들이 나와 함께 일하고 있다"며 "그들 중 다수는 멕시코로부터 왔다. 그들은 나를 사랑하고, 나도 그들을 사랑한다"고 말했다. 자신의 소유인 워싱턴 D.C. '트럼프 인터내셔널 호텔' 공사장에 불법 이민자를 포함한 다수의 중남미 출신 근로자를 고용했다는 『워싱턴포스트』 보도에 대해서도 "내가 멕시코인들과 좋은 관계를 맺고 있다는 예"라고 주장했다.[9]

"불법 이민자 한 명에 10만 달러를 지불하도록 만들겠다"

참으로 이상한 일이었다. 언론은 물론 공화당 내부에서도 격한 비판이 쏟아졌는데도 트럼프의 지지도는 계속 상승세를 보이고 있었으니 말이다. 7월 11일 트럼프는 공화당 등록 유권사를 대상으로 한 여론조사에서 15퍼센트로 지지율 1위를 차지했으며, 애리조나주 피닉스Phoenix에서 가진 공개 유세엔 1만 1,000여 명의 군중이 몰렸다. "우리의 지도자는 멍청하고 아메리칸 드림은 죽었습니다. 하지만 나는 미국을 더 크고 위대한 나라로 만들 것입니다." 트럼프의 연설에 군중은 "USA"를 외치며 환호했다. 트럼프는 덧붙였다. "걱정하지 마십시오. 빠른 시일 안에 우리나라를 되찾겠습니다."[10]

트럼프가 애리조나는 불법 이민자 문제로 골치를 앓는 주라는 걸 놓칠 리 없었다. 그는 "나라를 제자리에 되돌려 놓아야 한다"며 "물처럼 흘러들어오는 불법 이민자들은 우리나라에 있어선 안 된다"고 말했다. 트럼프는 그러면서 "멕시코 정부가 불법 이민자 한 명에 10만 달러를 지불하도록 만들겠다"고 선언하고, 당내 유력 대선 주자인 젭 부시와 마코 루비오(부모가 모두 쿠바 출신)를 겨냥해 "이 사람들은 이런 일을 할 수가 없다"고 비난했다.

다음 날 공화당의 1인자인 존 베이너John A. Boehner, 1949~ 하원의장은 미국 CBS 방송의 〈페이스 더 네이션Face the Nation〉에 출연해 "다른 공화당 대선 주자들은 트럼프보다 훨씬 더 책임 있는 위치들에 있다"며 "다른 주자들은 트럼프의 주장에 동의하지 않으며 나도 그렇다"고 밝혔다.

공화당 대선 주자인 린지 그레이엄Lindsey Graham 사우스캐롤라이나 상원의원은 이날 CNN의 〈스테이트 오브 더 유니언State of the Union〉에 나와 트럼프를 '레킹 볼wrecking ball(철거할 건물을 부수기 위해 크레인에 매달아 휘두르는 쇳덩이)'에 비유하며 맹비난했다. 그레이엄은 "불법 이민자 문제는 당에 '결정적 순간defining moment'을 제공할 것"이라며 "만일 공화당이 트럼프의 시각을 거부하지 않는다면 우리는 길을 잃고 말 것"이라고 우려했다. 그레이엄은 그러면서 "1천 100만 명에 달하는 불법 이민자들을 강간범이라거나 마약거래상이라고 말하는 것은 이들을 친구이자 이웃으로, 또 친척으로 둔 히스패닉 사회를 모욕하는 것"이라고 지적했다. 그는 이어 "우리가 선거에서 이기려면 히스패닉 사회와 더 잘 지내야 하고 나라를 다스릴 수 있는 도덕적 권위를 보여주려면 트럼프의 선동을 거부해야 한다"고 촉구했다.

반면 본선에 앞서 당내 경선을 통과해야 하는 대선 주자들 사이에서는 트럼프의 발언을 다소 두둔하는 듯한 목소리도 나왔다. 공화당의 유일한 여성 주자인 칼턴 칼리 피오리나Carleton Carly Fiorina, 1953~ 전 HP CEO(최고경영자)는 ABC의 〈디스위크This Week〉에 출연해 "트럼프는 우리가 매일매일 듣는 분노를 건드린 것"이라며 "국경을 강화하고 (불법 이민자들의) 피난처를 없애라는 상식적인 이야기가 극단적인 주장으로 간주되고 있다"고 지적했다. 이민 2세인 니키 해일리Nikki Haley 사우스캐롤라이나 주지사는 NBC의 〈미트 더 프레스Meet the Press〉에 나와 "이민 정책에 대한 트럼프의 시각은 이해하지만, 존경과 존엄을 갖고 말했으면 한다"며 "우리는 사람들을 하나로 통합시켜야 한다"고 강조했다.[11]

존 매케인 상원의원과의 충돌

애리조나주 상원의원 존 매케인John McCain, 1936~은 AP통신과의 인터 뷰에서 트럼프의 피닉스 연설에 대해 '인종차별주의적 발언'이라며 강한 불쾌감을 드러냈다. 이에 트럼프는 트위터에 "매케인은 해군사 관학교를 반에서 꼴찌로 졸업한 멍청이dummy"라며 인신공격을 하더 니, 7월 18일 아이오와주 에임스Ames에서 열린 보수단체 행사인 '패 밀리 리더십 서밋'에서 매케인을 "전쟁 영웅이 아니다"라고 격하했 다. 트럼프는 "매케인이 포로로 붙잡혔기 때문에 전쟁 영웅이라는데 나는 포로가 아닌 이들을 좋아한다"고 말했다.

베트남전쟁에 해군 조종사로 참전했던 매케인은 1967년 전투기가 격추되어 다리와 두 팔이 부러졌으며, 5년여의 포로 생활 동안 거의 매일 구타를 당하며 심문을 받았다. 그는 2008년 공화당의 대선 후보 였고 지금은 상원의 군사위원장이다. 트럼프의 조롱에 대해 매케인은 "트럼프의 피닉스 연기는 개인적으로 매우 고통스러웠다"며 "그는 '미친 자'들을 선동하고 있다"고 개탄했다.

공화당은 트럼프에 발끈했다. 릭 페리Rick Perry 전 텍사스 주지사는 "(대선 후보 경쟁에서) 즉각 물러나라"고 요구했다. 스콧 워커Scott Walker 위스콘신 주지사는 "매케인 의원에게 사과해야 한다"고 했다. 마코 루비오 상원의원은 "매케인은 동료가 함께 석방되지 않게 되자 악명 높은 포로수용소에서 조기 석방될 수 있는 기회를 거부했다"며 "그런 사람을 비난한 것은 트럼프가 최고사령관이 될 자격이 없음을 드러낸 것이다"라고 비난했다.

매케인의 절친한 친구인 린지 그레이엄Lindsey Graham 사우스캐롤라이나 상원의원은 "트럼프가 내가 아는 사람들을 모욕할 선을 넘었다"며 "미국 유권자들은 트럼프에게 '너는 끝났어'라는 메시지만을 전할 것"이라고 말했다. '너는 끝났어'라는 말은 트럼프가 텔레비전 리얼리티 쇼에 출연해 즐겨 쓰던 발언이다.

공화당 바깥에서도 비난이 나왔다. 매케인의 상원 동료였던 존 케리John Kerry 국무장관은 성명을 내 "매케인을 붙잡은 이들은 그의 뼈를 부러뜨렸지만 그의 정신은 꺾지 못했다"며 "매케인은 영웅"이라고 밝혔다. 언론은 트럼프의 복무 경력을 추궁했다. 『워싱턴포스트』는 "트럼프는 학생 징병 연기와 의학상의 이유로 인한 징병 연기를 수차례 받아 베트남전에 참전하지 않았다"고 했으며, 『뉴욕타임스』는 "트럼프는 (발의) 뼈에 돌기가 생겨 징병 연기를 받았다고 밝히면서 어느 발인지는 기억하지 못했다"고 전했다.

7월 21일 공화당 전국위원회RNC는 대변인 숀 스파이서Sean Spicer의 트위터를 통해 "명예롭게 국가에 봉사했던 사람들을 폄하하는 발언은 우리 당과 우리나라에서 설 자리가 없다"고 비판했다. 경선에서 중립을 지키는 전국위원회RNC가 이런 성명을 낸 것은 이례적이었다.

그러나 트럼프는 사과는커녕 『USA투데이』 기고를 통해 "존 매케인이라는 정치인이 우리의 병사들을 잘못된 해외 모험에 파견해 미국을 안전하지 못하게 만들었다"며 "그는 애리조나 국경선을 지키기보다는 이라크 국경선을 지키려 한다"고 비난했다. 트럼프는 20일 발표된 『워싱턴포스트』와 ABC 방송의 공동 전국 여론조사에서 24퍼센트의 지지로 당내 선두를 지켰지만, 『뉴욕타임스』의 선거 전문 기자 네이트 콘Nate Cohn은 "트럼프의 지지도는 언론의 관심이 만들어낸 전형적인 거품"이라며 "매케인에 대한 조롱은 그에 대한 엄격한 검증을 불러 곧 거품이 꺼질 것이다"고 예측했다.[12]

트럼프의 '합법적 가학 행위'

2015년 7월 21일 트럼프는 경선 라이벌 린지 그레이엄Lindsey Graham 상원의원의 지역구인 사우스캐롤라이나 블러프턴Bluffton 유세 현장에서 "그레이엄 의원이 최근 인터뷰에서 나를 '멍청이Jackass'라고 불렀다"며 "그는 바보idiot"라고 맞받아쳤다. 그레이엄은 CBS 방송과의 인터뷰에서 "트럼프 의원이 경선에 빠지든 남든 상관없지만, 제발 멍청이 짓만 하지 않았으면 좋겠다"고 말했는데, 이에 대한 반격이었다.

트럼프는 이어 "그레이엄 의원이 몇 년 전 나에게 전화를 걸어 폭스뉴스에 좋은 보도가 나오도록 연결해주면서 은근히 선거 자금을 요구했다"고 주장했다. 그러면서 "'이 사람 뭐지? 거지beggar인가?'라는 생각이 들었다"고 했다. 급기야 속주머니에서 그레이엄의 전화번호가 적힌 흰 종이를 꺼내더니 "당시 그레이엄 의원이 자기 전화번호를 줘 기록해뒀다. 번호가 맞는지 확인해보자"며 유세 현장에서 이 번호를 두 번이나 반복해서 외쳤다.

로이터통신은 "해당 전화번호로 전화를 걸어 보니, 바로 음성 녹음함으로 연결됐다"고 전했고, 그레이엄 대선 캠프 역시 해당 번호가 실제 그의 휴대전화 번호라고 밝혔다. 미국 언론들은 "도를 넘은 행위"

라며 비판하고 나섰다. 『뉴욕타임스』는 "트럼프가 청취자들을 웃기기 위해 소모전을 벌였다"고 지적했고 『워싱턴포스트』도 "트럼프의 행동은 신상털이에 해당하며, 합법적 가학 행위"라고 비판했다.[13]

그레이엄은 트위터에 "새 전화를 사야 할 것 같다. 아이폰으로 할까, 안드로이드로 할까"라고 글을 올린 뒤 'IJ 리뷰'란 동영상 사이트에 1분짜리 동영상을 올렸다. 영상에서 그는 휴대전화를 도마 위에 올려놓고 식칼로 내려찍는가 하면 믹서기에 넣어 갈고 오븐 속에 요리와 함께 휴대전화를 굽더니 "이 모든 방법이 실패하면 트럼프에게 그냥 내 전화번호를 주라"고 말했다.[14]

트럼프의 지지자들일지라도 신상털이라는 합법적 가학 행위와 같은 짓을 반기진 않았겠지만, 그들은 그걸 압도하고도 남을 트럼프만의 장점이 있다고 보았다. 그중의 하나는 트럼프가 적어도 정치자금의 포로는 되지 않으리라는 기대였다. 이런 기대와 관련된 행사가 8월 1일과 2일 캘리포니아주 다나포인트Dana Point의 최고급 리조트 '세인트 레지스 리조트'에서 열렸다.

보수 성향의 큰손 450명이 집결한 가운데 열린 '세인트 레지스 서밋'이라는 이 행사는 억만장자 석유 재벌로 세계 6위의 부자인 찰스 코크Charles Koch와 데이비드 코크David Koch 형제가 주최한 기부자 모임이었다. 코크 형제는 공화당 대선 후보 17명 중 '확실하게 밀어줄' 5명으로 젭 부시 전 플로리다 주지사, 스콧 워커 위스콘신 주지사, 마코 루비오 상원의원, 테드 크루즈 상원의원, 칼턴 칼리 피오리나 전 HP CEO를 꼽았다.

후보 5명이 전원 참석해 참석자들과 문답을 주고받았지만, 이날 주인공은 단연 코크 형제였다. 2016년 대선을 향해 총 8억 8,900만 달러(약 1조 389억 원)을 쏟아붓겠다고 선언한 코크 형제 앞에서 각 후보들은 면접을 치르는 듯했다. 예컨대, 워커 주지사는 "여러 걱정스런 미래의 문제에 대해 '함께 가자'는 해답을 찰스와 데이비드가 주셨습니다"라며 코크 형제를 치켜세웠다. 코크 형제가 젭 부시를 옆에 둔 채 "부시 전 행정부는 외교도 그렇고 신중하지 못하게 국가 예산을 썼다"고 힐난했지만 부시 전 주지사는 "여기 초대 받은 게 영광"이란 말을 반복했다. CNN은 "후원자(코크 형제)에게 구애를 하러 온 후보들은 그들의 목적을 위해 망설임이 없어 보였다"고 꼬집었다.

홍미로운 건 코크 형제가 오랜 지기인 트럼프를 대선 국면에서 철저히 외면했다는 점이다. 미국의 정치 전문 일간지 『폴리티코Politico』는 "트럼프가 공화당 간판을 책임지기에는 부족하다고 판단했기 때문"이라며 "코크 형제로 인해 트럼프가 '제거'될 수도 있다"고 지적했다. 하지만 트럼프는 2일 자신의 트위터에 "캘리포니아까지 돈을 구걸하러 간 공화당 대선 후보들의 행운을 빈다"고 조롱했다.[15]

트럼프는 힐러리를 돕는 'X맨'인가?

2015년 8월 4일 『중앙일보』 논설위원 배명복은 "소음으로 손님을 끄는 노이즈 마케팅이 트럼프의 주특기다. 하루도 쉬지 않고 기행과 막말을 쏟아내고 있다. 단언컨대 약발은 곧 떨어지게 돼 있다. 그가 공화당 대선 후보가 된다면 한국의 '허본좌'라고 새누리당 대선 후보가 못 될 이유가 없다. 트럼프 바람은 '찻잔 속 태풍'이다. 머지않아 미풍으로 끝나고 만다는 데 100달러를 걸어도 좋다"고 단언했다.[16]

이때까지도 트럼프 현상이 "미풍으로 끝나고 만다는 데 100달러를 걸어도 좋다"는 생각은 비단 한국에서만 통용되던 상식만은 아니었다. 미국 역시 마찬가지였다. 그래서 이즈음 나온 게 바로 트럼프를 둘러싸고 벌어진 'X맨(내부에 숨어 있는 적)' 논란이다.

6월 중순까지만 해도 트럼프의 대선 출마 이후 공화당 경쟁 후보들은 종종 '트럼프-힐러리 친분설'을 제기했지만 "어떻게 해서 결혼식(2005년 트럼프의 세 번째 결혼)에 참석하게 됐느냐"는 정도의 의혹이었다. 그런데 8월부터 '가짜 깃발 음모The False Flag Conspiracy'라는 이름 아래 '트럼프의 공화당 지지자 확보→탈당 후 무소속 출마→공화당 지지층 분열로 민주당 힐러리 후보 당선'의 시나리오가 원래부터 있었던 것 아니냐는 구체적인 음모론이 나오기 시작했다.

8월 5일 『워싱턴포스트』는 "어디까지나 추측"이란 전제로 'X맨 음모론'을 뒷받침하는 몇 가지 '상황 증거'를 제시했다. 먼저 트럼프는 지난 14년 동안 3번이나 공화당과 민주당 사이를 오갔다. 2001년 민주당에서 공화당으로 말을 갈아탔고, 2008년에 다시 민주당으로 복당했지만, 2010년에 재차 공화당원이 되었다. 실제 1999년 트럼프는 "난 어디까지나 공화·민주당의 활동가일 뿐이다. 거의 동등하게 (양당을) 지지한다"고 털어놓은 바 있다. 이후 트럼프는 또 다른 인터뷰에선 자신이 활동하던 맨해튼은 민주당 텃밭이었다며, "그래서 민주당에 관여했지만involved 이후 진화했다evolved"고 대답하기도 했다.

또 트럼프는 클린턴 부부가 세운 '클린턴 재단'에 최소 10만 5,000달러(약 1억 2,350만 원)를 기부한 사실이 드러났다. 가장 의문스러운 건 트럼프의 대선 출마 선언 수 주 전에 있었던 '트럼프-빌 클린턴' 간 전화 통화였다. 트럼프가 공화당 후보 경선에 나설까 말까 고민하던 당시, 빌 클린턴 전 대통령이 먼저 연락을 해왔는데, 공화당 내에서 더 큰 역할을 하겠다는 트럼프의 정치적 야망을 격려하면서 그의 대권 도전이 공화당에 실망한 정통 보수파에 희망이 될 것이라는 취지의 정치적 조언을 했다는 것이다. 트럼프의 한 측근은 "트럼프는 클린턴 전 대통령의 전화를 받고는 곧(6월 16일) 출마를 공식 선언했다"고 말했다. 요컨대, 부인인 힐러리가 민주당의 유력 대권 주자인데 클린턴 전 대통령이 '잠재적인 적'에게 조언한 것은 뭔가 수상하다는 주장이었다.

빌 클린턴 전 대통령 측도 두 사람의 통화 사실은 인정했다. 다만 대선 출마와는 무관하다고 반박했다. 한 측근은 "트럼프가 몇 번 연락을 해와서 어쩔 수 없이 5월 말 전화를 걸었고, 일상적인 대화를 나눴을 뿐"이라고 말했다. 하지만 두 사람은 5월 이전에도 여러 차례 통화한 것으로 알려졌다.

문제는 트럼프가 빌 클린턴 전 대통령이 예상한 대로 공화당 내 '보수 본색'을 자극하면서 2위와의 격차를 배 이상 유지하는 부동不動의 1위가 되었다는 점이다. 공화당 내 다른 후보 16명은 일제히 클린턴 가家와의 '수상한 관계'를 이실직고하라고 나섰다. "아마도 도널드(트럼프)는 그의 단짝 힐러리 클린턴과 '거래deal'를 한 듯하다. 지금 계획대로 가면 그녀(클린턴)는 백악관에 진입할 것이다."(9일 젭 부시 후보 트위터) "트럼프가 지금 하고 있는 건 모두 다 연기"(유력 블로거 저스틴

레이몬도Justin Raimondo)라는 주장을 펴는 이도 상당수였다.[17] 이 모든 음모론의 사실 여부는 이제 곧 시간이 말해줄 일이었다.

"트럼프의 토론은 오하이오주에 굉음을 울렸다"

2015년 8월 6일 밤 오하이오주 클리블랜드Cleveland에서 폭스뉴스가 주최한 공화당 대권 주자 텔레비전 토론이 열렸다. 17명 후보 가운데 여론조사 상위 10명이 프라임타임(밤 9시) 토론에 참석했고, 7명은 이보다 앞선 오후 5시에 '미니 토론'을 벌였다. 미국 언론들은 이 텔레비전 토론을 보도하면서 "막말과 기행으로 끌어올렸다는 '트럼프 거품'은 전혀 꺼지지 않았고, 2위와 3위를 달리는 젭 부시와 스콧 워커는 왜소해 보였다"고 평가했다.

트럼프의 양옆에 선 젭 부시와 스콧 워커는 존재감이 없었다. 전문가들은 두 사람을 이번 토론회의 패배자로 규정했다. 젭 부시는 "미국으로 오는 다수는 다른 선택의 길이 없다"고 불법 이민자를 옹호하는 정도가 눈길을 끌었다. 반면 가장 젊은 마코 루비오 상원의원은 승자로 꼽혔다. 경험이 부족하다는 공격에 그는 "선거는 이력서 경쟁이 아니다"라고 맞받는 등 뛰어난 웅변술로 미래의 후보자 이미지를 각인시켰다. '마이너리그' 토론에서도 트럼프는 주된 화제였는데, 언론들은 유일한 여성 후보인 칼턴 칼리 피오리나 전 HP CEO가 승자였다고 평가했다. 피오리나는 "나는 빌 클린턴의 전화를 받지 않았다"며, 트럼프가 민주당 전 대통령의 전화를 받고 출마를 결심했다는 의혹을 부각하는 등 시종일관 공세적인 어조로 자신의 의견을 피력했다.

『워싱턴포스트』는 "트럼프가 적어도 지금까지는 선두"라고 했고, 『뉴욕타임스』는 토론회 참석 후보 10명 가운데 트럼프가 가장 많은 시간(11분 14초)을 발언한 것이 현실을 보여준다고 분석했다. 젭 부시(8분 40초)보다 2분 34초가 많았다. 특히 CNN은 "트럼프의 폭발적인 토론은 오하이오주에 굉음을 울렸다"고 보도했다.[18]

시청률 조사업체 닐슨은 6일 텔레비전 토론을 생중계로 본 미국 시청자가 2,400만 명으로 스포츠를 제외한 전체 케이블TV 프로그램 중 역대 최다를 기록했다고 발표했다. 그러나 오하이오주를 넘어서 전국에 울린 또 하나의 굉음이 있었으니, 그건 바로 트럼프의 특기인 막말 후폭풍이었다. 이날 토론에서 폭스뉴스의 여성 앵커 메긴 켈리Megyn Kelly, 1970~는 과거 여성을 개, 돼지, 역겨운 동물로 부르며 비하한 전력을 집요하게 추궁했다. 트럼프는 자신의 발언 취지는 그런 게 아니었다며 얼버무리는 답을 하면서 당황한 기색이 역력했다.

그러나 트럼프가 누군가? 앞서 보았듯이, 그는 보복의 화신이다. 그건 자신의 의지로 극복할 수 없는 그의 본능이다. 게다가 토론 직후 여론조사나 페이스북 등을 살펴보니 자신이 반反여성의 화신처럼 여겨지는 듯한 낌새가 감지되었다. 공격이야말로 최상의 방어라는 생각을 했던 걸까?

트럼프는 토론이 끝난 직후인 7일 새벽부터 트위터를 통해 "이번 토론회의 최대 패자는 켈리", "폭스 시청자들이 빔보bimbo에게 낮은 점수를 줄수록 켈리는 (인기 프로그램 진행에서 물러나) 다른 프로그램을 고려해야 할 것" 등 마음껏 분풀이를 했다. 빔보는 '매력적 외모를 가졌지만 머리가 빈 여자, 주로 지적이지 않은 금발의 백인 여성'을 폄하하는 비속어다.

그래 놓고도 속이 풀리지 않았는지 그는 그날 CNN에 출연, "(토론 당시) 그녀의 눈에서 피가 나오는 것을 볼 수 있었을 것이다. 그녀의 다른 곳에서도 피가 나오고 있었을 것이다"란 말을 했다. 켈리가 월경 탓에 예민해져 자신을 괴롭히는 질문을 던졌다는 뜻으로 해석되었다. 게다가 트럼프는 자신의 지지자들에게 켈리의 프로그램을 보이콧할 걸 요청했다. 켈리에겐 온갖 성적 욕설은 물론 심지어 살해 위협까지 쏟아졌다.[19]

여성 앵커 메긴 켈리에 대한 집요한 보복

켈리 사건은 자신이 당했다고 생각하면 반드시 보복하는 트럼프의 집요한 성격의 일면을 적나라하게 보여주었는데, 사실 이 보복 사건의 발단은 오래전으로 거슬러 올라간다. 트럼프는 켈리에 관한 기사가 나오면 그걸 클리핑clipping해 두었다가 자신의 서명을 해서 켈리에게 보내주었다. 켈리에게 전화를 걸어 그녀를 칭찬하는 말도 했다. 켈리는 "이 사람 뭐지? 왜 그러는지 도무지 이해할 수 없었다. 그러다가 그의 대통령 출마 소식을 접하자 모든 게 확연해졌다. 하지만 나는 그런 식으로 포섭될 수 있는 사람이 아니다"고 했다.[20]

이때까진 트럼프가 다소 불쾌감은 느꼈을망정 켈리에게 큰 반감을 가질 이유는 없었다. 두 사람이 간접적으로나마 부딪힌 건 약 2개월 전인 5월 20일로 거슬러 올라간다. 그날 폭스뉴스는 트럼프의 출마를 알리는 인터뷰를 했다. 이 방송을 본 이춘근은 "앵커우먼 메긴 켈리가 진행한 방송을 보니 앵커는 트럼프라는 사람의 출마를 하나의 재미있는 장난 혹은 쇼로 취급하는 듯했다"며 다음과 같이 말한다.

"그날 폭스뉴스는 미국 공화당원 655명을 대상으로 행한 여론조사 결과를 배경 화면으로 제시했다. 여론조사의 질문은 '이 사람을 진정한 대통령 후보로 생각하십니까?'였다. 여론조사 결과는 '심각하게 고려하고 있다'가 9퍼센트, '고려할 수도 있다' 26퍼센트, '결코 아니다' 62퍼센트, '잘 모르겠다'가 3퍼센트였다. 트럼프를 심각한 후보라고 생각하느냐고 묻는 사실 자체가 트럼프를 가지고 놀겠다는 의미였다."[21]

트럼프로선 불쾌할망정 그건 언론의 특권으로 인정되는 반면, 트럼프가 보복으로 내뱉은 '피 발언'은 상식적으로 용인할 수 있는 수준을 넘어선 것이었다. 그래서 정치권이 벌집 쑤신 듯 시끄러워졌다. 8월 8일 트럼프를 기조 연사로 초대했던 미국 보수단체 '레드스테이트RedState'는 "일정 선을 넘어섰다"며 초청을 취소했다. 공화당 지지자들에게서도 "기본적 품위도 없는 인격 미달자", "도무지 용납할 수 없다"는 비난이 쇄도했다. 폭스뉴스의 소유주이자 트럼프와 오랜 지기인 루퍼트 머독Rupert Murdoch은 "친구 도널드는 이것이 공인의 생활이란 점을 배워야 할 것"이라고 일침을 가했다. 『워싱턴포스트』는 8월 9일 "공화당 지도부는 이제 트럼프가 역풍을 맞고 몰락하기 시작됐다고 확신하고 있다"고 보도했다.

트럼프는 사태가 심상치 않자 "'그녀의 다른 곳'이란 표현은 '코'를 뜻하는 것"이란 변명을 트위터를 통해 발표했지만 조롱만 샀다. 공화당 후보가 보수층에 막강한 영향력을 행사하는 폭스뉴스를 적으로 만든다는 건 상상조차 할 수 없는 일이다. 그런 계산을 했음직한 트럼프는 8월 10일 폭스뉴스의 로저 에일스Roger Ailes 회장과 직접 화해하면서 갈등을 봉합했다. 트럼프는 트위터에 "에일스가 나를 공정하게 대우하겠다고 전화를 해왔다. 에일스는 훌륭한 사람이고 하는 말도 항상 멋지다"며 화해 사실을 알렸다.

8월 12일 켈리가 저녁 방송을 끝내고 여름휴가를 떠나자 사이버 공간에선 "켈리가 트럼프와의 충돌 때문에 방송에서 하차했다"는 근거 없는 소문이 급속히 퍼져나갔고, 이를 즐기듯 트럼프는 방송 인터뷰에서 이 같은 음모론에 대해 "가능성이 있다"고 가세했다.

그 가능성이 사라져서 다시 화가 난 걸까? 트럼프는 켈리가 열흘간의 여름휴가를 마치고 8월 24일 밤 뉴스 프로그램 〈켈리 파일〉에 복귀하자 곧바로 트위터에 "'빔보'가 돌아왔다. 폭스뉴스의 시간 낭비다"는 지지자들의 트윗글을 리트윗하며 "오래가지 않길 바란다"고 썼다. 그는 "켈리의 상태가 좋지 않아 보인다"면서 "프로그램 초대 손님 코널 웨스트 박사와 이민 문제로 맞서는 것을 두려워한 켈리는 아마도 끔찍한 여름휴가를 보냈을 것"이라는 글도 올렸다. 그는 "메긴 켈리가 없었다면 〈켈리 파일〉을 훨씬 좋아했을 것"이라면서 "켈리는 아마도 자신이 계획하지 않은 열흘간의 휴가를 또다시 가게 될 수도 있을 것"이라고 덧붙였다.

"켈리에 대한 트럼프의 공격은 충격적이고 용납할 수 없다"

그러자 로저 에일스는 25일 성명을 내고 "켈리에 대한 트럼프의 놀랍고 근거 없는 공격은 충격적이고 용납할 수 없다"고 비판하면서 "트럼프가 거의 사과를 하지 않는 스타일이지만 이번에는 사과해야 한다"고 밝혔다. 그는 또 "우리는 일과 관련해 정치인이나 우리를 공격하는 그 누구로부터도 위축된 적이 없다"면서 "켈리는 미국 언론계에 있어 최고이며, 그녀의 전문성이 더할 나위 없이 자랑스럽다. 이와 반대의 평가를 하려는 상스럽고 무책임한 기도를 폭스뉴스 임직원 모두가 거부한다"고 강조했다. 문제의 텔레비전 토론에서 켈리와 사회를 공동으로 진행한 앵커 브렛 베이어Bret Baier, 〈폭스뉴스 선데이Fox News Sunday〉의 진행자 크리스 월리스Chris Wallace 등도 트위터를 통해 일제히 트럼프를 비난하며 반격에 나섰다.

이에 대해 트럼프는 반박 성명을 통해 "에일스 회장의 성명에 전혀 동의하지 않는다. 나는 켈리가 훌륭한 언론인이라고 생각하지 않는다"며 사과할 뜻이 없음을 분명히 했다. 그는 이어 "켈리의 첫 텔레비전 토론 질문은 매우 불공정했다"고 거듭 주장하면서 "제발 바라건대 미래에라도 나의 생각이 틀렸고, 그래서 켈리가 폭스뉴스와 같은 채널에 걸맞은 수준까지 전문성을 높일 수 있었으면 좋겠다"고 말했다.[22]

켈리는 9개월 후인 2016년 5월 『피플』과의 인터뷰에서 트럼프 후보와의 악연에 대해 "난 그저 그만하고 싶었다"며 "벗어나면 또 다시 시작됐다. 정말 충격적이었다"고 말했다. 정작 관심을 끈 건 앙숙이 된 트럼프가 켈리가 한 달 전 뉴욕에서 비밀 만남을 갖고 트럼프가 켈리의 토크쇼에 출연하기로 결정했다는 사실이다. 켈리는 "가장 흥분되는 순간은 내가 그에게 지난 한 해 우리 둘 사이 일어난 일에 관해 물어볼 때가 될 것 같다"며 "사람들도 보고 싶어 할 것"이라고 말했다.

트럼프와 켈리는 5월 17일 저녁 시청률 황금시간대 폭스뉴스에서 방영되는 〈메긴 켈리 프리젠트〉에서 만났다. 켈리의 말처럼 이 프로그램은 단연 최고의 시청률을 기록할 것으로 예상되었다. 그러나 기대와 달리 트럼프-켈리 단독 인터뷰는 최고 시청률은커녕 같은 시간 CBS에서 방영된 〈NCIS〉의 마지막 회의 절반도 못 미치는 시청률을 기록한 것으로 나타났다. 트럼프-켈리 인터뷰를 본 시청자는 470만 명에 그친 반면, 13시즌의 종결을 장식한 〈NCIS〉 마지막 회에는 1,760만 명이 몰렸다. 3배 이상 차이가 난 셈이다.

트럼프는 켈리와 인터뷰를 통해 "나 스스로가 다른 모든 이들처럼 생존을 위해 싸우는 사람이라고 본다"며 허심탄회하게 자신의 이야기를 털어놓았다. 그는 스스로 강하다고 생각하느냐는 질문에도 "그렇다고 여기지 않는다"고 잘라 말했다. 그는 "정말로 지금 내 자신이 일종의 메신저라고 본다"고 강조했다.[23]

중요한 것은 트럼프의 지지자들이 이 사건에 대해 트럼프의 편을 들었다는 사실이다. 전부는 아닐망정 일부 여성들도 트럼프의 편을 들었는데, 그들의 옹호 논리는 켈리의 원래 목적이 '트럼프 파괴'였다는 것이다. 실제로 켈리가 그런 말을 했다는 게 지지자들 사이에 알려지면서 그런 생각은 더욱 설득력을 얻게 되었다.

트럼프의 여성 비하에 대한 지지자들의 최대 방어 논리는 트럼프 회사엔 다른 어떤 회사들보다 고위직에 여성이 많으며, 여성 임원 비율이 남성 임원 비율보다 높다는 사실이었다. 트럼프를 비판하는 언론이 이에 대한 사실 검증에 들어갈 만도 한데 그런 기사는 나오지 않았다.[24]

왜 〈딜버트〉의 작가 스콧 애덤스는 트럼프의 승리를 예측했나?

2015년 8월 중순 샌디에이고 캘리포니아대학UCSD 석좌교수 스테판 해거드Stephan Haggard는 "정부에 대한 깊은 불신은 오바마 시대의 암울한 특징이다. 트럼프는 선출 공직자들을 '멍청하다'고 부르며 이러한 분위기를 활용한다. 심지어 자신이 정치인들을 매수했다고 자랑하며 자신은 돈이 많기 때문에 돈의 유혹으로부터 자유롭다고 주장한다. 그의 냉소주의는 충격적이다"며 다음과 같이 말했다.

"결국 트럼프는 낙마할 것이다. 그는 계속 진지하게 고려해야 할 후보는 아니다. 그러나 그는 미국 정치를 웃음거리로 만들고 있다. 슬프게도 공화당 사람들은 스스로를 탓해야 한다. 트럼프가 받고 있는 지지의 대부분은 공화당 내 우파의 '분노의 정치'로부터 소외된 사람들에게서 나오는 것이다. 정치와 엔터테인먼트의 융합이 더욱 심화되고 있는 것도 한 원인이다. 희망 섞인 전망을 하자면 공화당은 결국 시민적 토론을 복원하고 진지한 정책 대안을 제시할 후보를 선택할 것이다. 하지만 그때가 아직은 멀어 보인다."[25]

"트럼프는 낙마할 것"이라는 해거드의 예측은 다수가 공유하는 것이었지만, 이미 이때에도 소수나마 "트럼프는 승리할 것"이라고 보는 이들도 있었다. 그 대표적 인물은 1990년대 국내에서도 큰 인기를 끈 직장인 만화 〈딜버트Dilbert〉의 작가 스콧 애덤스Scott Adams, 1957~였다. 그는 8월 블로그에 '천재적 광대'라는 제목으로 "트럼프가 대선 후보가 될 것"이라는 글을 올려 화제가 되었다. 그는 "도널드 트럼프가 얼간이jerk 같은가요? 그는 천재genius예요. 완벽한 협상가이기도 하고요. 그는 자신의 브랜드를 정확하게 계산된 방법으로 세일즈하고 있는 거예요. 유권자들이 그에게 홀릴 수밖에 없는 거죠"라고 했다. 애덤스가 2016년 3월 『조선일보』 인터뷰에서 밝힌 견해를 살펴보자.

어떻게 트럼프의 선전을 예상했나요?

그의 설득 기술이 놀라웠기 때문이죠. 유권자는 감정적인 동물이에요. 냉철하게 그가 대통령으로서 자질이 있는지를 분석하지 않죠. 더 많이 공감할수록 더 많이 지지해요. 유권자들은 트럼프가 이기적인 얼간이처럼 행동할수록 그에게서 인간적 매력을 느껴요. 그의 행동에 친밀감을 느끼고 그에게 홀리게 되는 거죠.

그의 막말에 친밀감을 느낀다고요?

트럼프는 자신의 브랜드와 세일즈 포인트를 정확하게 알고 있어요. 그가 홀려야 하는 대상은 당신이 아니잖아요. 공화당 지지자들이 볼 때 그는 막말을 하는 게 아니에요. 자신의 관점을 고의로 과장해 말하는 거지요. 공화당원들은 반反이민 정책을 지지해요. 그들에게 '멕시코 이민자들은 마약 중독자니깐 막아야 한다'는 식으로 강력한 멘트를 던지는 거죠. 덕분에 그는 대통령 선거라는 정신없는 경쟁에서 사람들이 자신이 가진 시각을 명확하게 기억하도록 하고 있어요. 물론 그에게 거부감을 느끼는 사람도 많죠. 하지만 그들조차 트럼프가 거짓말은 하지 않는다고 생각하죠.

당신은 트럼프 지지자인가요?

아니요. 요즘 이 대답을 정말 많이 하는 것 같아요. 저는 트럼프를 지지하지도 않고 공화당원도 아니에요. 그렇다고 민주당원도 아니고, 민주당 후보를 지지하지도 않아요. 그냥 정치 색깔이 없어요.[26]

P. T. 바넘과 트럼프의 '엔터테인먼트 민주주의'

"트럼프는 낙마할 것"이라는 예측은 빗나갔고, "미국 정치를 웃음거리로 만들고 있다"는 주장은 절반만 맞는 것 같다. '웃음거리'를 '엔터테인먼트'로 본다면, 언제 미국 정치가 엔터테인먼트가 아니었던 적이 있느냐는 반론이 가능하기 때문이다. 실제로 트럼프는 엔터테인먼트 정신에 충실했다. 물론 엔터테인먼트에 따라붙기 마련인 마케팅 능력도 타고났다.

2015년 8월 미국 외교 전문지 『포린폴리시Foreign Policy』의 대표 데이비드 로스코프David J. Rothkopf, 1955~는 "대선 후보들 중 트럼프만큼 대중의 관심을 끈 인물이 없다"며 "트럼프가 19세기 서커스 단장이자 홍행업자였던 P. T. 바넘의 기백과 프로레슬링 경기에서 볼 수 있는 수완을 결합해 공화당 내 주도권을 잡고 있다"고 평했다. 그러면서도 그는 "미국 정치사에서 트럼프 같은 바보를 많이 봐왔지만 대통령으로 꼽힌 적은 없다"며 미국인들은 대통령을 뽑을 때 지나치게 심각하

기 때문에 트럼프가 당선되기는 쉽지 않을 것이라고 전망했다.[27]

사실 트럼프의 또 다른 별명은 '21세기의 P. T. 바넘our 21st-century reincarnation of P. T. Barnum'이었다. 수많은 사람이 그렇게 불렀고, 누나인 메리앤Maryanne도 트럼프가 누린 엄청난 미디어 홍보를 지적하면서 "도널드는 P. T. 바넘"이라고 했다.[28] '서커스의 제왕' P. T. 바넘P. T. Barnum, 1810~1891은 '야바위의 왕자'이자 '흥행의 천재'로 대중의 사랑을 받은 인물이었다.[29] 대중은 바넘에 의해 속아넘어가는 것마저 즐겼다. 중요한 건 사실이나 진실이 아니라 어떻게 해서든 대중의 호기심을 자극하는 것이었으며, 바넘의 성공 비결은 바로 그런 일을 잘하는 탁월한 홍보술이었다. 대중은 바넘의 쇼와 이벤트에 대해 비난이 쏟아지고 가짜냐 진짜냐 하는 논란이 벌어지는 걸 사랑했다.[30]

기득권에 도전하는 개혁적인 정치가이자 행정가로도 활동했던 바넘은 1867년 연방 하원의원에 도전했다가 실패해 1875년 코네티컷주 고향 근처의 브리지포트Bridgeport의 시장市長으로 일하는 데에 그쳤지만, 트럼프는 바넘과는 달리 수많은 적과 반대자를 만들어내면서 대통령까지 되고자 한다는 점에서 차이가 있었다.[31]

그런 차이가 있지만 트럼프 역시 '흥행의 천재'이며 '엔터테인먼트 민주주의'를 실현했다는 점에선 '21세기의 P. T. 바넘'으로서 손색이 없었다. 그의 대통령 도전 자체가 일종의 흥행이었으니 더 말해 무엇하랴. 작게는 자신의 슬로건을 새긴 모자 하나만 해도 최고 인기 아이템이 될 정도로 그는 수많은 트럼프 상품을 유행시켰다. 빨간 넥타이와 빨간 모자 등은 트럼프를 하나의 브랜드로 만들었으며, 트럼프의 머리카락마저 엔터테인먼트의 소재로 활용되었다.

트럼프는 출마 선언 다음 날인 6월 17일 유세장에서 앞머리를 들어 올려 이마를 보여주며 "아마 내 헤어스타일을 좋아하진 않겠지만, 어쨌든 내 머리칼은 진짜"라고 했다. 당시 단상 위에 올라와 직접 그의 머리를 만져본 한 여성은 "숱이 좀 없긴 하지만, 진짜"라고 했다.

트럼프는 30년째 황갈색 새 둥지나 솜사탕을 얹은 것처럼 보이는 기이한 헤어스타일을 유지해왔는데, 머리를 앞으로 빗어 넘긴 뒤 부풀려서 고정한 그의 머리 모양은 트레이드마크이자, 구설□□의 대상이었다. 트럼프는 '가발로 탈모를 숨긴다', '모발 이식 수술을 받은 것이 아니냐' 등의 의혹이 끊임없이 제기된 데다 SNS에서는 바람에 날리는 그의 머리카락을 옥수수수염이나 빵 위에 수북이 올린 생크림 등에 빗댄 패러디물 등이 인기를 누렸다.

끊임없는 놀림에도 그가 한 헤어스타일을 고집하는 것은 '정치적 전략'의 일부라고 전문가들은 분석했다. 튀는 머리 모양을 농담으로 삼아 거침없고 솔직한 이미지를 만들어낸다는 것이다. 그는 텔레비전 토크쇼에 출연해서는 진행자에게 "내 머리를 직접 만져보라"며 이마를 내밀고, 인터뷰에서는 머리 손질법을 이야기했다. 대중문화지 『롤링스톤Rolling Stone』에 2011년 "매일 비듬 전용 샴푸로 머리를 감고, 한 시간 동안 책이나 텔레비전을 보면서 자연스럽게 말린다. 뒤쪽에서 앞쪽으로 머리를 빗은 뒤, (앞으로 길게 내려온 머리를) 뒤로 살짝 꺾어주고, 헤어스프레이로 고정하는 것"이라고 손질 비결을 밝히기도 했다.

6월 27일 트럼프는 아이오와주 유세장에서 "대통령이 되면 (머리카락을 모두 뒤로 빗어 넘기는) '올백 스타일'을 하겠다. 지금 머리는 손질하려면 시간이 오래 걸리는데, 백악관에서는 내가 기를 쓰고 일을 할

예정이라 (머리 손질할) 시간이 없다"고 말해 청중의 박수를 받았다.[32]

동물학자 리처드 코니프Richard Conniff는 『부자The Natural History of the Rich』(2002)에서 지배적인 인간들의 특성을 설명하면서 트럼프의 눈썹에도 큰 의미를 부여했다. "트럼프는 눈썹을 다듬지 않고 내버려두기를 좋아했다. 그 이유는 그런 눈썹이 협상 자리에서 자신을 더욱 무섭게 보이게 한다고 생각하기 때문이다."[33]

트럼프는 자신의 책에서 "코니프가 내 머리카락에 대해 말하지 않은 게 기쁠 따름"이라고 받아넘겼지만, 앞서 지적했듯이 코니프의 다른 주장들을 여러 차례 긍정 인용한 것으로 보아 그가 인간 세계와 동물 세계의 유사성에 크게 공감한 게 분명해 보인다.[34] 그런 유사성 중의 하나는 약자들은 승자를 우러러 본다는 점이다. 트럼프의 삶이 바로 이 원칙에 충실했다는 건 두말할 나위가 없다. 한국이나 미국이나 선거만 닥쳤다 하면 후보들이 보통 사람 흉내를 내기에 바쁜데, 트럼프는 정반대로 호화 전용기까지 뻐기는 '부자 마케팅'을 전개했다.

호화 전용기까지 뻐기는 '부자 마케팅' 효과

다른 후보들이 주로 자가용과 기차로 이동하며 선거 유세를 하는 것과 달리 트럼프는 동체에 자신의 이름이 크게 새겨진 전용기 보잉 757기와 중형 비즈니스 제트기인 세스나 시테이션 XCessna Citation X, 시콜스키Sikorsky 헬기 3대를 번갈아 이용했다. 힐러리가 지난 4월 밴을 타고 찾아갔던 아이오와주를 트럼프는 8월 15일 '헬기의 벤틀리'인 82억 원짜리 시콜스키를 타고 갔다. 트럼프는 이날 즉석에서 어린이들을 헬기에 태우는 쇼를 했다.

8월 21일 앨라배마주 모빌Mobile의 한 미식축구 경기장에선 트럼프의 유세를 기다리던 3만여 명의 청중 사이에서 갑자기 환호가 터져나왔다. 트럼프의 대형 보잉 757 전용기가 축구장 상공을 선회하고 있었기 때문이다. 유권자들은 '트럼프 전용기', '트럼프 헬기' 등에 큰 관심을 보였다. 다른 후보들이 전용기를 타면 비난을 받지만, 트럼프는 부동산 재벌이라 그런지 오히려 이런 게 인기의 요인이 되었다. 부자라고 하는 게 굴레라기보다는 오히려 후광으로 작용한 것이다.[35]

트럼프는 자신이 부자기 때문에 부유층의 기부에 의존하지 않을 수 있다는 점을 강점으로 내세웠다. 그는 아이오와에서 민주당 대선 주자인 젭 부시Jeb Bush, 1953~에 대해 "정치자금을 기부한 무리의 꼭두각시"라고 맹비난했다. 다른 후보자들이 정치자금의 인질이 되었다고 야유하는 점에선 자본주의의 화신 같은 트럼프가 민주당 대선 경선에 뛰어든 사회주의자 버니 샌더스Bernie Sanders 상원의원과 같은 목소리를 낸 것이다. 금융 산업도 트럼프의 비판 대상이었다. 그는 특히 헤지펀드나 사모펀드 등 투자회사의 임원들이 과도한 성공 보수를 받아가고 있다고 공격했다.

트럼프의 이런 전략은 여론조사 결과와도 맞아떨어졌다. 아이오와주의 트럼프 지지자 61퍼센트가 월스트리스트에 대한 견해를 묻는 설문에 "불만족unsatisfied" 또는 "머리끝까지 화가 나 있음mad as hell"이라고 답했다. 아이오와주의 유권자들은 2016년 2월 1일 대선 주자 선출을 위한 코커스(당원대회)를 앞두고 기업 또는 정치권에 자금을 후원하는 사회계층에 초당파적인 혐오감을 드러냈다. 미국 민주당의 코커스 참가 예정자 64퍼센트가 월스트리트에 대한 불만을 드러낸 건 물론 전통적으로 더 친기업적 정서를 갖는 정당인 공화당의 당원들도 사실상 같은 비율(62퍼센트)로 불만을 표출했다.

블룸버그는 유권자들이 부동산 재벌임을 세일즈 포인트로 내세운 트럼프를 지지하면서 월스트리트는 싫어하는 것이 일견 부조리해 보인다고 지적했다. 유권자는 부자를 자랑하는 후보를 지지하지만 부유층 엘리트는 싫어하는 모순적 모습을 보였다는 것이다.[36]

전날 트럼프가 탔던 보잉 757기는 2011년 마이크로소프트의 공동 창업자인 폴 앨런Paul Allen에게서 1억 달러를 주고 사들인 것이다. 승객 228명을 태우는 이 여객기를 트럼프는 43인용 전용기로 개조해 세면대와 안전벨트 등 기내 곳곳을 순금으로 도금했다. 트럼프는 언젠가 자신의 전용기에 동승한 기자들에게 자기 전용기가 대통령 전용기인 에어포스원보다 크다고 뻐기기까지 했다. 물론 이건 '팩트 체크' 결과 사실이 아닌 걸로 드러났지만 말이다.

미국 정치에 '디스럽션'이 찾아온 건가?

2015년 8월 27일 미국 퀴니팩대학의 여론조사에 따르면 트럼프는 젭 부시 전 주지사와 마코 루비오 상원의원, 스콧 워커 위스콘신 주지사 등 공화당 선두 그룹을 한 자릿수 지지율로 주저앉혔다. 공화당 지지층 조사에서 트럼프는 지지율 28퍼센트로 선두를 질주했고, 젭 부시 전 주지사와 마코 루비오 상원의원은 7퍼센트로 밀렸다. 특히 트럼프의 지지율은 공화당 골수 표에서 1등이다. 보수 운동인 티파티의 25퍼센트, 백인 복음주의자의 24퍼센트, '매우 보수' 응답자의 25퍼센트가 트럼프를 선택했다.

트럼프는 힐러리와의 양자 대결에서도 지난 5월 힐러리 50퍼센트 대 트럼프 32퍼센트로 크게 뒤졌으나, 27일 45퍼센트 대 41퍼센트로 4퍼센트포인트 차로 따라붙었다. 힐러리·부시·트럼프 3자 대결에선 각각 40퍼센트 대 24퍼센트 대 24퍼센트로, 트럼프가 제3후보로 독자 출마해도 젭 부시 전 주지사와 맞먹는 득표력을 보여주는 것으로 나타났다.[37]

공화당 후보 중 한 번도 선출직에 당선된 적이 없는 세 후보, 즉 트럼프, 신경외과 의사 벤 카슨, HP의 전 CEO 칼턴 칼리 피오리나 3명의 지지율을 합치면 46~56퍼센트에 달하는 반면, 공화당 대선 경선 주자 중 전현직 선출직 공무원들은 두 조사에서 전부 한 자릿수 지지율을 기록했다. 민주당도 힐러리의 지지율은 5월에는 57퍼센트였으나 이제 37퍼센트로 떨어진 반면 그녀의 가장 강력한 경쟁자인 사회주의자 상원의원 버니 샌더스는 15퍼센트에서 30퍼센트로 올라갔다.

이와 관련, 『허핑턴포스트』 편집인 하워드 파인먼Howard Fineman은 8월 31일 「미국 정치에 '디스럽션'이 찾아오다'Disruption' Comes to U.S. Politics」라는 칼럼에서 이 모든 현상을 '디스럽션'이라는 개념으로 설명했다. 그는 "20년 전, 하버드 경영대학원의 클레이턴 크리스텐슨 교수는 혁신의 세계에 (기존의 흐름과의) 단절을 의미하는 '디스럽션'이라는 용어를 처음으로 적용했다. 그는 경제학과 사업을 염두에 두고

한 말이었다. 휴대전화가 지상 통신선을 쓰는 일반 전화와 컴퓨터를 대체하고, LED가 전구를 대체하는 현상 등에 적용되는 것이었다. 하지만 같은 단어와 같은 과정이 사회 전체와 정부에도 적용이 된다"며 다음과 같이 말했다.

"새로운 도전 앞에서, 공공 기관들은 작동을 멈추고 무력해질 위험에 처해 있다. 그리고 미국의 대중은 그들을 경멸하고 불신한다. 대중이 넌더리를 내는 이유는 도처에 있다. 의회는 가장 기본적인 기능 중 하나인 예산 책정을 제대로 하지 못한다. 정당들은 극단적인 지지층의 돈과 표만 바라볼 뿐, 더이상 타협의 브로커로 기능하지 못한다. 워싱턴은 복지국가를 지지하지만, 어마어마한 돈을 빌려 그 비용을 충당한다. 군대는 1991년 이후 재래식 전쟁에서 '승리'한 적이 없고 IS를 무찌를 방법을 모른다. 국경은 구멍투성이이고 이민법은 엉망이다. 대형 은행들은 그 어느 때보다 강력하다. 기업 CEO들은 그 어느 때보다 부유하다. 힘도 돈도 중산층에겐 해당되지 않는다. 법원과 의회에서 인권 운동이 보인 진전은 진정한 평등을 가져오지 못했고 이제 다시 뒷걸음치려 한다. 워터게이트 이후의 캠페인 모금법 개혁은 법원에서 박살이 났고, 이제 억만장자들이 캠페인을 사버릴 수 있다."

이어 파인먼은 "이러한 교착과 기능 장애의 늪 속에서, 왕조 가문 정치인들은 말할 것도 없고, 전통적인 정치인들은 외부인에 의한 디스럽션을 겪게 된다. 외부인들은 낡은 방식과 낡은 매체에 얽매이지 않는 것으로 보인다. 그들은 지나치게 단순하거나 비현실적이긴 해도 짜릿한 해답을 제공하는 경향이 있다. 그들은 낡은 정당 어젠다를 읊기보다는 유권자의 감정과 공포에 직접 어필한다. 그리고 셀러브리티

스타일의 요란함, 센세이셔널한 비난, 전투적인 자세를 동원해 캠페인한다"며 다음과 같이 말했다.

"공화당을 휩쓸고 있는 트럼프는 이 모든 것의 전문가다. 그는 미국의 재난을 미국 밖의 세력과 사람들 탓으로 돌린다. 특히 멕시코, 중국, 일본 사람들을 욕한다. 그는 워싱턴의 신출직 공무원들이 전부 '무력하다'고 한다. 오바마와 오바마의 고문들이 '아무것도 모른다'며 조롱한다. 그는 자신만의 강력한 '매니지먼트'를 동원해 얽히고설킨 모든 문제들을 다 해결하겠다고 다짐한다. 처음에는 광대 취급을 받았다가, 신나게 노는 사람으로 비쳤다가, 곧 사라질 여름의 진풍경으로 생각되었던 트럼프이지만, 이제 공화당원들과 다양한 메인스트림 논평자들은 그를 진지하게 생각하고 있다."[38]

날카로운 지적이다. 트럼프의 출현이 과연 디스럽션인지는 더 두고 보아야 할 일이었지만, 미국이 그 누가 주체가 되건 디스럽션이 나타날 수밖에 없는 상황으로 내몰렸다는 건 부인하기 어려운 사실이다. 2015년 8월 말 트럼프가 스스로 "가장 자신 있다"는 경제 공약을 제시하면서 트럼프를 둘러싼 논쟁과 논란은 새로운 국면을 맞게 된다.

제6장
★

"중국이 미국의 피를 빨아먹고 있다"

"중국이 미국의 피를 빨아먹고 있다"

CNN 등의 여론조사에 따르면 유권자들은 대선에서 가장 중요한 이슈로 '먹고사는 문제'를 꼽았다. 이에 부응해 트럼프는 2015년 8월 말 "중산층 구제에 초점을 맞춘 경제정책"이라고 자랑스럽게 이야기하면서 자신의 대선 경제 공약으로 '경제 계획 5가지Economic Plan 5'를 제시했다. 부자 증세, 기업 해외 도피 예방, 연방정부 부채 한도 축소, 오바마케어 폐지, 관세 부과(보호무역) 등이었다. 트럼프는 자신의 이름을 따서 "내 경제 공약을 '트럼프 솔루션'이라 부르고 싶다"고 목소리를 높였다.

트럼프는 경제 공약을 발표하기 약 보름 전 2011년에 출간했던 『강해져야 할 때Time to Get Tough』를 재출간했는데, 그의 경제 공약은 대부분 이 책에서 제시된 주장들에 근거한 것이었다. 그는 "중산층 세금을 낮추기 위해서는 부자들이 더 내야 한다"며 "펀드매니저는 그저 하찮은 사무직원paper-pusher에 불과한데 너무 많은 돈을 벌고 내는 세금은 적다. 세법을 고치겠다"고 말했다.

트럼프는 감성적 설득력을 극대화하기 위한 재료로 중국을 최대한 활용했다. 그는 "중국이 우리의 점심을 먹어치우고 있다. 미국의 피를 빨아먹고 있다"고 거칠게 공격했다. 또 미국의 이민 정책과 자유무역협정FTA에도 감정적인 공격을 퍼부었다. "최근 몇 십 년간 잘못된 무역협정을 맺고 이민 정책을 쓰는 바람에 중산층이 몰락했다"고 말했다.

트럼프는 기업 본사의 해외 이전을 "해외 도피"라고 불렀으며, "관세를 올려 우리의 일자리를 지켜야 한다"고 주장하기도 했다. 구체적으로 수입 자동차에 35퍼센트, 다른 수입 물품에 29퍼센트, 미 기업이 해외에서 생산한 물품에 15퍼센트 관세를 물리겠다고 했다. 그는 "환태평양경제동반자협정TPP 추진도 중단하겠다"고 선언했다.

『월스트리트저널』은 "전통적으로 경제 침체기엔 포퓰리즘적(대중영합적)인 부자 증세 이슈가 인기를 끌어왔다"고 했는데, 전문가들은 '부자 증세'보다는 국제무역이라는 거시적인 측면에 주목해 비판을 쏟아냈다. 헤지펀드 전문 매체인 『알파』가 "개똥 경제학Mockery of Economics처럼 들린다"고 평한 가운데 좌우파 싱크탱크들이 모두 그 '개똥'의 비판에 나섰다. 우파 쪽인 '성장을 위한 클럽Club for Growth'은

"트럼프는 정작 리버럴(미국식 좌파)을 가슴 떨리게 하고 있다"고 꼬집었다. 트럼프는 '성장을 위한 클럽'에 격하게 반응하면서 "도둑놈들소굴Pack of Thieves"이라고 했지만, 비판은 도처에서 쏟아졌다.

좌파 진영 싱크탱크인 경제정책연구소CEPR는 "트럼프가 (미국인의) 합리성보다는 격한 분노에 호소하는 정책을 발표했다"고 촌평했다. 딘 베이커Dean Baker CEPR 공동 소장은 "트럼프처럼 상속재산을 바탕으로 억만장자가 된 인물은 눈에 보이는 경제 현상만을 바탕으로 경제 논리를 구성하곤 한다"며 "이런 경제 논리론 중산층 몰락 배후에 자신 같은 인물이 있다는 점을 도저히 알 수 없다"고 비판했다.

80여 년 전 '대공황의 공포'를 떠올리는 사람들도 있었다. 당시 대통령인 허버트 후버Herbert Hoover, 1874~1964는 대공황 초기에 무너지는 실물경제를 살리기 위해 관세를 올리는 방식으로 무역 장벽을 쌓기 시작했는데, 이후 영국·프랑스 등 다른 나라들도 경쟁적으로 무역 장벽을 높이면서 파괴적인 결과를 초래했다. 이와 관련, 1990년대 연방준비제도 부의장을 지낸 앨런 블라인더Alan Blinder 프린스턴대학 경제학 교수는 "트럼프가 불가능한 일을 꿈꾸고 있다. 시곗바늘을 되돌릴 수는 없다"며 트럼프의 경제 논리나 정책이 시대착오적이라고 지적했다.[1]

트럼프의 '청결 강박증' 또는 '세균 공포증'

이런 상황에서 공화당 대선 경선 주자인 젭 부시Jeb Bush, 1953~ 전 플로리다 주지사가 위기 돌파 카드로 '트럼프 때리기'를 선택했다. 한때 공화당 내 가장 유력한 주자로 스포트라이트를 받았으나, 트럼프에 밀려 영 맥을 못추면서 지지율이 바닥권에 가까워지자 전략을 급수정해 자신의 약점인 '모범적인 학자', '유약함'의 이미지를 버리고 네거티브까지 동원한 공격적 이미지로 전환한 것이다.

트럼프는 그동안 젭 부시의 과거 발언을 문제 삼아 "젭은 국경을 넘어 우리의 법을 깨는 불법 이민자들이 '사랑 때문에' 오는 것으로 생각한다"고 조롱하는가 하면 젭 부시에 대해 대놓고 대통령이 되기에는 '에너지와 열정이 부족한 사람'이라고 비난해왔다.

젭 부시는 9월 1일 공화당의 가치와 배치되는 트럼프 과거 발언이 담긴 80초짜리 동영상에서 트럼프가 공화당의 가치와 달리 낙태를 지지했고, 부유층에 대한 과세와 버락 오바마 대통령의 경기 부양책을 지지했으며 민주당 유력 주자인 힐러리 클린턴 전 국무장관에 대한 칭찬을 아끼지 않았다고 지적했다.

일례로 동영상을 보면 CNN 앵커 울프 블리처Wolf Blitzer가 방송에 출연한 트럼프에게 '불특정한 이란과의 협상에서 누가 미국 대표로 나섰으면 좋겠느냐'는 질문을 하자 망설임 없이 "힐러리가 훌륭하게 일을 할 것"이라고 답하는 장면이 나왔다. 동영상에는 또 트럼프가 힐러리에 대해 "훌륭한 여성"이라고 평가하면서 "내가 수년 동안 그녀와 알고 지내 좀 편향된 평가이긴 하지만……"이라고 말하는 대목도 있었다.

젭 부시는 9월 2일에는 위생 문제를 이유로 선거 운동 과정에서 유권자들과 가급적 악수를 하지 않는 트럼프의 '청결 강박증'을 폭로했다. 부시는 소셜미디어 광고 캠페인에서 이용객들에게 '청결에 대한 강박관념 때문에 악수조차 하지 않는 후보를 좋아하느냐'는 질문을 던짐으로써 트럼프의 '약점'을 부각했다. 그러면서 자신은 모든 곳에서 모든 유권자와 악수를 해도 전혀 문제가 없다는 점을 강조했다.[2]

사실 트럼프에겐 "이겨야 한다" 못지않게 "깨끗해야 한다"에 집착하는 청결 강박증이 있었다. 아니 그는 '세균 공포증이 있는 사람germ phobe'이었다. 그는 낯선 사람과 악수를 하고 나면 반드시 즉시 손을 씻었다. 그가 가장 혐오하는 건 식사 중 악수였다. 트럼프가 언젠가 레스토랑에서 식사를 하고 있을 때 레스토랑 화장실에서 나온 사람이 악수를 요청한 적이 있었다. 어쩔 수 없어 악수를 하긴 했지만 그는 그날 식사를 도중에 중단했다. 그는 자신이 악수를 혐오해 정치는 할 수 없을 거라고 생각했던 적도 있었다. 정치에 뜻을 둔 후엔 악수 대신 서로 절을 하는 일본식으로 하자는 운동을 전개했다.[3]

유세가 끝나면 지지자들과 다정다감하게 셀카를 찍고 포옹도 하는 다른 후보와 달리 트럼프가 의도적으로 적당한 거리를 두는 것도 그의 세균 공포증과 관련이 있는 것 같은데, 미국 언론은 이걸 '아우라 만들기' 전략으로 해석했다. 『월스트리트저널』의 해석에 따르면, "공화당의 유약한 리더십에 불만을 갖고 있는 저소득 유권자들로 하여금 '트럼프는 뭔가 좀 다른데……'란 느낌을 느끼게 한다."[4]

'청결 강박'은 '분리에 대한 확인'

트럼프는 피자를 포크로 찍어 먹어 비판을 받은 적이 있었다. 그는 "피자를 어떻게 먹는지 몰랐고, 다이어트를 하느라 가급적 적게 먹기 위해 포크를 사용했다"고 변명했지만,[5] 이 또한 그의 청결 강박증 때문인 것으로 보인다.

트럼프의 청결 강박증은 옷에 대해서도 마찬가지였다. 그는 뉴욕군사학교 시절에도 교복을 흠잡을 데 없이 완벽하게 입는 것에 집착했고, 그렇게 하지 못하는 다른 동료 학생들에 대해 분노를 터뜨렸다. 총기 관리도 깨끗하게 하는 것에 집착했다.[6] 그는 사업을 할 때에도 늘 검정색 스트라이프의 정장에 잘 다려진 셔츠와 타이를 갖추었다. 오죽하면, 트럼프가 바람둥이긴 해도 세균 공포증 때문에 성적 관계는 그리 많지 않았을 거라는 말까지 나왔겠는가.[7] 트럼프의 이민 관련 막말은 혹 그의 청결 강박증 또는 세균 공포증과 관련이 있는 건 아닐까?

19세기 말엽 세력이 증대된 노동자 계급이 도시로 이동함에 따라 계급 간 경계선이 불명확하게 되자, 부르주아 계급은 위협을 느껴 더욱 청결성에 집착하게 되었다. 이와 관련, 영국 인류학자 매리 더글러스Mary Douglas, 1921~2007는 "어느 한 사회의 외부 경계선이 위협받거나, 혹은 그 문화의 도덕성 내부에서 내적 모순으로 인해 위험이 발생할 때 더러움에 대한 불안감이 발생한다"고 말했다.[8]

더글러스의 저작에서 영향을 받은 사이먼 셰이머Simon Schama도 17세기의 네덜란드 사람들이 청결함에 유난히 집착했던 사실을 '분리에 대한 확인'이라고 해석했다.[9] 캐서린 애셴버그Katherine Ashenburg도 "위생관념은 언제나 이민족을 바로잡는 만만한 회초리였다. 모름지기 이방인은 더러운 족속이기 마련이다"며 이렇게 말한다. "나치는 유대인이 더럽다는 관념을 조장했다. 중세 이후 유럽의 여행자들은 재미 삼아 가장 불결한 나라를 뽑기도 했는데, 승리의 월계관은 주로 프랑스나 에스파냐에게 돌아갔다."[10]

트럼프의 이민 관련 발언은 너무도 막말이어서 더글러스의 이론으로 설명하는 게 더 적합할지도 모르겠다. 트럼프가 이민에 대해 적대적이라고 하지만, 사실 그는 백인의 이민에 대해선 열린 자세를 취하며 유학생, 즉 고급 두뇌가 미국에 남는 것에 대해서도 호의적이다.[11] 그는 '합법' 여부가 중요하다고 하지만, 사실 그 이면엔 인종과 계급을 중심으로 한 분리주의 사고가 자리 잡고 있다고도 볼 수 있겠다.

폴 크루그먼, "경제학에서는 트럼프가 옳다"

트럼프에 대한 집중 폭격이 이루어졌음에도 트럼프의 지지는 수그러들지 않았다. 9월 5일 공개된 '서베이 유에스에이'의 여론조사 결과 트럼프는 민주당 후보와의 가상 양자 대결에서 힐러리를 45퍼센트 대 40퍼센트로 앞지른 것으로 나타났다. 버니 샌더스 상원의원(44퍼센트 대 40퍼센트), 조 바이든 부통령(44퍼센트 대 42퍼센트), 앨 고어 전 부통령(44퍼센트 대 41퍼센트) 등에게 모두 앞섰다. 공화당 후보 지명 가능성에서도 30퍼센트를 얻어 압도적 1위를 차지했다.[12]

미국 유권자들이 완전 바보가 아니라면, 이는 트럼프의 경제정책이 전문가들의 일방적인 비난과는 달리 유권자들에게 어필한 점도 있다는 걸 말하는 게 아닌가? 트럼프는 헤지펀드 등 투기자본의 성공 보수에 일반 소득보다 낮은 세율을 매기는 것이 부당하다고 주장해 벤 카슨Ben Carson 등 경쟁 후보들에게서 '사회주의 냄새가 난다'는 공격을 받았는데, 트럼프의 지지자들에겐 그런 이념 공세야말로 시대착오적인 게 아닌가?

이런 의문에 답하겠다는 듯, 흥미롭게도 노벨경제학상을 수상한 진보 성향의 경제학자 폴 크루그먼Paul Krugman, 1953~ 미국 프린스턴대학 교수는 트럼프의 경제정책 공약이 상대적으로 옳다고 편들고 나섰다. 그는 9월 7일 『뉴욕타임스』에 기고한 「경제학에서는 트럼프가 옳다Trump Is Right on Economics」라는 칼럼에서, 공화당 후보 경선전의 라이벌인 젭 부시 전 플로리다 주지사를 비롯한 공화당 주류에서 '이단'이라며 공격당하고 있는 트럼프의 경제 공약, 즉 부자 증세增稅, 전 국민 건강보험 지지 등이 옳을 수 있다고 밝혔다.

크루그먼은 트럼프가 옳다는 증거라며 버락 오바마 대통령이 2013년부터 새로운 세제稅制를 시행한 후 미국 상위 1퍼센트에게서 세수稅收가 크게 늘어난 점과 2014년부터 건강보험개혁법(오바마케어)이 시행되면서 저소득층 의료 지원이 확대된 것 등을 들었다. 크루그먼은 증세를 하면 일자리가 줄어들 것이라는 보수주의자들의 주장과는 달리 오바마 대통령이 취임할 때 7.8퍼센트였던 실업률이 지난달 역대 최저인 5.1퍼센트로 떨어졌다고 지적했다. 반면, 젭 부시 전 주지사 진영이 감세 정책을 통해 미국 경제성장률을 2배로 올리겠다고 말한 것에 대해서는 "완전히 공급자 편향적인 맹신"이라고 비판했다.

크루그먼은 칼럼에서 "내가 트럼프를 지지하는 것은 아니다"고 밝혔고 시종일관 젭 부시 전 주지사 등 공화당 후보들의 정책을 비판하는 데 집중했다. 그래서 크루그먼의 칼럼은 트럼프를 지지해서가 아니라 트럼프의 경제정책에 나타난 진보적 측면을 부각해 보수적인 공화당 후보들을 비판하기 위한 것으로 해석되었다. 트럼프의 인기가 계속 치솟는 것에 대해서도 크루그먼은 트럼프가 공화당 주류 노선을 거슬러 부자 증세를 내세운 것이 한 요인이 되었다고 분석했다.[13]

백신과 지구온난화에 대한 반反과학주의

2015년 9월 16일 밤 캘리포니아주 로널드 레이건 기념도서관에서 CNN 방송 주최로 열린 공화당 대선 후보 2차 텔레비전 토론은 선두를 달리는 트럼프에 대한 파상 공세로 후끈 달아올라 언론은 "'트럼프 대 10인'의 3시간 혈투"라고 했다. 토론 시작 전 CNN은 "다른 후보들이 링에 올라 카운터펀치를 날릴지 잽을 날릴지 고민할 때 트럼프는 철제 의자로 그들의 머리를 내려친다. 트럼프를 쓰러뜨리기 위해선 경쟁 후보들이 프로레슬링 한 조를 구성해 덤비는 수밖에 없다"고 했다. 실제 이날 토론은 CNN의 분석 그대로 진행되었다.

한 달 전 1차 토론 때만 해도 "진흙탕 싸움에 말려들기 싫다"며 점잖게 대응하던 젭 부시는 이날 트럼프를 격하게 몰아세웠다. 충돌은 3번 있었다. 부시는 먼저 "내가 플로리다 주지사로 있을 당시 트럼프가 플로리다에서 카지노 도박 사업을 하려 했으나 내가 그걸 중단시

컸다"고 주장했다. 트럼프가 "그런 적이 없다"고 부인하자 부시는 "오, 노Oh, No"라 외치며 "그건 명백한 사실"이라고 반박했다. 또 부시는 트럼프가 최근 "부시의 이민 정책은 멕시코 출신의 아내에 의해 좌우되고 있다"고 한 발언을 거론하며 청중석에 있는 아내 쪽을 가리키며 "(내 아내에게) 사과하라"고 요구했다. 트럼프가 "여기 있는 후보 중 나만 당신의 형(조지 W. 부시 전 대통령)이 벌인 이라크전에 반대했다"고 반격을 가하자 부시는 "기억할지 모르겠지만, 내 형은 우리(미국)를 안전하게 만들었다"고 응수했다.[14]

트럼프는 이 토론회에서 과거 한 직원의 아기가 백신을 맞고 고열에 시달리다 자폐증 환자가 되었다는 사연을 공개하며 "이제 자폐증이 전염병처럼 돼버렸다"고 말해 논란을 빚었다. 그는 2014년 4월 트위터에 "내가 대통령이라면 적당량의 백신을 투여하도록 밀어붙일 것"이라며 과다한 백신 접종이 자폐증의 원인일 수 있다고 주장하는 등 그간 여러 차례 백신과 자폐증의 상관관계를 주장해왔다.

문제는 이날 토론회에 의사 출신 대선 후보가 2명이나 있었는데도 트럼프에게 제대로 된 반격을 가하지 못했다는 점이다. 세계 최초로 머리가 붙은 쌍둥이 분리 수술에 성공한 신경외과 전문의 출신의 벤 카슨은 '트럼프가 이런 주장을 멈춰야 한다고 보느냐'는 사회자의 물음에 "많은 연구들이 백신과 자폐증 사이에 연관성이 있다는 사실을 보여주지 못한다"며 조심스럽게 답했다. 심지어 "우리가 짧은 기간에 너무 많은 백신을 접종하고 있는 것도 사실일 수 있다"라며 의학계가 공인한 백신 접종 스케줄에 다소 거리를 두는 듯한 입장을 내비치기까지 했다. 안과의사 출신의 랜드 폴Rand Paul, 1963~(켄터키) 상원의원도

"우리의 위대한 의학적 발견 중 하나가 백신"이라면서도 "나는 백신의 지지자지만 자유를 지지하기도 한다"며 과학적으로 백신을 집중적으로 투여하는 것이 문제가 되지 않는다 하더라도 개인적으로는 다소 완화할 것이라고 밝혔다.

토론이 끝나자 SNS에서는 전문의들을 중심으로 한심하고 안타깝다는 반응이 쏟아졌다. 윌리엄 세프너William Schaffner 밴더빌트대학 예방의학 교수는 『뉴욕타임스』 인터뷰에서 이번 토론을 가리켜 "슬프다"면서 "두 명의 토론자가 의사였기 때문에 백신의 안전성과 가치에 관한 건전한 토론이 이뤄지기를 바랐다"고 말했다. 오마르 사이드Omar Sa'ad 에머리대학 교수도 "백신 스케줄에 대한 더 강한 지지가 있어야 했다"며 "이건 어느 한 개인이나 정부의 견해가 아니라 광범위한 과학적 조언에 근거한 것"이라고 말했다. 필라델피아 어린이병원의 소아과 전문의 폴 오핏Paul Offit도 "백신 접종을 늦출수록 아이는 그만큼 해당 질병에 걸리기 쉬운 기간이 늘어나게 되는 것"이라고 경고했다. 볼티모어의 소아과 의사인 스콧 크루그먼Scott Krugman은 트위터에 "안 돼 벤 카슨, 트럼프가 틀렸다고 했어야지. 백신은 자폐증을 유발하지 않는다. 당신은 뭘 이야기한 건가"라고 적었다.

트럼프의 이 같은 반反과학주의는 백신 반대 운동에만 그치는 게 아니라 '지구온난화론 비난'으로까지 이어졌다. 그는 2차 토론 직후 날씨가 아주 춥다며 지구온난화를 조롱하는 글을 트위터에 올렸다. 그간 트럼프는 "지구온난화 개념은 중국이 미국 제조업을 경쟁력 없는 것으로 만들기 위해 창출됐다"(2012년 2월), "이처럼 매우 비싼 지구온난화 '헛소리'는 멈춰야 한다"(2014년 1월), '나는 믿지 않는다. 누가 내게 뭔가를 증명해줄 수 있기 전까지는 나는 날씨라는 것이 있다는 것만 믿는다"(2014년 9월) 등의 발언을 해왔다.[15]

'트럼프 현상'과 '백신 현상'은 모두 '언론 현상'

트럼프의 반과학주의와 관련, 천관율은 이렇게 말한다. "트럼프는 기괴하긴 하지만 멍청이는 아니다. 기후변화 회의론과 백신 괴담은 적어도 그의 잠재 지지층에서는 표가 된다. 이 반反과학 선동꾼의 승승장구는 우리 시대 지식과 교육의 경주에, 그래서 결국 민주주의에 뭔가 기능장애가 있다는 신호일지 모른다."[16]

그 기능장애는 우선적으로 언론이었다. 사실 정작 흥미로운 건 '트럼프 현상'과 '백신 현상' 모두 '언론 현상'이기도 하다는 점이다. 미국엔 이른바 '백신 접종 반대 이데올로기anti-vaxxer ideology'를 갖고 있는 사람들이 공격적으로 밀어붙이는 백신 접종 반대 운동이 만만치 않은 규모를 형성하고 있어 뜨거운 논란을 불러일으키고 있는데, 이는 트럼프 현상을 이해하는 데에 매우 중요한 의미를 갖는 것이므로 자세히 살펴보기로 하자.

2000년, 미국은 홍역measles의 종말을 선언했다. 1963년 백신이 개발되기 전까지 미국에서 해마다 300~400만 명을 감염시켜 그중 400~500명의 목숨을 앗아가던 이 전염병이 완전히 퇴치된 것이다. 그런데 2014년 말 캘리포니아주 애너하임Anaheim에 있는 디즈니랜드에서 첫 홍역 환자가 발병한 이후 2015년 2월 15일 현재 미국 17개 주에 걸쳐 120명 이상의 홍역 환자가 발생했다. 홍역 백신만 맞으면 홍역은 100퍼센트 예방이 가능한 질병인데, 왜 이런 일이 벌어진 걸까?

과학적으로 아무런 근거가 없지만 홍역 백신이 자폐증autism 등을 유발하는 부작용을 일으킬 수 있다는 주장이 그동안 미국 내에서 끊이지 않았고, 그래서 일부 부모들이 자녀를 보호한다는 명목하에 홍역 백신을 접종시키지 않았기 때문이다(미국의 홍역 예방접종률은 91퍼센트).

홍역이 확산하면서 사회 구성원 다수가 면역 시스템을 갖추는 92~94퍼센트의 '집단 면역herd immunity'이 필요하며, 이를 위해 홍역 백신 접종을 의무화해야 한다는 이야기가 흘러나오자 크리스 크리스티Chris Christie 뉴저지 주지사와 랜드 폴 상원의원 등 공화당 대권 주자들이 홍역 백신 접종은 부모들의 자유의지로 결정해야 할 사안이라고 주장하고 나섰다. 반대로 민주당의 유력 대권 후보인 힐러리 클린턴 전 국무장관은 트위터를 통해 "지구는 둥글다. 홍역 백신이 안전하다는 것도 마찬가지로 진실"이라며 백신 접종을 옹호하고 나섰다.

홍역 백신 접종을 놓고 공화 · 민주 유력 대권 주자들이 정면충돌하는 양상을 빚으면서 홍역 백신이 정치 이슈로 비화된 것이다. 백신 접종은 100퍼센트 안전하다는 점을 강조하는 의학계는 개인의 자유를 최고 가치로 여기는 자유지상주의자libertarian 표심을 확보하기 위한 정치적 포퓰리즘을 중단하라고 요구했지만, '백신 접종 반대 이데올로기'는 여전히 건재하다.

백신 접종 반대 운동의 기원은 영국 의학자 앤드루 웨이크필드 Andrew Wakefield, 1957~가 홍역 · 볼거리 · 풍진 혼합 백신MMR이 자폐증을 일으킬 수 있다는 연구 결과를 세계적 의학 학술지 『랜싯The Lancet』에 발표한 1998년으로 거슬러 올라간다. 오랜 논란 끝에 이 논문은 2008년 영국 일반의학위원회의 특별 조사에 의해 조작된 논문으로 밝혀졌다. 논문은 취소되었고, 웨이크필드의 의사 면허도 박탈되었다. 그럼에도 지지자들은 웨이크필드가 제약업계와 결탁한 정부·과학계에서 탄압받는 양심적 지식인이라며 그를 떠받들며 생각을 바꾸지 않았다.

그런 추종자 가운데 가장 유력한 인물은 미국 여배우 제니 매카시Jenny McCarthy, 1972~다. 2007년 자신의 아들이 엠엠아르 백신을 맞은 뒤 자폐증에 걸렸다고 공개한 뒤 그녀는 『Louder than Words: A Mother's Journey in Healing Autism』(2007), 『Mother Warriors: A Nation of Parents Healing Autism Against All Odds』(2008) 등의 책을 출간하고 활발한 인터뷰와 방송 출연 등을 통해 예방접종 거부 운동의 투사가 되었다. 두 번째 책은 국내에서도 2011년 『예방접종이 자폐를 부른다』는 제목의 책으로 번역 출간되었다.[17]

트럼프를 키운 '맹목적 인용 보도 저널리즘'

왜 백신이 자폐증을 일으킬 수 있다는 주장은 거짓임에도 그렇게 광범위하게 퍼진 걸까? 펜실베이니아대학 와튼 스쿨 마케팅학 교수인 조나 버거Jonah Berger는 『컨테이저스: 전략적 입소문Contagious: Why Things Catch On』(2013)에서 그 이유를 실용적 가치와 인간의 이타심에서 찾는다.

"사람들은 거짓 소문을 퍼뜨리는 줄도 모르고 유용하다고 생각했기 때문에 지인들에게 빨리 알렸다. 그들의 자녀가 해를 입을까봐 걱정이 앞섰던 것이다.……사람들이 이런 정보를 공유하는 이유를 명심해야 한다. 이는 타인을 도와주려는 인간의 기본 심리에서 비롯된다. 다른 이들이 시행착오를 줄이고 더 나은 결정을 내릴 수만 있다면 잠시 내 할 일을 미뤄두고서라도 조언과 도움을 주게 된다."[18]

매카시의 맹렬한 활동은 미국 저널리즘의 스캔들로까지 비화되었다. 의학 등 전문 지식이 필요한 분야에서 판단을 내리는 대신, 양쪽의 견해를 소개하는 미국 언론의 '기계적 객관주의'와 이에 따른 이른바 '맹목적 인용 보도 저널리즘he said/she said journalism'이 도마 위에 오른 것이다. 미국 다트머스대학 교수 브렌던 나이한Brendan Nyhan는 『컬럼비아저널리즘리뷰』 기고문에서 "저명 언론사조차 허무맹랑한 매카시의 믿음을 '세상에는 이런 사람도 있고, 저런 사람도 있다'는 식으로 안이하게 대처하고 있다"고 꼬집었다. 이와 관련, 서수민은 다음과 같이 말한다.

"예방접종을 둘러싼 미국 언론의 관망적인 보도 양태는 현재까지도 이어지고 있다. 과학자들이 예방접종 관련 '논란'은 존재하지 않는다고 거듭 밝히는 상황에서도 '백신 논란, 정치 논란으로 불거져'라는 식의 보도가 여전히 계속되고 있다고 미디어 전문 라디오 프로그램 '온더미디어'가 최근 보도했다.……미접종 영유아들의 발병이 잇따르고 있다는 점에서 '잘못된 언론 보도는 호환마마보다 더 무섭다'는 것이 이번 사태의 교훈이다."[19]

하지만 바뀔 것 같진 않다. 언론에 '논란'은 밥과 다름없으니 말이다. 논란이 있어야 장사가 된다. 그래서 결코 논란으로 볼 수 없거니와 논란으로 봐선 안 될 일도 논란이라며 크게, 지속적으로 보도하는 경향이 있다. '트럼프 현상'도 마찬가지다. 『워싱턴포스트』 정치 전문기자 데이나 밀뱅크Dana Milbank는 폭스뉴스에서 "나는 트럼프에 대해 쓰는 것이 너무 좋다. 그 사람은 썩은 돼지 같은 존재이지만 우리 업계 종사자들에게는 좋은 거다. 죄의식 담긴 즐거움이랄까"라고 말했다.[20] 언론의 이런 문제에 대해선 '맺는말'에서 자세히 논하기로 하자.

트럼프의 '한국 때리기' 논란

2015년 10월 12일 트럼프의 유세 현장에서 주한미군과 관련 트럼프와 하버드대학 학생 재미교포 조지프 최 사이에 논쟁이 벌어져 화제가 되었다. "한국이 주한미군에 아무것도 부담하지 않는다고 당신은 주장하는데 그것은 사실과 다르고……." 순간 당황한 트럼프는 말을 끊더니 국적을 묻고, 최 군은 곧바로 맞받아친다. "당신, 한국 사람이 맞죠?" "아닙니다. 전 텍사스주에서 태어나 콜로라도주에서 자랐어요." 미국 시민이란 답에 어찌할 줄 모르는 트럼프에게 최 군은 다시 한 번 일침을 가한다. "어디 출신인지가 중요한 게 아니고 사실을 바로잡자는 겁니다. 한국은 매년 8억 6,100만 달러(9,800억 원)를 미국에 지급하고 있습니다." 다시 말을 가로막은 트럼프, 한국 부담은 '푼돈'이라며 억지를 쓴다. "푼돈에 불과합니다. 잠시만요, 잠시만요, 푼돈입니다. 우리가 내는 돈에 비하면 푼돈에 불과합니다. 푼돈."[21]

트럼프가 선거 유세 중 한국 방위비 분담 문제를 처음 거론한 건 7월 23일 사우스캐롤라이나주 유세에서였다. 그는 "한국은 미국과의 무역을 통해 수십억 달러를 벌어가는데, 무슨 문제가 생기면 우리 군대가 해결해줘야 한다. 우리가 언제까지 북한으로부터 한국을 방어해줘야 하는가"라며 문제를 제기했다. 8월엔 이 주장을 더욱 구체화했다. "나는 그동안 사업을 위해 삼성·LG 등 한국산 TV 4,000대를 구입했다"면서 "우리가 미치광이(북한의 김정은을 지칭)와 한국 사이의 경계에 2만 8,000명의 미군을 두고 있는데 한국은 푼돈peanut만 내고 있다"고 주장했다. 이후 미국 주요 언론들이 주한미군에 대한 트럼프의 발언이 틀렸다고 거듭 지적해도 트럼프는 아랑곳하지 않은 채 조지프 최의 반론에 다시 '피넛론'을 꺼내든 것이다.[22]

2015년 10월 18일 트럼프는 보수 성향 폭스뉴스에 출연, "우리(미국)는 한국을 사실상 공짜로 방어하고 있다"며 "2만 8,000명의 미군을 (한국에) 두고 있으며, 한국은 부를 축적하고 있다"고 주장했다. 트럼프는 이어 한국산 텔레비전을 거론하며 자국 산업을 노골적으로 보호하려는 취지의 발언을 쏟아냈다. 트럼프는 "내가 주문한 4,000대의 TV 세트가 한국으로부터 왔다"며 "나는 한국에 TV 세트를 주문하고 싶지 않고 여기(미국)서 TV 세트를 주문하고 싶다. 그러나 미국에서 TV를 만드는 곳이 없다"고 말했다. 자신이 한국에서 텔레비전을 모두 사올 정도로 "한국은 부자나라"인데, 미군이 왜 한국 방위를 책임져야 하느냐는 논리였다.[23]

"대통령 되려면 트럼프처럼 '초딩' 단어 써라"

2015년 10월 21일 『보스턴글로브』는 트럼프가 초등학교 4학년 수준의 언어를 사용해 유권자의 마음을 사고 있다고 보도했다. 『보스턴글로브』는 경선에 나선 민주·공화당 후보 19명(사퇴자 포함)의 단어 선택과 문장구조 등을 '플레시-킨케이드 읽기 난이도 조사'를 통해 분석했다. 공화당의 짐 길모어Jim Gilmore 전 버지니아 주지사가 10.5학년(고등학교 1.5년) 수준의 언어력이 있어야 알아들을 수 있는 단어를 써서 가장 '유식'했다. 그의 지지율은 0퍼센트였다. 반면 트럼프는 4학년(초등학교 4년) 수준의 단어를 사용해 가장 '무식'했는데도 지지율은 1위였다.

신경외과 의사 출신인 벤 카슨도 박사학위까지 있지만, 6학년(초등학교 6년) 수준으로 유권자와 소통해 공화당 내 여론조사 2위를 차지했다. 단어 구사력과 지지율이 반비례하는 경향을 보인 것이다. 민주당에서는 사회주의자인 버니 샌더스 상원의원이 월스트리트와 미국 자본주의를 비판하다 보니 10학년(고 1) 수준으로 높아졌고, 힐러리 클린턴 전 국무장관은 7.7학년(중 1.7) 수준으로 여야 통틀어 중간쯤되었다.

관심 대상은 단연 트럼프였다. 그는 등장할 때부터 "우리 지도자들은 너무 어리석다stupid"는 식의 직설적이고 거친 말을 즐겨 썼다. 슬로건인 '미국을 다시 위대하게Make America Great Again'처럼 쉬운 단어, 연설이나 텔레비전 토론 때는 '거대한huge', '끔찍한terrible', '아름다운beautiful' 같은 초급 단어를 많이 썼다. 문장은 간결하고 짧았다. 정

치인을 비판할 때, "말만 하고, 행동하지 않는다all talk, no action"라는 식이다.[24]

이후 비슷한 기사가 많이 쏟아져나왔다. 11월 1일 『워싱턴포스트』에 따르면, 트럼프 자원봉사자로 변신한 IT 전문지 기자 홀리 마틴은 "트럼프의 말투는 초등학교 4학년 수준이지만 보통 사람처럼 말하고 애국심을 느끼게 하는 희한한 재주가 있다"고 말했다. 『워싱턴포스트』는 "지지자들은 트럼프의 거친 언사를 '분노'로 해석하지 않고 '투지'로 본다"고 분석했다. 여성 유권자 제인 킴벌은 "우유부단한 다른 후보와 달리 트럼프의 말은 사람을 불쾌하게 만드는 게 아니라 오히려 '생각하게' 만든다"고 평가했다.

회사원 조 매코이는 "처음에는 트럼프를 마음껏 조롱하고 비웃었다"며 "그러나 시간이 지나면서 '트럼프라면 우리의 빈칸을 채워줄 수 있을지 모른다'는 생각이 강해졌다"고 했다. 조지타운대학 로버트 리버 교수는 "트럼프의 담론은 도발적이지만 많은 이에게 신선함을 준다"고 지적했다. 트럼프의 "내가 미국을 다시 위대하게 만들 것Make America Great Again"이란 구호에 대다수가 "실제 그렇게 될지는 모르겠으나 최소한 '노력'은 할 것 같다"고 호응한다는 것이다.[25]

2016년 3월 17일 미 카네기멜런대학 언어기술연구소LTI가 발표한 주요 대선 후보와 전·현직 대통령들의 어휘·문법 수준을 분석한 보고서에서도 트럼프가 구사하는 문법은 11세 이하인 5.7학년 수준으로, 민주·공화당 주자들 중에서도 꼴찌로 나타났다.

공화당 테드 크루즈Ted Cruz 상원의원과 15일 경선 포기를 선언한 마코 루비오Marco Rubio 상원의원의 문법 수준은 약 7학년(11~14세)이고 단어는 8~10학년(13~16세)으로 조금 높았다. 민주당 힐러리 클린턴 전 국무장관과 버니 샌더스 상원의원 역시 문법이 7학년 수준으로 비슷했다. 다만 샌더스가 구사하는 단어의 수준은 10학년 이상(15~18세)으로 힐러리보다 높았다. 특히 샌더스의 출마 선언 연설은 11학년 수준으로, 힐러리(8학년)보다 크게 높았다. 대통령 재임 기간 잦은 말실수로 비웃음을 사기도 했던 조지 W. 부시는 문법에서 트럼프보다도 낮은 수준을 보인 것으로 나왔다.[26]

트럼프의 '메리 크리스마스' 인사 살리기 운동

2015년 10월 22일 트럼프는 아이오와주 유세에서 차츰 사라져가는 인사말 '메리 크리스마스Merry Christmas'를 복권시키겠다고 밝혀 해묵은 논란에 다시 불을 붙였다. 미국은 청교도가 주축이 되어 건립한 국가지만 정치와 종교의 분리가 헌법에 명시되어 있어 '메리 크리스마스' 인사말은 늘 논란이 되어왔다. 크리스마스 문화에 기독교라는 특정 종교 색채가 짙다는 무신론자나 다른 종교 신도들의 반대가 거세지면서 즐거운 연휴를 보내라는 뜻의 '해피 홀리데이스Happy Holidays'가 대안으로 득세했다. 각종 공공 기관과 주요 민간기업 등에서 메리 크리스마스 대신 해피 홀리데이스가 일반적인 인사말로 자리 잡았고, 국립병원 등지에서 크리스마스캐럴이 금지곡으로 퇴출 당해 기독교계가 항의하기도 했다.

트럼프는 "나는 좋은 기독교 신자"라며 "내가 대통령이 되면 우리는 '해피 홀리데이스'는 집어치우고 어디서나 '메리 크리스마스'라고 인사하게 될 것"이라고 말했다. 트럼프의 발언은 인종·성별·종교 등에 따른 차별적인 언어를 쓰지 말자는 '정치적 올바름political correctness' 운동을 거부하는 평소의 입장을 다시 한 번 강조한 것이다. 트럼프의 이 같은 발언을 접한 지지자들은 그가 정치적 올바름을 혐오하는 것이 바로 그의 매력이라며 환호했다. 아이오와주 크로포즈빌Crawfordsville의 주민 신시아 포스는 "트럼프는 내가 듣고 싶은 말을 실제로 한다"며 "나는 (빙빙 돌리지 않고) 똑바로 말하는 것을 듣고 싶다. 그는 대놓고 말한다"고 지지를 보냈다.[27]

트럼프는 이전부터 '메리 크리스마스' 인사말을 쓰지 못하는 걸 가리켜 '언어도단totally outrageous'이라고 비판해왔으며, 이런 비판을 독실한 기독교 신자들을 자기편으로 끌어들이기 위해 활용해왔다. 그는 『성경』을 가리켜 '인류 역사상 가장 중요한 책'이라고 했다. 두 번째로 중요한 책은 자신이 쓴 『거래의 기술』이라고 하더니, 곧 그건 농담이라고 넘어갔는데,[28] 아무래도 농담 같진 않다. 트럼프는 능히 그렇게 생각하고도 남을 사람이니 말이다.

스타벅스가 본의 아니게 트럼프를 돕고 나섰다. 10월 말에 출시된 스타벅스의 크리스마스 컵이 예전과 달리 빨간색의 바탕에 스타벅스 로고만을 넣자, 미국 기독교계에서는 "스타벅스가 의도적으로 성탄절 상징을 뺐다"며 항의하고 나섰기 때문이다. 11월 5일 페이스북 팔로워가 180만 명이 넘는 복음주의 전도사인 조슈아 포어스타인Joshua Feuerstein은 스타벅스가 예수 그리스도를 싫어하기 때문에 크리스마스 컵 디자인에서 제외한 것이라고 주장하는 내용의 비디오를 자신의 페이스북에 올렸다.

　스타벅스 측은 이에 대해 "소비자의 창의성으로 컵 디자인을 채우라는 의도"라며 "사회의 일체감, 포용, 다양성의 문화를 창조하는 것이 스타벅스의 가치"라고 반박했다. 그러나 트럼프는 이 컵의 디자인에 대해 스타벅스 불매운동을 선언하고 나섰다. 트럼프는 "크리스마스와의 전쟁을 벌이는 스타벅스를 보이콧해야 한다. 내가 대통령이 되면 모두가 다시 '메리 크리스마스'를 외칠 수 있게 하겠다"고 언급해 스타벅스를 곤혹스럽게 만들었다.[29]

"언론은 의회보다 신뢰도가 낮은 인간쓰레기"

2015년 10월 26일 트럼프는 뉴햄프셔주 앳킨슨Atkinson 유세에서 "언론은 의회보다 신뢰도가 더 낮다"며 "한마디로 인간쓰레기scum"라고 말했다. 그는 "언론계에 일부 훌륭한 이들도 있지만, 절반 이상은 불법적이고 끔찍하다"고 비난했다. 그는 기성 정치권도 비판했다. 그는 "나는 기존 정치인들이 얼마나 멍청한지 배웠다"며 "만약 버락 오바마 대통령이 일을 잘했다면 그를 좋아했을 테고 내가 대선에 나올 일도 없었다"고 주장했다. 또 "나는 출마 선언 직후부터 104일간 1위 자리를 지켰다. 내가 승리하면 여러분은 지겹도록 승리를 맛보게 될 것"이라 덧붙였다. 주요 언론 보도가 경쟁자인 신경외과 의사 출신 벤 카슨에게 쏠리자 트럼프가 불만을 품고 언론을 공격했다는 해석이 나왔다.[30]

10월 28일 트럼프는 CNBC 방송 주관 아래 콜로라도대학 볼더 캠퍼스에서 열린 3차 토론에서 "본인의 최대 약점이 무엇이냐"는 질문에 "나는 지나치게 사람을 믿는 경향이 있는데 그들이 나를 실망시킨다면 절대 용서하지 않는다"고 말했다. 트럼프는 그가 내세운 공약의 현실성과 관련해 진행자가 '만화책' 같은 대선 캠페인을 벌이고 있는 것 아니냐고 지적하자 "당신 말하는 방식과 질문이 매우 친절하지 못하다"고 날을 세우기도 했다.

트럼프는 "한 가지만 말하자면 양쪽(민주당과 공화당) 모두에서 자체적으로 자금 조달이 가능한 후보는 내가 유일하다"며 "슈퍼 팩(정치자금 모금 단체)은 재앙이다. 그들은 사기꾼이다. 탓하려는 건 아니지만 어쩔 도리가 없다"고 강조했다. 히스패닉계 불법 이민자들을 비난해온 그는 중국이 만리장성을 쌓은 것처럼 불법 이민자들을 막기 위해 미국과 멕시코 국경에 1,000마일(약 1,610킬로미터)에 이르는 벽을 설치하겠다고 주장하기도 했다.

트럼프는 이어 총기 금지 구역은 정신질환자들의 '사격연습장'이자 이들이 '미친 듯이 달려드는 곳'이라고 목소리를 높였다. 그는 과거 때때로 총기를 소지한다고 고백한 것과 관련해 "나는 허가증이 있는데 이것은 뉴욕에서 매우 흔치 않은 것"이라며 더 많은 이가 총기 소지 허가를 받는다면 더 안전하게 느껴질 것이라고 말했다.[31]

이즈음 트럼프는 자신의 새로운 경쟁자로 주목받기 시작한 마코 루비오 상원의원을 겨냥해 연일 인신 공격성 독설을 쏟아내고 있었다. 그는 11월 1일 "루비오는 절대 경선에서 이길 수 없다"며 "불법 이민자를 막아야 한다고 믿는 이들은 절대 루비오에게 투표해선 안 된다"

고 주장하더니, 11월 2일 블룸버그TV 인터뷰에선 "루비오 의원은 과대평가 받고 있다"며 "그는 경량급"이라고 평가절하했다. 트럼프는 루비오 의원이 지난 9월 공화당 주자들의 2차 텔레비전 토론 때 유달리 땀을 많이 흘린 점을 놓치지 않고 "루비오가 가장 젊은데 그렇게 땀을 많이 흘리는 사람은 본 적이 없다"고 문제를 삼았다. 루비오 의원은 44세다. 트럼프는 또 "아침에 (MSNBC 방송을 보는데) 누가 나와서 아양을 떨며 그가 잘 생겼다고 하던데 내가 루비오보다 더 잘 생겼다"고 주장했다.

이어 트럼프는 루비오의 '배신'을 부각했다. 그는 "부시가 루비오의 멘토인 만큼 (부시가 출마했으니) 루비오는 절대로 출마하지 않을 거라는 얘기를 들었다"며 "루비오는 정말로 부시에게 의리가 없다 disloyal"고 비난했다. 자신을 도왔던 젭 부시 전 주지사가 출마했으면 도의적으로 루비오 의원은 출마하지 말았어야 했다는 주장이다. 부시 전 주지사는 2010년 루비오 의원이 상원의원 선거에 출마하자 공개 지지 선언을 하며 루비오 의원을 도왔다.[32]

이처럼 트럼프는 끊임없이 치고받는 싸움꾼으로서 그 면모를 유감없이 과시했는데, 중요한 건 그 내용이라기보다는 그가 늘 화제의 중심에 서 있다는 사실이었다. 트럼프는 논란거리를 만들어내는 후보에게 집중하는 언론의 속성을 최대한 이용했고, 언론은 트럼프에게서 '인간쓰레기'라는 무지막지한 욕을 먹고서도 그를 주요 보도와 논평의 대상으로 삼아야 하는 곤혹스러운 운명에 처해 있었다.

제7장

"나는 이민을 사랑한다.
불법 이민에 반대할 뿐이다"

'불구가 된 미국: 미국을 다시 위대하게 만드는 방법'

2015년 11월 3일 트럼프는 자신의 대통령 출마 공약 등을 담은 『불구가 된 미국: 어떻게 미국을 다시 위대하게 만들 것인가Crippled America: How to Make America Great Again』라는 제목의 책을 출간했다. 자신이 왜 대통령에 출마했는지, 대통령에 당선되면 어떤 정책을 펼칠 것인지에 대해 논한 책이다.

성난 표정으로 노려보는 표지 사진에 대해 트럼프는 "어떤 독자는 왜 화난 표정을 표지에 담았는지 궁금해할 것"이라며 "나는 멋있게 나온 사진도 있지만 그건 적절치 않았다. 이 책은 불구가 된 미국을 말

하는 만큼, 나는 내가 느낀 분노와 불행을 나타내는 모습을 담기를 원했다"고 설명했다.[1]

트럼프는 무엇에 대해 분노와 불행을 느낀 걸까? 러시아 대통령 블라디미르 푸틴Vladimir Putin이 미국 대통령을 갖고 놀고 있으며, 중동에 엄청난 돈을 쏟아붓고도 아무런 성과를 얻지 못했으며, 중국과의 무역 적자 문제가 매우 심각하며, 세계를 이끄는 나라로서 미국의 위대함이 사라졌고…… 등등 미국인들이 마땅치 않게 생각할 모든 문제점을 열거한다.

역사적으로 '지구상에 존재한 나라들 중 가장 위대한 국가'인 미국이 어쩌다 이런 '불구 국가'가 되었으며, 어떻게 해야 미국을 다시 위대하게 만들 수 있을 것인가? 미국을 그렇게 만든 주범으로 '말만 하고 행동은 없는all-talk, no-action' 정치인들을 지목한다. 트럼프는 자신과 기성 정치인들의 차이점은 자신은 행동을 하는 반면 기성 정치인들은 행동에 관한 말만 하는 것이며, 그들은 자신과 달리 진실을 듣고 싶어 하지도 않으며 국민에게 진실을 말하지도 않는다고 주장한다. 워싱턴의 최고 권력자는 로비스트와 이익단체들인바, 이들에게 휘둘리지 않기 위해선 그들에게서 기부를 받지 않는 후보를 뽑아야 한다는 게 그의 주장이다.[2]

이 책을 읽은 한국해양전략연구소 선임연구위원 이춘근은 "대한민국의 언론은 아직 대통령에 당선되지도 않은 트럼프를, 그들이 아베 신조安倍晋三 일본 총리를 비판하는 것보다 오히려 더욱 격렬한 어조로, 나쁜 인간인 것처럼 비난한다. 우선 우리 언론에 의하면 트럼프는 무식한 인간이다. 트럼프가 플로리다에서 승리함으로써 강력한 후보로 등장하기 전, 사적인 저녁 모임에서 선배 교수 한 분이 '트럼프 그 녀석 정말 또라이 같은 놈이야. 큰일이야!'라고 말했다. 필자가 '꼭 그렇게만은 볼 수 없어요. 트럼프가 쓴 책을 한 권 읽어보세요'라고 말했다. 선배 교수는 '그놈이 책을 다 썼어?' 하고 놀랍다는 듯이 말했다" 며 다음과 같이 말했다.

"대선 출사표와 같은 이 책을 읽은 필자는 우리나라 대통령 후보들도 이런 부류의 책을 한 권씩 미리 출간하면 좋을 것 같다고 생각하고 있었다. 필자는 그 책을 읽고 상당히 잘 쓴 책이라는 생각이 들었다. 나만 그렇게 생각하는 것은 아닌가 하는 마음에서 아마존닷컴 Amazon.com에 들어가서 서평을 살펴봤다. 미국 국민들도 역시 이 책에 대해 대단히 높은 평점을 주고 있었다. 책이 나온 지 반년이 지난 현재 1,020명이 서평을 했고, 그중 76퍼센트가 별 다섯 개, 즉 만점을 줬다. 5점 만점에 평균 4.5점가량 되어 보인다."[3]

트럼프에 대한 맹목적인 반감은 한국만의 사정은 아니었다. 플로리다주 마이애미Miami의 한 대형서점 체인 반스앤드노블은 『불구가 된 미국』을 새로 나온 유머 서적들과 함께 배치했다. 흑인 의사 출신 공화당 후보인 벤 카슨의 『더욱 완벽한 연방: 헌법적 자유를 되찾기 위해 우리는 무엇을 할 수 있는가A More Perfect Union: What We the People Can Do to Reclaim Our Constitutional Liberties』도 그 옆에 놓였다. 두 후보의 저서가 놓인 유머 섹션에는 "당신을 웃게 만들 책들"이라는 설명이 적혀 있었다.[4]

"나는 이민을 사랑한다. 불법 이민에 반대할 뿐이다"

『불구가 된 미국』의 내용을 더 살펴보자. 트럼프는 자신이 기득권층 establishment에서 공격받는 것은 자신이 국민을 위해 발언하기 때문이라고 주장한다. 트럼프는 언론이 선정적인 헤드라인을 뽑아내기 위해 자신이 모든 이민자를 범죄자로 몰아간 것처럼 왜곡하고 있다고 불만을 토로한다. 일부 이민자들의 문제를 지적했을 뿐인데도 언론이 그러는 건 전형적인 '가차 저널리즘Gotcha Journalism'이라는 것이다.[5]

'Gotcha'는 'I got you'의 줄임말로 우리말의 "너 딱 걸렸어"에 해당되는데, '가차 저널리즘'은 언론이 바로 그런 자세로 정치인의 실수나 해프닝을 꼬투리 삼아 집중적으로 반복·보도하는 보도 행태를 말한다. 언론이 주로 수익 증대를 위해 갈등과 스캔들에 초점을 맞춰 보도하려는 경향에서 비롯되었다.[6] 물론 언론의 트럼프 관련 보도가 과연 '가차 저널리즘'인가 하는 건 별개의 문제지만 말이다.

트럼프는 자신은 이민에 반대하지 않으며 오히려 이민을 사랑한다고 주장한다. 자신은 오직 불법 이민에 반대할 뿐이라는 것이다. 합법적인 이민을 위해 수년간 기다리고 있는 사람들이 있는데 불법 이민을 방치하는 건 불공정하며, 불법 이민자가 1,100만 명이 될 정도로 방치해온 정부의 정책을 비판하고 대안을 제시한 것이 뭐가 잘못되었느냐는 항변이다.[7]

트럼프는 미국과 멕시코 국경에 1,000마일(약 1,610킬로미터)에 이르는 벽을 설치하겠다고 한 자신의 주장이 조롱의 대상이 되는 것에 대해서도 반론을 편다. 2,000년 전 중국은 만리장성萬里長城을 세웠는데, 그간 인간의 장벽 건설 기술은 엄청나게 발전했는데 뭐가 문제냐는 것이다. 그는 중국과 달리 미국에 없는 것은 그렇게 해보겠다는 의지가 없는 것이라고 주장한다.[8]

트럼프는 자신이 아버지에게서 큰 재산을 물려받은 금수저라는 비판에 대해서도 펄펄 뛰며 반론을 편다. 아버지에겐 100만 달러의 소액a small amount of money을 빌려 나중에 다 갚았으며, 아버지가 사망해 유산을 다른 형제들과 균등하게 물려받았을 땐 자신은 이미 자신만의 제국을 건설한 후였다는 것이다.[9]

트럼프는 자신의 생일인 6월 14일이 '국기의 날Flag Day'임을 자랑스럽게 생각한다며, 자신이 성조기 때문에 겪었던 일들을 소개하며 독자들의 애국심에 호소한다. 자신의 별장인 마라라고에 가로 25피트(7.6미터) 세로 15피트(4.5미터) 크기의 성조기를 단 80피트(24.3미터) 높이의 국기게양대를 세웠는데, 성조기가 바람에 휘날리는 모습은 너무도 아름다웠다고 말한다.

그런데 팜비치시 당국이 성조기의 크기가 시 조례에 어긋난다며 철거를 요구했다. 트럼프가 거부했더니, 시 당국은 하루당 250달러의 벌금을 매겼다. 트럼프는 자신의 헌법적 권리가 침해당했다며 시 당국을 상대로 2,500만 달러의 배상을 청구하는 소송을 제기했다. 시 당국과 타협을 볼 때까지 벌금 누적액은 12만 달러에 이르렀는데, 벌금을 면제하는 대신 트럼프는 10만 달러를 이라크 참전 용사 단체에 기부하는 동시에 게양대 위치를 옮기고 성조기 크기를 좀 줄이는 것으로 타협을 보았다.

트럼프는 다시는 이런 일이 없을 줄 알았는데, 2014년 자신의 캘리포니아 골프장에 세워진 70피트(21.3미터) 높이의 국기게양대에 대해 란초 팔로스 베르데스Rancho Palos Verdes시 당국이 비슷한 시비를 걸어왔는데, 결국 자신이 이겼다고 말한다. 요점은 자신이 실천하는 애국심의 살아 있는 화신이라는 이야기다.[10]

"집권하면 불법 이민자 추방군을 만들겠다"

2015년 11월 10일 트럼프는 위스콘신주 밀워키Milwaukee에서 폭스비즈니스네트워크 주최로 열린 공화당 경선 후보 4차 텔레비전 토론에서 "미국은 법치국가로서 국경이 필요하다. 국경에 대형 장벽을 설치하면 효과가 있을 것"이라며 "드와이트 아이젠하워 전 대통령은 과거 150만 명의 불법 이민자들을 추방했다. 당시 국경 바로 바깥쪽으로만 몰아내니 그들이 다시 돌아왔고 그래서 아예 국경 남쪽 저 멀리까지 추방하자 다시는 돌아오지 않았다"고 말했다.

트럼프는 다음 날인 11일 MSNBC 방송에 출연, 수백만 명의 불법 이민자를 어떻게 미국에서 추방할 것이냐는 질문에 "우리가 해야 할 일은 해야 한다"면서 "(내가 대통령이 되면) 여러분은 불법 이민자 추방군軍을 보게 될 것이다. 불법 이민자들은 자신들이 애초 있었던 곳으로 돌아가야 한다"고 밝혔다. 트럼프는 다만 "불법 이민자 가운데 일부 훌륭한 사람들도 있다. 추방 과정에서 이들을 인도적으로 다룰 것"이라고 덧붙였다.

이에 젭 부시Jeb Bush, 1953~ 전 플로리다 주지사는 "비현실적이다. 민주당 힐러리 클린턴 진영이 쌍수를 들어 환영할 말한 발언이다"라며 트럼프를 비판했다. 하지만 테드 크루즈Ted Cruz, 1970~ 텍사스주 상원 의원은 "공화당이 불법 이민자 사면당이 되면 대선에서 패할 것"이라 며 트럼프를 감쌌다.[11]

11월 12일 트럼프는 CNN 방송의 〈에린 버넷 아웃프론트Erin Burnett OutFront〉 프로그램에 출연, 유력 경선 경쟁자인 벤 카슨의 어릴 적 '과 격한 성향'을 문제 삼아 그를 아예 '아동 성추행범'에 비유하며 조롱 했다. 트럼프는 앞서 지난 6일에도 폭스뉴스에 출연해 "카슨이 여전 히 치료되지 않은 비정상적인 질병을 갖고 있다"며 "약을 제대로 먹 지 않으면 비정상적 질병은 낫지 않는다"고 주장한 바 있다.

그는 "카슨이 (과격한) 병적인 기질을 갖고 있다는 것은 그의 자서전 에 나와 있다"면서 "이는 치료가 되지 않는 것이기 때문에 진짜 큰 문 제"라고 지적했다. 이어 "아동 성추행을 예로 들자면 이들 아동 성추 행범은 치료되지 않는다. 치료약이 없다"면서 "이 병적인 것은 치료 약이 없다"고 거듭 강조했다. 그는 또 "내가 카슨의 자서전에 없는 얘 기를 지어내서 하는 게 아니다"면서 "카슨 스스로 자서전에서 그렇게 얘기했다"고 말했다. 그러면서 "나는 지금 '병적인 과격 기질이 매우 심각한 질병'이라는 것을 말하는 것뿐"이라고 덧붙였다. 트럼프의 이 같은 '카슨 때리기'는 카슨이 최근 일부 여론조사에서 1위를 차지하 는 등 자신의 선두 자리를 위협하는 데 따른 것으로 해석되었다.[12]

"미국 내 무슬림을 등록시켜 데이터베이스화해야 한다"

2015년 11월 13일 밤 파리에서 발생한 대규모 테러로 129명이 사망하고, 중상자 99명을 포함해 352명이 부상했다. 트럼프는 14일 텍사스주 보몬트Beaumont 유세에서 "파리 시민들이 총기를 소지할 수 있었더라면 무척 다른 상황이 됐을 것"이라고 말했다. 그는 "파리의 총기 법률은 세계에서 가장 엄격하다"며 "누구도 총을 소지하지 않는데 악당들만 총을 갖고 있다"고 밝혔다.[13]

이 테러 사건은 트럼프에겐 호재로 작용했다. 공화당이 장악한 주정부가 잇따라 난민 수용 불가 입장을 천명하고 나섰기 때문이다. 파리 테러 발생 이틀 후인 15일 미시간과 앨라배마주가 가장 먼저 난민 수용 거부 방침을 밝힌 뒤 다른 주들이 잇따라 동참하면서 17일까지 미국 50개 주의 절반을 훨씬 넘는 31개 주가 수용을 거부하겠다고 선언했다.

11월 17일 공화당의 폴 라이언Paul Ryan(위스콘신) 하원의장까지 나서 난민 수용 계획의 일시 중단을 촉구하고 나섰다. 라이언 의장은 당지도부 비공개 회동 후 기자회견을 갖고 "지금은 미안함보다는 안전을 우선시해야 할 때다. 우리가 항상 난민들을 환영해왔지만, 테러리스트들이 우리의 이런 호의를 악용하도록 내버려둬서는 안 된다"면서 "현 시점에서 신중하고 책임 있는 조치는 테러리스트들이 난민 행렬에 뒤섞여 들어오지 않는다는 것이 입증될 때까지 난민 수용을 중단하는 것"이라고 말했다.

반면 버락 오바마Barack Obama, 1961~ 대통령은 터키 안탈리아Antalya에서 열린 주요 20개국(G20) 정상회의 후 기자회견을 통해 "난민의 면전에서 문을 세차게 닫는 것은 미국의 가치에 어긋난다. 우리는 난민들에게 마음을 닫아서는 안 된다"면서 내년 중 1만 명 난민 수용 계획을 예정대로 이행할 것임을 거듭 밝혔다. 헌법상 이민자를 포함해 난민을 수용하고 추방할 권한은 주 정부가 아닌 연방정부에 있는데, 주 정부가 현실적으로 자신의 난민 수용과 분산 배치 계획을 거부할 수 없다는 의미였다.

트럼프는 인스타그램에 올린 동영상에서 "우리 이 위대한 나라에 시리아 난민들이 쏟아져 들어오고 있는데 우리는 그들이 누군지 모른다. 그들은 IS 대원일 수도 있다"면서 "그런데 우리 대통령은 지금 무엇을 하려는 것인가. 정신이상 아닌가"라고 비아냥거렸다.[14]

11월 19일 트럼프는 매사추세츠주 우스터Worcester에서 열린 유세에서 테러 예방 차원에서 일부 이슬람 사원을 폐쇄해야 한다는 자신의 발언은 상식적으로 올바른 것이라고 다시 강조했다. 그는 이슬람 사원 폐쇄를 주장하는 것은 자신뿐만이 아니라며 "이곳에서 극심한 증오심이 배출되고 있으며 극단주의 이슬람 테러는 이제 현실"이라고 말했다. 트럼프는 현재 미국에 입국한 시리아 난민들을 추방해야 한다고 다시 강조하며 추가로 받아들여서는 안 되고 걸프만灣 국가들이 비용을 부담해 난민을 위한 안전지대를 만드는 것이 현명하다고 밝혔다.[15]

트럼프는 그날 밤 아이오와주 뉴턴Newton에서 가진 유세에서 NBC-TV 기자가 미국 내 무슬림들을 의무적으로 등록하는 것과 관련해 한 질문에 "해야 한다. 절대적으로 해야 한다"고 힘주어 말하면서 "미국에 있는 무슬림들을 반드시 등록시켜 데이터베이스화해야 한다"고 강조했다. 트럼프는 어떤 식으로 등록 관리해야 하느냐는 질문에 "무슬림들은 여러 장소에 있다. 각각의 장소에서 자필 서명으로 등록해야 한다. 미국은 관리 체계가 없다"고 비판했다. 그러나 그는 이 같은 방식이 나치 독일에서 유대인들을 등록 관리한 것과 어떻게 다른 것인지에 대해선 얼버무렸다.[16]

"세계무역센터가 무너질 때 환호하는 사람들이 있었다"

2015년 11월 22일 트럼프는 ABC뉴스의 프로그램 〈디스위크This Week〉에 출연해 파리 테러 이후 모스크 감시 등 무슬림 단속을 강화해야 한다고 강조하면서 "세계무역센터가 무너질 때 환호하는 사람들이 있었다"고 주장했다. 그는 "뉴저지주 저지시티에서 수천 명이 환호하는 것을 TV로 봤다. 아랍 인구가 많은 곳이다. 분명히 어떤 의미가 있다"며 아랍인들이 테러를 기뻐했다고 암시했다. 세계무역센터가 있는 맨해튼섬에서 허드슨강 건너 서쪽에 있는 저지시티Jersey City에서는 세계무역센터가 잘 보인다.

관계자들은 트럼프의 주장을 반박하고 나섰다. 스티븐 풀럽 저지시티 시장은 "트럼프는 명백히 틀렸다. 저지시티는 맨해튼을 도우러 가장 먼저 나섰다"며 "그는 기억력 문제가 있거나 일부러 사실을 왜곡하는 것"이라고 일침을 놓았다. 당시 뉴욕 주지사인 조지 퍼타키George Pataki는 트위터에 "그때 트럼프가 어느 화려한 거미 구멍에 숨어 있었는지는 모르지만 나는 미국인들이 뭉치는 것을 봤다"고 썼다. AP통신도 "뉴스 자료를 찾아보면 중동 사람들이 환호했다는 영상은 있으나 저지시티에서 기뻐하는 사람들이 있었다는 증거는 없다"고 밝혔다.[17]

트럼프의 주장을 반박한 사람들 중엔 9·11 테러 당시 『워싱턴포스트』 소속으로 관련 기사를 썼던 세르지 코발레스키 『뉴욕타임스』 기자도 있었다. 11월 24일 트럼프는 사우스캐롤라이나 경선 유세 도중 선천성 관절만곡증을 앓고 있는 코발레스키 앞에서 "오, 이 불쌍한 사람을 보라. 자기가 무슨 말을 했는지 기억도 못한다"고 말하면서 팔이 불편한 것처럼 자신의 오른팔을 흔들면서 조롱했다.

트럼프가 장애인 기자를 조롱하는 현장을 지켜본 사람들은 "비열하다"는 비난을 퍼부었다. 소셜미디어에서도 트럼프의 행위를 맹비난하는 글들이 연이어 올라오고 있었다. 그러나 트럼프는 자신이 코발레스키를 알고 있다는 주장을 일축하면서 오히려 『뉴욕타임스』에 사과를 요구했다. 그는 "나는 코발레스키가 누군지도 모르고 그의 지적 수준이나 그가 어떻게 생겼는지도 모른다"고 말했다. 그러면서 "그는 사람들의 관심을 끌기 위해 자신의 장애를 이용하는 것을 중단하고 빠르게 위기에 빠진 언론사로 돌아가 일을 해야 한다"고 덧붙였다.

1987~1993년 트럼프의 사업이 어려움을 겪을 당시 『뉴욕데일리뉴스』에서 트럼프와 관련한 기사를 보도하기도 했던 코발레스키는 "트럼프는 분명 나를 기억하고 있었고 내 팔이 불편하다는 사실도 알고 있었을 것"이라며 "슬픈 것은, 내게 트럼프의 행동은 전혀 거슬리는 것이 아니었고 놀랍지조차 않았다는 것이다. 트럼프의 과거 행적을

보면 그는 언제든 저급한 행동을 할 것이기 때문"이라고 말했다.[18]

트럼프가 보았다는 텔레비전 영상 탓에 '무슬림 환호'의 빌미를 제공한 것으로 지목받은 MTV뉴스는 12월 1일 당시 영상을 포함하는 짤막한 기록물을 제작, 방영해 트럼프의 주장을 반박하고 나섰다. '9·11 당시 뉴저지에서 사람들이 환호했다는 트럼프의 주장은 틀렸다-여기 증거가 있다'라는 제목의 이 기록물은 2001년 11월 17일 영상에 담겼던 한 여성의 당시 증언과 현재의 입장을 동시에 보여주는 내용을 담았다.

당시 여성은 뉴저지의 한 공공장소에 서서 "13~14명의 청소년이 '미국을 불태우자' 등 구호를 외치는가 하면 돌과 나무로 난간 등을 두들겼다"며 "그 아이들은 자기가 무슨 짓을 하는지 몰랐지만, 엄청난 증오심을 갖고 있었다. 슬픈 일이었다"고 증언했다. 트럼프의 주장과는 달리 겨우 십수 명의 어린 아이들이 모여서 소란을 피운 정도였던 셈이다. 나아가 이 여성은 최근 이 장소를 다시 찾아 "그날 밤 본 것은 보통 여름날 밤에 일어난 일과 크게 다를 게 없었다"며 "아이들이 '미국을 불태우자'라는 구호를 외쳤는지 기억나지 않는다"고 했다.

하지만, 트럼프는 여전히 이날 트위터에 "2001년 9월 14일 내가 받았던 『뉴욕포스트』의 사설을 보라"라는 글을 올리며 자신의 입장을 고수했다. 이 사설은 9·11 당시 뉴저지 패터슨Paterson에 거주하는 이집트인과 팔레스타인인이 테러를 축하했다는 내용을 담았다. 그러자 루돌프 줄리아니Rudolf Giuliani 당시 뉴욕시장은 CNN에 나와 "일부가 축하한 것은 사실이지만 그 수는 10명, 12명, 30명, 40명 식이었다"며 "수천 명은 과장된 것"이라고 반박했다. 또 "만약 수천 명이 길거리에

나와 환호했다면 TV에서 봤어야 할 것 아닌가"라고 덧붙였다.[19]

"테러리스트를 잡을 때는 그들의 가족을 공격해야 한다"

파리 테러 이후 실시된 각종 여론조사에서 잠시 주춤했던 트럼프의 상승세가 다시 두드러지고 있는 것으로 나타났다. WBUR 라디오 방송이 파리 테러 직후인 11월 14~15일 뉴햄프셔주 공화당 지지자 405명을 대상으로 조사해 19일 공개한 결과에 따르면 트럼프는 23퍼센트를 기록해 13퍼센트를 얻은 신경외과 의사 출신 벤 카슨을 10퍼센트포인트 차로 제쳤다. 미국 플로리다 애틀랜틱대학이 실시한 여론조사(11월 15~16일)에서도 트럼프는 36퍼센트로 18퍼센트에 그친 이 지역 출신 마코 루비오 의원을 배로 앞섰다. 또 블룸버그 폴리틱스의 전국 여론조사(11월 15~17일)에서도 트럼프가 24퍼센트로 1위를 기록했으며 그다음은 벤 카슨 20퍼센트, 마코 루비오 의원 12퍼센트, 테드 크루즈 의원 9퍼센트, 젭 부시 전 주지사 6퍼센트 등의 순이었다.

이와 관련, 트럼프 캠프의 선거 사무장 코리 레와노도오스키는 의회전문지 『더힐The Hill』에 "사람들이 IS를 격퇴할 수 있는 가장 강력한 인물로 트럼프를 꼽는 것"이라면서 "이것은 내 주장이 아니라 여론조사 결과로 입증된 것"이라고 주장했다.[20]

그러나 『워싱턴포스트』는 11월 23일자 사설을 통해 "점증하는 트럼프 선거 캠페인의 추태가 모든 미국인에게 저항감을 불러일으키고 있다"며 "트럼프는 거짓말을 퍼뜨리고, 두려움에 호소하며, 증오를 부추거 주목을 끌려는 자기도취적 불량배"라고 원색적으로 비판했다.

다음 날 『뉴욕타임스』도 사설을 통해 "미국은 트럼프의 인종주의적 거짓말로 도배된 또 다른 한 주를 겪었다"며 그의 무슬림 혐오 발언을 비판한 뒤 "트럼프는 백인 우월주의 단체로부터 엉터리 통계를 얻어 쓰는 선동가"라고 비판했다. 사실은 트럼프의 최근 인종주의적 발언들을 소개하면서 이를 1950년대 정치적 반대자를 공산주의자로 매도한 매카시즘 마녀사냥을 유발한 조지프 레이먼드 매카시Joseph Raymond McCarthy, 1908~1957의 당시 발언 등과 비교했다. 사설은 "그가 허튼 말을 내뱉을 권리는 미국 헌법에 의해 보호된다"면서도 "대중이 그 허튼 말을 믿을 필요는 없다"고 지적했다.

『폴리티코Politico』의 정치 칼럼니스트인 로저 시몬도 12월 2일 「트럼프를 KO 시키려고 두 주먹을 움켜진 신문들」이라는 칼럼에서 "트럼프는 자신이 하는 말을 더욱 조심해야 할 단계에 이르렀다"고 지적했다. 그는 "아무리 여론조사 지지가 높더라도 많은 유권자들이 당신의 행동에 신물을 내고 있다"며 "당신이 이 무대에서 빨리 퇴출되면 될수록 정치가 좀 덜 혐오스러울 것"이라고 후보직 사퇴를 촉구했다.[21]

그러나 트럼프는 이런 비판에 아랑곳하지 않고 12월 2일 폭스뉴스 인터뷰에서 IS 격퇴 전략과 관련, "우리의 첫 번째 적은 IS며, 그들을 사정없이 부술 것"이라고 말하고서 "이들 테러리스트를 잡을 때는 그들의 가족을 공격해야 한다"고 주장했다. 이 발언은 시리아의 알카에다 연계 단체가 레바논 병사의 시신과 인질을 이양하는 조건으로 레바논이 붙잡고 있던 IS 지도자 아부 바크르 알바그다디Abu Bakr al-Baghdadi의 전 아내를 비롯한 대원들을 풀어주는 협상이 타결되면서

나왔다.[22]

여론조사 결과는 언론보다는 트럼프의 우세를 말해주었다. CNN과 미국 전략연구컨설팅ORC이 11월 27일부터 12월 1일까지 공동 실시한 여론조사에 따르면 트럼프의 지지율은 36퍼센트로, 한 달 반 전인 10월 중순(27퍼센트)보다 9퍼센트포인트 올랐다. 트럼프는 한때 일부 지역에서 지지율 1위 자리를 빼앗겨 대세론이 꺾였다는 평가를 받았지만 파리 테러 사태 이후 특유의 거친 언사로 지지율 반등의 계기를 잡았다. 2위 후보인 테드 크루즈(16퍼센트)와의 지지율 격차가 2배 이상으로 벌어졌다. CNN은 트럼프가 경제 해결 능력(41퍼센트)뿐 아니라 IS 대응 능력(31퍼센트), 이민 정책(34퍼센트) 등에 대한 신뢰도에서 다른 공화당 후보를 압도한다고 분석했다.[23]

"무슬림의 미국 입국을 전면 금지해야 한다"

2015년 12월 2일 미국 캘리포니아 샌버너디노San Bernardino의 한 사회복지시설에서 14명의 생명을 앗아가고 14명을 다치게 한 총기 난사 사건의 범인이 2명의 과격 무슬림으로 밝혀짐으로써 다시 트럼프의 발언에 힘이 실리게 되었다.

처음에 이 총격 사건 뒤 쟁점으로 떠오른 사안은 총기 규제 강화였다. 힐러리 클린턴을 포함한 민주당 경선 주자들은 사건 발생 직후 총기 규제 강화를 역설했다. 반면 전미총기협회 후원을 받는 공화당 의원들은 이에 대해서는 침묵해 『데일리뉴스』를 포함한 언론들이 공화당 의원들을 비판하기도 했다.

그러나 이 사건이 자생적 테러리스트에 의한 것으로 밝혀지면서 분위기는 반전되었다. 공화당 주사들은 연일 오바마 행정부의 테러 전략이 실패했다고 비판하며 중동 지역에서 수니파 무장단체 이슬람국가IS의 확산을 막지 못해 미국 본토 내 테러 위협이 한층 고소되었다고 강조했다. 특히 트럼프는 미국 정보기관의 정보 수집 범위를 확대해 극단주의자를 포함해 그의 가족까지 추적해야 한다고 주장했다. 그는 CBS와의 인터뷰에서 "파리를 보라, 그곳에는 총이 없다"며 총기 소유와 테러는 전혀 무관하다고 주장했다.[24]

12월 7일 트럼프는 성명을 내고 미국 의회가 행동에 나설 때까지 무슬림의 입국을 "전면적으로 완전 통제해야 한다"고 말했다. 트럼프는 "다양한 여론조사를 보지 않더라도 증오심은 이해 수준을 넘었다"며 "미국은 인간 생명에 대한 존중이 없는 지하드(이슬람 성전) 신봉자들의 참혹한 공격의 희생자가 될 수 없다"고 강조했다. 트럼프 경선 캠프 측은 이번 성명에서 금지 대상으로 삼은 무슬림이 이민자와 여행객을 포함한 모든 입국자라고 강조했다. 트럼프는 트위터에도 성명 발표 소식을 전하며 "우리는 바짝 경계해야 한다"고 썼다.[25]

12월 8일 CNN 등 주요 방송과 신문은 "무슬림의 미국 입국을 전면 금지해야 한다"는 '트럼프 발언' 관련 기사로 도배가 되었다. 나라 전체가 발칵 뒤집힌 것은 물론이고 국제사회까지 성토하고 나섰는데, 가장 먼저 격한 반응을 보인 건 백악관이었다.

조시 어니스트Josh Earnest 대변인은 이날 오전 정례 브리핑에서 "모욕적 언사와 독설로 가득 찬 트럼프의 선거 운동은 쓰레기통에나 들어갈 저질이다. 그는 대통령이 될 자격이 없다"고 격하게 몰아세웠다. 백악관은 또 '다른 공화당 주자들도 트럼프가 만약 후보가 된다면 이를 거부하겠다고 당장 선언하라'며 공화당 측에 '트럼프 퇴출'을 촉구했다.

그동안 마음에 들진 않지만 트럼프에 대해 입장 표명을 자제해왔던 공화당 지도부도 상황이 이렇게 되자 '행동'에 나설 수밖에 없게 되었다. 공화당의 폴 라이언Paul Ryan 하원의장은 이날 긴급 회견을 열고 "트럼프의 발언은 종교의 자유를 보장한 헌법을 위반한 것"이라며 "트럼프의 발언은 우리가 추구하는 게 아니다"고 선을 그었다. 같은 당 데이비드 졸리David Jolly 하원의원은 아예 "트럼프가 이제 경선을 그만둘 때"라고 주장했다. 같은 공화당 경선 주자인 린지 그레이엄Lindsey Graham 상원의원은 텔레비전에 나와 "트럼프는 지옥에나 가라"고 말했다. 필라델피아 『데일리뉴스』는 1면에 트럼프가 오른팔을 들어올리고 있는 사진과 「새로운 광기」란 제목을 달며 히틀러에 비유했다.[26]

"진실을 말하고, 우리를 지킬 수 있는 건 트럼프밖에 없다"

나라 밖도 "국내 정치에는 관여하지 않는다"는 외교 관례를 깨고 '트럼프 성토'에 나섰다. "분열적이고 완전히 틀린 것"(데이비드 캐머런 영국 총리), "트럼프가 다른 누군가처럼(이슬람국가를 지칭) 증오를 부추기고 있다"(마뉘엘 발스 프랑스 총리), "트럼프를 캐나다에 입국하지 못하도록 해야 한다"(캐나다 신민주당 톰 멀케어 대표)는 발언이 쏟아졌다.

반기문 유엔사무총장 역시 파르한 하크 유엔 부대변인을 통해 "모든 형태의 외국인 혐오와 이민자 및 인종·종교 그룹을 적대시하는 발언들에 대해 여러 차례 비난해왔으며, (트럼프 발언은) 분명 이런 경우에 해당한다"고 밝혔다. 이슬람권 언론들도 "트럼프는 미국 판 히틀러이다"(일간 『알하야트』)라고 밝히는 등 일제히 트럼프를 향해 비난의 포화를 쏟아냈다.

캐나다에선 부동산 명칭에서 '트럼프'를 빼자는 운동이 벌어졌고 그동안 트럼프의 사업 파트너였던 아랍에미리트UAE의 랜드마크그룹은 트럼프 회사 제품을 취급하지 않겠다는 뜻을 밝혔다. 인터넷에선 "트럼프를 우주로 보내자sendDonaldtospace"는 해시태그가 인기를 끌었다.

하지만 전 세계적인 '융단폭격'에도 트럼프는 꿈쩍도 하지 않았다. 그는 "(입국 금지는) 의회가 테러 예방을 위한 구체적 행동을 마련할 때까지의 잠정적 조치"라고 전제하면서도 "나는 옳은 일을 하고 있다. (입국 금지를 통해) 문제를 해결하지 않으면 더 많은 세계무역센터가 나오게 될 것"이라고 주장했다. 또 "내가 하는 일은 프랭클린 루스벨트 전 대통령이 했던 것과 다르지 않다"는 말도 했다. 자신의 주장이 제2차 세계대전 당시 미국 내 일본·독일·이탈리아 이민자들을 강제수용소 등에 격리했던 루스벨트의 조치와 다를 게 없다는 주장이다. 루스벨트 전 대통령이 1941년 12월 일본군의 진주만 공습 직후 11만 명이상의 일본계 미국인들을 격리 조치했던 것을 상기시킨 것이다.

『워싱턴포스트』는 트럼프의 거친 언사가 대선 정국을 더욱 유동적으로 만든 것은 물론이며, 미국의 정체성 논란을 불러일으키고 있다고 지적했다. 다른 후보라면 정치 생명이 끝나고도 남을 막말이지만, 공화당 선두를 유지하는 건 트럼프 말과 생각이 미국인들의 속마음을 파고들었기 때문이라고 덧붙였다. 이 신문은 트럼프가 미국 역사에서 몇 차례 반복된 '반이민·반외국인' 정서를 깨우고 있는 점을 특히 우려했다. 공산주의 혁명에 대한 두려움과 맞물려 1920년대 제1차 세계대전 직후 유럽 난민 유입을 극히 억제했던 상황으로 회귀할 수 있다는 것이다.

『폴리티코Politico』는 "공화당 거물 일부는 트럼프의 주장이 일리가 있다고 생각한다"고 지적했다. 이번 발언이 도를 한참 넘은 것처럼 보이지만 또다시 보수 유권자의 지지를 얻으며 오히려 지지율이 상승할 수 있을 것이란 분석이었다. 인구 분포 변화로 공화당 지지 계층인 중산층 백인들의 수는 크게 줄었으며 중산층의 실질소득은 최근 25년간 거의 변하지 않은 상황에서 위축된 백인 중산층의 반反이민 정서, 민족주의 성향은 "내가 하고 싶은 말을 트럼프가 해준다"는 '대리만족'으로 이어지고 있다는 것이다.

백인 우월주의 뉴스 사이트 '데일리 스토머www.dailystormer.com'는 "트럼프는 최후의 구세주"라 칭했지만, 백인 우월주의자들만 트럼프의 주장에 지지를 보낸 건 아니었다. 트럼프를 비판하는 주요 언론의 인터넷 기사에는 "진실을 말하고, 우리를 지킬 수 있는 건 트럼프밖에 없다"는 반박성 댓글이 잇따라 붙었다. 같은 맥락에서 이번 발언도 우발적 발언이 아닌 트럼프의 '의도된 작전'이란 견해가 지배적이었다. 실제 트럼프는 이 문제 발언을 할 당시 이례적으로 준비한 원고를 보며 읽었다. 그 어떤 반발이 쏟아져나오건 한 가지는 확실했다. 트럼프

는 내내 이슈의 중심에 섰다는 사실이다.[27]

'무슬림 입국 금지'를 지지하는 공화당 유권자 65퍼센트

2015년 12월 9일 트럼프의 고향인 뉴욕의 각계 종교 지도자 100여 명은 뉴욕시청 앞에서 '반反트럼프' 집회를 열고 "(트럼프의 막말을) 더이상 좌시할 수 없으며 트럼프는 대선에 출마해선 안 된다"고 촉구했다. 그러나 이날 블룸버그 폴리틱스는 트럼프의 '무슬림 입국 금지' 발언을 지지하는 공화당 유권자가 65퍼센트에 달했다는 여론조사 결과를 발표했다.[28]

12월 9일 연방선거관리위원회가 민주·공화 경선 주자들의 정치자금 모금 내용을 공개한 자료도 기성 정치를 혐오하는 사람들이 트럼프를 지지해야 할 또 하나의 이유가 되었을 법하다. 이 자료에 따르면, 가장 많은 후원금을 모은 사람은 젭 부시 전 플로리다 주지사였다. 1억 2,804만 달러 정도였다. 2위인 힐러리 클린턴 전 국무장관은 9,776만 달러 정도였다. 트럼프는 583만 달러를 모금하는 데 그쳤다.

톰슨로이터Thomson Reuters는 "민주·공화 경선 주자 18명 가운데 트럼프의 모금 순위는 12위"라며 "특히 부호들의 후원을 가늠해볼 수 있는 '개인 고액 기부' 비중이 20퍼센트도 되지 않았고, '정치활동위원회PAC' 후원은 없었다"고 전했다. 부자들의 눈에 달갑지 않은 존재란 이야기였다.[29]

그러나 부자들의 눈 밖에 날수록 지지율이 더 오르는 걸 어이하랴.

12월 10일 발표된 CBS 방송과 『뉴욕타임스』의 전국 공동 여론조사에서 트럼프는 35퍼센트의 지지율을 기록했다. 이는 같은 기관의 10월 조사보다 무려 13퍼센트포인트 오른 것이고 그때까지 트럼프가 얻은 지지율 가운데 가장 높았다. 특히 2위에 오른 테드 크루즈 상원의원의 지지율(16퍼센트)보다 무려 19퍼센트포인트나 높아 타의 추종을 불허하는 수준이었다.

이와 관련, 『연합뉴스』 미국 특파원 이강원은 「'막말 트럼프' 대신 '거짓말 트럼프'라고 보도했다면?」이라는 글에서 다음과 같이 말했다. "만약 미국 언론들이 트럼프가 거짓과 억설을 늘어놓을 때마다 '막말·기행'이라는 말 대신 '거짓말 트럼프'라고 지목하며 왜 거짓말인지를 설명했다면 트럼프의 지지도가 35퍼센트까지 올라갔을까? 사람들은 '속되거나, 함부로 하거나, 기이한 것'에는 환호와 지지를 보낼 수 있지만, 적어도 거짓말을 그 정도까지 지지하지는 않지 않을까!"[30]

"트럼프가 한 말, 열에 일곱은 거짓"?

실제로 미국의 유명 사실 검증 사이트인 '폴리티팩트www.politifact.com'가 그런 일을 해보겠다고 나섰다. '폴리티팩트'는 12월 21일 트럼프의 선거 유세 기간 발언 77개를 검증한 결과 76퍼센트가 '거의 거짓말'이거나 '거짓말'로 판명이 났다며 '올해의 거짓말2015 Lie of the Year' 타이틀은 트럼프에게 돌아갔다고 밝혔다. 이 사이트는 "부정확한 발언에 관한 한 트럼프가 최고"라며 "'올해의 거짓말' 타이틀을 심사하는 과정에서 트럼프의 발언과 경쟁한 것은 그의 다른 발언뿐이었다"고 말했다. 그러면서 '9·11 당시 무슬림 환호' 및 '멕시코 정부의 범죄자 미국 송출' 발언을 대표적 거짓말로 들었다.

"백인에 의한 백인 살인은 16퍼센트, 흑인에 의한 백인 살인은 81퍼센트"라고 말한 것도 거짓이었다. 폴리티팩트는 "2014년 백인에 의한 백인 살인은 82퍼센트"라며 "사실을 왜곡하거나 정확성에 근거하지 않은 발언은 트럼프가 추구해온 전략"이라고 분석했다. 폴리티팩트는 "트럼프가 자신의 발언들을 사과하거나 취소하지 않았다"며 "대신 그는 엉성한 설명을 내놓거나 자신은 책임이 없다는 주장을 폈다. 혹은 자기가 옳다고 주장했다"고 밝혔다.[31]

그러나 공정을 기하기 위해 한 가지 분명히 해두자면, 트럼프의 정도가 심하다는 것일 뿐, '거짓 주장'은 모든 대선 후보의 공통된 특성이었다. 4개월 후 폴리티팩트가 대선 후보들의 주요 발언에 대한 신뢰도를 평가한 성적표를 공개한 것을 미리 살펴보기로 하자.

폴리티팩트의 진실성 평가는 '진실', '대체로 진실', '절반의 진실', '대체로 거짓', '거짓', '새빨간 거짓말'이라는 6단계로 구분되어 있다. 퓰리처상을 수상할 정도로 폴리티팩트의 전매특허라 할 수 있는 '진실측정기Truth-O-Meter'로 검증된 후보들의 주요 발언과 주장에 대한 검증 결과 민주당에서는 힐러리 후보가 샌더스 후보보다 조금 더 진실에 가까운 주장을 펼치는 것으로 나타났다. 힐러리 후보는 진실(24퍼센트) + 대체로 진실(28퍼센트)이 절반이 넘는 52퍼센트로 나타났고, 대체로 거짓(14퍼센트), 거짓(12퍼센트), 새빨간 거짓말(2퍼센트) 등으로 나타났다. 이에 반해 샌더스 후보는 진실(15퍼센트) + 대체로 진실

(35퍼센트)이 50퍼센트로 힐러리 후보보다 약간 낮았고, 대체로 거짓 (16퍼센트)+거짓(14퍼센트)은 힐러리 후보보다 높았다. 다만 샌더스는 완벽한 오류나 거짓을 의미하는 새빨간 거짓말은 한 차례도 없는 것 으로 나타났다.

공화당은 3위인 존 케이식John Kasich 후보의 발언이 가장 진실한 것 으로 나타났다. 케이식 후보는 진실(25퍼센트)+대체로 진실(25퍼센트) 로 주장의 50퍼센트가 진실에 가까웠고, 대체로 거짓(15퍼센트), 거짓 (13퍼센트), 새빨간 거짓말(5퍼센트) 등으로 집계되었다. 이에 반해 테 드 크루즈 후보는 진실(6퍼센트), 대체로 진실(16퍼센트), 대체로 거짓 (29퍼센트), 거짓(29퍼센트), 새빨간 거짓말(7퍼센트) 등으로 조사되어 60퍼센트 이상의 발언과 주장이 거짓으로 판명되었다. 트럼프 발언 과 주장 가운데 진실(2퍼센트)+대체로 진실(6퍼센트)은 10퍼센트도 채 되지 않았다. 대신 대체로 거짓(16퍼센트), 거짓(41퍼센트), 새빨간 거짓 말(19퍼센트)로 76퍼센트가 거짓 주장으로 판명되었다.[32]

트럼프와 백인 우월주의 단체 KKK단의 관계

2015년 12월 21일 『워싱턴포스트』는 "동성결혼이 허용되고 흑인 대 통령이 배출되면서 백인 우월주의가 사라지고 있는 상황에서 '트럼 프 카드'가 이 운동을 되살리고 있다"고 보도했다. 백인 우월주의 단 체인 KKK단의 수장인 '대마법사Grand Wizard'를 맡고 있는 데이비드 듀크David Duke는 이 신문과의 인터뷰에서 "트럼프를 공식 지지하는 것

은 아니지만, 트럼프 발언의 상당수에 공감한다"고 말했다.[33]

KKK는 새 조직원을 끌어들일 때 트럼프 후보의 거침없고 솔직한 발언을 활용하는 것으로 알려졌다. 집권하면 미국과 멕시코 국경에 거대한 벽을 세우겠다는 식의 히스패닉 비하 발언, '모든 무슬림의 미국 입국 금지'와 같은 무슬림 증오 발언 등을 집중적으로 사용해 이 문제에 관심을 보인 백인들을 새 단원으로 영입한다는 것이다.

실제 KKK는 커피숍이나 기차에서 트럼프 후보의 발언이 1면을 장식한 신문을 든 사람에게 다가가 자연스럽게 대화를 터 조직원으로 포섭하는 전략을 썼다. KKK 내부인들만 이런 전략을 공유하다가 『워싱턴포스트』의 보도로 만천하에 알려졌다. 조직원 모집을 담당하는 레이첼 펜더그래프트는 "트럼프의 발언에 일부 단원들이 열광했다"면서 "(여러 비판에도) 자신이 믿는 주장을 굽히지 않는 모습을 KKK 단원들이 좋아한다"고 설명했다.[34]

가장 대중적인 백인 우월주의 웹사이트인 '스톰프런트www. stormfront. org'는 트럼프 현상에 힘입어 방문자 트래픽이 증가하자 서버를 업그레이드했다. 이 사이트 창립자인 돈 블랙Don Black은 트럼프가 이 사이트 사용자와 스톰프런트 라디오 쇼의 청취자에게 '반란을 선동하고 있다'며 "트럼프가 위대한 백인의 희망이 될지 결코 기대하지 않았으나, 그게 지금 일어나고 있다"고 흥분했다. 신나치운동의 이론가로 평가받는 케빈 맥도널드Kevin McDonald는 백인 우월주의 블로그 '옥시덴털 업저버'에 "트럼프의 후보 출마는 많은 백인들이 미국이 어디로 향하는지에 대해 분노하고 있다는 것을 미국이 깨닫는 데 도움을 주고 있다"며 트럼프의 후보 출마는 "아주 현실적 성공 가능성이 있는 '게

임 체인저"라고 불렀다.[35]

이런 움직임과 관련, 트럼프의 아버지인 프레드 트럼프가 1920년대에 KKK 단원이었으며, 트럼프의 인종차별주의는 그의 아버지에게서 물려받은 게 아니냐는 의혹이 제기되었다. 1927년 5월 뉴욕 퀸스Queens에서 1,000명의 KKK 단원들과 100명의 경찰이 충돌하는 사건이 발생했는데, 당시 체포된 사람들 중엔 프레드도 포함되었다. 1927년 6월 『뉴욕타임스』 기사에 프레드가 KKK 단원이라며 실명과 주소까지 등장한 것으로 밝혀졌다.[36]

트럼프가 기자들의 질문에 "듀크라는 사람을 전혀 모른다"고 한 것도 구설수에 올랐다. 그는 16년 전 데이비드 듀크를 '꼴통, 인종차별주의자, 문제아a bigit, a racist, a problem'라고 비난한 적이 있다는 게 밝혀졌기 때문이다.[37] 트럼프는 일단 백인 우월주의 단체와는 선을 그으면서 듀크의 지원 제안을 거절했다. 또 트럼프의 선거운동본부는 소셜미디어에 인종주의적 내용을 올린 선거 운동원 2명을 해고하기도 했다. 트럼프는 11월 복음주의 흑인 목사들을 자신의 집에 초대해, 흑인 유권자층을 향한 접근도 시도했다.[38]

"트럼프 현상은 공화당의 자업자득이다"

2015년 12월 21일 트럼프는 미시간주 그랜드래피즈Grand Rapids에서 열린 유세에서 2008년 민주당 경선 당시 힐러리가 오바마에게 패배한 사실을 거론하면서 "힐러리가 이기는 판이었는데, 오바마에 의해

X됐다got schlonged"고 말했다. '슐롱schlong'은 남성 성기를 일컫는 이디시어(중앙·동유럽권 유대인들이 쓰는 언어)다. 트럼프의 '더러운 입'이 갈 데까지 갔다는 비난이 쏟아졌다. UPI통신은 "트럼프가 힐러리의 벨트 아래를 쳤다"고 했고, 『워싱턴포스트』는 "트럼프는 코미디언들이나 남자 대학생들이 동아리에서 쓰는 비속어를 주로 사용한다"고 꼬집었다.

파문이 커지자 트럼프는 22일 트위터에 "힐러리의 당시 패배를 신랄하게 표현하기 위해 이런 속어를 썼다"며 "'슐롱'은 저속한 말이 아니라 '참패하다'란 뜻이다. 미국 공영 라디오 방송 NPR의 진행자 닐 코넌도 1984년 먼데일-페라로 대통령·부통령 후보에게 그 표현을 썼다"고 반박했다. 그러나 『워싱턴포스트』는 트럼프의 이런 해명이 말도 안 된다고 썼다. 이 신문은 하버드대학 전문가를 인용해 "트럼프의 저속함과 여성 혐오증을 감안할 때 이번 발언도 매우 의도적"이라며 "그가 힐러리와 여성을 비하하기 위해 실제로 존재하지 않는 용례를 만들어냈다"고 분석했다.

트럼프의 거친 공세는 힐러리가 지난 텔레비전 토론 때 "트럼프의 이슬람 혐오 발언을 IS가 동영상으로 내보내며 대원 모집에 활용한다"고 공격한 데 대한 분풀이로 해석되었다. 텔레비전 토론 이후 트럼프가 힐러리에게 "당신, 거짓말했으니 내게 사과하라"고 했지만, 힐러리가 사과하지 않자 이런 식으로 대꾸한 것이다.[39]

12월 22일 『한겨레』 선임기자 정의길은 「미국 공화당이 만든 괴물, 트럼프」라는 칼럼에서 "트럼프 현상은 공화당의 자업자득이다. 트럼프 현상은 1960년대 중반 이후 공화당이 달려온 우경화의 산물이다.……달도 차면 기우는 법이다. 공화당을 다수당으로 회복시킨 우경화 전략은 이제 통제할 수 없을 정도로 고삐가 풀려버렸다"며 다음과 같이 말했다.

"트럼프의 막말이 오히려 그의 지지를 올리는 것도 그동안 공화당의 선거 전략 전술을 보면 이상한 게 아니다. 트럼프가 막말로 떠드는 반이민, 극단적 애국주의 등은 사실 그동안 공화당 후보들이 점잖게 말하던 것이다. 트럼프는 이를 더 자극적이고, 명확하고, 시원하게 말하고 있을 뿐이다. 트럼프가 언론인의 70퍼센트는 '정말로 부정직하다'고 말하는 것도 리처드 닉슨 전 대통령 이래 공화당 인사들이 수십 년 동안 심어온 주류 언론에 대한 불신을 극대화한 것이다. 워싱턴 연방정부에 대한 그의 비난도 연방정부는 직업 정치꾼들이 기생하는 거품이 낀 낭비적인 제도라는 전통적인 보수적 견해를 대변한다. 공화당 내에서 트럼프의 대안으로 거론되는 테드 크루즈 상원의원도 국세청 폐지와 단일 세율을 주장하는 것을 보면, 트럼프의 견해가 당내 분위기에서 극우라고 할 수도 없다.……링컨의 정당이라고 자부하는 미국 공화당이 우파 포퓰리즘 정당으로 전락하는 것은 미국뿐만 아니라 전 세계의 비극이다."[40]

"2015년은 '도널드 트럼프 전과 후로' 나뉜다"

"2015년은 미국 현대 정치사에서 예기치 못하게 강렬하면서도 정말 무기력한 해였다. 적어도 공화당에 지난해는 전·후반부로 나뉜다.

도널드 트럼프 전과 후로."

2016년 1월 4일 『워싱턴포스트』는 공화당 주자들의 2015년 대선 경선 레이스를 그렇게 정리하고 약 7개월 전 멕시코 불법 이민자들을 정면으로 겨냥했던 트럼프의 대통령 출마 선언을 상기시키면서 "당시에는 아무도 몰랐다. 심지어 도널드 트럼프도"라며 "트럼프의 등장을 워싱턴 기존 정치권은 경멸하고 (애써) 무시했지만" 유권자들의 반응은 전혀 달랐다고 썼다.

당시 트럼프의 연설을 지켜본 케이시 왓슨이라는 트럼프 지지자는 왜 트럼프를 지지하느냐는 질문에 "그는 보통 사람이다. 정치인이 아니다"라며 "우리는 부시 같은 사람들이 너무 많다"며 정치 혐오를 감추지 않았다. 『워싱턴포스트』는 "사람들은 왜 트럼프를 지지하는지는 확신하지 못하지만, 어떤 후보를 왜 지지하지 않는지는 안다"고 지적했다.

당초 정가에서는 공화당 경선 레이스를 젭 부시 전 주지사를 비롯한 전·현직 주지사들 간의 경쟁으로 보았다. 그들이 행정 경험이 있고 워싱턴 정치권과도 거리를 두고 있었기 때문이다. 하지만, 이는 오산이었다. 젭 부시 캠프의 고위 참모인 샐리 브래드 쇼는 "선거가 워싱턴 정치인들과 '분노하는 후보' 간의 싸움이 될 것으로 생각했고, 그 후보는 테드 크루즈(텍사스) 상원의원일 것으로 예상했다"며 "'분노하는 후보'가 트럼프가 될 줄을 몰랐다"고 토로했다.

크루즈는 당내 극우 세력인 '티파티'의 총아였다. 2012년 상원의원으로 당선된 뒤 이듬해 10월 버락 오바마 대통령의 건강보험개혁안(오바마케어)을 저지하고자 16일 간의 연방정부 셧다운(부분 업무 정지)

을 주도하며 보수 진영 내 기린아로 급부상한 인물이다. 출마 선언에서 보수주의와 복음주의, 헌법 가치의 옹호를 주장했지만, 그런 그 역시 기존 정치권 인물로 휩쓸렸다.[41]

놀라운 일이었다. 티파티 지지자들이 누군가? 그들이 신봉하는 최소국가론은 우익적 발상이기 이전에 엘리트층에 대한 깊은 불신에서 비롯된 것이다. 그들은 미국의 엘리트층이 부정부패와 정실주의로 썩어 있다고 생각하며, 그런 문제가 전혀 시정되지 않고 있으니 정부는 작을수록 좋은 것으로 갈 수밖에 없다는 입장을 취하고 있었다.[42] 그런 세력을 대변하는 이마저, 게다가 1970년생(크루즈)이 1946년생(트럼프)에 의해 기존 정치권 인물로 휩쓸려 나갈 정도로 '트럼프 현상'은 더욱 근원적인 것을 의미했단 말인가?

3위 주자인 마코 루비오(플로리다) 상원의원은 12월 30일 아이오와 주에서 "사람들이 (기존 워싱턴 정치에) 질렸다. 상황은 나빠지고 있다"고 '트럼프 현상'을 분석했다. 경선 주자인 릭 샌토럼Rick Santorum, 1958~ 전 펜실베이니아 상원의원은 "트럼프가 우리들 누구보다도 선거 게임을 잘 이해하고 있는 것 같다"고 토로했다.[43]

사실 그랬다. 트럼프가 이해한 선거 게임의 핵심은 '프레임 전쟁'이었다. 트럼프는 싸움의 프레임을 자기 것으로 가져가는 데에 성공했다. 자신이 불리할 때엔 이른바 '동문서답東問西答 프레임 전략'을 구사하면서 질문에 답하지 않고 엉뚱한 이야기를 늘어놓았지만, 유권자들이 볼 때엔 논의 주제와 완전히 무관한 건 아니었다.

토론은 테마에 관한 것이지 지식이나 통계에 관한 것이 아니라는 트럼프의 지론도 성공적이었다.[44] 트럼프의 테마가 근거했던 '정치의 죽음'을 공격하는 데엔 독설과 막말 이상으로 효과적인 무기는 없었고, 트럼프는 그 무기를 잘 구사했다. 하지만 세싱에 공짜는 없는 법이다. 그는 그 과정에서 수많은 반대자와 적敵을 양산했고, 그들의 반격이 아직 끝난 건 아니었다.

제8장

"내가 후보로 지명되지 않으면 '폭동'이 일어날 것이다"

"도널드 트럼프는 미국 보수주의에 대한 위협이다"

"젭 부시는 선거 자금으로 5,900만 달러를 썼지만 쫄딱 망했습니다. 나는 어떤가요? 나는 한 푼도 안 썼습니다. 안 그런가요? 한 푼도 안 썼다니까요.(박수)"[1]

2016년 1월 20일 트럼프가 사우스캐롤라이나 유세에서 한 말이다. 아니 거의 모든 유세 때마다 빠뜨리지 않고 들먹이는 그의 단골 메뉴였다. 자신을 제외한 모든 정치인을 선거 자금의 인질이나 노예로 폄하하는 트럼프를 공화당 정치인들이 곱게 볼 리는 만무했다. 그것 외에도 트럼프를 좋게 볼 수 없는 수많은 이유가 있는 상황에서 말이다.

공화당 수뇌부가 트럼프를 배제하기 위해 당 대선 후보를 임의로 고르는 '중재 전당대회brokered convention'의 개최 가능성을 공공연히 거론하고 있던 2016년 1월 21일 미 보수층을 대표하는 잡지인 『내셔널리뷰National Review』와 일군의 보수 지도자들이 '트럼프 반대'를 공식 선언하고 나섰다. 전통적 보수 가치와 동떨어져 인종·성차별적 막말과 기행으로 일관하는 트럼프가 공화당의 후보로 선택되어서는 안 된다는 주장이었다.

『내셔널리뷰』는 이날 온라인www.nationalreview.com판에 「트럼프에 맞서서」라는 사설을 실었다. 이 사설은 "도널드 트럼프는 미국 보수주의에 대한 위협"이라며 "그는 도널드 자신만큼 경솔하고 상스러운 포퓰리즘을 위해 몇 세대에 걸친 (보수주의자들의) 노력을 빼앗고 짓밟을 것"이라고 밝혔다. 또 경제학자 토머스 소웰Thomas Sowell과 마이클 뮤케이지Michael B. Mukasey 전 법무장관, 공화당 외곽 단체인 '성장을 위한 클럽Club for Growth'의 대표인 데이비드 매킨토시David M. McIntosh 등 저명한 보수 논객 22인은 오프라인 잡지 특별판에 에세이를 실어 트럼프 반대 입장을 공개적으로 밝혔다.

리치 로리 편집인은 "보수 지도자들의 기고는 보수주의 스펙트럼의 다양한 제도와 전통, 입장을 대변한다"며 『내셔널리뷰』의 이번 호는 트럼프의 '기만의 언어'에 맞서는 우파 전반의 경고의 목소리를 불러낼 것"이라고 말했다. 그는 "비록 에세이 기고자들 사이에 의견 차이가 많지만, 모든 이들은 트럼프가 보수주의자가 아니라 공화당의 '과오'일 뿐이며, 오바마 집권기의 잔해를 수습할 적임자가 아니라는 것에 동의한다"고 덧붙였다.

그러자 트럼프는 즉각 반격에 나섰다. 그는 22일 트위터에 "『내셔널리뷰』를 읽는 이들은 극히 드물다. 왜냐하면 오직 비판만 하고 어떻게 여론을 이끌지는 알지 못하기 때문"이라며, 22인의 기고자들을 '루저 군단a bunch of losers'이라고 조롱했다. 그는 "작고한 (발행인인) 위대한 윌리엄 F. 버클리는 죽어가는 『내셔널리뷰』에 일어난 일을 보았다면 부끄러워할 것"이라고 주장했다.

당의 대권 주자와 대표적 보수 잡지의 격돌을 지켜보는 공화당은 곤혹스러운 입장에 처했다. 결국 당 전국위원회RNC는 2월 26일 『내셔널리뷰』 주최로 예정되었던 공화당 대선 후보 텔레비전 토론회의 주최자를 CNN으로 바꾸기로 했다. 특정 후보를 배제한 측에 토론회를 맡길 수 없어서다. 『내셔널리뷰』 잭 파울러 발행인은 21일 블로그에 "RNC 최고위관계자가 전화를 걸어와 『내셔널리뷰』에 대한 토론회 초대를 취소한다고 밝혀왔다"며 "하지만, 이는 트럼프에 관한 진실을 말하기 위해 치러야 할 작은 대가"라고 말했다.[2]

도널드 트럼프와 테드 크루즈의 격돌

2016년 1월 26일 대선 경선의 신호탄이 될 아이오와주 코커스(전당대회)를 엿새 앞두고 발표된 5개 여론조사에서 트럼프가 모두 1위를 차지했다. 공화당 2위 주자인 테드 크루즈 상원의원과 지지율 차이가 많게는 22퍼센트 차이까지 벌어졌다. CNN과 미국 전략연구컨설팅ORC이 이날 발표한 공동 여론조사 결과에서 트럼프는 전국 지지율 41퍼

센트를 확보한 반면, 그를 추격하는 크루즈는 19퍼센트에 그쳤다.[3]

그런데 이게 웬일인가. 막상 뚜껑을 열어보니 전혀 다른 결과가 나왔다. 2월 1일 아이오와주에서 열린 공화당 코커스(당원대회)에서 쿠바 이민자의 아들인 테드 크루즈 상원의원이 트럼프를 4퍼센트포인트 차로 누르고 28퍼센트의 득표율로 1위를 차지한 것이다. 트럼프는 3위인 마코 루비오 상원의원과도 단 1퍼센트포인트 차밖에 되지 않았다.

'트위터광'인 트럼프는 트위터에서 이례적으로 15시간 동안 침묵했다. 패배 이후 그가 처음 남긴 메시지는 언론을 향한 부정이었다. 트럼프는 "언론이 나의 훌륭한 2위 기록을 공정하게 보도하지 않았다. 나는 역대 2번째로 많은 표를 받았다"라고 불만을 쏟아냈다. 또 "뉴햄프셔에선 아이오와에서의 훌륭한 내 경험과 동시에 이런 언론의 불공정 보도에 대해 얘기할 것"이라며 언론에 으름장을 놓았다.[4]

그러더니 트럼프는 2월 3일 트위터에 "아이오와 코커스가 열리는 가장 중요한 시기에 크루즈가 (다른 경쟁 후보인) 벤 카슨이 경선을 중단할 것이라고 흘리며 자기에게 투표하라고 했다"고 지적했다. 또 "많은 이가 크루즈의 이 사기 행위에 속아 카슨 대신 크루즈에게 투표했다"며 "크루즈는 유권자 수천 명을 모독하는 메일을 발송했다"고 덧붙였다. 그러면서 트럼프는 "아이오와 코커스에서 크루즈가 저지른 사기를 고려해 새로 선거를 하거나, 크루즈의 결과(승리)는 무효가 돼야 한다"고 주장했다. 그는 "크루즈는 아이오와에서 이긴 게 아니라 승리를 불법적으로 훔친 것"이라며 "그래서 모든 (내가 이기는 것으로 예측한) 여론조사가 틀리게 된 것이고, 예상보다 많은 표를 그가 얻은 것"이라고 지적했다.

트럼프의 이러한 '사기' 주장은 일정 부분 사실과 부합하는 측면이 있었다. 실제 크루즈 캠프는 지난 1일 아이오와 코커스 며칠 전부터 "벤 카슨이 경선을 중도에 그만둘 것"이라는 취지의 이메일을 유권자들에게 발송했다. 그는 경선 승리가 확정되고서야 이 이메일 발송이 실수였다며 사과했다. 트럼프는 두 번째 경선지인 뉴햄프셔주에서 한 유세에서 크루즈의 행위를 겨냥해 "더럽다"며 "그가 카슨에게 한 일은 수치"라고 맹비난했다.[5]

'침묵하는 다수'를 내세운 언론 모독

트럼프는 언론의 불공정 보도를 공격하겠다고 했지만, 언론은 오히려 트럼프에게 당하고 있다는 입장이었다. 아이오와주 코커스(당원대회) 직전 아이오와 마셜타운의 한 고등학교에서 열린 트럼프의 기자회견에서 NBC 방송의 피터 알렉산더 기자는 과거 트럼프의 인터뷰를 거론하며 말문을 열었다. 트럼프는 질문이 채 끝나기도 전 "인터뷰 전문을 읽으라"며 "당신은 전문을 다 읽지 않았다. 내가 거기서 뭐라고 했느냐"며 무섭게 쏘아붙였다.

예상 밖 일격에 당황했던 기자가 곧 평정심을 되찾고 당시 트럼프가 "낙태라는 개념이 불편하긴 하지만"이라는 전제를 달았다는 사실도 언급하자 트럼프는 곧바로 말꼬리를 잡기 시작했다. 그는 "왜 아까 질문할 때는 내가 낙태 개념을 싫어한다는 얘기를 하지 않았느냐?"며 "내 발언을 읽지 않은 데 대해 사과할 것이냐?"고 기자에게 여러 차례 사과를 종용했다.

2월 4일 『워싱턴포스트』는 이 대화를 묘사하며 "놀라운 점은 이러한 풍경이 전혀 놀라운 일이 아니라는 것"이라고 말했다. 트럼프를 취재하는 기자들은 이러한 수모를 예사로 겪는다는 것이다. AP통신의 질 콜빈 기자는 트럼프에서 "진짜 나쁜 기자 중 한 명"이라는 소리를 들었고, 『뉴욕타임스』의 에이미 초지크와 매기 하버먼은 "3류 기자", CNN의 분석가 S. E. 컵과 애나 나바로는 "정치계에서 제일 멍청한 두 사람"으로 비하되었다. 『허핑턴포스트』 창립자 아리아나 허핑턴에게는 "진보적인 광대", 『포브스』의 클레어 오코너에겐 "멍청이", CNN 진행자 앨리신 카메로타에겐 "재앙", 『워싱턴포스트』의 정치·외교 블로그를 운영하는 제니퍼 루빈에게는 "멍청한 블로거"라는 막말을 쏟아냈다. 여성 언론인들에게 집중된 이러한 막말 탓에 일부 여성 기자들은 트럼프 유세 현장 취재를 두려워하기도 한다고 이 신문은 전했다.

트럼프의 거친 발언 탓에 트럼프를 취재하고 보도할 때는 "침묵이 최상의 방책"이라는 말까지 나왔다. 『허핑턴포스트』와 『버즈피드』, 퓨전TV 등은 트럼프에 대한 비판적인 보도 이후 트럼프 관련 행사에서 여러 차례 취재 금지 조치를 당했다. 유니비전과 『뉴욕타임스』의 기자는 심지어 행사 도중 쫓겨나기도 했다. 그러나 트럼프에게서 모욕에 가까운 말을 들은 기자들 중에서도 이를 공론화하는 경우는 많지 않았다. 언론 관련 단체 미디어매터스의 에릭 보엘러트는 언론인들을 향한 트럼프의 잇단 인신공격에 대해 언론 등이 충분히 비판하지 않고 있다고 꼬집기도 했다. 이와 관련해 『시카고선트리뷴』의 베테랑 정치 기자인 린 스위트는 "대선에 출마하면 큰 무대에 서게 되는 것이라고 말하는 것처럼 기자 역시 마찬가지"라며 "정치인처럼 기자도 맷집을 키워야 할 것"이라는 견해를 밝히기도 했다.

트럼프의 이런 언론 모독의 근거는 늘 트럼프 진영의 슬로건이기도 한 "침묵하는 다수는 트럼프의 편이다the silent majority stands with Trump"는 것이었다. 자신을 '침묵하는 다수의 대변인'으로 포지셔닝한 트럼프는 언론의 비판은 그 다수를 외면하는 것이라는 논리를 폈다. 그래서 자신에게 유리한 국면이 전개되면 "침묵하는 다수가 다시 돌아오고 있다"고 말하고, 불리한 상황에선 언론 탓을 하는 게 공식처럼 자리 잡았다.[6]

트럼프-베를루스코니, 트럼프-샌더스의 공통점

2016년 2월 9일 두 번째 경선인 뉴햄프셔주 프라이머리(예비경선)에서 민주당 버니 샌더스(버몬트) 상원의원과 공화당의 도널드 트럼프가 압도적인 승리를 거뒀다. 샌더스는 60퍼센트의 득표율로 힐러리 클린턴 전 국무장관에게 22퍼센트포인트 가까이 앞섰고, 트럼프도 득표율 35퍼센트로, 2위인 존 케이식 오하이오 주지사를 19퍼센트포인트 앞섰다.

두 아웃사이더의 승리를 선언하면서 CNN은 "민주·공화 양당의 기성 정치인에게 끔찍한 밤이 됐다"고 평가했다. 폭스뉴스는 "전면적인 봉기의 현장을 목도하고 있다"고 보도했다. 여론조사 전문가인 더글러스 숀Douglas Shoen은 폭스뉴스에 "정치 아웃사이더들이 선거판을 좌지우지하는 것이 현실로 드러났다"며 "기성 정치에 배신당한 미국인의 마음이 이번 경선 결과에 고스란히 반영됐다"고 말했다. 민주·공화 양당이 자신을 대변하지 못한다는 생각에 42퍼센트의 미국인이 무당파를 자처하고 있고, 이번 선거에 참여한 공화당 지지자 46퍼센트가 공화당 정치인에게 배신당한 느낌이라고 답했다는 여론조사 결과도 나왔다.

NBC 뉴스는 민주·공화 양당제에 근본적 변화를 맞은 미국 정치에 대해 "우리가 정치 규범이라 여기던 전통과 관습은 이미 깨졌다"며 "미국이 서유럽 국가처럼 돼야 한다는 샌더스와 스스로 세력화한 보수 포퓰리스트 트럼프 모두 유럽에선 이미 성공이 입증된 후보 유형"이라고 했다.

『허핑턴포스트』는 트럼프가 실비오 베를루스코니Silvio Berlusconi 전 이탈리아 총리와 유사하다고 했다. 두 사람 다 '배운 사람'에겐 돈 있는 광대 같은 존재로 조롱받지만 대중적 흡인력에서 압도적이라며, "대중은 고상하고 비현실적 세계에 사는 지식인보다 '정치적 올바름'에 굴복하지 않고 솔직하게 말하는 트럼프와 베를루스코니를 더 좋아한다"고 말했다.[7] 베를루스코니의 전기에도 트럼프와 닮았다는 이야기가 나오는데, 아닌 게 아니라 두 사람 모두 미디어를 공격적으로 이용하면서 일부 대중이 환호하는 막말을 자주 내뱉는다는 점에선 매우 비슷하다.[8]

언론은 겉으론 극과 극처럼 보이는 트럼프와 샌더스의 공통점에도 주목했다. 트럼프는 8일 뉴햄프셔주 맨체스터Manchester 유세에서 "고액 기부자, 특수 이익 관여자, 로비스트들이 국민을 완전히 통제하고 있다"며 "이들은 흡혈귀bloodsuckers"라고 비난했다. 같은 날 CNN 인터뷰에서 "큰손들이 워싱턴을 통제하고 있다"고 말했던 샌더스는 9일엔 "월가와 억만장자들의 선거 매수를 더는 계속하게 만들 수 없다"고 주장했다. 가진 자의 정치를 비판하는 데선 둘 다 같았으며, 모두 '깨끗한 정치'를 내걸었다. 트럼프는 8일 "민주당이건 공화당이건 나만이 내 돈을 쓰는 유일한 후보"라고 했으며, 샌더스는 유세장마다 "내 경쟁자(힐러리 클린턴)는 백만장자들로부터 거액 후원금을 받지만 난 수백만 명의 보통 사람들로부터 평균 27달러씩 모금했다"며 '27달러의 기적'을 자랑했다.

대외 정책도 예상 외로 닮았다. "이라크전 결의안 때 힐러리 클린턴은 찬성했지만 나는 반대했다"는 게 샌더스의 단골 메뉴였는데, 트럼프 역시 이라크전 반대파로 "사담 후세인이 지금 이라크에 있었다면 세계가 더 안전했을 것이라는 게 100퍼센트"라고 주장했다. 이슬람국가IS 격퇴를 위한 미국의 역할을 놓고도 샌더스는 "우리가 전 세계의 경찰이 될 수도 없고 돼서도 안 된다"는 입장을 보였으며, 트럼프도 공화당 주류와는 달리 "시리아에 IS도 있고 아사드(대통령)도 있는데 왜 둘이 싸우게 놔두지 않나. 우리는 (양쪽이 상처를 입은 후) 나머지를 챙기면 된다"고 했다. 두 사람은 환태평양경제동반자협정TPP에 대해 "재앙적"이라는 단어를 똑같이 썼다. 샌더스는 "대기업과 대형 금융사만 돈을 번다"고 했고, 트럼프는 "못난 워싱턴이 협상을 잘못해 일자리를 뺏기게 됐다"는 논리였다.

그러다 보니 두 사람 지지층의 환호 역시 닮았다. 트럼프 지지자는

"트럼프는 (돈을 받지 않아) 빚을 진 게 없으니 국민을 위한 결정을 할 것이다. 그의 최고 덕목은 진정성authenticity이다"고 했고, 샌더스의 지지자는 "힐러리는 오염된 워싱턴 정치판에 머물면서 정책까지 오락가락했는데 샌더스는 진실하다genuine"고 했다. 이렇듯 트럼프와 샌더스, 그리고 그들의 지지자들이 '기득권 체제establishment'를 공격한다는 점에선 비슷했다.[9]

"이슬람국가의 궁극적 목표는 바티칸을 접수하는 것이다"

2016년 2월 11일 트럼프는 〈폭스 비즈니스 네트워크〉인터뷰에서 프란치스코 교황Pope Francis의 멕시코 방문을 문제 삼으면서 "교황은 멕시코 국경 개방의 위험성을 이해하지 못하는 것 같다. 멕시코는 미국과의 국경을 지금 상태로 유지하려 교황을 불러들인 것 같다"고 말했다. 그는 또 "교황이 매우 정치적인 사람이라고 생각한다"는 말까지 했다. 이에 대해 바티칸 대변인 페데리코 롬바르디Federico Lombardi 신부는 "프란치스코 교황은 평소 전 세계의 이주 문제를 인간적 방식으로 해결하고 (인간의) 존엄과 평화를 찾아 다른 나라로 찾아온 이들을 포용해야 할 의무에 초점을 맞춰왔다"고 밝혔다.

귀국 직전 미국과 멕시코 국경 지대에서 미국으로 입국하려다 숨진 이주자들을 추모하기 위한 미사를 집전한 프란치스코 교황은 2월 17일 바티칸으로 돌아가는 비행기 안에서 트럼프에 대한 생각을 묻는 기자들의 질문에 "다리를 놓는 게 아니라 벽을 세울 궁리만 하는 사람은 기독교인이 아니다"라고 답했다. 트럼프의 극단적인 이주자 배척과 혐오 발언을 꼬집은 발언이었다.

트럼프는 곧바로 논평을 내어 "종교 지도자가 한 사람의 신앙에 의문을 제기하는 건 수치스러운 일이다. 나는 기독교인임을 자랑스럽게 여기며, 대통령이 된다면 지금 (오바마) 대통령 시절처럼 기독교인이 끊임없이 공격당하고 약해지는 것을 용인하지 않을 것"이라고 받아쳤다. 마침 사우스캐롤라이나주에서 선거 운동 중이던 그는 "이슬람국가IS의 궁극적 목표는 바티칸을 접수하는 것이다. 만일 바티칸이 공격 받는다면 교황은 그제야 도널드 트럼프가 (미국의) 대통령에 선출되길 바라며 기도할 것"이라고 대꾸했다. 교황의 점잖은 한마디 충고에 막말 수준의 반박을 쏟아낸 것이다.

트럼프는 자신의 발언들에 대한 여론의 비난이 거세지자 18일 부랴부랴 진화에 나섰다. 이날 CNN 방송이 마련한 타운홀 미팅에서 그는 "교황의 발언은 언론 보도보다는 부드러웠을 것"이라며 "교황은 멕시코 정부 한쪽 말만 들은 탓에 취약한 국경 지대의 문제점을 잘 모른다"고 수위를 낮췄다. 또 "나는 프란치스코 교황에 대한 엄청난 존경심을 갖고 있다"고도 했다.[10]

"저 사람 얼굴에 주먹을 날리고 싶다"

2016년 2월 20일 사우스캐롤라이나주에서 치러진 공화당 프라이머리(예비경선)에서 주 대의원 50명을 싹쓸이하면서 트럼프가 두 번째 승리를 챙겼다. 사우스캐롤라이나의 주자별 득표율은 트럼프 32.5퍼센트, 마코 루비오 상원의원 22.5퍼센트, 테드 크루즈 상원의원 22.3퍼센트 등으로 트럼프는 3분의 1가량의 지지를 얻었다. 그럼에도, 트럼프가 이 지역 대의원을 독식할 수 있었던 것은 '부분 승자독식'라는 독특한 제도에 따른 것이다. 『뉴욕타임스』 등 언론들은 "그동안 '트럼프가 고꾸라질 때 누가 대안으로 떠오를까'라고 했지만 '만약 트럼프가 고꾸라진다면……'으로 표현을 바꿔야 할 때가 됐다"고 말했다.[11]

2월 22일 트럼프는 네바다주 라스베이거스Las Vegas의 사우스포인트호텔&카지노에서 선거 유세 도중 경호원에게 끌려 나가는 한 시위대원을 향해 "저 사람 얼굴에 주먹을 날리고 싶다"고 말했다. 그는 이어 "과거에는 저런 사람들은 들것에 실려나갔다"고 덧붙였다. 이날 쫓겨난 시위대원이 어떤 시위를 벌였는지에 대해서는 알려지지 않았지만, 당시 현장에는 "무슬림 증오 발언을 금하라"는 내용의 플래카드를 든 사람들이 있던 것으로 알려졌다. 한편 드럼프는 2015년에도 자신의 유세 현장에서 인종차별을 비판하는 인권단체 '흑인의 생명도 소중하다Black Lives Matter(블랙 라이브즈 매터)'와 지지자들이 충돌하자 시위대원을 두고 "두들겨 맞았어야 한다"고 말해 논란을 일으킨 바 있었다.[12]

그런 일이 있었음에도 트럼프는 2월 23일 공화당 대선 4차 경선인 서부 네바다주 코커스(당원대회)에서도 압승을 거뒀다. 흥미로운 건 히스패닉과 복음주의자들도 트럼프를 압도적으로 지지한 것으로 나타났다는 점이다. ABC 방송의 입구 조사 분석 결과 이번 코커스에 참여한 히스패닉 유권자는 전체의 8퍼센트 정도로, 이들 중 45퍼센트가 트럼프를 지지했다. 반면 쿠바 이민자 가정 출신으로 히스패닉계의 두 대표 주자인 마코 루비오 상원의원과 테드 크루즈 상원의원은 각각 29퍼센트와 18퍼센트를 얻는 데 그쳤다.

트럼프는 크루즈 의원의 최대 지지 기반인 기독교 복음주의자들 사이에서도 크루즈 의원을 크게 제쳤다. 트럼프는 약 40퍼센트의 지지를 얻어 크루즈 의원을 15퍼센트포인트 차로 앞섰다. 이와 함께 트럼프는 대학을 나오지 않은 상대적 저학력자들에게서도 57퍼센트의 지지를 얻어 다른 주자들을 압도했다. 네바다 코커스 결과만 보면 '트럼프 돌풍'이 단순히 백인 중산층뿐 아니라 각계각층에서 골고루 지지를 받고 있음이 확인된 것이다. 실제 기성 제도 정치권에 분노한다고 응답한 코커스 참여자 가운데 무려 70퍼센트가 트럼프를 지지한다고 밝혔다. 트럼프는 승리 확정 직후 히스패닉, 복음주의자 등을 일일이 거론하며 지지에 대한 감사를 표시했다.[13]

『뉴욕타임스』-『워싱턴포스트』-CNN의 '트럼프 때리기'

네바다주에서 열린 공화당 코커스(당원대회)에서 승리한 뒤 트럼프는 누구도 부인할 수 없는 대세가 되었다. 애초 그의 출마는 기인奇人의 돌출 행동쯤으로 여겨졌지만, 대중이 열광하고 여론조사 수치가 드러나면서 '설마'와 '혹시' 하는 우려 섞인 전망이 나오기 시작했다. 네바다주 경선은 그 우려가 현실이 되는 결정적 계기였다. 이제 '공화당 대통령 후보 트럼프'는 기정사실이 되는 모양새가 되자 주요 언론의 트럼프에 대한 네거티브 캠페인이 본격화되기 시작했다.

2월 24일『뉴욕타임스』는 "트럼프를 패배하게 만들 수 있다"며「트럼프의 발을 거는 5가지 방법」이라는 기사를 게재했다. 이 신문은 마코 루비오 상원의원 등 대항마의 부상, 트럼프의 형편없는 토론 실력으로 인한 유권자 변심, 트럼프의 자멸, 트럼프를 꺼리는 공화당 고액 기부자 포섭, 대의원이 많은 플로리다 · 오하이오 등에서 트럼프 패배 등을 트럼프가 최종 후보가 되기 위해 넘어야 할 장애물이라고 보도했다.

『워싱턴포스트』는 이날「공화당 리더들은 트럼프를 멈춰 세우기 위해 무엇이든 해야 한다」는 사설에서 "트럼프가 시들해질 것이란 예측은 틀렸고, 오히려 그런 예측이 그를 강하게 만들었다"며 "양심 있는 공화당 지도자들은 트럼프를 지지하지 않겠다는 뜻을 분명히 밝히고 그를 멈추기 위해 무엇이든 해야 한다"고 썼다.

CNN은 홈페이지에 변호사 출신 정치 칼럼니스트 · 코미디언인 딘 오베이달라Dean Obeidallah의 칼럼「혐오에 투표하지 마라」를 수 시간 동안 톱기사로 게재했다. 그는 "트럼프를 지지하는 것은 그의 성차별 · 인종차별적 시각에 동의한다는 의미"라며 "트럼프를 지지하는 공화당 정치인이나 공직자는 트럼프처럼 혐오와 편견으로 가득 찬 인물이라고 여겨질 것"이라고 경고했다. 트럼프의 무차별적 언행을 부각하기 위해 "트럼프는 히틀러처럼 행동한다"는 안네 프랑크Anne Frank, 1929~1945의 언니 에바 슐로스Eva Schloss의『뉴스위크』인터뷰 발언도 인용했다. 그의 칼럼에는 수백 개의 댓글이 달렸다. "뉴스도 아닌 걸 톱기사로 올린 이유가 뭐냐", "(트럼프를 지지하는) 대중 의견을 무시하는 거냐", "CNN이 절박한가 보다"라는 식의 트럼프 지지자 댓글이 상당수였다. 이들은 CNN이 의도적으로 개인의 견해에 불과한 글을 대문짝만 하게 실었다고 주장했다.[14]

이런 비판의 대열에 비센테 폭스 케사다Vicente Fox Quesada, 1942~ 전 멕시코 대통령까지 가세했다. 그는 2월 25일 온라인매체 『퓨전Fusion』과의 인터뷰에서 트럼프가 멕시코 돈으로 양국 국경에 장벽을 설치해야 한다고 주장한 것에 대해 "빌어먹을F***ing 장벽을 짓는 데 돈 내지 않겠다"며 "그가 부담해야 한다. 그는 돈이 많다"고 직격탄을 날렸다.

그는 트럼프가 막말 논란에도 히스패닉 유권자들에게서 많은 지지를 받는 현상에 대해 "미국의 히스패닉, 라티노들이여, 제발 눈을 뜨라"고 호소했다. 또 "이건 우리가 속한 인종을, 신념을 방어하려는 게 아니다"라며 "정신 나간 자의 손에 들어간다면 이 나라는 망하고 말 것"이라고 경고했다. 이어 "(트럼프 지지) 히스패닉들은 가짜 선지자를 따르고 있다는 사실을 알길 바란다"며 "그는 이민자들을 사막으로 몰아낼 거다. 이게 트럼프가 이끄는 행정부에 득이 될 거라고 생각한다면 오산"이라고 말했다.

트럼프는 즉각 반발했다. 그는 트위터를 통해 "비센테 폭스가 장벽 얘기를 하면서 'F'가 들어가는 단어를 소름끼치게 사용했다"며 "반드시 사과해야 한다. 내가 그랬다면 난리가 났을 것"이라고 비난했다. 동시에 트럼프는 "장벽을 10피트(약 3미터) 더 높게 짓겠다. 그 추가 비용까지 멕시코가 지불하게 될 것"이라고 맞받았다. 상대 반발에 주춤하기보다 센 카드를 꺼내든 것이다.[15]

할리우드까지 번져간 '트럼프포비아'

2016년 3월 1일 '슈퍼 화요일Super Tuesday' 대회전에서 트럼프와 더불어 힐러리가 대승을 거뒀다. '슈퍼 화요일'은 미국 대통령 선거 과정 중 대통령 후보자를 지명할 수 있는 권한을 가지는 대의원을 가장 많이 선출하는 날로 10여 개 주에서 동시에 민주당과 공화당의 프라이머리가 실시된다. 트럼프는 11개 주 가운데 테드 크루즈 상원의원의 지역구인 텍사스주와 오클라호마, 미네소타주 등을 제외한 7곳에서 승리했다. 트럼프는 승리가 확정되자 연설을 하고 "힐러리가 대통령이 되도록 허락된다면 이 나라의 슬픈 날이 될 것"이라며 "(클린턴 전 장관이) 지금까지 솔직하지 않았고 앞으로 4년 동안도 솔직하지 않을 것이며 오히려 점점 더 나빠질 것"이라고 주장했다.[16]

트럼프의 '슈퍼 화요일' 압승 이후 미국은 물론 전 세계에 '트럼프포비아(트럼프 공포증)'가 번져나갔다. 구글 관계자는 슈퍼 화요일 경선이 치러진 1일 밤 '캐나다 이주 방법' 검색량이 평소보다 폭증했다고 밝혔다. '트럼프 대통령의 나라'에서 살기 싫은 미국인들이 검색창에 몰려든 것이다. 캐나다 신문 『글로브앤드메일』도 밴쿠버의 이민 전문 변호사들의 말을 인용해 "슈퍼 화요일 이후 캐나다 이민을 문의하는 전화와 e메일이 늘었다"고 전했다. 강경 신보수주의 그룹 네오콘조차 미국을 위험하게 만들 트럼프를 찍느니 차라리 민주당의 힐러리를 찍겠다며 반反트럼프 노선을 분명히 하고 나섰다.[17]

트럼프포비아는 할리우드에까지 번졌다. 미국 인기 가수이자 영화배우인 마일리 사이러스Miley Cyrus는 3일 자신의 인스타그램에 공화당 경선에서 트럼프와 다른 공화당 후보들이 확보한 대의원 수 그래프를 올리고 "토하겠다. 도널드 트럼프가 대통령이 되면 미국을 떠나겠다"며 눈물까지 흘렸다. 민주당 후보인 버니 샌더스 상원의원과 힐러리 클린턴 전 국무장관에 대해 지지를 표명한 바 있는 사이러스는 또한 미국의 유명 여사냥꾼 레베카 프랜시스Rebecca Francis와 트럼프가 함께 찍은 사진과 프랜시스가 사자를 사냥한 사진, 자신이 눈물 흘리는 사진을 나란히 붙여서 올리고는 "믿을 수 없을 정도로 무섭고 슬프다"고도 썼다. 동물 애호가로 알려진 사이러스는 "미국을 위해서만이 아니라 내가 무엇보다 사랑하는 동물을 위해서도 슬픈 일"이라며 "이 사람(트럼프)이 대통령이면 난 떠난다. 진심이 아닌 말은 하지도 않는다"고 말했다.

이날 영화배우 조지 클루니George Clooney는 영국 일간 『가디언』과의 인터뷰에서 트럼프를 "외국인을 혐오하는 파시스트"라고 표현했다. 힐러리 지지자라고 밝힌 클루니는 트럼프가 공화당 후보가 될 가능성이 높아지는 것을 두고 "정신 나간 일"이라며 "트럼프는 그냥 기회주의자이고 파시스트"라고 비판했다. 클루니는 과거 트럼프를 만나 잠시 이야기를 나눈 적이 있었는데, 클루니가 시종일관 자리에 앉아 있었음에도 이후 래리 킹 토크쇼에 나간 트럼프가 클루니의 키가 매우 작더라고 말한 적이 있다는 일화도 전했다.[18]

트럼프는 '이민 정책을 제외하면 대체로 중도적'

트럼프는 과연 파시스트인가? 영국 BBC 방송은 3월 2일 트럼프의 정치적 스펙트럼을 살펴보면 전혀 극단적이지 않으며, 트럼프의 공약을 같은 공화당 후보와 역대 공화당 출신 대통령들과 비교해본 결과, 이민 정책을 제외하면 대체로 중도적인 것으로 나타났다고 보도해 눈길을 끌었다.

세금 정책은 '조지 H. W. 부시〈레이건〈트럼프·루비오〈크루즈'의 순으로 조지 H. W. 부시 전 대통령이 가장 중도적이고, 테드 크루즈 공화당 후보가 가장 보수적이었으며, 국가 안보는 '조지 H. W. 부시〈크루즈〈트럼프〈레이건·루비오'의 순으로 레이건과 루비오가 가장 보수적인 것으로 평가받았다. 외교정책은 '트럼프〈레이건〈크루즈〈루비오〈조지 W. 부시'로 트럼프가 가장 중도적이었으며, 낙태 문제에서도 '닉슨〈레이건·트럼프〈루비오〈크루즈' 순으로 트럼프는 중도적인 편이었다. 다만 이민 문제에서만 '레이건〈조지 W. 부시〈루비오〈크루즈〈트럼프' 순으로 트럼프가 가장 오른쪽에 있다는 것이다.[19]

이민 문제를 제외하고 트럼프는 심지어 진보적으로 보이기도 했다. 진보와 보수를 가르는 대표적 잣대인 사회복지에서 그는 공화당이 줄기차게 삭감하려는 미국의 노후연금 소셜시큐리티, 약자와 저소득층의 의료보장제도인 메디케어와 메디케이드를 절대 축소하지 않겠다고 했다. "나는 다른 모든 공화당원처럼 소셜시큐리티를 축소하지 않을 것이다. 메디케어와 메디케이드도 축소하지 않을 것이다"라는 말은 그의 선거 광고에서 단골 멘트였다.

트럼프는 금권정치에 분노했다. 그는 "워싱턴 정치인들은 전부 로비스트와 정치자금 후원자들에게 조종당한다. 나는 다르다. 내 돈으로 정치한다"고 했다. 그렇다면 부자만 정치를 할 수 있단 말이냐고 반문할 수 있겠지만, 기존 시스템이 썩은 건 분명한 사실 아닌가. "우리의 시스템은 망가졌다. 나는 많은 사람들에게 돈을 줬다. 두 달 전까지 나는 사업가였고, 모든 이들에게 돈을 줬다. 그들이 전화하면, 나는 줬다. 그리고 2년이 지나고 3년이 지나, 내가 그들에게 뭔가 필요하면, 전화를 했다. 나를 위해 그들이 거기 있었다. 이건 망가진 시스템이다."

전쟁도 거부했다. "만약 우리가 3차 대전을 치른다면, 그건 시리아를 놓고 일어나지 않을 거다.……나는 (시리아에서 작전 수행을 하는 러시아 전투기를 격추해야 한다고 위협하는) 그들을 강경파라고 부르지 않는다. 나는 그들을 멍청이들이라고 부른다."[20]

잘 알려져 있다시피, 트럼프의 정치 성향은 '오락가락'이었다. 그는 1987년까지 민주당, 1987~1999년 공화당, 1999~2001년 개혁당, 2001~2009년 민주당, 2009~2011년 공화당, 2011~2012년 무소속, 2012년 이후 공화당이다. 그래서 트럼프는 이데올로그가 아닌 실용주의자라는 말도 나오지만, 그때그때 상황에 따라 달라지기도 하는 절충주의자 또는 기회주의자라고 보는 게 옳을 것 같다.[21]

"트럼프는 1968년 대선의 조지 월리스와 흡사하다"

2016년 3월 3일 트럼프는 2012년 대선 시 자신이 지지했던 당시 공화당 대통령 후보 밋 롬니Mitt Romney와 원색적인 비난을 주고받으며 그간 서로 극찬을 주고받았던 우정을 물거품으로 만들어 정치의 냉혹함을 실감나게 해주었다.

공세는 밋 롬니가 시작했다. 롬니는 유타대학 강연에서 "트럼프는 부정직의 상징으로 대통령이 될 기본적인 성품이나 판단력을 갖추지 못했다"며 "탐욕적 동기로 약자를 괴롭히고, 여성을 혐오하며, 과시욕에 불타 사생활을 자랑하고 저속한 연설을 쏟아내는 부조리한 삼류 연극을 방불케 한다"고 말했다. 그러면서 "유권자의 분노는 이해하지만 공화당이 트럼프를 대선 후보로 지명한다면 안전하고 번영된 미래에 대한 전망은 거의 사라질 것"이라고 말했다.

그러자 트럼프는 "롬니가 4년 전 대선 때 내게 지지를 구걸했다. 여차하면 무릎이라도 꿇을 태세였다"면서 "4년 전 대선에서 형편없이 깨진 실패한 후보가 무슨 소리냐"고 했다. 트럼프는 "롬니가 이번 대선에도 출마하려다 내가 무서워 출마 계획을 접었다"며 "그는 경량급이자 덩치만 큰 겁쟁이다. 롬니가 대통령 자질이 없다. 내가 그보다 더 많은 돈을 벌었다"고 말했다.[22]

슈퍼 화요일 다음으로 많은 대의원을 선출하는 날을 가리키는 '미니 슈퍼 화요일'인 3월 15일을 앞두고 이처럼 치열한 공방전이 벌어졌지만, 가장 두드러지는 싸움은 '트럼프 대 언론'의 싸움이었다. 트럼프는 중국과 일본의 환율 조작을 맹공격했는데, 이에 미국 언론이 이의를 제기하고 나섰다.

3월 9일 CNN머니는 트럼프가 "중국은 통화 조작의 그랜드마스터 (최고 수준의 체스 선수를 이르는 말)"라고 비난한 것을 조목조목 반박하고 나섰다. 반박의 주요 내용은 지난 2006년 이후 달러 대비 위안의 가치는 19퍼센트 가까이 절상되었으며, 최근 중국 경제의 성장세가 둔화되면서 위안이 다시금 약세로 돌아서자, 중국 정부는 가파른 위안 가치 하락을 막기 위한 여러 조치를 수행하고 있기 때문에 그런 비난이 더는 유효하지 않게 되었다는 것이다.[23]

미국의 정치 전문 일간지 『폴리티코Politico』는 13일 트럼프 공화당 대선 주자가 5분에 한 번꼴로 거짓 발언을 했다고 보도했다. 트럼프가 지난 7~11일 사이에 한 연설이나 기자회견 내용을 분석해보니, 60건 이상이 허위·과장 발언으로 드러났다. 일례로 트럼프는 한 주 동안 최소 네 차례 "미국의 대중국 무역 적자가 연간 5,000억 달러에 이른다"고 언급했지만 2015년 적자 규모는 3,660억 달러였다. 외부 선거 자금을 받지 않는다는 주장도 사실이 아니었다. 트럼프의 공식 웹사이트에는 '후원하기' 배너가 있고 2월 말까지 750만 달러를 모금했다.[24]

『허핑턴포스트』는 14일 트럼프가 1968년 대선에 출마했던 조지 월리스George Wallace, 1919~1998와 흡사하다고 분석했다. 출마 당시 49세였던 월리스는 '기득권 정치 세력'에 대한 증오와 인종차별을 선거전의 전면에 내세웠다. "미국이 잘못된 것은 백인 이외의 인종, 이민자 등 '미국스럽지 않은 것'에 원인이 있다"는 그의 주장은 트럼프와 다르게 없다는 것이다. 또 『허핑턴포스트』는 트럼프 유세장과 거리에서 폭력 충돌과 관련, "최악의 유혈 폭력 사태로 얼룩진 68년 민주당 전당대회가 떠오른다"며 "오는 7월 오하이오주 클리블랜드(공화당 전당대회 개최 노시) 행사장 밖 모습은 더 참혹할지 모른다"고 우려했다.[25]

"내가 후보로 지명되지 않으면 '폭동'이 일어날 것이다"

2016년 3월 15일 트럼프와 힐러리가 경선 레이스의 중대 분수령으로 꼽히는 '미니 슈퍼 화요일' 결전에서도 나란히 큰 승리를 거뒀다. 그러나 공화당 지도부는 웃을 수 없었다. 공화당 지도부는 총 2,472명의 대의원 중 과반(1,237명)을 얻는 후보가 없으면 '중재 전당대회'를 열어 새로운 인물을 대선 후보로 뽑을 수 있는 당규를 근거로 '트럼프 제거'를 모색 중이었다. 이와 관련, 존 베이너John Boehner 전 하원의장(공화당)은 "폴 라이언 하원의장이 (중재 전당대회에서) 대선 후보로 지명되길 바란다"고 말했다. 밋 롬니 전 대선 후보, 존 케이식 후보, 젭 부시 전 후보의 이름도 거론되었다.

한사코 자신의 후보 지명을 저지하려는 지도부를 향해 트럼프는 16일 CNN과의 인터뷰에서 "내가 후보로 지명되지 않으면 '폭동riot' 이 일어날 것"이라고 주장했다. 그는 "내가 7월의 전당대회에 가기 전까지 (대의원 과반을 얻어) 승리할 것으로 생각한다"며 "하지만 (과반 확보에) 20명이나 100명이 부족하다거나, 내가 1,000명을 확보하고 다른 후보들이 400~500명 수준인데 나보고 '후보로 지명돼선 안 된다'고는 말할 수 없을 것"이라고 말했다. 과반은 차지하지 못했지만 압도적 1위를 만들어준 민의를 무시하고 다른 후보를 내세울 경우 유혈 폭력 사태와 같은 충돌이 있을 것임을 암시하며 '반협박'에 나선 것이다.

그는 또 "나는 엄청나게 많은 사람(유권자)을 대표하고 있으며 그중에는 처음으로 투표를 한 이들도 많다"며 "내가 폭동을 수도하진 않겠지만 '나쁜 일'이 일어날 것"이라고 거듭 강조했다. 『월스트리트저널』은 이날 "트럼프가 전당대회 전까지 과반 대의원을 확보해 '중재 전당대회'의 우려 없이 깔끔하게 승리하긴 힘들다"고 전망했다.

『워싱턴포스트』는 트럼프의 '폭동' 발언 이후 온라인에 게재한 「민주주의를 지키기 위해 공화당은 반드시 중재 전당대회를 열어라」라는 사설에서 "트럼프의 출현은 미국의 명성을 심각하게 훼손했고, 그가 후보로 지명되면 그 비용은 훨씬 더 클 것"이라며 "민주주의는 폭력을 거부하지만 선동 정치인(트럼프)은 폭력을 위협 수단으로 휘두른다는 점을 공화당이 잘 인식하고 더 늦기 전에 행동에 나서라"고 촉구했다.[26]

'트럼프 반대' 시위도 번져나갔다. 3월 19일 트럼프의 애리조나주 피닉스Phoenix 유세를 앞두고 인근 간선 도로에서 차량의 주행을 막는 신종 시위가 등장했다. 반反트럼프 시위대는 차량을 갓길에 주차하는 등의 방식으로 교통 체증을 일으켜 트럼프와 행사 참석자들의 통행을 방해했다. 경찰은 현장에서 차량 2대를 교통 방해 혐의로 견인했다. 이날 뉴욕의 센트럴파크에서도 수천 명이 트럼프에 반대하는 시위에 나서 트럼프의 거주지인 5번가 트럼프타워까지 행진을 벌였다.[27]

"트럼프는 공격당하면 10배 더 세게 되받아치는 사람"

유타주는 보수적인 모르몬교 유권자들이 공화당 표심을 상당 부분 차지하고 있는 주다. 이를 염두에 둔 테드 크루즈의 슈퍼 팩(정치활동위원회)인 '미국을 멋지게Make America Awesome'는 유타주 경선이 열리던 3월 22일 트럼프의 부인 멜라니아의 반라 사진을 온라인 선거 광고에 사용함으로써 양측의 막장 '부인' 싸움을 불러일으켰다.

이 사진은 멜라니아가 트럼프와 결혼하기 전인 2000년 1월 남성잡지 『GQ』에 실렸다. '미국을 멋지게'는 어깨와 허리, 엉덩이 라인 일부가 그대로 드러난 멜라니아의 사진에 '차기 퍼스트레이디 멜라니아 트럼프를 맞거나, 이를 원치 않으면 화요일 테드 크루즈를 지지해달라'는 문구를 넣었다.

발끈한 트럼프는 23일 트위터에 "멜라니아가 『GQ』 잡지를 위해 찍은 사진을 사용한 좀 수준 낮은 광고"라고 비판했다. 그러면서 "거짓말쟁이 크루즈가 아내의 사진을 이용했다. 조심하라, 거짓말쟁이 크루즈. 그렇지 않으면 당신 부인의 비밀을 공개할 수도 있다"고 위협했다.

그러자 크루즈도 트위터에 "당신 아내 사진은 우리에게서 나온 게 아니다"며 "도널드, 당신이 내 아내를 공격하려 한다면 당신은 내가 생각했던 것보다 더한 겁쟁이"라고 비난했다. 크루즈는 이날 ABC 방송의 〈굿모닝 아메리카Good Morning America〉에 나와 "트럼프의 부인은 트럼프에게 정말 과분하다. 인신공격을 하려면 내게 하라"며 트럼프를 공격했다.

크루즈의 부인 하이디Heidi는 "우리는 그 사진과 전혀 관계가 없다"며 "우리는 우리 선거 운동에만 집중할 것"이라고 밝혔다. 하지만 트럼프는 다시 트위터에 "거짓말쟁이 크루즈는 멜라니아의 사진과 관련이 없다고 부인하는데 그게 우리가 그를 거짓말쟁이라고 부르는 이유"라고 비난했다.[28]

트럼프는 24일 자신의 부인인 멜라니아와 크루즈의 부인인 하이디의 사진을 트위터에 나란히 실은 뒤 "비밀을 폭로할 필요도 없다. 사진이 천 마디 말을 해준다"는 문구를 담았다. 사진에서 하이디는 일그러진 얼굴 표정인 반면 멜라니아는 화보 사진의 장면으로 보이는 한껏 단장한 모습이었다. 미모에서 크루즈의 아내는 자신의 아내를 따라오지 못한다는 취지였다. 이에 크루즈는 "하이디를 가만 놔두라"며 "트럼프는 여성을 대하는 데 문제가 있다. 강한 여성을 싫어한다"고 비난했다. 그러나 트럼프는 다시 트위터를 통해 "내가 이 싸움을 시작한 게 아니다"라며 책임을 크루즈에게 돌렸다.[29]

양쪽 모두 치졸한 싸움이었지만, 평소 멜라니아를 '세계적인 미녀'라고 주장해온 트럼프에겐 치졸과는 거리가 먼 진지한 싸움이었는지도 모르겠다. 멜라니아가 미녀라는 건 세상이 다 아는 사실이건만, 트럼프는 꼭 '세계에서 가장 아름다운 여성 중의 한 명one of the most beautiful women in the world'이라는 식으로 말해왔으니,[30] '가장 아름다운 여성the most beautiful woman'이라고 말하지 않은 겸양을 높이 평가해야 하는 걸까?

이 치졸한 싸움이 말해주듯 트럼프는 자신이 당했다고 생각하면 반드시 보복을 해야만 직성이 풀리는 성격이다. 멜라니아는 열흘 후인

4월 4일 지원 연설 도중 "남편은 공격당하면 10배 더 세게 되받아치는 사람"이라고 말했다.[31]

트럼프 "한국·일본에 핵무기 개발·보유 허용"

2016년 3월 26일 트럼프는 『뉴욕타임스』와의 외교·안보 분야 전화 인터뷰에서 "일본과 한국이 북한이나 중국으로부터 자국을 보호하기 위해 자체적으로 핵무기를 개발·보유하는 것에 대해 '열린 생각'을 갖고 있다"며 "이것이 두 나라가 미국의 핵우산에 기대는 것보다 낫다고 본다"고 말했다. 트럼프의 주장은 '한국과 일본의 핵무기 보유는 아시아 각국의 핵무기 경쟁을 일으킬 수 있어 막아야 한다'는 미국 정부의 기존 방침과는 상반된 것이다.

트럼프는 또 주한미군에 대한 한국의 주둔비 부담 인상도 거듭 촉구했다. 그는 "만일 일본이나 한국이 자국에 있는 미군의 주둔비 부담을 '획기적으로' 더 많이 부담하지 않으면, 기꺼이 미군 철수를 고려할 것"이라며 "미국은 더는 이 지역에 수십만 달러의 손실을 감수할 수 없다"고 주장했다.[32]

주요 외교 현안에 대한 의견을 들은 후 『뉴욕타임스』는 사설에 "트럼프 생각 중 많은 부분이 앞뒤가 안 맞고 충격적일 정도로 무식했다"고 썼다. 『뉴욕타임스』는 "트럼프가 쉽고 단호하게 말했지만, 결과에 관해선 그리 깊이 생각하지 않은 것 같다. 그저 동맹국이 얼마나 미국에 성의를 보이느냐만 생각했지, 지정학적인 결과나 전략, 국익에 대한 고려는 간과했다"고 분석했다. 팀 키팅Tim Keating 전 미 태평양 사령관은 『파이낸셜타임스』에 "일본과 한국은 아·태 지역에서 미 국가 안보 전략의 축"이라며 "이들은 이미 수천 명의 주둔 미군에 대해 상당한 재정적 지원을 하고 있다"고 말했다.[33]

4월 3일 트럼프는 위스콘신주 선거 유세 도중 "북한이 일본과 싸우면 끔찍한 일이겠지만 그들이 하겠다면 그들이 하는 것"이라고 말했다. 나아가 "행운을 빈다. 알아서 잘 즐겨라Good luck, folks. Enjoy yourself"라고 했다. 주한미군 철수 가능성도 재차 언급했다. 그는 "미치광이를 막으려고 미군 2만 8,000명을 휴전선에 배치하고 있다"며 "그런데 미국이 얻은 게 뭔가. 미국이 어리석지 않다는 것을 보여줘야 할 때"라고 말했다.

『허핑턴포스트』창립자 아리아나 허핑턴Arianna Huffington, 1950~은 이날 CNN 방송과의 인터뷰에서 "트럼프는 약간 김정은 같다. 둘 다 광대buffoon이고 위험하다"고 말했다. 허핑턴은 언론들이 트럼프에 대해 충분히 비판적으로 취재하지 않아 그의 발언이 주류에서 논의되게 만들었다고 꼬집기도 했다.[34]

트럼프의 발언은 한국도 화나게 만들었다. 『조선일보』는 「미 트럼프 "북 도발, 알아서 잘 즐겨라" 할 말인가」라는 사설에서 "트럼프 말대로라면 NATO(북대서양조약기구)와 NPT(핵확산금지조약)가 붕괴되고 한·미, 미·일 동맹이 종료된다. 이 경우 아마도 10~20년 안에 이슬람 극단주의자 손에 핵폭탄이 들어가고 동북아는 일촉즉발의 화약고가 될 것이다"며 다음과 같이 말했다.

"미국 정치의 병리 현상이 심각하다. 물론 현재의 미국 여론 추이를 보면 트럼프가 공화당 후보가 돼도 대통령으로 당선되지는 못할 가능성이 높다. 히지만 일단 대선 후보로 신출되면 올해 내내 미 대륙을 누비면서 값싼 계산으로 외교와 안보, 세계 평화를 재단하는 포퓰리즘을 퍼뜨릴 것이다. 트럼프류가 미국 여론을 얼마나 오염시킬 것이며 이것이 한 · 미 동맹에 어떤 영향을 미칠지 깊은 관심을 갖고 지켜봐야 할 때다."[35]

왜 수전 서랜던은 힐러리와 트럼프를 놓고 고민했는가?

트럼프와 동갑내기인 수전 서랜던Susan Sarandon, 1946~은 미국 할리우드의 대표적 진보 성향 배우다. 서랜던은 사형제의 문제를 다룬 〈데드맨 워킹〉으로 아카데미 여우주연상을 받고, 페미니즘을 다룬 〈델마와 루이스〉 등으로 명성을 얻었고, 실제로 소수자와 사회 불평등 타파를 위한 진보적 운동을 벌여왔다. 그런 그녀가 3월 28일 MSNBC와 인터뷰에서 대통령 선거에서 힐러리 클린턴과 도널드 트럼프가 대결하면 누구를 지지할지 모르겠다고 말해, 논란을 일으켰다.

서랜던은 힐러리와 트럼프 중 누구에게 투표할 거냐는 질문에 "모르겠다. 뭔 일이 일어나는지 볼 것이다"고 유보적인 태도를 보였다. 인터뷰를 진행한 크리스 헤이스Chris Hayes가 서랜던의 이 대답에 "믿을 수 없다"고 반응하자, 서랜던은 그 이유를 설명했다. 서랜던은 "일부 사람들은 도널드 트럼프가 당선되면 즉각 혁명을 할 거라고 느끼고, 그런 일이 정말로 일어날 거다. 세상이 뒤집힐 거다"고 말했다.

헤이스가 그런 주장은 "위험하다"고 생각하지 않느냐고 묻자, 서랜던은 "현상 유지는 이제 작동하지 않는다"며 "군사화된 경찰력, 민영교도소, 사형제, 낮은 최저임금, 여성 권리에 대한 위협 등, 이런 식으로 우리가 계속 갈 수 있고, 그런 걸 되돌리는 큰일을 할 수 없다고 생각하는 것은 위험하다"고 부연했다.

서랜던의 요지는 힐러리의 당선은 현상 유지에 불과하나, 트럼프는 어쨌든 현재의 판을 뒤집어엎을 수 있다는 것이다. 민주당 경선에 출마 중인 버니 샌더스를 지지하는 서랜던이 샌더스가 민주당의 대선 후보가 되지 못한다면, 본선에서 힐러리를 찍느니 차라리 트럼프를 선택할 수 있다는 뜻이다. 서랜던은 2000년 민주당의 앨 고어Al Gore와 공화당의 조지 W. 부시George W. Bush가 대결한 대선에서도 고어는 부시와 마찬가지라며, 무소속인 진보적 소비자 운동가 랠프 네이더Ralph Nader를 지지했다.

서랜던의 이런 입장에 대해 『워싱턴포스트』의 논설위원 조너선 케이프하트Jonathan Capehart는 "서랜던이 트럼프에 대해 말한 것은 정신 나간 것"이라며 서랜던이 2000년 대선 때 보여준 입장으로 결국 조지 W. 부시라는 최악의 대통령을 당선시킨 전례를 지적했다. 케이프하트는 트럼프가 당선되면 "즉각 혁명을 가져올 것이나", 그 혁명은 인종주의, 외국인 혐오, 여성 혐오 위에서 번성하는 운동에 의해 추동될 것이며, 그 혁명은 1,100만 명의 비합법 이민자, 모든 무슬림의 미국 입국 금지, 여성을 사소한 소유물이나 조롱의 대상으로 취급하게 될 것이라고 비판했다.[36]

그러나 케이프하트가 놓친 게 하나 있다. 트럼프 지지자들이 '인종주의, 외국인 혐오, 여성 혐오'가 좋아서 트럼프를 지지하는 게 아니다. 그의 말을 액면 그대로 믿는 것도 아니다. 오히려 중요한 건 그들이 기성 정치권의 고착된 시스템으로 그 어떤 변화도 기대하기 어렵다는 좌절을 느끼고 있다는 것이며, 트럼프는 기존 시스템에 균열을 낼 수 있는 가능성도 동시에 보여주고 있다는 사실이다.

3월 29일 『뉴욕타임스』는 「공화당 엘리트들은 어떻게 유권자들을 도널드 트럼프에게 잃었나」라는 기사를 통해 공화당 대선 후보 경선에서 도널드 트럼프의 질주는 공화당 엘리트들이 전통적인 유권자층의 이해를 외면했기 때문이라고 했다. 공화당이 거액을 기부하는 상류층들을 위한 감세 정책은 버락 오바마 민주당 정부와 갈등을 빚으면서까지 추진하는 반면, 전통적 지지층인 보수적 백인 중하류층들이 자신들의 일자리를 위협한다고 생각하는 자유무역협정과 이민자 수용 정책에 대해선 오바마 정부에 협조하는 것이 트럼프 질주의 배경이라는 것이다.[37]

전통적인 유권자층의 이해를 외면하는 체제를 뒤엎는 혁명이 설사 불발로 끝난다 하더라도 그것의 주요 내용이 '인종주의, 외국인 혐오, 여성 혐오'일 것이라고 주장하는 것은 언론 역시 일반 시민들의 이해를 외면한 거라고 볼 수 있지 않을까?

서랜던은 얼마 후(5월 15일) 트럼프의 대통령 당선 가능성을 묻는 질문에 "지금 미국이 얼마나 '멍청하게' 보이는지 아느냐"고 한탄했다. 이어 "트럼프가 민주당의 힐러리 클린턴 전 국무장관을 꺾고 대통령이 되더라도 그가 상상해온 어떤 공약도 이뤄지지 않을 것"이라고 단언했다. 여성, 유색인종, 소수자 등이 뭉쳐 거대한 반反트럼프 노선을

견지할 것이라는 게 그 이유였다. [38]

"트럼프냐, 화장한 트럼프인 크루즈냐"

2016년 4월 5일 트럼프가 위스콘신주에서 치러진 경선에서 테드 크루즈 상원의원에게 대패하면서 공화당 경선 판도가 바뀔 수 있다는 전망이 나왔다. 트럼프는 크루즈에게 13퍼센트포인트 이상 크게 뒤졌다. 그동안 여론조사에서 5~10퍼센트포인트 정도 뒤지는 것으로 예측된 터라, 의외의 결과로 받아들여졌다. 미국 언론들도 트럼프의 이 패배를 첫 경선이 열렸던 아이오와 코커스(당원대회)에서 크루즈에게 패배한 이후 가장 충격적인 것으로 평가했다.

위스콘신은 트럼프와 공화당 주류 사이 '오케이 목장의 결투'와 같은 곳이었다. 공화당 주류는 위스콘신을 '트럼프 돌풍' 저지의 마지막 보루로 삼아, 슈퍼 팩(정치활동위원회)을 통해 엄청난 광고 자금을 쏟아부었고, 여기에 맞서 트럼프도 일주일 내내 위스콘신에서 살다시피 하며 주류의 공격을 방어하는 데 전력을 기울였다.

하지만 트럼프의 패배에는 주류들의 파상공세뿐 아니라, 그 자신의 막말 역풍이 더 크게 작용했다는 분석이 나왔다. 그는 위스콘신 경선 직전 "낙태 여성들을 처벌해야 한다"고 주장했다가, 여성 유권자들의 광범위한 반발에 부딪혔다. 미국에선 아무리 보수적인 정치인이라도 낙태 의사들은 몰라도 여성까지 처벌해야 한다는 주장을 하진 않는다. 게다가 한국과 일본의 핵무장도 허용할 수도 있다고 발언하는 등 그의 국가 안보 능력에 대한 의구심도 확산되었다. 미국 언론들의 조사 결과를 보면, 공화당 유권자 10명 가운데 4~5명꼴로 트럼프의 대통령직 수행에 우려를 내보이는 것으로 나타났다.

중대한 경선 길목에서 쓴잔을 마신 트럼프는 이날 밤 기자회견 없이 공화당 주류를 겨냥한 불만 섞인 성명을 냈다. 그는 성명에서 "크루즈 뒤에는 위스콘신 주지사, 보수적인 라디오 토크쇼 진행자들, 모든 공화당 기구들이 있었다. 크루즈는 나의 후보 지명을 훔치려는 공화당 보스들이 사용한 트로이 목마"라고 격한 감정을 쏟아냈다.[39]

이와 관련, 『한겨레』 선임기자 정의길은 「트럼프냐, 화장한 트럼프인 크루즈냐」라는 칼럼에서 "이리 피하려다 호랑이를 만나고, 파출소 지나치려다 경찰서에 들어가고, 쓰레기차 피하다가 똥차에 치인다는 말이 있다. 미국이 지금 그 꼴이다"고 했다.

정의길은 "트럼프 대신 부상한 크루즈 역시 만만치 않다. 한마디로 '점잖은 트럼프', '화장한 트럼프'이다. 트럼프처럼 막말만 하지 않는다. 정견에서 별 차이가 없다. 이민, 총기 소유 규제, 성소수자 등 사회 소수 집단 권익 보호, 최저임금 인상, 낙태, 의료보험 개혁을 반대한다. 기후변화 주장은 사기라며, 이에 대한 대처도 반대한다. 범죄 단속 강화를 주장하며, 사생활 보호 강화에 반대한다. 누진세율 대신 단일세율을 지지한다"며 다음과 같이 말했다.

"크루즈는 2000년대 이후 미국 풀뿌리 보수주의 운동인 티파티가 낳은 최대 기린아다. 트럼프 이전에 이미 크루즈가 있었다. 트럼프는 미국 보수화의 산물인 크루즈가 얼굴에 칠한 화장을 지우고, 더 솔직히 대중에게 말하고 있을 뿐이다. 트럼프와 크루즈 중 하나를 선택해야 하는 상황에서, 미국 중하류층들이 감정적으로는 트럼프에게 더 끌리는 게 당연하다. 공화당의 비극이고, 미국의 비극이다."[40]

트럼프가 가장 좋아하는 『성경』 구절은 '눈에는 눈'

2016년 4월 10일 존 브레넌John Brennan 미국 중앙정보국CIA 국장이 NBC 뉴스와의 인터뷰에서 향후 대통령이 명령하더라도 다시는 '물고문'과 같은 가혹행위를 하지 않겠다고 하자, 트럼프는 "어처구니없다"며 공격을 퍼부었다. 트럼프는 11일 폭스뉴스의 〈폭스 앤드 프렌즈Fox and Friends〉에 출연해 "테러리스트들은 (포로들의) 목을 치고, 강철로 만들어진 거대한 우리에 가둬 익사시키고, 물에 빠뜨리고 하는데 우리는 물고문을 할 수 없고, 아무것도 할 수 없다"고 지적했다.

또 트럼프는 "우리는 이슬람국가IS에 대처하는 데 엄청난 문제가 있기 때문에 그들을 이길 수 없다"며 "물고문이든, 다른 것이든 우리가 강력한 전략을 사용할 수 없기 때문에 그들을 이길 수 없다"고 주장했다. 그는 "그래서 나는 브레넌 국장의 발언이 터무니없다고 생각한다"며 "IS가 미국은 앞으로 물고문을 하지 않을 것이라는 이야기를 하며 앉아서 먹고 떠들면서, 자기들은 50명을 참수하는 장면을 상상해보라"고 목소리를 높였다.[41]

4월 14일 트럼프는 라디오 방송 WHAM 인터뷰에서 "본인의 사고나 성격에 영향을 미친 특별한 『성경』 구절이 있느냐"고 묻자 '눈에는 눈eye for an eye'이라고 밝혔다. 트럼프는 이 구절을 인용하면서 미국을

'이용'하는 다른 국가들에 대해 단호한 입장을 취해야 한다고 강조했다. 그는 "지금 우리나라에서 일어나는 여러 일, 즉 (다른 나라) 사람들이 우리를 얼마나 이용하는지 또 얼마나 조롱하고 비웃는지……"라면서 "그들은 면전에서 우리를 비웃고 우리의 일자리와 돈을 빼앗아 간다"고 주장했다. 이어 "우리는 (그들을) 아주 단호하고 강하게 대해야 한다. (이와 관련해)『성경』에서 많은 것을 배울 수 있다"며 거듭 '눈에는 눈' 구절을 상기시켰다.[42]

4월 17일 트럼프는 뉴욕주 경선을 이틀 앞두고 뉴욕주 동남부의 포킵시Poughkeepsie와 북부의 워터타운Watertown에서 대규모 대중 유세를 하면서 "부정직한 힐러리Crooked Hillary", "거짓말쟁이 테드lyin' Ted"라는 두 단어를 반복해서 사용해 열성 팬들에게서 환호와 박수를 이끌어냈다. 대선 본선의 잠재적 경쟁자인 민주당 힐러리 클린턴 전 국무장관과 당내 경선 라이벌인 테드 크루즈 상원의원을 '모욕적으로' 묘사하는 별명이었다. 유권자 사이에 두 주자에 대한 부정적 인식을 극대화하려는 트럼프식 선전술의 일환인 셈이다.

트럼프는 힐러리와 크루즈가 거액의 후원자들에게서 선거 자금을 받고 있는 점을 겨냥해 "나는 스스로 선거 자금을 내고 있다"면서 "비행기를 띄울 때 모두 내 돈으로 한다"고 주장했다. 이어 "이것은 내가 특정 이해 그룹이나 로비스트에 의해 조종을 받지 않는다는 의미"라고 강조했다. 트럼프는 또한 "이들(특정 이해 그룹과 로비스트)은 '부정직한 힐러리'와 '거짓말쟁이 테드'를 조종할 수 있다"고 주장했다.

사실 트럼프의 '단어 만들기'는 새로운 것은 아니다. 트럼프는 경선 초기 경쟁 후보 중 한 명이었던 마코 루비오 상원의원에 대해 키가 작다는 이유로 "꼬마 마코Little Marco"라는 별명을 붙였고, 젭 부시 전 플로리다 주지사에게는 "기가 약하다low-energy"고 줄곧 놀려댔다. 당초 힐러리에게는 "무능한 힐러리Incompetent Hillary"라는 별명도 지어준 적이 있다.[43]

"대통령 되면 대통령다운 행동을 하겠다"

2016년 4월 19일 뉴욕주 경선은 공화당에선 도널드 트럼프가, 민주당에선 힐러리 클린턴 전 국무장관이 압승을 거두며 경쟁 주자들과의 격차를 벌린 것으로 나타났다. 이제 좀 여유가 생겼다고 생각한 걸까? 트럼프는 "대통령 되면 대통령다운 행동을 하겠다"고 약속하는 동시에, 21일 밤 폭스뉴스 인터뷰에서 당 경선에 참여했다가 도중에 하차한 크리스 크리스티 뉴저지 주지사, 신경외과 의사 출신 벤 카슨, 마코 루비오 상원의원의 이름을 차례로 언급하면서 당의 단합 필요성을 강조했다.

트럼프는 "카슨은 훌륭한 사람이고, 크리스티 역시 환상적인 인물이다. 둘 다 굉장한 사람들"이라면서 "솔직히 말해 마코도 (우리 캠프에) 관여했으면 좋겠다"고 말했다. 카슨과 크리스티 주지사는 이미 트럼프에 대한 지지를 선언한 상태다. 트럼프는 최근 언론 인터뷰에서 부통령 러닝메이트 후보군으로 이들 3명을 거명했다.

트럼프는 이어 "당이 단합해야 한다"면서 "우리가 뭉친다면 큰 승리를 거둘 수 있다. 다른 사람들이 도저히 이길 수 없는 그런 지역에서 우리는 크게 승리할 수 있다"고 강조했다. 경선 과정에서 '꼬마 마코'라고 부를 징도로 마코 루비오 상원의원과 사이가 좋지 않았던 트럼프가 이처럼 구애 작전을 펴는 것은 자력으로 대선 후보가 되려면 마코 루비오 상원의원 등 자신에게 여전히 거부감을 보이는 주류 진영의 지지가 절대적으로 필요하기 때문이다.⁴⁴

그러나 이 모든 게 트럼프의 뜻대로 돌아가진 않았다. 테드 크루즈 상원의원과 존 케이식 오하이오 주지사가 선두주자인 트럼프의 대선 후보 임명을 저지하기 위해 손을 잡았다. 4월 24일 크루즈 상원의원의 선거 캠프는 성명을 통해 "인디애나주 경선에 시간과 자원을 집중하고 오리건, 뉴멕시코주 경선 때는 케이식 주지사에게 길을 열어줄 것"이라고 밝혔다. 크루즈 선거 캠프의 제프 로 대표는 성명에서 "트럼프가 공화당 대선 후보로 지명되는 것은 확실한 재앙"이라며 "공화당을 단결시킬 후보를 내세우기 위해 우리는 인디애나주에 시간과 자원을 집중하고, 오리건과 뉴멕시코주에서 케이식을 지지할 것"이라고 밝혔다. 케이식 주지사의 선거 캠프도 직후 성명을 통해 서부 경선에 집중하고 인디애나 경선에서는 크루즈 의원에게 길을 터주겠다며 합의를 확인했다.

트럼프는 곧바로 트위터를 통해 "거짓말쟁이 크루즈와 케이식이 나의 공화당 대선 후보 지명을 저지하려고 공모하고 있다"라며 "마지막 발악desperation을 하는 것"이라고 맹비난했다. 25일 성명에선 두 사람의 전략적 제휴를 "자포자기의 끔찍한 행위"라고 비판하면서 "두 성숙한 정치인이 정치에 입문한 지 10개월도 채 안 된 사람(트럼프)의 후보 지명을 막으려고 공모하는 것을 보니 슬프다"고 지적했다. 트럼프는 특히 크루즈 상원의원에 대해 "뉴욕에서의 재앙적 패배 이후 급전직하로 추락하는 중"이라고 꼬집었다.[45]

크루즈와 케이식이 손을 잡았음에도 트럼프는 4월 26일 치러진 펜실베이니아와 메릴랜드, 코네티컷, 로드아일랜드, 델라웨어 등 5개 주 프라이머리(예비경선)에서 모두 60퍼센트 안팎의 높은 득표율을 보이면서 전승해 당 대선 후보 지명에 성큼 다가섰다. 트럼프는 승리 연설에서 "오늘은 나에게 엄청난 밤"이라며 "난 내가 (공화당의) 대선 후보라고 생각한다"고 말했다.[46]

트럼프가 공화당의 대선 후보일지는 몰라도 그만한 자격이 있는지에 대해선 부정적으로 생각하는 사람이 여전히 많았다. 그런 사람들 중의 하나인 버락 오바마 대통령은 4월 30일 임기 중 마지막으로 열린 백악관 출입기자단 연례 만찬 연설에서 공화당 대선 선두주자 도널드 트럼프를 비롯한 대권 주자들을 풍자했다.

그는 "공화당 지도부가 트럼프가 가장 유력한 후보라는 것을 믿지 못하는 것이 충격적"이라며 "그들은 트럼프가 외교정책 경험이 없다고 하는데 솔직히 그는 수년 동안 숱한 세계 지도자들을 만났다. 미스 스웨덴, 미스 아르헨티나……"라고 비꼬았다. 이는 트럼프가 1990년대부터 미스 유니버스 조직회를 인수해 매년 미스 유니버스와 미스 USA, 미스 틴 USA 대회를 열어왔던 점을 유머 대상으로 삼은 것이다. 만찬장은 웃음바다가 되었다.[47]

과연 누가 최후에 웃을지는 두고 볼 일이지만, 트럼프의 앞날이 여전히 험난한 건 분명했다. 트럼프는 "대통령 되면 대통령다운 행동을 하겠다"고 했지만, 과연 그에게 그럴 기회가 있을 것인가?

제9장

"바뀌는 것은 항상 가능하다.
나는 신축성과 융통성을 믿는다"

"우리는 강도질을 당하는 돼지 저금통과 같다"

2016년 5월 1일 트럼프는 인디애나주 포트웨인Fort Wayne 유세에서 중국의 대미 무역 흑자를 거론하면서 "우리는 강도질을 당하는 돼지 저금통과 같다"며 "중국이 미국을 강간rape하도록 내버려 두지 않을 것"이라고 주장했다.[1]

트럼프는 같은 날 〈폭스뉴스TV〉에 출연해 '미국은 세계 경찰이 아니다'라며 전 세계에 주둔하고 있는 미군의 주둔비를 더 받겠다고 엄포를 놓았다. 그는 "(미국은) 독일과 일본, 한국, 사우디아라비아를 세계의 경찰처럼 방어해주고 있지만, 적절한 보상을 받지 못하고 있다"

며 "(이들을 위해) 더이상 해줄 게 없다. 지금 돌아가는 상황은 미쳐 있다"고 주장했다.

또 그는 오바마 행정부를 비롯 그동안 미국 행정부들의 중동 개입 정책에 "우리 대통령들이 1년 365일 해안가에 가 있었다면 중동이 지금보다 훨씬 잘돼 있었을 것"이라며 "지난 15년간 우리가 미국에 한 일은 모두 잘못 됐으며 완전히 혼란 덩어리가 됐다"고 비판했다. 그러면서 그는 "IS가 세계에서 가장 좋은 리비아의 원유를 장악하고 있지만, 이를 막을 수가 없다"며 "만일 리비아 독재자인 무아마르 카다피가 있었다면 IS는 원유를 장악하지 못했을 것"이라는 주장을 펼쳐 리비아 독재자 축출이 잘못된 행동이라고 우회적으로 밝혔다.[2]

트럼프에겐 믿는 근거가 있었다. 이제 미국이 대외 개입을 줄이고 국내로 눈을 돌리자는 트럼프의 '신新고립주의적' 시각이 미국인들 사이에 팽배해 있었으며, 이는 각종 조사를 통해서도 입증되었다. 예컨대, 여론조사 기관인 퓨리서치센터PewResearch Center가 4월 12일부터 19일까지 미국 성인 남녀 2,008명을 대상으로 설문 조사한 결과 57퍼센트가 미국은 자국 문제에 신경 쓰고 다른 나라들이 스스로 문제를 해결하도록 해야 한다고 답변했다. 미국이 다른 나라들이 문제를 해결하게끔 도와야 한다는 응답은 37퍼센트에 그쳤다.

이 같은 조사 결과는 트럼프가 한국을 비롯한 동맹국들의 방위비를 거론하며 "적정 방위비를 내거나 아니면 스스로 방어하도록 하겠다"고 발언한 것과 일맥상통했다. 이 같은 시각은 보수층에서 특히 높았다. 공화당 지지자의 62퍼센트가 미국이 자국 문제에만 신경 써야 한다고 답변했다. 같은 답변을 내놓은 민주당 지지는 47퍼센트였다. 전체 응답자의 41퍼센트는 미국이 너무 과도하게 개입하고 있다고 밝혔고 28퍼센트는 적정 수준, 27퍼센트는 너무 적은 수준이라고 답변했다.

경제 분야에도 고립주의적 시각이 투영되었다. 응답자의 49퍼센트는 미국의 대외 경제 개입이 미국 내 일자리를 빼앗고 임금을 낮추고 있다는 이유로 좋지 못한 것이라고 밝혔다. 대외 경제 개입이 새로운 시장 창출과 성장 기회를 제공한다는 점에서 좋은 것이라고 답변한 응답은 5퍼센트포인트 낮은 44퍼센트였다. 특히 공화당 지지자들은 55퍼센트가 대외 경제 개입에 부정적인 시각을 드러냈다. 같은 답변을 한 민주당 지지자들은 47퍼센트였다. 자유무역협정과 같은 대외 경제 개입이 미국의 지역 경제를 피폐하게 만든 주범이라고 공격하는 일부 대선 주자들의 주장이 일정한 호응을 얻고 있는 것도 이 같은 여론 흐름에 따른 것으로 분석되었다.[3]

"우리(언론)가, 특히 내가 트럼프를 과소평가했다"

2016년 5월 3일 트럼프는 인디애나주 경선에서도 승리했다. 이날 미국의 신보수 세력인 '티파티'의 기수 격이던 테드 크루즈 상원의원은 결국 공화당 대선 후보 경선을 포기했다. 이어 4일엔 마지막 경쟁자 존 케이식 오하이오주 주지사까지 하차하면서 공화당 경선은 사실상 막을 내렸다.

5월 4일 『뉴욕타임스』의 여론 분석 담당 기자인 네이트 콘Nate Cohn

은 「내가 도널드 트럼프에 대해 틀렸던 것」이란 제목의 기사를 썼다. 공화당 경선 과정을 되짚어보는 내용이지만, 언론이 간과했던 사실들을 복기하는 '반성문'이기도 했다. 콘은 트럼프의 승리를 '블랙 스완(검은 백조)'에 비유했다. 블랙 스완은 '상식에 반하는 극히 드문 일이 실제로 일어난 상황'을 뜻한다.

콘은 "우리(언론)가, 특히 내가 트럼프를 과소평가했다"고 고백했다. 그는 "우리가 트럼프를 무시했고, 유권자들이 텔레비전 리얼리티 쇼 진행자를 대통령 후보로 뽑지 않을 것이라고 믿었으며, 정당 경선은 주류 엘리트들이 결정적 구실을 한다는 '정당 결정론'에 과중한 무게를 실었다"고 했다. 경선 기간 내내 부정적인 가정, (여론조사) 데이터의 오독, 사안의 인과관계 외면이 잇따랐다는 것이다.[4]

트럼프 때문에 가장 망신당한 인물은 통계학자이자 정치 분석가로 '족집게 대선 예측가'로 통하던 네이트 실버Nate Silver, 1978~였다. 『워싱턴포스트』는 '트럼프에 대한 최악의 예측 12선' 중 첫 번째로 "실버가 지난해 8월 '우리의 예측 시스템에 따르면 트럼프는 결코 공화당 후보가 될 수 없다'고 단언했다"고 꼬집었다. 일부 정치 전문 매체는 "대선 족집게 실버가 트럼프에 대해선 최소 7번 이상 틀렸다"며 실버가 트럼프 인기를 과소평가하거나 폄훼했던 글을 줄줄이 올려놓았다.

하지만 트럼프의 후보 지명이 확실해지자 실버는 자신의 웹사이트에 "1년 전 '트럼프가 후보가 될 수 있다'고 말하는 사람이 있었다면 나는 (그를) 바보라고 생각했을 것이다. 공화당 경선을 근본적으로 잘못 봤다"며 장황한 반성문을 썼다. 그러나 실버는 이 글에서 철저히 자기반성을 하기보다 트럼프 홍보만 해준 언론, 트럼프를 낙마시킬 전략적 협력이 부재했던 공화당, 경쟁 전당대회까지 가서 후보를 확성짓는 건 비민주적이라며 막판에 트럼프에게 50퍼센트 이상의 몰표를 몰아준 공화당 유권자들이 '자신의 생각'과 다르게 움직였다고 변명했다.[5]

　트럼프의 대통령 가능성에 다급해진 『워싱턴포스트』는 5월 5일 「트럼프 다시 떠우기rebooting 불가능하다 ─ 그의 후보 지명은 공화당에 재앙」이라는 사설을 통해 트럼프의 대통령 당선을 막아야 한다고 주장했다. 이 사설은 "트럼프의 예기치 못한 모든 성공에도, 지금까지 그에게 투표한 미국인의 수는 전체 유권자의 4.7퍼센트에 불과하다"며 "원칙을 가진 보수주의자들이 인식하듯, 그가 (미국 대통령이 되는 것을) 막을 수 있고, 막아야만 한다"고 밝혔다. 또 "트럼프를 후보로 지명하는 것은 공화당에 재앙이며, 공화당은 이러한 일이 어떻게 일어났는지, 어떻게 극복할지 궁리해야 한다"며 "그러나 더욱 긴급한 책무는 트럼프가 미국과 전 세계에 엄습한 재앙이 되지 않도록 하는 일"이라고 덧붙였다.[6]

"트럼프는 당신이 상상하는 것 이상으로 정책에 무지하다"

2016년 5월 5일 트럼프는 미국 경제 전문 방송 CNBC와의 회견에서 "나는 '부채왕king of debt'"이라며 "나는 부채를 사랑하고 부채 놀이를 좋아한다"고 밝혔다. 막대한 부채를 기반으로 '트럼프 제국'을 일군 자신의 사업 수완을 국정에도 활용하겠다는 의미다. 그는 "나는 경제가 붕괴하면 타협할 수 있다는 걸 알기 때문에 돈을 빌릴 것"이라며 "경제가 좋으면 그 자체로 좋기 때문에 잃을 게 없다"고 말했다. 경제가 무너지면 채무 조정을 통해 빚 부담을 덜 수 있다는 이야기로 해석되었다. 트럼프는 기존 채무에 대한 재협상을 하자는 게 아니라면서도 잠재적으론 국채를 할인된 가격에 되살 수 있다고 말했다. 그는 또 기존 채무를 차환借換할 수도 있다고 했다. 빚을 돌려 막으며 채무 만기를 미루겠다는 것이다.

전문가들은 트럼프의 구상이 현실성이 없다고 지적했다. 다이앤 스윙크Diann Swonk DS이코노믹스 CEO는 트럼프가 세금을 줄이고 재정 지출을 늘리겠다고 한 공약과 관련해 "미국의 재정 적자가 폭발할 지경인 상황에서 채무를 차환하면 시장이 어떻게 반응하겠느냐"며 "(트럼프의 구상은) 현실에 뿌리를 두지 않았다"고 말했다.[7]

8개월 전엔 "경제학에서는 트럼프가 옳다"고 했던 노벨 경제학상 수상자인 폴 크루그먼Paul Krugman, 1953- 미국 프린스턴대학 교수는 5월 9일 「무식한 사람의 기원The Making of an Ignoramus」이라는 제목의 『뉴욕 타임스』 기고문에서 "트럼프는 당신이 상상하는 것 이상으로 정책에 무지하다"고 비판했다. 그는 이 기고문에서 트럼프가 지난주 미국을 다시 위대하게 만들겠다며 공표한 관련 공약은 미국을 실패한 카지노 failing casino처럼 운영하는 내용을 포함하고 있다고 꼬집었다.

트럼프가 자신이 제시한 경제성장의 처방전이 제대로 먹히지 않으면 미국에 돈을 빌려준 채권국들과 협상을 통해 국가 부채를 줄일 것이라고 한 것과 관련, 크루그먼은 "금융이나 경제를 아는 식자들은 트럼프의 이러한 제안에 놀라움을 금치 못할 것"이라고 비판했다. 그는 이른바 '트럼프 솔루션'은 미국이 건국의 아버지이자 초대 재무장관인 알렉산더 해밀턴Alexander Hamilton, 1755~1804의 시대 이후 누려온 세계에서 가장 양심적인 채무자라는 명성을 앗아갈 것이라고 경고했다.

크루그먼은 무엇보다 미국이 부채 위기를 맞을 수 있다는 트럼프의 진단이 현실에 뿌리를 두고 있지 않다고 비판했다. 세계 각국의 투자자들은 미국 정부가 빌린 부채에 대해 결코 걱정하지 않고 있으며, 저리低利에도 기꺼이 미국에 돈을 빌려주고 싶어 한다는 것이다. 또 투자자들이 저리에도 미국에 돈을 빌려주는 것은 미국 연방정부가 지불하는 이자가 국내총생산GDP의 1.3퍼센트에 불과하기 때문이다. 크루그먼은 트럼프가 이러한 현실을 무시하고 부채 위기론을 퍼뜨리는 데는 공화당 내부의 포퓰리즘 기류가 한몫을 하고 있다고 진단했다.[8]

트럼프는 5월 9일 CNN 인터뷰에서 "사람들은 내가 부채를 늘리고 상환 불이행(디폴트)을 할 것이라고 말하는데 미친 사람들"이라며 "여기는 미국 정부인데 돈을 찍어 갚으면 되지 못 갚을 일은 없다"고 했다. 그러나 이 발언이 되레 더 큰 비판을 샀다. 달러를 마구잡이로 찍어대면 대표적 안전 자산인 미국 국채의 신뢰성이 무너지고 전 세계 투자자들이 금 같은 실물 자산으로만 몰려 금융시장이 붕괴될 것이라는 비판이 쏟아졌다. 금융 전문 매체 『마켓워치Marketwatch』는 "트럼프가 경제 현안과 관련해 얼마나 허황된 생각을 갖고 있는지를 보여주는 사례"라고 비판했고, 보수주의 정책 연구 기관 '아메리칸 액션 포럼American Action Forum'의 더글러스 홀츠-에이킨 대표는 "세계 금융 무대에서 북한처럼 믿을 수 없는 상대로 여겨지는 일이야말로 가장 위험한 것"이라고 했다.[9]

"바뀌는 것은 항상 가능하다. 나는 신축성과 융통성을 믿는다"

2016년 5월 6일 트럼프는 오리건주 유세장에서 빌 클린턴의 '르윈스키 성추문'을 언급하며 힐러리에 대한 공격의 포문을 열었다. 그는 "나보다 여성을 더 많이 존중하는 사람은 없다"며 "이와 반면에 미국 정치 역사상 빌 클린턴보다 여성에게 최악인 인물은 없었다"고 꼬집었다. 그는 "힐러리가 (남편) 빌 클린턴과 바람을 피웠던 여자들에게 어떻게 했는지 들었느냐"며 "그러고도 어떻게 여자 문제로 나를 공격한단 말이냐"고 반문했다. 트럼프는 "힐러리가 빌 클린턴과 외도한 여성들에게 행한 행동들은 믿기 힘들만큼 잔인했다"며 "개탄스러울 뿐"이라고 말했다.

5월 7일 트럼프는 트위터를 통해서 힐러리의 러닝메이트로 거론되는 엘리자베스 워런Elizabeth Warren 민주당 상원의원을 '멍청이goofus'라고 부르며 "둘 다 패배시키겠다"고 했다. 또 "(여자) 카드가 없으면 아무도 힐러리에게 표를 주지 않는다"며 힐러리가 워런을 러닝메이트로 삼을 것이라고 비꼬기도 했다.

트럼프는 이날 워싱턴주 유세장에서도 "힐러리는 정치 역사상 최악의 여성 학대자abuser와 결혼했다"며 발언의 수위를 높였다. 트럼프는 또 월가와 힐러리의 관계를 문제 삼으며 힐러리 전 장관은 '월가의 도구'라고 비판했다. 그는 "나는 버니 샌더스의 팬은 아니지만, 힐러리가 자신에게 돈을 주는 사람들에게 조종당한다는 그의 말은 100퍼센트 맞다"고 덧붙였다.[10]

힐러리가 '월가의 도구'라는 비판과 관련, 『워싱턴포스트』는 "월가와의 유착뿐만 아니라 자유무역, 해외 군사 개입 등의 문제에서 트럼프는 자신이 속한 공화당뿐만 아니라 클린턴보다 좌파적인 경향을 띤다"고 설명했다. 트럼프는 5월 8일 NBC 등과의 인터뷰에서 부자 증세와 최저임금 인상으로 공약을 바꾼 것에 대해 "바뀐 거 맞습니다. 저는 바뀔 준비가 되어 있죠. 융통성이 필요한 거죠. 그게 과세 공약Tax Plan이든 뭐든요"라고 말했다.[11]

트럼프는 5월 10일 『월스트리트저널』과의 인터뷰에서도 '핵심 공약을 바꿀 것이라는 이야기가 있다. 공약을 바꾸는 것이냐는 질문에 "바뀌는 것은 항상 가능하다. 나는 신축성을 믿고, 항상 융통성 있게 남아 있다"면서 "계획을 협상할 때는 항상 타협give and take이 있다"고 답했다. 트럼프는 오락가락하는 모습을 보이던 세금 정책과 관련해서도 "기본적으로 세금을 감면하겠다는 게 핵심이다. 하지만 협상해야 하는 문제이기 때문에 기본적으로 타협이 있을 것"이라며 협상을 강조했다.

트럼프의 오락가락하는 발언과 관련해 즉흥적이고 협상만 강조한다는 우려가 나왔다. 철저한 조사와 검토를 거쳐 공약이 만들어지는 최근의 대통령 선거 캠페인과는 거리가 있다는 것이다. 보수주의 성향 연구소인 미국기업연구소AEI의 제임스 페소코키스 칼럼니스트는 "매일 매일 다른 사람에게 다른 이야기를 하고 있는 것처럼 보인다"고 꼬집었다.[12]

"대선은 리얼리티 쇼가 아니다"?

2016년 5월 6일 버락 오바마 대통령은 백악관 브리핑에서 "우리는 지금 진지한 시대에 살고 있으며 대통령직은 정말로 진지한 일이다. 연예나 리얼리티 쇼가 아니다"며 "볼거리와 서커스를 강조하는 것은 우리가 할 수 있는 게 아니다. 트럼프는 검증이 필요한 (과거의) 오랜 기록을 갖고 있다. 우리는 그가 과거에 한 발언들을 심각하게 여겨야 한다"고 말했다. 이어 "언론이 제대로 역할을 하고 국민들이 제대로 정보를 얻는다면 우리의 민주주의는 작동할 것"이라며 트럼프가 언론과 국민들에게서 본격적인 검증을 받아야 한다는 점을 강조했다.[13]

오바마의 발언과 관련, 트럼프의 선거 캠프 총괄 매니저 폴 매나포트Paul Manafort는 5월 10일 MSNBC와의 인터뷰에서 간접적인 반론을 폈다. 7월 전당대회와 관련해 "도널드 트럼프는 우리에게 흥미진진한 전당대회를 안겨줄 것"이라고 한 매나포트는 리얼리티 쇼 같은 전당대회가 열리는 것이냐는 질문에 "궁극적으로 이건 리얼리티 쇼다. 미국 대통령이 되는 일"이라고 강조했다. 매나포트는 전당대회는 "우리가 미국에 트럼프뿐만 아니라 공화당에 대해 얘기하는 프로그램"이라며 "재미있는 방식으로 할 거다. 다만 더욱 중요한 점은 유익해야 한다는 것"이라고 말했다.[14]

오바마는 트럼프에 대한 검증을 요구했지만, 2015년 7월 트럼프와 날카롭게 충돌했던 존 매케인John McCain, 1936~ 상원의원은 5월 8일 애리조나주 피닉스Phoenix에 있는 자신의 선거 사무실에서 가진 CNN 방송과의 인터뷰에서 트럼프를 공화당의 대선 후보로 받아들여야 한다고 주장했다. 매케인은 "공화당 지도부와 의원들, 그리고 트럼프를 후보로 선택한 유권자들 사이에 거리가 있다. 공화당 후보를 선택한 유권자들의 말을 들어야 한다. 유권자들의 말을 외면하는 것은 어리석은 일"이라고 말했다.[15]

트럼프가 차기 미국 대통령이 될 수 있다는 가능성이 진지하게 대두되면서 그동안 그를 비판한 세계 지도자들이 자신들의 말을 재빨리 주워 삼키는 모드에 들어갔다. 5월 9일 CNN 방송은 "앞서 TV 리얼리티 쇼 스타 출신(트럼프)을 깎아내리고 조롱했던 세계 지도자들이 뉴노멀new normal에 적응하고 있다"면서 미 동맹국들도 트럼프가 차기 미국 대통령이 될 수 있다는 가능성 때문에 그를 광대 수준으로 폄하하던 단계에서 벗어나 진지하게 반응하기 시작했다고 덧붙였다.

트럼프에 대한 강경 비난 어조를 유지했던 데이비드 캐머런David Cameron, 1966~ 영국 총리는 트럼프가 사실상 공화당 대선 후보로 확정되자 힘든 경선 과정을 거친 데 대해 "존경한다"고 말했고, 트럼프를 '미친 사람'이라고 한 비센테 폭스 케사다Vicente Fox Quesada, 1942~ 전 멕시코 대통령도 우파 성향의 『브레이트바트뉴스BreitbartNews』와 인터뷰에서 "내가 당신(트럼프)을 기분 나쁘게 했다면 미안하다"며 트럼프와 관계 복원에 나섰다. 폭스 전 대통령은 자신의 사과를 받아주길 바라면서 "용서는 인간의 가장 위대한 자질 중 하나로, 동정적 지도자의 품격"이라고 말했다.[16]

아마존과 『워싱턴포스트』의 '트럼프 때리기'

2016년 5월 11일 1970년대 '워터게이트' 도청 사건을 특종 보도한 밥 우드워드Bob Woodward 『워싱턴포스트』 대기자는 전국 부동산중개인 모임 강연에서 "『워싱턴포스트』는 트럼프 취재에 20명을 투입해 그의 인생의 모든 국면을 기사와 책으로 쓰고 있다"고 말했다. 우드워드는 트럼프의 부동산 계약에 대해 취재 중이라면서 "뉴욕의 부동산 세계는 CIA(중앙정보국)보다 더 복잡하다"고 말했다. 트럼프의 재산 형성 과정과 납세 문제를 겨냥한 것이다.[17]

우드워드의 발언은 2013년 『워싱턴포스트』를 인수한 아마존 최고 경영자CEO 제프 베저스Jeff Bezos, 1964-가 '트럼프 때리기'에 발 벗고 나서겠다는 걸 의미하는 것이었다. 가만히 있을 트럼프가 아니었다. 트럼프는 5월 12일 밤 폭스뉴스에 출연, 자신이 대선에 승리할 경우 힐러리보다 아마존에 더욱 강경한 자세를 취할 것이라고 으름장을 놓았다. 그는 "아마존의 베저스 CEO는 『워싱턴포스트』를 이용해 정치인들에게 조세 부담을 적정 수준보다 떨어뜨리도록 로비를 벌이고 있다"며 "아마존은 사실상 강도짓을 하고 있는 셈"이라고 일갈했다. 이에 베저스는 "트럼프를 위해 블루오리진 로켓(아마존의 민간 로켓)의 좌석을 비워 놓을 것"이라며 "그를 우주로 보내버리겠다"고 맞섰다.[18]

『워싱턴포스트』는 5월 13일 폭로 시리즈 제1탄으로 트럼프 대변인을 자처하는 존 밀러John Miller라는 인물과 『피플매거진』의 수 카스웰 Sue Carswell 기자의 1991년 전화 인터뷰 내용이 담긴 14분 20초 분량의 녹취록을 공개했다. 당시 카스웰은 트럼프의 사생활을 직접 취재하기 위해 그의 맨해튼 사무실로 전화를 걸었고, 전화 인터뷰 요청 후 5분 만에 밀러라는 대변인이 카스웰에게 답신 전화를 하면서 전화 인터뷰가 성사된 것이다.

녹취록에는 트럼프의 첫 번째 부인 이바나와의 12년 결혼 생활과 유명 연예인과의 염문에 대한 카스웰의 질문에 대해 시원시원하게 답변하는 밀러 대변인의 대답이 그대로 담겨 있다. 대변인은 자신을 존 밀러라고 소개했지만, 카스웰은 대변인의 목소리가 너무 익숙해 의아해했던 것으로 알려졌다.

녹취록에 따르면, '나는 (대변인으로) 새로 왔는데 그(트럼프)가 믿고 좋아하는 사람"이라고 자신을 소개한 밀러 대변인은 인터뷰 도중에도 "그는 좋은 사람이다. 어느 사람에게도 상처를 주지 않는다. 그의 (첫째) 부인도 잘 대해줬고 (둘째 부인) 말라 메이플스에게도 잘해줄 것"이라며 트럼프를 적극적으로 옹호한다. 그는 또 "여자들이 트럼프라면 사족을 못 쓴다. 여배우들이 트럼프와 데이트하려고 전화를 한다. 심지어 마돈나도 그와 데이트하기를 원했다"고 말했다. 그러면서 "트럼프가 (자신 소유의) 플라자호텔에서 자선 행사를 열었는데, 마돈나가 아름다운 이브닝드레스에 군화를 신고 나타났다"면서 "그러나 트럼프는 아무런 흥미를 못 느꼈다"라고 말하기도 했다. 또 트럼프와 염문이 있던 이탈리아계 슈퍼모델 카를라 브루니Carla Bruni(향후 니콜라 사르코지 전 프랑스 대통령의 부인이 됨) 때문에 메이플스와 헤어졌다며 "그는 정말로 얽매여 헌신하는 것을 원치 않았고 그래서 정리한 것"이라며 트럼프 본인이 아니면 도저히 대답할 수 없는 부분까지 상세히 설명했다.

문제는 이 모든 게 트럼프의 '연극'이라는 데 있었다. 『워싱턴포스트』는 "목소리 톤이나 자신감에 넘친 말투 등 딱 듣기만 해도 단번에 트럼프라는 것을 알 수 있다"면서 "트럼프가 대변인을 가상해 자기자랑을 한 것"이라고 비판했다. 실제 밀러 대변인은 트럼프를 줄곧 '그', 또는 '트럼프'라고 칭하다가 트럼프의 사랑 생활에서 브루니가 얼마나 중요한지라는 질문에 얼떨결에 "그녀는 매우 예쁘다. 내가 한 번 잠깐 봤는데 예뻤다"며 일인칭 화법을 사용하기도 했다.

이러한 대변인 사칭 인터뷰에 대해 트럼프는 13일 NBC 방송과의 인터뷰에서 "나는 그들이 무슨 얘기를 하는지 모르겠다"면서 "전혀 내 목소리 같지 않다. 내 목소리를 흉내내는 사람이 아주 많은데 이것도 그런 사기 중 하나로 보인다"고 강력히 부인했다. 그러나 『워싱턴포스트』에 따르면 트럼프는 밀러의 인터뷰에 대해 "실패한 농담"이라고 실토했다.[19]

"『워싱턴포스트』가 베저스의 장난감이 됐다"

2016년 5월 15일 트럼프는 트위터를 통해 『뉴욕타임스』가 자신의 과거 여성 편력에 대한 탐사보도 기사를 게재한 데 대해 발끈하고 나섰다. 『뉴욕타임스』 기사는 트럼프 주변의 여성과 지인 50여 명을 인터뷰해 트럼프가 여성을 함부로 대하고, 낯 뜨거운 발언을 아무 데서나 마구잡이로 했으며, "트럼프가 여성들을 만날 때 늘상 미모와 몸매 문제를 거론했으며 일부 여성들에 대해선 성적으로 접근하기도 했다"

고 폭로했다.

하시만 이에 대해 트럼프는 자신의 트위터 계정에서 『뉴욕타임스』를 일컬어 '추락하는 신문인 『뉴욕타임스』falling @nytimes'라고 지칭하면서 "왜 추락하는 신문인 『뉴욕타임스』는 빌 클린턴 전 대통령의 여자들에 대해선 솔직한 보도를 하지 않느냐'며 "『뉴욕타임스』는 완전히 부정직한 매체"라고 비난했다. 또 "왜 추락하는 『뉴욕타임스』는 내가 인생을 돕고 성공하게 만들어준 사람들 스토리는 쓰지 않느냐'며 "그 역시 부정직한 태도"라고 꼬집었다.

트럼프는 아울러 "『뉴욕타임스』 기사는 마녀사냥에 다름 아니다"면서 "잘못된 보도를 이겨내고 승리해낼 것"이라고 강조했다. 이어 "『뉴욕타임스』 기사가 나간 뒤 많은 사람들이 『뉴욕타임스』의 바보스러움을 지적하며 오히려 나를 격려해주는 전화를 해왔다"고 덧붙이기도 했다.[20]

5월 17일 『워싱턴포스트』는 '트럼프 검증팀' 가동 후 나온 폭로 시리즈 제2탄으로 '러시아 마피아 연계설'을 제기했다. "트럼프가 과거 러시아 마피아와 연계된 인물과 '트럼프타워'를 짓는 부동산 개발 사업을 같이하는 등 밀접한 관계를 맺었다"는 것이다. 『워싱턴포스트』는 트럼프가 러시아 태생 사업가이자 마피아 본가인 '코사 노스트라La Cosa Nostra'와 연관된 인물인 펠릭스 세이터Felix Sater, 1966~와 함께 미국과 옛 소련 땅에 '트럼프타워'를 짓는 동업을 하며 밀접한 친분을 쌓았다며 구체적인 증거들을 제시했다.

이에 트럼프는 베저스의 탈세 의혹을 제기하면서 "『워싱턴포스트』가 베저스의 장난감이 됐다"고 주장했다. 그는 "베저스가 『워싱턴포스트』의 권력을 이용해 정치인들이 아마존에 과세하지 못하게끔 한다"며 "살인을 하고도 모면하는 것처럼 세금을 내지 않는 셈"이라고 맞받았다.[21]

『워싱턴포스트』의 잇단 폭로에도 트럼프의 지지율은 건재했다. 5월 22일 공개된『워싱턴포스트』와 ABC 방송 조사에서 트럼프가 46퍼센트의 지지율로 44퍼센트에 그친 힐러리를 따돌린 것으로 나타나는 등 5월 19일부터 22일에 걸쳐 발표된 5곳의 여론조사 중 힐러리는 3곳에서 트럼프에 뒤지는 것으로 나왔다. 5월 초 트럼프에 뒤지는 조사 결과가 처음 나올 때까지만 해도 고개를 갸웃했던 이들도 이제는 "트럼프가 이길 공산이 있다"는 분석을 내놓기 시작했다. 아무리 트럼프가 여성·소수인종 폄하 발언을 쏟아내도 힐러리와 트럼프의 비호감도는 같게 나왔기 때문이다.[22]

"트럼프가 지른 불에 미국이 타고 있다"

2016년 5월 23일 힐러리는 서비스노조 연차총회에서 "트럼프는 자기 카지노를 파산시켰고, 이처럼 미국도 파산시킬 것"이라며 "미국에서 카지노로 손해 보는 사람이 누가 있느냐"고 반문했다. 트럼프의 '실패한 사업가' 이미지를 부각하려는 의도였다. 그러면서 힐러리는 "지금 필요한 인물은 연단에 선 불량배bully가 아니다"고 말했다.

트럼프는 다음 날『워싱턴포스트』인터뷰에서 힐러리를 겨냥해 '살인' 의혹까지 제기하며 네거티브 공세에 나섰다. 그는 "힐러리 클린턴 부부의 최측근 인사인 빈센트 포스터 전 백악관 법률 고문이 1993년 자살한 사건이 "수상쩍다"며 타살 의혹을 제기한 것이다.

빈센트 포스터Vicent Foster 자살 사건은 1993년 7월에 일어났다. '업무 중압감에 따른 권총 자살'로 결론이 났지만 일부에서는 타살 의혹을 제기했다. 그가 백악관에서 '화이트워터 게이트' 관련 업무를 담당했는데, 누군가가 그의 입을 막기 위해 살해했다는 주장이다. 화이트워터 게이트는 빌 클린턴 전 대통령이 아칸소주 주지사 시절 힐러리의 친구인 제임스 맥두걸James McDougall 부부와 함께 부동산 개발 회사 '화이트워터'를 설립해 휴양 단지를 건설하는 과정에서 발생한 사기와 직권 남용 의혹이다.

이 의혹은 1992년 일부 언론에 보도되었다가 이후 잠잠해졌는데, 주간 연예 잡지인 『내셔널인콰이어러National Enquirer』가 2015년 초 "클린턴 부부가 입을 막기 위해 살인 청부업자를 고용해 죽였거나 힐러리가 자살에 이르게 만들었을 것"이라며 살해설을 제기했다. 트럼프는 이 기사를 인용하면서 "살해 의혹을 주장하는 많은 이가 있다"고 쟁점화한 것이다.

트럼프는 "힐러리 측이 나에 대해 매우 추잡한 이야기를 한다"며 "그들이 그렇게 하는 한 나도 할 수 있는 어떤 일이라도 하겠다"고 말했다. 트럼프의 여성 편력, 여성 비하 행위 등을 보도한 『뉴욕타임스』 기사 등도 힐러리 쪽에서 나왔다는 주장이다.

힐러리 측은 이런 트럼프의 주장을 "어처구니없다"고 일축하면서 역공에 나섰다. 힐러리 선거 캠프는 콘퍼런스콜(전화 기자회견)에서 트럼프가 2006년 주택 시장 거품 붕괴, 2008년 글로벌 금융위기를 이용해 돈을 벌었을 가능성을 제기하면서 그를 '비정한 수전노'로 묘사했다. 힐러리 측은 "노동자 가족을 희생양 삼아 오로지 자신만을 위하는 인물이 트럼프"라고 했다.[23]

5월 24일 미국 작가 450명이 트럼프의 대선 출마를 반대하는 온라인 서명 청원 운동을 시작했다. 이들은 청원문에서 "트럼프는 여성과 소수자들을 폄하하면서 지지자들의 공격성을 부추기고, 반대하는 사람에게는 겁을 준다"고 비난했다. 또 "독재는 조작과 선동, 구분 짓기가 횡행할 때 모습을 드러내는 법"이라고 덧붙였다. 청원 운동은 문학 웹사이트 '리터러리 허브'에서 조직되었고, 작가들이 소셜미디어를 통해 이를 알리면서 몇 시간 만에 1,000명이 넘는 작가들이 동참했다.

아이오와 출신 작가 리즈 렌즈는 이날 리터러리 허브에 올린 에세이에서 "트럼프는 윌리엄 포크너의 작품들을 볼 때 떠오르는 이미지, 특히 부패한 캐릭터인 플렘 스놉스를 떠올리게 한다"고 썼다. 노벨문학상을 수상하고 퓰리처상을 두 번 받은 작가인 포크너는 주로 1940년대 미국 남부의 변천사를 그려 부도덕한 백인 상류사회를 고발했다. 렌즈는 "지금 트럼프가 지른 불에 미국이 타고 있다"면서 "불길을 볼순 없더라도 연기는 맡게 될 것"이라고 주장했다.[24]

트럼프가 지른 불에 미국이 타고 있었는지는 몰라도 이즈음 한때 미국의 초강경 대외 정책을 주도하며 전 세계를 주름잡았던 네오콘이 타고 있는 건 분명했다. 심지어 "트럼프 때문에 밤잠을 못 자고 있다"(맥스 부트 미국외교협회 선임연구원)는 한탄까지 등장했다. 사실 트럼프를 가장 격하게 거부하는 세력은 민주당의 힐러리 클린턴 진영이 아니라 공화당 내 네오콘이었다.

네오콘이 트럼프를 혐오하는 것은 힐러리보다도 트럼프가 네오콘의 내적점에 서 있기 때문이다. 트럼프는 네오콘이 신조로 삼는 미국의 군사적 개입주의를 거부하면서 이라크전을 "최악의 결정"으로 비난해 네오콘을 분노하게 만들었다. 하지만 트럼프가 점차 당을 장악하며 네오콘은 고립되고 있었다. 『폴리티코Politico』는 "네오콘이 주축이 된 '네버 트럼프' 운동이 '고립된 섬'이 되고 있다"고 전했다. '악의 축'을 들고 나오며 한반도에까지 일파만파를 미쳤던 네오콘의 최대 위협이 민주당도 아닌 공화당 대선 후보에게서 나왔으니 역사의 아이러니다.[25]

'매직넘버' 넘긴 트럼프, 대선 후보 확정

'트럼프가 지른 불'은 자주 트럼프 유세장에서 폭력 사태로 나타났다. 2016년 3월 일리노이주 시카고Chicago, 4월 캘리포니아주 오렌지카운티Orange County 유세에 이어 5월 24일 저녁 뉴멕시코주 앨버커키Albuquerque에서 트럼프가 유세를 벌이고 있던 컨벤션센터 밖으로 수백 명의 반反트럼프 시위대가 대거 몰려들어 큰 혼란이 발생했다.

성난 시위대는 '트럼프는 히틀러다', '트럼프를 찍는 것은 히틀러에게 표를 주는 것', '파시스트 도널드 트럼프' 등 트럼프를 독일의 아돌프 히틀러Adolf Hitler, 1889~1945에 비유하는 팻말들을 들고 나왔다. 이들은 트럼프의 선거 홍보 용품에 불을 붙이고 컨벤션센터를 향해 돌을 던졌고, 밤까지 이어진 충돌은 방송들을 통해 미국 전역에 생중계되었다.

행사장 안에는 트럼프 지지자 수천 명이 모여 있었다. 트럼프는 반이민 정책을 옹호하며 포퓰리즘 공세를 이어갔다. 그는 미국 최초의 히스패닉 여성 주지사인 수재나 마르티네스Susana Martinez, 1959~ 뉴멕시코 주지사를 비난하면서, 불법 이민자들 탓에 공교육비 등 사회적 비용이 증가했다고 주장했다. 그러자 트럼프에 반대하는 사람들이 연설 도중 구호를 외쳤다. 이들은 "비자가 없어도 두렵지 않다", "트럼프는 파시스트" 등을 적은 팻말을 들고 있었다. 경찰은 시위대를 현장에서 끌어냈다. 트럼프는 끌려 나가는 청년을 향해 "저 소년은 아직도 기저귀를 차고 있는 것 같다"며 "데이트를 하지 못해 시위를 하는 것"이라고 말했다.[26]

이런 일련의 비판과 반대 시위에도 지난 2월 1일 첫 경선이 치러진 지 거의 넉 달 만인 5월 26일, 트럼프가 드디어 대의원 과반수인 '매직넘버'를 달성했다. 24일의 워싱턴주 경선 결과까지 집계한 대의원 수에서 트럼프는 일반 대의원 1,144명과 슈퍼대의원 95명을 합쳐 모두 1,239명을 확보함으로써 7월 공화당 전당대회에 참석할 대의원 2,472명의 과반인 1,237명을 넘긴 것이다. 이로써 캘리포니아, 몬태나, 뉴저지, 뉴멕시코, 사우스다코타 등 남아 있는 주별 경선 결과에 관계없이 트럼프는 공화당 대선 후보로 확정되었으며 전당대회 공식 지명 절차만 남겨두었다.[27]

5월 27일 『폴리티코Politico』는 「어떻게 힐러리는 질 것인가」라는 기사에서 트럼프의 승리를 점쳤다. 『폴리티코Politico』는 힐러리가 히스패닉 유권자의 지지를 당연시하고, 젊은 유권자를 이탈시키고, 트럼프를 지지하지 않는 공화당 주류 세력의 이탈을 흡수 못하고 제3당으로 흘러가세 하며, 무역 이슈를 놓고 헛발질을 하는 '4대 실수'를 할 경우 승리는 트럼프의 몫이 될 것이라고 분석했다.

반면 MSNBC 방송은 28일 "클린턴이 'e메일 스캔들'과 버니 샌더스(버몬트주) 상원의원의 버티기 작전에 위기에 빠진 것은 사실"이라며 "하지만 이런 모든 점을 고려해도 민주당 후보에 대한 높은 선호도(47퍼센트 대 43퍼센트), 민주당의 높은 지지도, 버락 오바마 대통령의 높은 지지율(51퍼센트), 트럼프의 백인 여성층 취약, 대도시 근교의 민심(57퍼센트 대 32퍼센트)에서 우세, 군 통수권자로서의 자격(43퍼센트 대 33퍼센트)이란 '6가지 지표 우위' 때문에 결국 클린턴이 승리할 것"이라고 전망했다.[28]

"정치부 기자들은 가장 부정직하고 불공정한 집단"

2016년 5월 31일 트럼프는 뉴욕 맨해튼 트럼프타워에서 '참전 용사들을 위한 600만 달러 모금' 주장의 진위 논란에 대해 기자회견을 하는 동안 질문 공세를 펼친 기자들에게 저속한 표현을 퍼부으며 비판적 언론에 못마땅한 감정을 여과 없이 표출했다. 트럼프는 2015년 1월 28일 아이오와주 첫 경선을 앞두고 당시 '적대 관계'에 있던 폭스뉴스 주최 텔레비전 토론을 거부한 채 같은 시간대에 인근 아이오와 드레이크대학에서 참전 용사를 위한 후원행사를 열었으며, 이때 600만 달러를 모금했다고 주장해왔다. 트럼프는 이날 기자회견에서 자신이 낸 기부금 100만 달러를 포함해 총 560만 달러를 모금해 이를 전액 여러 참전 용사 단체에 후원했다며 구체적인 참전 용사 단체명과 단체별 후원금 액수를 공개했다.

트럼프는 먼저 CNN 방송의 앵커 짐 아코스타Jim Acosta가 "당신은 대선에 출마했는데도 (어떤 논란이 되는 사안에 대한) 조사는 거부하는 것 같다"고 지적하자 "나도 조사 좋아한다" 면서 "그러나 내가 참전 용사들을 위해 엄청난 돈을 모금할 때 과연 힐러리 클린턴은 얼마나 모아서 지원했는지 조사해봐라. 나는 내가 한 일에 대한 '공까'을 원하지 않지만 억울하게 비난받는 것도 원치 않는다"고 답변했다. 트럼프는 아코스타의 계속된 질문을 끊는 과정에서 "내가 TV에서 봤는데 당신은 멋지다"고 치켜세우기도 했다.

이어 기자들에게서 "(참전 용사 단체에) 백만 달러짜리 수표를 발행하는 것은 아주 관대한 일이지만 비판론자들은 당신이 수치를 과장한다고 한다. 왜 과장하느냐?", "민주당에서 이런 의문을 제기하는 것이고, 우리 언론은 당신의 상대 진영이 문제 제기하는 것을 다루는 것이다" 는 등의 반박성 질문이 쇄도하자 트럼프는 "상대 진영이 비판하는 것은 신경 쓰지 않지만, 언론으로부터 나오는 것은 다르다"고 받아쳤다.

그는 "정치 담당 기자들은 그동안 내가 만난 사람들 중 가장 부정직하고 불공정한 집단"이라며 "특히 에이비시ABC 방송은 내가 뭘 하든 나를 끔찍하고 나쁘게 다룬다"고 노골적인 적대감을 드러냈다. 이 방송의 한 기자에게는 "매우 부정확한 보도를 하는 '추잡한 녀석sleazy guy'"이라는 막말까지 내뱉었다.

트럼프는 이전에도 공화당 경선 과정에서 자신에 대해 부정적 보도를 한 기자들에게 "인간쓰레기", "3류 기자" 같은 막말을 해왔다. 참을 만큼 참았다고 생각한 걸까. 언론에 대한 트럼프의 험담과 비난이 도를 넘어서자, 미국 언론이 정색을 하고 반격에 나섰다.

5월 31일 미국언론인클럽NPC의 토머스 버 회장은 성명을 통해 "트럼프가 언론의 자유에 대해 잘못 이해하고 무작정 반대하고 있다. 미국에서 정치에 나선 후보가 언론이 자신의 일을 한다고 공격한다면 그는 엉뚱한 나라에서 선거 운동을 하고 있는 것"이라고 지적했다. 1908년 설립된 NPC는 전·현직 기자들과 정부 공보 담당자 등 3,500여 명이 가입되어 있으며 시어도어 루스벨트Theodore Roosevelt, 1858~1919 전 대통령이 방문한 이후 역대 대통령이 당선 이후 방문하는 단체다.

백악관 출입기자단의 캐럴 리 간사도 "내년 1월에 누가 백악관에 있을지는 모르지만 대선 캠페인은 자유언론의 중요성을 새삼 일깨워준다"며 "우리는 올 가을 정권 인수위와 내년 차기 정부에서도 그런 권리를 지켜나갈 것"이라고 밝혔다.

CNN 방송 앵커 데이나 배시Dana Bash는 방송에서 기자들이 트럼프의 기자회견에서 재향군인 후원행사 모금액 사용 내역을 끈질기게 물고 늘어진 일을 언급하며 "지도자들에게 질문하는 게 우리의 일이다. 이는 자유언론의 근본적인 요건이자 책임"이라고 옹호했다. 배시는 "우리가 북한이나 다른 나라와 다른 점이 바로 이것"이라며 "우리도 트럼프가 왜 그러는지 이해할 만하지만 그는 질문을 받을 준비가 된 인물이어야 한다"고 지적했다.[29]

미국 역사상, 아니 세계 역사상 언론 자유가 보장된 나라에서 이렇게까지 언론과 멱살잡이를 해가면서 싸운 정치인이 트럼프 말고 또 있었을까? 그게 다 트럼프 나름의 선거 전략과 게임의 법칙에 따라 이루어지는 일이라지만, 그 집요함과 치열함엔 혀를 내두르지 않을 수 없다. 트럼프는 '심통 부리는 아이petulant child' 같다는 말이 실감이 난다 하겠다.

'트럼프의 비밀 병기는 친필 편지'

물론 '심통 부리는 아이'의 믿는 구석은 SNS를 통한 유권자들과의 직거래였지만, 흥미로운 건 트럼프가 뉴미디어의 활용에서 첨단을 달리는 동시에 전형적인 아날로그 커뮤니케이션에도 능하다는 점이다. 아니 능한 정도가 아니라 이 또한 중독이라고 해도 좋을 정도로 상식을 초월하는 수준이다. 그건 바로 친필 편지다. 편지 쓰기가 취미가 아닌가 하는 생각이 들 정도로 트럼프의 책들엔 자신이 쓴 편지 이야기가 수시로 등장한다. SNS와 편지는 전혀 다른 것 같지만, 기성 대중매체를 거치지 않는, 수용자와의 '직거래'라고 하는 점에선 같다.

『뉴욕타임스』(2016년 6월 2일자)는 트럼프가 자신을 표현하는 데 트위터 등 SNS만 능란하게 이용한 게 아니라 SNS에 익숙해지기 전 의사 전달 수단으로 손 편지를 이용했다고 보도했다. 트럼프는 트위터와 방송 카메라를 활용해 적들을 공격하고 지지자들을 고취시키는 것으로 정평이 나 있지만 정작 그의 비밀 병기는 꾹꾹 눌러쓴 친필 편지일지 모른다는 것이다.

이 신문은 각계각층의 사람들이 트럼프에게서 받은 10여 통의 편지를 공개했는데, 이 편지들은 장문이 아니라 트럼프의 기분과 생각, 느낌 등을 짤막한 글로 코멘트한 게 대부분이었다. 편지지에 쓴 것도 있지만, 신문·잡지 기사를 뜯어낸 뒤 낙서를 하듯 사인펜으로 끄적이고 서명을 달아 상대방에게 보낸 것들도 있었고, 또 상대방에게 격한 분노를 터뜨리는 내용이 있는 반면 아첨에 가까울 정도로 상대를 치켜세운 것도 있었다. 이 기사가 소개한 내용과 더불어 그간 알려진 몇 가지 사례를 살펴보자.

트럼프는 1988년 『스파이매거진Spy Magazine』이 자신에 대해 부정적인 기사를 싣자 『거래의 기술』을 보내면서 "당신이 날 공격하면 100배 강하게 되갚아주겠다If you hit me, I will hit you back 100 times harder"라고 쓴 협박문을 같이 보냈다.[30]

2009년 트럼프는 미국 풋볼리그의 붕괴와 이 과정에서 자신의 역할을 묘사한 마이크 톨린Michael Tollin 감독의 다큐멘터리 영화에 불만을 표출했다. 그는 초청장에 이 영화를 "3류", "극도로 부정직하다"라고 비판하는 메모를 써서 돌려보냈다. 추신에는 톨린 감독을 향해 "당신은 루저loser"라고 쏘아붙였다.

트럼프의 후임으로 마사 스튜어트Martha Stewart가 NBC 〈어프렌티스The Apprentice〉의 진행을 맡았지만, 마사의 쇼는 실패하고 말았다. 트럼프는 그녀가 쇼의 실패 원인으로 자신을 지목한 것에 화가 나서 이런 편지를 보냈다. "당신의 행동이나 말투는 최악이었어요. 당신의 쇼는 분위기도 어수선했고, 아무튼 성공적인 쇼가 지니고 있어야 할 모든 것이 결여되어 있었죠. 당신의 쇼를 처음 보자마자 실패할 거라는 생각이 들었어요. 그리고 내 예상대로 당신 쇼의 시청률은 매우 낮게

나왔죠." [31]

유명 농구 선수 카림 압둘-자바Kareem Abdul Jabbar는 『워싱턴포스트』에 트럼프의 대선 출마를 비판하는 글을 썼다가 트럼프에게서 모욕적인 답장을 받았다. 트럼프는 이 기사의 복사본 위에 사인펜으로 "왜 언론이 당신을 그렇게 혹독하게 대하는지 알겠다. 당신을 견딜 수가 없기 때문"이라고 힐난했다. [32]

"나 같은 사람에게 시간을 내서 편지를 보내주다니"

반박보다는 회유하려는 듯한 인상을 주는 편지도 있었다. 트럼프는 보수 성향의 한 라디오 방송 진행자가 자신을 '짜증이 많고 진중하지 못한 사람'으로 비판하자 "당신이 마음을 바꾸기를 바란다. 나는 이길 것이니까"라고 『뉴욕타임스』 1면 위에 써서 보냈다. 그 지면엔 공화당 인사들이 트럼프에게 호감을 가지려 한다는 기사가 실려 있었다.

트럼프는 상대방의 기분을 띄워 주려 할 때에는 '폭풍 칭찬'을 했다. 그는 1990년 한 잡지 인터뷰에서 루돌프 줄리아니Rudolf Giuliani 당시 뉴욕시장에 대해 '최고의 뉴욕시장'이라고 극찬했다. 그리고 이 인터뷰를 잡지에서 뜯어내 줄리아니 시장에게 보냈다. 극찬한 대목에는 특별히 화살표로 표시도 했다. 그리고 기사 위에 펜으로 "루디, 당신은 최고예요. 조만간 봅시다"라고 썼다.

1983년 제2차 세계대전 후 수십 년 만에 폴란드를 현지 취재하고 돌아온 『뉴욕타임스』 편집국장에게 보낸 편지도 비슷하다. 트럼프는 "(당신의 기사는) 감동적이고 슬프고 희망적이고 굉장했다"라면서 "폴란드 국민의 힘과 의지, 그리고 영혼을 정말로 사로잡았다"라고 말했다.

트럼프의 인간적인 면모를 보여주는 글도 있다. 1985년 자신이 싫어하는 기자에 대해 항의하기 위해 『뉴욕타임스』 편집국장 앞으로 보낸 편지에서 그는 "나는 글쓰기에는 재능이 없다"며 '약한' 모습을 보였다.[33]

1988년 『상어와 함께 수영하되 잡아먹히지 않고 살아남는 법』을 출간한 하비 매카이Harvey MacKay도 트럼프의 편지를 받고 감동한 케이스다. "1988년 어느 날 나는 우편물을 정리하던 중에 내 책을 극찬하는 축하 편지를 우연히 발견했다. 도널드가 보낸 편지였다. 나는 숨이 막혔다. 미네소타에서 작은 봉투 공장을 운영하던 나는 그의 편지를 읽고 또 읽었다. 도널드 트럼프가 내 책을 칭찬하려고 직접 보낸 편지였다. 나는 보름 동안 그 편지를 주머니에 넣고 다니며 틈날 때마다 읽었다. 나는 꿈길을 걷는 듯한 기분이었다. 당시 도널드 트럼프는 이미 전설이었다. 따라서 그의 칭찬은 내게 벅찬 감동을 안겨주었다."[34]

이런 일도 있었다. 트럼프가 집으로 가던 길에 자신의 리무진이 고장 났는데, 이때 실업 상태이던 한 기술자가 차를 고쳐주고 대가도 거부한 채 사라졌다. 이 기술자의 부인은 다음 날 트럼프에게서 꽃다발과 편지를 한 장 받았는데, 편지에는 그들의 대부금을 모두 갚았다고 쓰여 있었다.[35]

2008년 가을 캐나다 브리티시컬럼비아 캄루프의 지역신문에 한 노숙인이 길거리에서 자신의 물건 보따리 옆에 앉아 『거래의 기술』을 읽고 있는 사진이 실린 것을 보고, 트럼프는 수소문해 그 노숙인에게

수표와 함께 열심히 일하라고 격려하는 내용의 편지를 보냈다.[36]

트럼프는 2014년 텍사스주에 사는 18세 고등학생에게서 만나고 싶다는 편지를 받자 "열심히 일하고 똑똑해져라"라는 격려 답장을 보냈다. 이 답장을 지금도 벽에 걸어놓은 이 학생은 "나 같은 사람에게 시간을 내서 메시지를 보내주다니 정말로 멋지지 않느냐"고 말했다.[37]

제10장

"공화당이 뭉치든 뭉치지 않든 나는 이길 수 있다"

2016 대선은 '사기꾼' 대 '도둑'의 대결인가?

2016년 6월 1일 힐러리는 뉴저지주 뉴어크Newark 유세에서 사기 혐의로 소송이 진행 중인 '트럼프대학'의 학생 모집 지침서를 언급하면서 "트럼프와 트럼프대학의 직원들은 취약 계층을 악용했다"며 "이는 트럼프 자체가 사기꾼fraud이라는 것을 증명하는 또 다른 증거"라고 말했다. "트럼프가 트럼프대학에 등록한 모든 관련자를 상대로 사기를 쳤던 방식 그대로 이번에는 미국을 상대로 사기를 치려고 하고 있다"고도 했다.[1]

6월 2일 힐러리는 캘리포니아주 샌디에이고San Diego 유세에서 처음으로 외교·안보 정책 구상을 직접 밝혔지만, 연설은 어느새 상대 후보의 '대통령 불가론'을 설명하는 자리가 되었다. 그는 이날 외교정책 연설에서 "트럼프는 대통령이 될 준비가 안 됐을 뿐만 아니라 엄청난 책임감을 필요로 하는 대통령 자리에 기질적으로 맞지 않다. 작은 비판에도 버럭 화를 내는 트럼프에게 핵무기 단추를 맡기는 것은 너무 위험하다"고 말했다. 그러면서 "트럼프의 외교 구상은 단순히 다르다는 정도가 아니라 위험할 정도로 앞뒤가 안 맞는 생각"이라고 덧붙였다. 그는 트럼프가 한국·일본 등을 향해 제기하는 '안보 무임승차론'에 대해서도 "동반자와 함께할 때 미국이 더 안전해진다"고 비판했다.

힐러리는 이날 트럼프를 향해 "그가 밝힌 건 떠벌림이거나 거짓말 아니면 개인적 적대감 표출", "미국을 놓고 하는 도박을 내버려둬선 안 된다"고 말하는 등 비난 수위를 높였다. 트럼프가 김정은 북한 노동당 위원장, 블라디미르 푸틴Vladimir Putin, 1952- 러시아 대통령, 시진핑習近平 중국 국가주석에게 우호적으로 발언한 것을 두고도 "독재자들에게 매혹돼 있다. 심리치료사의 상담이 필요하다"고 했다. 『워싱턴 포스트』는 힐러리가 자신의 외교·안보 정책을 소상히 설명하는 대신 외교적으로 불안한 트럼프 이미지를 부각하는 데 집중했다고 분석했다.[2]

트럼프는 '사기꾼fraud' 딱지에 '도둑thief'으로 맞섰다. 그는 6월 3일 캘리포니아주 레딩Redding 유세에서 힐러리를 '도둑thief'이라고 불렀다. 국무장관 재직 시절 개인 이메일로 공무를 처리한 '이메일 스캔들'을 거론한 것으로, 그는 "힐러리가 국가 안보에 끼친 해를 감안하면 감옥에 가야 한다"고도 말했다. 이에 대해 힐러리는 "우리는 대통령을 뽑는 것이지 독재자를 뽑으려는 게 아니다"라며 드럼프를 "독재자dictator"라고 비난했다. 트럼프가 사기 의혹을 받고 있는 '트럼프대학 사건'과 관련해 사건을 심리 중인 연방판사를 공격한 것을 지적하는 발언이었다.[3]

트럼프는 레딩 유세에서 한국과 관련해 의미심장한 발언을 했다. 그는 힐러리가 전날 한국, 일본 등 동맹국 보호를 중시할 것이라고 말한 것에 대해 미국이 일본, 독일, 사우디아라비아 등 동맹국들을 돕는 데 돈을 쏟아붓고 있다며 불만을 표했다. 이어 "우리는 북한의 미치광이로부터 한국을 보호해주고 있다"면서 한반도 문제를 거론했다.

그는 "사람들이 '트럼프 당신은 북한과의 협상도 마다하지 않겠느냐'고 묻길래 나는 '물론이다. 협상하는 것은 아무런 문제가 없다'고 답했다"고 말했다. 그러면서 "'우리는 절대로 (북한과) 대화하지 않겠다, 절대로 대화하지 않겠다'고 말하는 사람들이 있다. 이런 사람들은 얼마나 어리석은 사람들인가"라며 "그들이 바로 군대 주둔에 돈을 쓰는 사람들"이라고 했다. 이어 "(북한과의) 협상이 작동할지 안 할지는 알 수 없다. 작동할 수도 있고 아닐 수도 있다. 사실을 말하자면 작동할 것이라고 본다"고 했다.

트럼프는 지난 5월 언론 인터뷰에서 북한 김정은 노동당 위원장과 만나서 대화하는 것에 아무런 문제가 없다고 말한 바 있다. 그는 '북한과의 협상은 절대로 안 된다'고 말하는 워싱턴 전문가들pundits을 겨냥해 "어리석다"고 비판했다.[4]

"무슬림 판사는 불공정할 수도 있다"

2016년 6월 5일 트럼프는 CBS 방송의 〈페이스 더 네이션Face the Nation〉에서 진행자인 존 디커슨John Dickerson이 '트럼프대학 사기 사건'과 관련해 "만일 무슬림 판사라도 (당신이 멕시코계 판사에 대해 느꼈던 것처럼) 당신의 정책 때문에 그들이 공정하게 재판하지 않을 거라고 여기는가?"라는 질문을 하자 "그렇다. 절대적으로 그럴 수 있다"고 답해 무슬림에 대한 편견을 그대로 드러냈다.

트럼프는 열흘 전인 5월 27일 트럼프대학 사기 사건을 맡은 곤살로 쿠리엘Gonzalo Curiel 샌디에이고 연방지법 판사에 대해 인종적 편향 가능성을 제기해 그 여파가 가시지 않은 상태였다. 트럼프는 대선 직후 법정 출석 명령을 내린 쿠리엘 판사에 대해 "판사가 멕시코계지만 나쁠 게 없다. 멕시코인들은 내가 일자리를 주면 나를 좋아하게 될 것"이라고 조롱했다.

공화당 지도부는 트럼프의 이런 언행 때문에 소수계 유권자들이 등을 돌려 11월 대선 본선과 함께 치러지는 상·하원 선거도 패할 가능성을 걱정해 급히 진화에 나섰다. 미치 매코널Mitch McConnell 상원 원내대표는 이날 NBC 인터뷰에서 "그런 말(트럼프의 말)에 절대 동의하지 않는다"고 말했다. 뉴트 깅리치Newt Gingrich 전 하원의장도 폭스뉴스 인터뷰에서 "쿠리엘 판사는 미국인이다. 트럼프 발언은 그가 한 최악의 실수 가운데 하나로 용납할 수 없다"고 선을 그었다. 하지만 『워싱턴포스트』는 트럼프가 당 지도부의 조언을 받아들여 언행을 삼가는 일은 없을 것이라고 전망했다. 이 신문은 "트럼프는 이제 69세"라며

"트럼프처럼 성공한 삶을 살아온 그 나이대 사람들이 근본적으로 바뀌는 일은 매우 매우 드물다"고 전했다.[5]

힐러리가 민주당 대선 후보로 확정된 6월 7일 『USA투데이』는 트럼프와 힐러리에게 '대통령이 되기 위해 해야 할 일, 즉 유권자의 마음을 얻을 수 있는 팁'이라며 3가지씩을 제시했다. 트럼프에겐 자극적인 선동을 멈추고 대선 캠프를 재정비하며 실질적인 정책을 내놓아야 이번 대선에서 승산이 있다고 조언했다. 신문은 마이클 스틸Michael Steele 공화당 전국위원장의 말을 인용해 "트럼프가 최근 판사까지 비판해 공화당 정치인마저 등을 돌리게 하고 있다"며 "클린턴의 공직 시절 실정에 대한 비판보다 자기 막말만 부각되는 일을 더이상 만들어선 안 된다"고 말했다.

힐러리에겐 인간미를 보이고 밀레니엄 세대에 적극 다가서며 트럼프를 과감하게 꾸짖으라고 당부했다. 이 신문은 트럼프에게 적극적으로 각을 세우라고 주문했다. 윌리엄 갤스턴William Galston 브루킹스연구소 수석연구원은 "백악관을 차지하려면 트럼프의 거친 말을 압도할 수 있어야 한다"며 "트럼프가 즐겨 쓰는 거친 화법을 동원해도 나쁘지 않을 것"이라고 말했다.[6]

뜻밖에도 '사과'를 모르는 트럼프가 7일 자신의 멕시코계 연방 판사 비난 발언에 대해 사실상 사과했다. 당 지도부까지 나서서 공개적으로 "인종차별적 발언"이라고 비판하고, 마크 커크Mark Kirk 연방 상원의원은 지지 철회까지 선언하자 위기의식을 느낀 것으로 보였다. 그는 이날 A4 용지 2장 분량의 긴 성명에서 "내 발언이 멕시코계에 대한 단정적인 공격으로 오해돼 유감"이라고 밝혔다. 트럼프는 "나는 멕시코와 히스패닉계 친구가 많고, 수천 명의 히스패닉을 고용하고 있다"며 "다시는 이 문제를 거론하지 않겠다"고 말했다.

트럼프는 마지못해 사과 의사를 밝혔지만 억울함도 호소했다. 그는 "미국의 사법 시스템은 공평하고 공정한 판사에 의해 지탱되는 것이고, 모든 판사는 그 기준을 준수해야 한다"면서 "누군가가 (단순히) 혈통 때문에 공정하지 못하다는 것을 믿지는 않지만 '트럼프대학' 민사 소송과 관련해 받은 판결로만 보면 과연 공정한 재판을 받는지 의문을 제기하는 것은 정당하다고 생각한다"고 말했다.[7]

'모두를 위해 미국을 다시 위대하게'

2016년 6월 10일 트럼프는 버지니아주 리치먼드Richmond 유세에서 기존의 '미국을 다시 위대하게Make America great again'라는 자신의 캐치프레이즈에 '모든 국민for everyone'을 더해 '모두를 위해 미국을 다시 위대하게Make America great again for everyone'로 수정했다. 트럼프는 또 흑인 젊은층과 히스패닉계의 높은 실업률을 거론하며 "(이들을 포함한) 모든 이를 위해 그렇게 할 것"이라고 강조했다. 또 워싱턴 D.C.에서 열린 보수 단체 행사 연설에서도 "그 누구도 자신의 인종이나 피부색으로 판단돼서는 안 된다"고 역설했다.

그러나 트럼프는 하루도 못 가 11일 플로리다 유세에서 민주당의 엘리자베스 워런Elizabeth Warren 상원의원을 '포카혼타스'라고 불러, 또다시 인종주의 논란을 지폈다. 트럼프는 워런이 자신을 '인종주의 무뢰한'이라고 비난하며 사과하라고 한 요구에 대해 "좋다, 사과하겠다, 포카혼타스에게. 포카혼타스가 모욕당했기 때문"이라고 밀했다. 포카혼타스는 미국 버지니아 지역에 처음 건너온 영국 이민자들을 도와준 인디언 원주민 추장의 딸이다. 이는 워런의 조상 가운데 인디언 혈통이 있음을 빗대 말한 것이다.

이날 『워싱턴포스트』는 전날 유타주 파크시티Park City에서 열린 고위 공화당원 비공개 모임에서 멕 휘트먼Meg Whitman HP 최고경영자가 트럼프를 히틀러와 무솔리니에 비유하며 격렬히 비난했다고 보도했다. 휘트먼은 공화당이 선거에 이기려고 원칙에 타협한다면, 우려스런 영역으로 진입할 것이라고 경고했다. 이날 모임은 밋 롬니Mitt Romney 전 공화당 대선 후보가 주최한 공화당 정치자금 기부자들의 연례 피정 모임으로 공화당 성향 유력 인사들이 참가했다. 앞서 9일 롬니는 CNN 인터뷰에서 트럼프의 인종주의를 비난하며 자신의 반트럼프 입장을 더욱 공고히 했다. 공화당 최대 큰손인 찰스 코크 형제도 10일 블룸버그 인터뷰에서 트럼프 후보 선출을 위한 7월 공화당 전당대회에 자금을 후원하지 않겠다는 방침을 밝혔다.[8]

힐러리 진영도 트럼프에게 적극적으로 각을 세우라는 『USA투데이』의 조언에 공감했던 모양이다. 힐러리는 트럼프의 막말을 집중 공격하는 전략을 세웠는데, 이는 6월 11일 공개된 힐러리의 11월 대선 본선용 첫 텔레비전 광고를 통해서도 잘 드러났다. '우리는 누구인가Who We Are'라는 제목의 이 텔레비전 광고는 공화당의 도널드 트럼프를 미국 유권자의 다양성을 참지 못하는, 폭력적이고 분열적인 후보로 묘사했다. 힐러리는 이를 효과적으로 표현하기 위해 자신이 묻고 트럼프가 답하는 형식을 활용했다. 특히 트럼프의 답변으로는 공화당 경선에서 그가 쏟아낸 막말과 비하 발언만 골라서 썼다.

먼저 힐러리가 '우리는 누구인가'라고 질문하자, 트럼프는 "저놈 얼굴에 펀치를 날리고 싶다"고 대답한다. 지난 2월 라스베이거스에서 유세 도중 자신의 행렬을 가로막는 시위대를 향해 내뱉은 말이다. 이어 힐러리는 '우리는 서로 돕는가'라고 묻는데, 트럼프가 또 등장해 청중들에게 "허튼소리는 집어쳐"라고 목청을 높인다.

다음으로 '우리는 서로 존중하는가'라는 물음에는 트럼프의 2015년 11월 사우스캐롤라이나 유세 장면이 뒤따른다. 트럼프는 상체를 흔들면서 두 팔을 여러 차례 부자연스럽게 휘젓는 제스처를 한다. 이는 과거 그에 대한 기사를 썼던 『뉴욕타임스』 기자를 흉내내며 조롱한 것인데, 해당 기자는 팔을 자유롭게 움직이지 못하는 선천성 관절만곡증을 앓고 있다.

그런 트럼프에 이어 모습을 드러낸 힐러리는 공장을 거닐며 근로자들과 만나고 어린 학생들과도 담소를 나누면서 되묻는다. "우리는 어떤 모습의 미국이 되길 원하는가. 위험할 정도로 분열된 모습인가, 아니면 강하고 단결된 모습인가." 그러고 나서 힐러리는 "나는 항상 우리가 다 함께(하기 때문에) 더 강하다고 믿는다"고 강조한다.

광고는 이처럼 힐러리가 6월 13일 클리블랜드 유세 때부터 강조할 슬로건 '다 함께 더 강하게Stronger together'를 앞세워 공화당 지지자들의 표심을 흔드는 데 초점을 맞췄다. 힐러리는 민주당 경선에서 버니 샌더스 상원의원을 지지한 자유주의 성향의 유권자들을 껴안기 위한 노력도 기울였다. 그는 "이제는 단순하면서도 공통된 목표 아래 뭉쳐야 한다"며 "상위계층만을 위한 경제가 아니라 모든 사람을 위한 강한 경제를 만들자"고 목청을 높였다.

해당 텔레비전 광고는 6월 16일 격전 주에서 방송될 예정이었지만, 유튜브와 미 언론 홈페이지 등에 광고물이 미리 게시되자 트럼프는 즉각 강하게 반발했다. 트럼프는 트위터에서 "해당 기자가 (나에 대한 그릇된) 기사를 고친 후 아첨하는 모습을 흉내낸 것이다. 나는 절대로 장애인을 조롱하지 않았다"면서 "클린턴은 부끄러운 줄 알아야 한다"고 주장했다.[9]

"『워싱턴포스트』는 사기성 짙고 부정직한 언론"

2016년 6월 12일 미국 플로리다주 올랜도Orlando의 게이 나이트클럽 펄스에서 발생한 총기 난사 사건으로 50명이 목숨을 잃으면서 미국이 충격에 휩싸였다. 이번 총기 난사는 2001년 뉴욕에서 일어난 9·11 테러 이후 미국에서 벌어진 최악의 테러로 기록되었다. 범인인 오마르 마틴Omar Mateen이 아프가니스탄 이슬람 무장단체 탈레반의 열성 지지자로 알려지면서 다시 트럼프의 주장이 힘을 얻는 상황이 벌어졌다.

이슬람 테러주의자들의 활동을 막기 위해 무슬림 일시 입국 금지 등을 주장해온 그는 트위터 등에 '그 말이 맞았다'는 지지자의 글이 올라오자 "감사하다. 하지만 축하를 원하지 않는다. 나는 강인함과 경각심을 원한다. 우리는 현명해져야 한다"고 썼다. 그러면서 "이제는 오바마 대통령이 과격한 이슬람 테러리즘이라는 말을 쓰려나? 그렇게 하지 않으면 수치심을 느끼고 즉각 사임해야 한다"고 했다.

트럼프는 이날 폭스뉴스와의 인터뷰에서 "단언컨대 이것은 전쟁이다. 지금껏 이렇게 심한 사건이 벌어진 적은 없다"며 "군인이 연루되지 않았지만 이건 전쟁"이라고 강조했다. 트럼프는 오바마 대통령에 대해 "그는 아무 생각이 없다. 단호하지도, 똑똑하지도 못하다"고 비판했다. 힐러리를 겨냥해서는 "아주 나약한 사람이며 군 통수권자가 될 자격이 없다"고 공격했다.

반면 힐러리는 이슈 전환을 시도했다. 그는 성명에서 "우리는 테러리스트나 잔인한 범죄자들 손에서 총기를 빼앗아야 한다"며 "이 사건은 우리가 사는 거리에서 전쟁 무기가 설 자리를 없애야 한다는 것을 다시 한 번 상기시켰다"고 했다. 오바마 대통령도 "미국에서 살상 무기를 손에 넣는 게 얼마나 쉬운지 다시 한 번 깨달았다"고 했다. 이런 사건의 재발을 막기 위해서는 공화당이 반대하는 총기 규제가 필요하다는 점을 지적하고 나온 것이다.[10]

『워싱턴포스트』는 13일자에 올랜도 총격 사건을 전하며 "트럼프가 버락 오바마 대통령이 올랜도 총격에 관여됐다고 시사했다"는 제목을 붙여 논란을 빚었다. 이에 트럼프는 『워싱턴포스트』의 비판 보도에 불만을 표하며 선거 캠프 취재기자의 출입을 거부했다. 그는 "『워싱턴포스트』는 기록을 세우고 있는 트럼프 캠페인을 믿을 수 없을 정도로 부정확하게 보도하고 있다"며 "사기성 짙고 부정직한 언론"이라고 공격했다. 하지만 트럼프는 오바마가 '급진 이슬람'이라는 표현을 쓰지 않고 있다는 점을 공격하면서 "분명히 뭔가가 있다"며 음모론을 제기한 것이 사실이었다.

트럼프는 이미 『포린폴리시』, 유니비전, 『디모인레지스터』, 『데일리비스트』, 『허핑턴포스트』, 『버즈피드』, 『고커』 등 자신을 섬중하는 여러 언론을 출입 정지 대상에 올려놓았다. 『뉴욕타임스』는 사설을 통해 트럼프의 왜곡된 언론관이 수정헌법 제1조 '표현의 자유'를 전혀 이해하지 못한 데서 나온다고 지적했다. 백악관 출입기자단은 성명을 내고 "트럼프가 마음대로 대선 취재를 금지한 『워싱턴포스트』를 비롯한 언론들의 편에 설 것"이라며 "이 나라의 대선 후보는 언론의 자유는 물론 자신과 적대 관계에 있는 언론의 역할을 존중해야 한다"고 밝혔다. 『워싱턴포스트』 대기자인 밥 우드워드Bob Woodward는 이날 NBC 인터뷰에서 트럼프의 태도는 언론의 검증이 줄어들기는커녕 더 많아지는 결과를 초래할 것이라고 경고했다.[11]

"오바마는 테러리스트가 아니라 나를 비난하고 있다"

2016년 6월 14일 오바마는 재무부에서 국가안보회의를 주재하고 나서 가진 기자회견에서 "공화당 대통령 후보가 될 사람이 모든 무슬림의 미국 이민을 금지하자고 주장한다"며 "모든 무슬림을 테러리스트로 색칠하고 한 종교와 전쟁을 벌이는 것처럼 보이는 것이야말로 테러리스트를 돕는 것"이라고 말했다.

오바마는 트럼프가 '급진적 이슬람Radical Islam'이란 용어를 쓰지 않는다고 비판한 것과 관련해 "정치적 주장이자 현혹"이라며 "이 용어를 쓰면 이슬람국가IS가 미국인을 덜 죽이기라도 하느냐"고 반문했다. 그러면서 "(이 용어를 쓰지 않아도) 목숨을 걸고 이라크와 시리아의 전장에 가 있는 군인들은 누가 우리의 적인지 잘 알고 있다"며 "이들은 트윗을 하거나 케이블 뉴스 쇼에 출연하는 정치인들을 포함해 모든 미국인을 보호하고 있다"고 했다. 또 "이런 짖어대는yapping 말들은 우리 국민을 지키기 위해 열심히 일하고 희생하는 공무원들을 막지 못한다"고도 했다. 트럼프를 직접 언급하지는 않았지만 그를 겨냥한 발언이었다.

CNN 방송 등은 "화가 난 오바마Angry Obama"가 대선 캠페인을 넘어 트럼프가 미국인들의 가치관을 뒤흔들고 있는 것에 분노하고 있다고 평했다. 해리 리드Harry Reid 상원 원내대표(민주당)도 트럼프의 발언을 "미국인답지 않다un-American"고 비판했다. 그는 "어떤 대통령 후보도 트럼프처럼 조직적으로 편견을 조장할 수는 없을 것"이라며 "이런 수준의 증오는 이해할 수 없다"고 말했다.

이에 대해 트럼프는 사우스캐롤라이나주 유세에서 "테러가 일어났는데 오바마는 테러리스트가 아니라 나를 비난하고 있다"며 "이게 우리의 적을 알고 있다는 대통령의 본질이냐. 그는 우리의 적을 미국인보다 더 우선순위에 두고 있다"고 했다.

그러나 공화당 지도부도 '무슬림 입국 금지'를 주장하는 트럼프의 주장을 받아들이지 않는 등 적전敵前 분열 양상을 보였다. 공화당의 폴 라이언Paul Ryan 하원의장은 "무슬림의 입국을 금지하는 것은 우리의 국가 이익에 부합하지 않는다"며 "미국은 급진 이슬람과 전쟁을 하는 것이지 모든 이슬람과 전쟁을 하는 것이 아니다"라고 했다.[12]

6월 15일 트럼프는 올랜드 참사로 무분별한 총기 허용에 대한 비판

여론이 커지자 트위터를 통해 '나를 지지하고 있는 전미총기협회NRA 와 만나 테러리스트 감시 명단이나 비행기 탑승 금지 명단에 오른 사람에게는 총기 구매를 허용하지 않는 방안에 대해 논의할 것'이라고 공개했다. 전미총기협회는 트럼프의 트윗에 대해 "우리의 분명한 입장은 테러리스트들이 총기를 가져서는 안 된다는 것"이라면서도 감시 대상에 있는 모든 사람에게 총기 판매를 금지하는 것은 부당하다는 입장을 분명히 해 올랜도 총기 난사 사건으로 인해 트럼프와 전미총기협회 사이에서 이견이 나타나기 시작했다.[13]

그럼에도 올랜도 총기 난사 사건이 트럼프에게 정치적 호재임은 분명했다. 『뉴욕타임스』 칼럼니스트 로저 코언Roger Cohen은 "올랜도 총기 난사 사건의 범인 오마르 마틴이 테러 집단 이슬람국가IS에 충성을 맹세한 사실이 알려졌다.……트럼프는 올랜도 비극 직후 미국 국적 없는 무슬림의 입국을 일시 금지하자고 목청을 높였다. 갈등을 조장하는 분열의 정치다. 다만 프랑스·벨기에·미국에서 잇따라 터진 테러의 배후 역할을 한 IS와 이슬람권의 연결고리를 무시하는 것도 위험하다. 그 점에선 버락 오바마 대통령의 책임이 크다"며 다음과 같이 말했다.

"오바마는 올랜도 사건을 '테러이자 증오 행위'라고 비판했다. 느슨하기 짝이 없는 총기법에 반대 입장을 분명히 하며 미국민의 연대를 호소했다. 그러나 IS의 문제점에 대해선 한마디도 하지 않았다. 시리아와 이라크를 장악한 IS가 두 나라를 근거지로 테러 이념을 전파하고 있다는 사실도 언급하지 않았다. 그는 '아무런 조치를 취하지 않는 것도 하나의 결정'이라고 주장했다. 말인즉 맞는 얘기다. 시리아에서

5년 넘게 전쟁이 이어졌지만 오바마는 아무런 조치도 하지 않았다. 그 결과 시리아 영토의 상당 부분이 IS 손에 떨어졌다. 이로 인해 엄청난 숫자의 시리아인들이 살해되고 난민들이 유럽에 밀려드는 사태가 발생했다. 미국의 권위가 땅에 떨어졌지만 오바마는 꿈쩍하지 않았다. 이를 틈타 블라디미르 푸틴 러시아 대통령이 우크라이나를 유린했지만 오바마는 이 또한 방치했다. 이란 핵 문제를 해결하고 쿠바와 수교했다고 큰소리치면 뭘 하나. 오바마 치하에서 세상은 훨씬 위험해졌다."[14]

"김정은과 대화해서 나쁠 게 뭐가 있느냐"

2016년 6월 15일 트럼프는 조지아주 애틀랜타Atlanta 유세에서 김정은 북한 노동당 위원장 이야기를 또 꺼냈다. 지난달 로이터통신과의 인터뷰에서 "(대통령이 되면) 김 위원장과 만나겠다"고 말한 지 한 달 만이다. 당시 민주당 대선 주자인 힐러리는 "독재자와 대화를 하겠다는 거냐"며 트럼프를 비판했다.

트럼프는 힐러리의 지적을 의식한 듯 "대화해서 나쁠 게 뭐가 있느냐"며 "클린턴은 아마추어"라고 말했다. 그는 "그와 대화해 빌어먹을 핵무기들을 포기하게 할 가능성은 10퍼센트나 20퍼센트다. 도대체 무슨 상관인가? 누가 알겠는가"라고 반문했다. 이어 "내가 북한을 가겠다는 게 아니다. 그가(김 위원장) 미국에 온다면 만나겠다는 얘기"라며 "그에게 국빈 만찬을 대접하지도 않을 것"이라고 말했다. 그러면서 "대신 일찍이 본 적 없는 국빈 만찬을 베풀겠다. 회의 테이블에 앉아 그와 햄버거를 먹으며 핵 협상을 하겠다"고 강조했다. 트럼프는 또 "중국을 비롯한 일부 국가 지도자들이 방문할 경우에도 이전과는 다른 일찍이 보지 못했던 국빈 만찬을 제공할 것"이라며 "콘퍼런스 룸에서 햄버거를 먹어야 한다"고 말했다.

이날 트럼프의 유세는 CNN·폭스뉴스·MSNBC 등 주요 방송사가 일제히 보도하지 않는 등 외면당했다고 의회 전문지 『더힐The Hill』이 보도했다. 『더힐The Hill』에 따르면 이들 방송사는 힐러리의 유세만 보도했다. 『더힐The Hill』은 애도보다 정치적 공세에 집중하는 트럼프에 대한 반발이 작용한 것으로 보인다고 분석했다.[15]

6월 16일 조지 W. 부시, 로널드 레이건 대통령 등 공화당 정부에서 외교·안보 요직을 맡았던 리처드 아미티지Richard Armitage 전 국무부 부장관이 민주당의 사실상 대통령 후보인 힐러리 클린턴 지지를 선언했다. 그는 미국의 정치 전문 일간지 『폴리티코Politico』에 "트럼프는 공화당원으로 보이지 않는다. 공화당 이슈에 대해 배우기도 원하지 않는 듯하다"며 "그래서 나는 힐러리가 후보가 되면 표를 주겠다"고 했다.

'토크쇼의 여왕'인 오프라 윈프리도 이날 힐러리 지지를 공개 선언했다. 그는 연예 전문 정보 프로그램 〈엔터테인먼트투나잇Entertainment Tonight〉 인터뷰에서 "미국은 지금 결단을 내려야 할 때"라며 힐러리 캠프의 대선 슬로건을 인용하고 "나는 그녀를 지지한다I'm with her"고 말했다. 윈프리는 특히 "지금은 여성들에게 중대한 순간으로, 여성 대통령의 탄생은 그 자체로 엄청난 사건"이라고 했다.[16]

6월 17일 마이크로소프트 창업자인 빌 게이츠Bill Gates, 1955~가 미국 민주당 대통령 후보 확정을 앞둔 힐러리 클린턴을 지지할 뜻을 시사했다. 그는 한 언론 인터뷰에서 "게이츠 재단은 역대 정부와 좋은 관계를 유지해왔고 누가 대통령이 되든 협력하겠지만, 글로벌 보건 문제에 대해서는 힐러리와 빌 클린턴 전 대통령이 더 많은 경험을 갖고 있는 게 사실"이라고 말했다.

애플은 7월 오하이오주 클리블랜드Cleveland에서 열리는 공화당 전당대회에 자금이나 물품을 지원하지 않겠다는 뜻을 공화당 지도부에 통보했다. 『폴리티코Politico』는 "애플이 여성과 이민자, 사회적 약자 등을 향한 트럼프의 거친 발언을 문제 삼았다"면서 "수많은 이민자를 미국 밖으로 내쫓으려는 트럼프의 생각은 외국 출신 고급 인력을 미국으로 끌어들이려는 IT 기업들의 노력과 배치된다"고 했다. 애플은 2008년 대선 당시 민주·공화 양당에 14만 달러(약 1억 6,000만 원) 상당의 맥북 등을 지원했다.[17]

애플 외에도 웰스파고 은행, JP 모건체이스 등 대형 금융업체와 모토롤라 솔루션, UPS, 월그린 등이 내부적으로 후원 중단을 결정했다. 이들은 모두 밋 롬니Mitt Romney가 후보로 선출되었던 2012년 공화당 전당대회를 후원했던 업체들이다. 트럼프 반대론자의 비판이 거세지면서 트럼프와 엮이는 것을 우려한 때문으로 풀이되었다.[18]

"공화당이 뭉치든 뭉치지 않든 나는 이길 수 있다"

2016년 6월 16일 민주당 대선 후보 경선에서 패배한 버니 샌더스 상원의원은 "민주당의 변화를 위해 힐러리와 협력하겠다"고 인터넷 연설에서 밝혔지만, 힐러리 지지 선언은 끝내 하지 않았다. 샌더스는 "앞으로 (대통령 선거일까지) 5개월간 트럼프가 크게 패배하게 하는 일이 남았다"며 "이를 위해 개인적으로 내 역할을 시작할 의지가 있다"고만 말했다. 샌더스는 자신이 추구한 진보적 정책을 힐러리가 더 많이 받아들이도록 압박하기 위해 지지 선언을 유보한 것으로 해석되었다.[19]

샌더스를 지지하는 3,000여 명의 진보적 활동가들은 18일 시카고에 모여 향후 진로를 논의하면서 힐러리에 대한 깊은 불신을 드러냈다고 미국 언론들이 보도했다. 샌더스를 지지했던 전미간호사노조 NNS의 로즈앤 디모로 집행이사는 "민주당 기구와 조직은 엄청나게 부패해 있다"며 "클린턴과 함께할 수 없다면 트럼프를 지지하라"는 말까지 했다.[20]

트럼프 역시 여전히 공화당의 전폭적인 지지를 받지는 못하고 있었다. 6월 19일 트럼프는 반反트럼프 정서가 당내에서 다시 확산되고 있는 데 대한 반발로 "나는 아웃사이더다. 공화당 지도부 없이도 11월 대선에서 이길 수 있다"고 말했다. 그는 유세와 언론 인터뷰 등에서 "공화당이 뭉친다면 멋지겠지만, 어떻게 되더라도 나는 이긴다. 뭉치든 뭉치지 않든 나는 이길 수 있다"고 했다.

트럼프의 이런 강공은 공화당의 폴 라이언Paul Ryan 하원의장이 최근

의원들의 트럼프 지지 여부에 대해 "각자 양심에 따라 결정하는 것"이라고 밝히는 등 트럼프에게 노골적인 거부감을 드러낸 이후에 나왔다. 대의원 수십여 명도 트럼프의 본선本選행 저지에 나섰다. 이들은 7월 18~21일 오하이오주 클리블랜드에서 열리는 전당대회를 앞두고 '대의원을 해방하라Free the Delegates'는 단체를 결성했다. 주별 경선 결과에 상관없이 이른바 '양심 조항Conscious Clause'을 신설해 양심이 허락하지 않으면 다른 후보를 지지할 수 있게끔 경선 규정을 바꾸겠다는 것이다. 처음 수십 명으로 출발한 이 모임에는 전국에서 수백 명이 가세했고, 모금 계획을 발표하는 콘퍼런스콜(전화 회의)에는 1,000명 이상 참여했다. 『워싱턴포스트』는 "지금까지의 반反트럼프 운동 중 가장 조직적"이라고 보도했다.

트럼프는 이런 움직임에 대해 "첫째 그것은 불법이고, 둘째 그것은 불가능하며, 셋째 나는 경선이 시작된 이래 이미 1,400만 표를 얻었다"며 반발했다. 그러면서 그는 "내가 공화당 내 경쟁자를 모두 이겼는데, 누가 누구를 고르겠다는 말이냐"고 했다. 공화당 지도부에 대해서도 "그들은 그들의 일을, 나는 내 일을 하면 된다"며 "나는 정치인과 국민 모두로부터 엄청난 지지를 받고 있다"고 했다. 트럼프는 자신에 대한 당내 반대 운동의 배후로 젭 부시 전 플로리다 주지사를 지목하기도 했다.[21]

"힐러리는 가장 부패한 사람이자 세계 최고 거짓말쟁이"

2016년 6월 21일 발표된 CNN의 여론조사에서 "트럼프가 클린턴보다 경제를 더 잘 다룰 것 같다"고 답한 응답자가 51퍼센트(힐러리는 43퍼센트)나 나왔다. 이날 힐러리는 대선 경합지인 오하이오주에서 경제 연설을 하며 "트럼프가 대통령이 되면 미국을 파산시킬 것"이라며 트럼프의 '경제 무능'을 꼬집었다. 그는 "트럼프는 얼마 전 '내가 비즈니스를 위해 했던 일을 이제는 나라를 위해 할 것'이라 말했는데 그동안 뭘 했는지 살펴보자"며 포문을 열었다.

이어 "트럼프는 사업에 관한 많은 책을 썼지만 그것들은 모두 '챕터 11(파산보호)'로 끝나는 것 같다"며 "수년에 걸쳐 그는 의도적으로 부채를 늘린 다음 채무를 이행하지 않았다"고 지적했다. 그리고 "자신의 회사를 한두 번도 아니고 네 번이나 파산시켰다. 수백 명이 일자리를 잃었다. 주주들은 전멸하고 트럼프와 계약했던 많은 중소 업체들이 파산했다. 하지만 트럼프는 무사하다"고 강조했다. "우리는 트럼프가 운영에 실패한 카지노들처럼 미국을 파산시키도록 내버려둘 수 없다"는 주장도 폈다.

이에 트럼프는 트위터에 10여 개의 글을 올리며 "클린턴은 국무장관으로 있으면서 대중국 무역적자를 40퍼센트나 늘렸다", "e메일로 나라 전체를 위험에 빠뜨린 클린턴이 어떻게 경제를 이끈다는 말인가"라고 반박했다.[22] 또 트럼프는 같은 날 뉴욕에서 복음주의 기독교 지도자들과 만난 자리에서 "클린턴은 기독교를 파멸시키고 있는 지도자 중 한 명"이라며 "그의 종교에 대해 우리가 아는 게 아무것도 없다"고 '흑색선전'을 하다시피 했다. 힐러리는 기독교 신앙을 강하게 드러내지는 않지만, 오래전부터 감리교 신자라고 밝혀왔다.[23]

6월 22일 트럼프는 뉴욕 '트럼프 소호 뉴욕호텔'에서 한 연설에서 힐러리에 대해 국무장관 재임 시절 개인적 부를 축적한 "역대 대통령 선거 출마자 중 가장 부패한 사람이자 세계 최고 거짓말쟁이world class liar"라며 맹비난했다. 트럼프는 "클린턴은 개인 헤지펀드처럼 국무부를 운영했다. 국민을 탄압하는 세계 여러 독재 정권에 특혜를 주고 현금을 대가로 받았다"고 비난했다. 이어 힐러리가 공산주의 국가와 중동 등에서 거액의 기부금을 받고 있다고 주장하며 "부패한 거래를 은폐하기 위해 사적 e메일을 사용했고 3만 3,000통의 e메일을 삭제했다"고 말했다.

강연 수입과 관련해서도 "국무부를 떠나고 채 2년도 안 돼 월가에서 연설하며 2,160만 달러(250억 원)를 벌었다"며 "대중이 모르는 비밀 연설로 벌어들인 것"이라고 주장했다. 이어 "클린턴은 여러분을 가난하게 만들면서 부자가 됐다. 중국에 우리의 최고 일자리 수백만 개를 내줬으며 그 대가로 부를 쌓았다"고 비난했다.

트럼프는 자신이 내건 대선 공약을 자세히 연구해보라면서, 미국 경제 문제 해결을 위한 적임자는 바로 자신이라고 강조했다. 그러면서 트럼프는 또 다른 민주당 대선 주자인 버니 샌더스의 무역과 이민 정책에 관한 공약이 힐러리의 것보다 낫다면서, "클린턴은 샌더스 말대로 대통령이 될 기질이나 판단력이 없다"고 주장했다.[24]

6월 22일 트럼프는 CBS 방송 인터뷰에서 "나는 사람들에게 돈을 걷는 데 여생을 바치고 싶지 않다"며 힐러리의 거액 선거 자금 모금에 대해 "그녀가 걷는 모든 돈은 '피묻은 돈blood money(사례금)'"이라고 원색적으로 비난했다. 그는 "그녀는 논을 걷을 때마다 흥정을 한다"며 "예를 들면 (기부자는) '내가 대사가 될 수 있을까? 저걸 맡을 수 있을까? 내 사업에 도움이 될 수 있을까?' 등을 생각한다"며 "나는 최고의 후원자 중의 한 명이다. 당에 많은 돈을 기부했다. 그래서 누구보다 그 시스템을 잘 안다"고 강조했다. 또 힐러리가 "월스트리트로부터 엄청난 돈을 받고 있으니 그녀가 월스트리트를 챙길 것"이라며 "그녀는 많은 이로부터 엄청난 돈을 받고 있으니 이들을 모두 챙길 것"이라고 주장했다.[25]

6월 23일 트럼프는 보도자료에서 "나는 캠프에 빌려준 5,000만 달러에 가까운 돈을 되찾겠다는 뜻은 추호도 없다"며 지금까지 선거 비용으로 쏟아부은 개인 돈 5,000만 달러(573억 원)를 외부 후원금에서 회수하지 않겠다는 의사를 밝혔다. 이는 사재로 충당한 지금까지의 경선 자금을 앞으로 들어올 일반 지지자들의 후원금으로 메워넣지 않겠다는 의미였다.[26]

"브렉시트는 위대한 결정으로 환상적인 일이다"

2016년 6월 하순 세계적인 관심사는 23일로 예정된 브렉시트(영국의 유럽연합 이탈)를 결정한 영국의 국민투표였다. 이는 미국 대선 이슈이기도 했다. 힐러리는 반대, 트럼프는 찬성이었으니 말이다. 6월 20일 『해리포터』의 작가인 조앤 K. 롤링Joanne K. Rowling, 1965~은 트위터를 통해 브렉시트를 찬성하는 트럼프는 사실상 '파시스트'라면서 "EU 탈퇴를 획책하는 그와 동참하는 사람은 블라디미르 푸틴과 마리 르펜뿐"이라고 적었다. 블라디미르 푸틴Vladimir Putin, 1952~은 러시아 대통령이고, 장마리 르펜Jean-Marie le Pen, 1928~은 프랑스 극우 성향의 국민전선FN 대표다.

롤링은 영국독립당UKIP이 공개한 포스터를 두고서는 "나치 선전전의 정확한 복제판"이라고 비난했다. UKIP는 반이민 정책을 내걸고 유럽으로 넘어오는 수백 명의 난민 행렬을 담은 사진에 '한계점'이라고 적은 포스터를 제작한 바 있다. 그는 "브렉시트 찬성론자들은 우리를 괴물(이민자)로 위협하려고 노력한다"면서 "이제껏 들은 어떤 이야기보다 추악하다. 며칠 후 우리는 어떤 게 진짜 괴물인지를 결정해야 한다"고 브렉시트 반대를 호소했다.[27]

그러나 다수 영국인들은 롤링의 소망과는 다른 결정을 내렸다. 23일 국민투표에서 개표 전 열세란 전망을 뒤집고 유권자의 51.9퍼센트가 브렉시트에 찬성했으니 말이다. 이로써 세계 5위이자 유럽연합EU에선 독일에 이은 경제 대국인 영국이 ECSC의 후신이자 EU의 전신인 유럽경제공동체EEC에 가입한 지 43년 만에 발을 빼게 되었다.

전 세계가 충격을 받은 가운데 트럼프는 24일 자신이 소유한 영국 스코틀랜드 서부 턴베리 골프장 재개장식에 참석한 자리에서 브렉시트와 관련해 "대단한 일이고 환상적인fantastic 일이라고 생각한다"고 말했다. 그는 "영국은 (EU로부터) 그들의 나라를 되찾았다. 그것은 위대한 결정"이라며 "영국 국민들은 국경을 넘어오는 이민자들에게 아주, 아주 화가 많이 났던 것"이라고 덧붙였다. 그는 "지금 미국에서 일어나고 있는 현상도 브렉시트와 같은 맥락"이라며 "미국에서도 이런 일이 일어날 것으로 믿는다"고 했다. 그는 또 힐러리와 오바마가 영국의 EU 잔류를 촉구한 점을 거론하면서 "오바마와 힐러리는 항상 틀린다. 그것이 그들의 문제"라고 말했다.

반면, 힐러리는 성명을 통해 "브렉시트로 불확실성의 시대가 생겼다"며 "이런 때에는 미국인의 지갑과 생계를 지키기 위해 조용하지만 꾸준하고 경험 있는 리더십이 필요하다"고 말했다. 퍼스트레이디, 연방 상원의원, 국무장관 등을 거친 자신의 리더십을 강조한 것이다. 그러면서 그는 "이번 사태와 관련해 서로를 분열시키지 않고, 나라 전체가 힘을 모아 우리에게 닥친 과제를 해결해나가야 한다"고 말했다.

힐러리는 트럼프가 "영국 파운드화 가치가 떨어지면 더 많은 사람이 여행이나 다른 일로 턴베리 골프장을 찾을 것"이라고 말한 것에 대해 집중적으로 공격했다. 브렉시트로 국제사회가 충격에 휩싸였는데, 자기 사업이 잘될 것만 생각하는 근시안적 시각을 드러냈다는 것이다. 힐러리의 외교 총책인 제이크 설리번Jake Sullivan은 "미국의 가정이 브렉시트 때문에 타격받을 수 있다는 점을 전혀 이해하지 못한 트럼프는 미국의 이익보다 자신의 골프 코스 이익을 더 우선시했다"고 비난했다. 『워싱턴포스트』 등 언론들도 트럼프가 대통령 후보로 사실상 확정되고 나서 떠난 첫 해외 순방을 비즈니스 여행으로 '격하'한 것은 문제라고 지적했다.

일부 언론은 브렉시트와 트럼프 열풍을 비슷한 반열에 놓고 분석했다. 트럼프와 브렉시트 찬성파가 이민자에 대한 적개심, 과장된 애국심, 포퓰리즘 공약 등에서 닮아 있어, '브렉시트는 곧 트럼프 승리의 전조'라는 이야기도 나왔다. CBS는 "트럼프 지지자와 브렉시트 지지자의 공통점은 분노와 불만"이라며 "기성 정치에 대해, 그리고 이민자 등에 기득권을 빼앗겼다고 생각하는 이들의 목소리가 터져나온 것"이라고 분석했다. 영국 BBC는 브렉시트와 트럼프 열풍의 공통적인 키워드 중 하나로 포퓰리즘을 꼽았다. 트럼프의 강력한 지지층이 고졸 이하 백인이고, 브렉시트 투표에서도 학력과 소득이 낮은 지역일수록 탈퇴를 선호했다는 것이다.

『자본주의 4.0Capitalism 4.0』(2011)의 저자 아나톨 칼레츠키Anatole Kaletsky, 1952~도 CBS에 출연, "브렉시트 지지자와 트럼프 지지자의 인구 통계 특성은 놀랍도록 비슷하다"고 말했다. 고등학교 졸업 이하 학력의 백인이 주요 지지층인 트럼프와 마찬가지로 브렉시트 투표에서도 학력·소득이 낮은 지역일수록 탈퇴를 선호했다는 것이다. 그는 "엘리트와 전문가, 기성 정치인이 나라를 이끄는 방식이 마음에 들지 않고, 특히 자신들이 사는 나라의 일에 다른 국가가 영향을 미치는 것이 큰 불만인 세력을 부추긴 것은 결국 정치인들"이라며 "앞으로 전 세계적으로 이런 분위기를 악용하려는 포퓰리스트들이 늘어날 것"이라고 예측했다.[28]

'한·미 FTA 흔드는 트럼프의 무책임한 선동'

2016년 6월 28일 트럼프는 펜실베이니아주 피츠버그Pittsburgh 외곽 모네센의 한 알루미늄 공장에서 한 연설에서 영국의 유럽연합EU 탈퇴

결정을 환영하며 이에 대한 동참을 선언했다. 그는 "영국의 우리 친구들이 투표로 경제·정치·국경을 되찾았다"며 "이제 미국민들이 우리의 미래를 되찾아야 할 때"라고 주장했다. 트럼프는 세계화로 빼앗긴 일자리를 찾아오겠다며 7가지 무역정책을 내놨다.

트럼프는 "미국 경제 재앙의 중심에는 빌과 힐러리 클린턴이 밀어붙인 2개의 협정이 있다"면서 "첫 번째는 NAFTA이고, 두 번째는 중국의 세계무역기구WTO 가입"이라고 말했다. 그러면서 "미국 제조업 무역 적자 절반이 중국 때문"이라고 했다. 한·미 FTA는 '일자리 죽이기 협정'이라고 평가했다. 그는 "이 협정으로 미국은 한국과의 교역에서 무역 적자가 2배가 됐고 일자리 10만 개가 없어졌다"고 주장했다. 환태평양경제동반자협정TPP은 "미국 제조업에 치명타가 될 것"이라고 말했다. 그는 "우리 정치인들은 우리의 일자리와 부와 공장을 멕시코와 해외로 옮기는 세계화 정책을 추진하고 있다"면서 "세계화의 파도가 중산층을 쓸어가버렸다"고 말했다.

트럼프는 "TPP가 미국을 강간하고 있다"며 "집권하면 아직 비준되지 않은 TPP에서 탈퇴하고, 미국 노동자들을 위해 싸울 가장 강력한 무역 협상가를 임명할 것"이라고 말했다. 또 "북미자유무역협정NAFTA 상대국과도 즉각 재협상에 나서고 미국 노동자들에게 해를 끼치는 각종 무역협정 위반 사항들을 상무장관이 확인하도록 조치하겠다"고 했다.

그러나 트럼프가 내세운 무역정책들은 공화당 당론과는 배치되는 것이었다. 토니 플라토 전 재무차관은 『폴리티코Politico』에 "그의 연설은 시장과 경제와 자유무역에 대한 공화당원들의 믿음에 모두 위배된다"면서 "공화당원들이 그를 지지하기는 더욱 어려워질 것"이라고 평가했다. 더 큰 문제는 트럼프의 말이 사실에 근거하지 않았다는 점이다. 미국 상공회의소는 웹사이트를 통해 트럼프의 주장을 조목조목 반박했다. 상공회의소에 따르면 미국은 멕시코·캐나다와의 무역으로 1,400만 개의 일자리를 유지하고 있으며 그중 500만 개는 NAFTA에 의해 만들어졌다. 상공회의소는 트위터에서 "트럼프의 무역 계획을 따르면 우리의 물가는 올라가고 일자리는 줄어들고 경제는 약해질 것"이라고 반박했다.[29]

『중앙일보』는 「한·미 FTA 흔드는 트럼프의 무책임한 선동」이라는 제목의 사설에서 "2012년 3월 한·미 FTA가 발효된 이후 미국의 대한 무역 적자가 크게 늘어난 것은 사실이다. 2012년 152억 달러에서 지난해 258억 달러로 확대됐다. 하지만 무역수지는 환율, 경기, 수요, 비교 우위 등 복합적 요인에 의해 영향을 받는다. 이를 무시하고 FTA 탓이라고 몰아붙이는 것은 대선 후보의 자질을 의심케 하는 단순무식한 발상이다"며 다음과 같이 말했다.

"그의 주장이 터무니없다는 것은 어제 미 상무부 산하 무역위원회 ITC가 발표한 보고서에서도 입증된다. 무역으로 인한 산업 피해를 평가하는 독립기구인 ITC는 '무역협정의 경제적 영향'이란 보고서에서 지금까지 한·미 FTA가 미국에 48~53억 달러의 수출 증대 효과를 가져왔고, 특히 지난해에는 158억 달러의 상품수지 개선 효과를 발휘했다고 밝혔다. 한·미 FTA가 없었다면 지난해 미국의 대한 무역 적자 폭은 416억 달러로 훨씬 더 커졌을 것이란 의미다. 사실에 근거하지 않은 엉터리 정보로 민심을 왜곡하는 포퓰리즘이 어떤 참담한 결과를 초래하는지 영국의 유럽연합EU 탈퇴인 브렉시트는 생생히 보여주고 있다. 표를 얻을 목적으로 양국의 이익에 기여하고 있는 한·미 FTA에 애꿎은 화살을 날리는 트럼프의 무책임한 선동을 미국인들은 냉정하게 표로 심판해야 할 것이다."[30]

트럼프의 극렬 지지자들 "힐러리 목을 매달아라"

2016년 7월 5일, 힐러리는 2015년 3월 『뉴욕타임스』 보도로 처음 불거진 이메일 스캔들의 수렁에서 일단 벗어났다. 이날 미 연방수사국 FBI 제임스 코미James Comey 국장이 기자회견을 열고 "클린턴 전 국무장관이 장관 재임 중 개인 e메일 서버로 송수신한 e메일 가운데 비밀 정보가 있었지만 '고의적 법 위반'의 의도는 없는 것으로 파악됐다. 법무부에 '불기소 권고'를 하는 것으로 결론 내렸다"고 말했으니 말이다. 힐러리 캠프의 브라이언 팰런Brian Fallon 대변인은 이날 "누누이 얘기했듯 개인 e메일 계정을 사용한 건 실수이며 이 문제가 해결돼 기쁘다"는 환영 성명을 발표했다.

하지만 힐러리가 법적 책임은 면했지만 코미 국장의 회견 내용은 "날카로운 '구두 기소'였다"(CNN)란 의견이 지배적이다. 그동안 힐러리가 입버릇처럼 반복해왔던 "(개인 e메일 서버로) 송수신할 당시는 그 어떤 것도 비밀로 분류된 게 없었다"(나중에 비밀로 분류되었다는 뜻)는 주장은 사실과 다른 것으로 드러났기 때문이다. 대쪽으로 소문난 코미 국장은 나아가 "국가 기밀을 다룬 그녀의 행태는 극도로 부주의했다. 명백히 입증은 안 되지만 적대 세력(해커)들이 그녀의 개인 e메일 계정에 접근하는 게 가능했다고 본다"며 힐러리를 강하게 비난했다.

미 언론들은 "코미 국장은 대통령 자질의 두 기둥인 (클린턴의) 판단력과 능력에 대해 기소한 것이나 마찬가지"(『뉴욕타임스』), "e메일 이슈는 선거일까지 클린턴을 따라다닐 것"(『워싱턴포스트』)이라고 평했다. "술은 마셨지만 음주운전은 아니다"란 말과 같다는 비아냥도 나왔다.[31]

공화당은 지도부가 나서 수사 결과 발표를 비난했다. 폴 라이언Paul Ryan 하원의장은 "국가 안보에 관한 정보를 이렇게 무모하게 다룬 힐러리를 기소하지 않는 것은 끔찍한 전례를 만드는 셈"이라며 "미국인은 이러한 부정직과 잘못된 판단의 행태를 거부할 것"이라고 했다.[32]

7월 5일 노스캐롤라이나주 그린즈버러Greensboro와 롤리Raleigh에서 잇따라 열린 트럼프의 유세 현장은 '힐러리 성토대회'가 되었다. 트럼프는 이날 유세에서 "FBI는 부정직한crooked 힐러리가 국가 안보를 손상했다고 말하면서도 기소는 않는다고 한다. 사법 시스템이 조작됐다"고 비난했다. 또 트럼프는 "적들이 거짓말쟁이 클린턴의 파일을 갈취했을지도 모른다. 이것만으로도 클린턴이 미국 대통령이 돼서는 안 된다는 것을 보여준다"며 "유권자들이 사기꾼 힐러리를 심판할 것"이라고 했다.

트럼프의 유세 현장에는 사실상 민주당 후보인 힐러리를 향해 입에 담기 힘든 욕설을 담은 구호가 넘쳐났다. '암캐bitch'라는 외침은 셀 수 없을 정도로 쏟아져나왔고, 특히 트럼프의 연설에 고무된 성난 지지자들은 힐러리의 "목을 매달아라Hang that bitch"라는 구호까지 내뱉었다. 수사 결과를 발표한 제임스 코미 FBI 국장의 사퇴를 촉구하는 목소리도 잇따랐다. 정치 잡지 『뉴리퍼블릭The New Republic』은 "클린턴은 사법제도criminal justice에서 벗어나겠지만 여기 모인 군중의 마음속에는 다른 정의가 있다"며 "그들은 지금 그녀의 죽음을 원하고 있다"고 과열 양상을 우려했다.[33]

트럼프가 노스캐롤라이나주 유세에서 "사담 후세인이 나쁜 사람인 것은 맞지만, 잘한 부분도 있다"며 테러리스트에 대한 후세인의 강력한 대처를 평가한 것도 논란이 되었다. 그는 "(후세인은) 그들의 인권을 논하지도 않았고 대화를 나누지도 않았다"며 "그들은 테러리스트이며, 그걸로 끝"이라고 설명했다.

트럼프가 후세인을 칭찬한 것은 이번이 처음은 아니었다. 그는 2015년 10월 "후세인과 리비아의 무아마르 카다피가 살아서 여전히 힘을 보유하고 있다면, 세상은 100퍼센트 나아졌을 것"이라고 말하기도 했다. 이들 외에도 트럼프는 다른 철권통치자나 독재자에게 곧잘 호의적인 발언을 내놓았다. 그는 2015년 12월 블라디미르 푸틴Vladimir Putin, 1952~ 러시아 대통령과 서로 칭찬을 주고받았다. 푸틴 대통령이 자신을 '훌륭한 지도자'라고 칭했다는 사실이 알려진 뒤, 트럼프는 MSNBC 방송 인터뷰에서 "러시아 지도자는 탁월하다"고 칭찬했다. 당시 푸틴 대통령은 "트럼프는 의심할 여지없이 능력 있는 지도자"라고 밝혔다. 트럼프도 푸틴 대통령을 가리켜 '강력한 지도자'라고 치켜세웠다.

2016년 2월엔 이탈리아의 독재자 베니토 무솔리니Benito Mussolini, 1883~1945의 선동 글귀를 트위터에서 리트윗해 논란을 빚었다. 트럼프는 '양으로 100년을 살기보다는 사자로 하루를 살겠다'는 무솔리니의 발언을 한 지지자가 트위터에 올리자 이를 그대로 리트윗했다. 3월 텔레비전 토론에선 중국 관련 발언으로 논란을 야기했다. 트럼프는 당시 CNN 방송과 『워싱턴타임스』가 주최한 텔레비전 토론에서 1989년 중국이 군을 동원해 진압한 '톈안먼 사태'를 '폭동'으로 지칭했다. 그는 톈안먼 사태를 언급하면서 "중국을 지지한다는 것이 아니라 강하고 힘 있는 정부를 말한 것이었다"며 "중국 정부는 폭동을 진압했다"고 주장했다.[34]

"샌더스가 신념을 저버리고 '사기꾼' 힐러리에게 갔다"

2016년 7월 12일 샌더스가 경선을 접고 공식적으로 힐러리 클린턴에 대한 지지를 선언했다. 샌더스는 이날 오전 뉴햄프셔주 포츠머스Portsmouth에서 힐러리와 처음으로 공동 유세에 나선 자리에서 "클린턴이 민주당 경선에서 승리했으며, 승리를 축하한다"며 "내가 왜 클린턴을 지지하는지, 그리고 왜 클린턴이 다음 대통령이 돼야 하는지를 분명히 하기 위해 이 자리에 섰다"고 밝혔다.

샌더스는 "11월 대선으로 향하면서 클린턴이 단연코 그것(대통령직)을 가장 잘할 수 있는 후보라는 사실에 의심의 여지가 없다"며 "클린턴이 미국의 차기 대통령이 될 수 있도록 모든 것을 다하겠다"고 다짐했다. 힐러리는 연설을 마친 샌더스를 꽉 껴안고 고맙다는 말을 연발했다. 힐러리는 샌더스가 "옆으로 밀려난 사람들을 정치의 중심으로 끌어들였고 나라를 걱정하는 젊은이들에게 활기와 영감을 불어넣었다"고 추어올리며 "당신의 도움으로 우리는 도널드 트럼프를 꺾고 우리 모두가 믿을 수 있는 미래를 함께 만들기 위해 힘을 모을 것"이라고 말했다.

샌더스는 민주당 안팎의 압력에도 경선 포기를 끝까지 미루며 자신의 주요 공약들을 민주당 강령에 반영시켰다. "우리는 공정한 경제를 위해 월가의 탐욕과 방종에 대항해 싸운다"는 시위 구호 같은 선언이 민주당 정강에 들어간 것을 두고 경제 매체인 CNBC는 "민주당이 역사상 가장 진보적인 정강을 제정했다"고 평했다. 민주당 정강 정책에는 그 밖에도 '시간당 최저임금 15달러로 인상', '돈 정치' 개혁안, 사형제 폐지, 사회복지 확대 등 샌더스의 공약들이 담겼다.[35]

샌더스의 힐러리 지지에 트럼프는 맹비난을 가했다. 트럼프는 "샌더스가 신념을 저버리고 '사기꾼' 힐러리 클린턴에게 갔다"며 "샌더스는 힐러리를 지지한다고 했는데 지지자들은 화가 많이 났다"라고 덧붙였다.[36]

7월 13일 퀴니팩대학이 발표한, '스윙 스테이트'로 불리는 대표적 경합 주인 플로리다 · 펜실베이니아 · 오하이오주 여론조사 결과는 힐러리에게 밀리며 주저앉는 듯했던 트럼프의 지지율이 핵심 승부처에서 다시 반등한 것으로 나타났다. 그 원인으로 힐러리 이메일 스캔들 후유증과 더불어 정치적 양극화가 지목되었다.

이날 발표된 퓨리서치센터의 여론조사에 따르면 '백인 복음주의자'들의 78퍼센트가 트럼프를 지지했고 힐러리는 17퍼센트를 얻는 데 그쳤다. 이는 2012년 공화당의 밋 롬니Mitt Romney 후보가 얻었던 지지세(73퍼센트)보다 늘어난 수치다. 반면 『월스트리트저널』·NBC 조사에선 펜실베이니아·오하이오주 두 곳에서 흑인 유권자의 트럼프 지지율은 0퍼센트라는 결과가 나왔다.[37]

　프랑스의 대혁명 기념일(바스티유의 날)이자 공휴일인 7월 14일 밤 프랑스 남부 해안 도시 니스Nice에서 대형 트럭이 축제를 즐기는 군중을 덮쳐 84명이 사망하고 202명이 부상하는 참사가 일어났다. 이른바 '트럭 테러'였다. 범인인 튀니지 출신 모하메드 라후에유 부렐Mohamed Lahouaiej Bouhlel은 수천 명이 모인 니스의 유명한 해변 산책로 프롬나드 데 장글레에서 19톤짜리 대형 화물 트레일러를 몰고 2킬로미터 구간을 약 30분간 지그재그로 질주하며 사람들을 덮쳤다. 부렐은 권총으로 경찰과 총격전을 하다 사살되었는데, 사망 전 '알라후 아크바르(신은 위대하다)'를 외친 것으로 알려져 IS의 소행으로 추정되었다.

　트럼프는 14일 밤 폭스뉴스 인터뷰에서 니스 테러를 규탄하면서, 대테러 공세를 강화해야 한다는 입장을 보였다. 그는 북대서양조약기구NATO가 불특정 테러리스트 목표물들을 겨냥해 지상 작전과 공습을 전개하는 경우에 대해 "좋은 일이 될 것이라고 생각한다"고 말했다. 그는 미 의회가 공식적으로 군사 행동을 선언할 것을 대통령에게 요구한다면 자신은 그렇게 할 것이라면서 "이것은 전방위적인 전쟁"이라고 말했다.[38]

'거대한 참호'가 된 클리블랜드 전당대회장

2016년 7월 15일 트럼프는 인디애나 주지사 마이크 펜스Mike Pence를 부통령 후보로 발표했다. 펜스는 공화당 내 강경 세력인 '티파티' 소속으로 "신앙이 먼저이고 정치는 맨 나중"이라고 말하는 열렬한 복음주의 개신교도로 2008년과 2012년 대선 때 대통령 후보로 거론되었을 만큼 당내 보수 진영에서 입지가 튼튼했다. 이는 공화당 주류 인사들의 지지가 부족한 트럼프가 펜스를 러닝메이트로 선택한 가장 큰 이유로 꼽혔다. 자신에게 반감을 가진 공화당 주류 정치인들과 지지자들에게 자신을 지지할 명분을 주기 위한 트럼프의 계산이라는 것이다. 당내에서 '트럼프 저격수' 역할을 했던 폴 라이언Paul Ryan 하원의장은 "내가 펜스의 열렬한 팬이라는 것은 사실이다. 우리는 좋은 친구"라며 펜스의 부통령 후보 확정을 반겼다. 펜스는 온두라스에서 선교 활동을 하면서 배운 스페인어가 능통해 히스패닉계 유권자들에게도 인기가 높은 편이었다.[39]

힐러리의 선대위원장인 존 포데스타John Podesta는 성명에서 "도널드 트럼프는 믿을 수 없을 정도로 분열적이고 인기 없는 러닝메이트를 선택했다"며 "그는 차별적 정치를 지지하고 중산층 가정보다 백만장자와 기업을 위한 실패한 경제정책으로 잘 알려진 인물"이라고 비난했다. 그는 "펜스는 지난 100년간 가장 극단적인 (부통령 러닝메이트) 선택"이라며 "그는 (강경) 티파티의 가장 초기 지지자 중 한 명"이라고 강조했다.

특히 포데스타는 펜스가 2015년 성적소수자의 권리를 제한하는

'종교자유보호법'에 서명했다가 후폭풍에 휩싸인 것을 거론하며 "그는 지난해 LGBT(성소수자) 반대법의 선봉에 섰다"며 "이 법은 LGBT에 반대하는 차별을 법제화해 기업들이 떠나가거나 투자를 보이콧하게 했으며 결국 그는 추후 법을 개정해야 했다"고 지적했다. 또 포데스타는 "그는 하원의원 시절 (낙태 옹호 단체인) '플랜드 페어런트후드'의 재정 지원을 막기 위해, 2016년 낙태 반대법의 통과를 위해 싸웠다"며 "이러한 싸움은 여성의 사생활을 위협하고 그들의 선택을 제약한 미국에서 가장 터무니없는 조치들의 하나"라고 주장했다. 그는 "펜스는 트럼프처럼 포괄적 이민 개혁안의 오랜 반대자"라고도 밝혔다.[40]

공화당 전당대회를 하루 앞둔 7월 17일 전국에서 대의원, 지지자, 반反트럼프 시위대 등 5만여 명이 몰리면서 클리블랜드 시가지는 트럼프에 대한 찬반 시위로 인해 곳곳에 철제 펜스와 바리케이드가 설치되면서 '거대한 참호'를 방불케 했다. 오하이오는 '오픈캐리Open Carry' 주로 총기를 드러내놓고 들고 다닐 수 있어 18~21일 클리블랜드에서 열리는 공화당 전당대회는 역사상 가장 위험한 전당대회가 될 것이라는 우려가 제기되었다.

이날 발표된 CNN과 미국 전략연구컨설팅ORC 여론조사에서 민주당의 힐러리(42퍼센트)가 트럼프(37퍼센트)를 5퍼센트포인트 앞섰다. 하지만 공화당이 주최하는 전당대회 축하 행사에 참가한 백인 청년 닉 폴리는 "'트럼프를 지지하는가'라고 물을 때 답을 하지 않으면 트럼프 지지자"라면서 "트럼프 지지자들은 (속내를 드러내지 않아) 여론조사에서 보이지 않을 뿐"이라고 주장했다.[41]

클리블랜드만 거대한 참호인 건 아니었다. 백인 경찰은 흑인에게 총을 쏘고 흑인들은 백인 경찰을 쏘는 인종 살등이 미국 선역에서 연이어 일어나고 있었다. 17일 루이지애나주 배턴루지Baton Rouge에서 흑인이 경찰관에게 거냥한 총격 사건으로 경찰관 3명이 숨진 사건과 관련, 트럼프는 트위터에 "우리 사람들이 우리 경찰을 죽이고 있다. 우리나라는 분열됐고, 통제 불능 상태"라고 썼다.[42]

힐러리는 18일 오하이오주 신시내티Cincinnati에서 열린 전국유색인지위향상협회NAACP 연차 총회에서 트럼프를 언급하며 "이는 민주주의에 큰 손실일 뿐 아니라 민주주의에 대한 위협"이라고 주장했다. 그는 "링컨의 정당이 트럼프의 정당으로 바뀌고 있다"고 말했다. 힐러리는 이외에도 트럼프가 인종차별주의자들과 연계되었을 가능성과 멕시코계 연방법원 판사를 비난한 일 등을 이야기한 뒤, "트럼프의 기업이 1973년 흑인에 대한 아파트 임대를 거부한 일로 검찰 조사를 받았다는 걸 기억해야 한다"고 주장했다.

힐러리는 또 배턴루지 사건에 대해 "끔찍한 범죄고, 이런 광란은 막아야 한다"며 "흑인들이 경찰과 관련된 사건에서 살해될 확률은 다른 인종 집단과 비교할 때 평등하지 않고, 검문이나 수색 받을 확률이 훨씬 높은 건 인정해야 한다"고 말했다. 그는 자신이 대통령이 된다면 "형사사법 제도를 철저히 개선하겠다"고 덧붙였다.[43]

"우리는 승리할 것이다. 그것도 크게 승리할 것이다"

2016년 7월 18일 클리블랜드의 농구장 '퀴큰론스 아레나'에서 열린 공화당 전당대회는 160년 전통의 미국 공화당 전당대회 사상 처음으로 대선 후보가 첫날부터 등장하는 파격으로 이루어졌다. 무대의 불이 꺼진 가운데 록그룹 '퀸'의 대표곡 〈위 아 더 챔피언We are the Champion〉이 울려퍼지며 안개가 피어오르는 무대 위로 은빛 실루엣 커튼이 열리자 트럼프는 록스타처럼 등장해 3만 관중의 기립 박수를 받았다. 트럼프는 "우리는 승리할 것이다. 그것도 크게 승리할 것이다"라며 '차기 퍼스트레이디'가 될 아내 멜라니아 트럼프를 소개한 뒤 무대 뒤로 물러났다. 1분 6초 동안의 깜짝 출현이었지만, 흥행 효과는 극대화되었다.

찬조 연사로 등단한 부인 멜라니아 트럼프는 "난 2006년 7월 28일 자랑스러운 미국의 시민이 됐으며(슬로베니아 태생), 이는 지구상에서 가장 큰 특권"이라며 "만약 내가 미국의 퍼스트레이디로 봉사하는 영광을 얻게 된다면 그 멋진 특권을 우리나라에서 가장 필요로 하는 사람들을 돕는 데 사용할 것"이라고 했다. 멜라니아는 『뉴욕포스트』가 '현대적인 신부新婦들이 고를 법한 아름다운 옷'이라고 칭찬한 눈부신 흰색 드레스를 입고 연단에 올랐는데, 이 신문은 "트럼프가 대통령이 되면 키 180센티미터에 35 · 24 · 35 사이즈를 지닌 퍼스트레이디가 탄생할 것"이라고 했다.

'미국을 다시 안전하게Make America Safe Again'란 테마로 진행된 이날 행사에서 트럼프 캠프의 외교 안보 좌장 구실을 하고 있는 제프 세션스

Jeff Sessions 상원의원은 "매년 불법으로 국경을 넘어오는 사람이 35만 명에 이른다. 또 50만 명은 허용된 비자 기간을 넘어 불법 체류를 하고 있다"고 주장했다. 그는 "이런 엄청난 숫자에도 버락 오바마 대통령과 힐러리 클린턴의 유일한 해결책은 무법에 굴복하고, 그들에게 사면과 시민권을 부여하는 것이었다"고 덧붙였다. 또 2012년 리비아 무장 집단의 벵가지Bengasi 미국 영사관 습격 당시 사망한 미 국무부 직원의 모친 팻 스미스가 나와 "(당시 국무장관이던) 힐러리는 감옥에 가야 한다"고 비난하는 등 20여 명의 연사가 일제히 힐러리를 정조준했다.

『워싱턴포스트』는 "전당대회 첫날의 승자는 단연 멜라니아"라고 평했지만, 그녀의 연설은 2008년 8월 민주당 전당대회 첫날 찬조 연설에 나섰던 미셸 오바마Michelle Obama, 1964~의 것을 표절했다는 의혹이 제기되어 논란을 빚었다. 연설문 작성자인 트럼프그룹의 직원 메러디스 매카이버는 "혼란을 일으켜 죄송하다"며 "멜라니아와 전화로 연설문에 대해 논의하던 도중 멜라니아가 예시한 미셸 오바마의 연설 문구 몇 가지를 받아 적었다가 최종 점검 때 빼지 않고 집어넣는 실수를 했다"고 해명했다. 사표를 낸 매카이버에 대해 트럼프는 "모르고 실수를 저지르며 그런 경험을 통해 배우고 성장한다"며 이를 반려한 것으로 알려졌다.[44]

7월 20일 사흘째의 전당대회는 공화당 대선 경선 주자였던 테드 크루즈 상원의원의 반란으로 얼룩졌다. 그는 연설 후반 "연설을 듣고 있는 여러분은 11월 (대선 때) 집에 있지 말고 일어나 말하라. 당신의 양심으로 투표하라. 당신의 자유를 보호하고 헌법에 충실할 것이라 신뢰하는 후보에게 투표하라"고 말했다. '양심 투표'란 단어는 막판까지 트럼프의 후보 지명을 저지하려던 '네버 트럼프Never Trump' 세력의 대표 구호였기에 트럼프 대신 다른 후보를 찍을 것을 촉구한 것이다. 그는 또 "우리는 원칙을 위해 설 지도자가 필요하다. 사랑으로 분노를 없앨 지도자가 나와야 한다"고 했는데, 이 역시 '반트럼프'의 단골 구호였다.

비난과 야유가 쏟아졌고, 일부 관중들은 욕을 퍼붓기 시작했다. 크루즈의 부인 하이디는 흥분한 트럼프 지지자들이 욕설을 퍼붓는 등 일촉즉발의 분위기가 되자 경호원 등에 의해 대회장 밖으로 격리되었다. 당초 크루즈의 연설이 끝나고 그다음 차례인 차남 에릭의 찬조 연설에 맞춰 깜짝 등장할 예정이었던 트럼프는 사태를 감지하고 크루즈의 연설이 끝나기 30초 전쯤 돌연 귀빈석 쪽으로 계단을 내려오며 관중을 향해 손을 흔들고 엄지손가락을 치켜세웠다. 트럼프를 발견한 관중들은 일제히 환호하며 함성을 질렀다. 결국 크루즈의 연설 끝부분은 이들의 환호에 묻히고 말았다. 『워싱턴포스트』는 "흥행사showman의 직감으로 대회장으로 들어간 트럼프에 의해 크루즈는 완전히 내쫓겼다"고 보도했다. 『워싱턴포스트』는 이날 행사에 대해 "추잡해진 전당대회"라며 "당의 치유와 통합을 기대했던 이들을 완전히 실망시켰다"는 총평을 내렸다.[45]

"미국의 새로운 신조는 글로벌리즘이 아니라 아메리카니즘"

"천하의 도널드 트럼프도 말을 잇지 못했다. 금방이라도 눈물이 터져 나올 듯한 감정을 참이니려 애썼다. 1분 이상 쏟아지는 환호와 함성에 고개를 끄덕이고 양 엄지손가락을 치켜세우며 호응하는 것 말고는 할 수 있는 게 아무것도 없었다."[46]

공화당 전당대회 마지막 날인 7월 21일 오후 10시 18분 트럼프가 공화당 대선 후보 수락 연설을 하기 위해 연단에 올랐을 때 5만여 명의 대의원과 공화당원이 일제히 "트럼프"를 외치자 트럼프가 보인 반응이다. 한 공화당 관계자는 "저런 표정 처음 본다. 눈물이 고인 것 같다"고 했다.[47]

하긴 그럴 만도 했다. 지난 1988년, 2000년, 2004년, 2008년, 2012년 대선 때마다 속된 말로 간을 보면서 대통령 출마를 저울질한 데다 '엔터테이너'나 '또라이' 정도로 취급받아온 자신이 대통령이 될 수 있는 확률 50퍼센트를 의미하는 공화당 대통령 후보가 되었다는 걸 확인하는 세리머니의 주인공이 되었으니 그 어찌 감격스럽지 않았으랴. 「지지율 1퍼센트였던 막말꾼, 대선 후보 쟁취 드라마 쓰다」는 어느 기사 제목처럼,[48] 그는 세상을 깜짝 놀라게 만든 드라마, 아니 리얼리티 쇼의 주인공이 된 것이다.

트럼프는 후보 수락 연설에서 "내가 후보가 된다고 생각한 사람이 아무도 없었지만 이렇게 성공했다"며 "11월 대선에서는 (민주당의 사실상 대통령 후보인) 힐러리 클린턴 전 국무장관을 반드시 이길 것"이라고 했다. 그는 자신은 "법과 질서의 후보자이자 약자의 옹호자"라며

"나는 여러분을 대변하는 목소리I am your voice"라고 했다. 그는 정치·경제·외교·안보·무역·치안 모든 분야에서 미국을 다시금 반석에 올려놓겠다고 약속했다. 그러면서 그는 "정치인은 말만 하지만 나는 실천을 한다"며 "2017년이 되면 모든 것이 바뀌어 미국은 다시 한 번 1등을 할 것"이라고 했다.

트럼프는 "이제는 글로벌리즘Globalism(세계주의)이 아니라 미국 우선America First, 즉 아메리카니즘Americanism(미국주의)이 우리의 새로운 신조가 될 것"이라고 선언했다. 그는 이에 따라 자신이 대통령이 될 경우 한·미 자유무역협정FTA을 비롯한 모든 무역협정의 재협상 등 보호무역, 법과 질서의 행사를 통한 안전 회복, 불법 이민 통제 등을 우선적으로 추진하겠다고 강조했다.

트럼프는 이러한 미국의 문제가 "부패된" 기존 정치 세력 때문에 해결되지 않고 있다며, "클린턴이 (기존) 시스템들을 계속 유지해줄 것이기 때문에 거대 기업과 엘리트 미디어, 거대한 정치자금 기부자들이 클린턴에 줄을 섰다"고 몰아세웠다. 트럼프는 "그녀는 꼭두각시고, 그들이 줄을 조종하고 있다"고 주장했다. 하지만 평소처럼 과도하게 선동적이지는 않았다. ABC 방송 등 미 언론들은 "힐러리 클린턴 이야기가 나오자 대회장 내의 흥분한 청중들이 '그녀를 감옥으로Lock Her Up'란 구호를 연호했지만 트럼프는 손을 저으며 '11월에 그녀에게 이기자Let's defeat her'고 점잖고 어른답게 대응한 게 인상적이었다"고 평했다.

트럼프의 연설 직전 마지막 찬조 연설자로 나선 트럼프의 장녀 이방카는 "트럼프가 약세를 보이고 있는 여성 유권자 표를 끌어올 수 있는 가장 중요한 자산"이라는 세간의 평가에 호응하듯 "트럼프그룹에는 남성 임원보다 여성 임원이 더 많다. 여성이 동등한 임금을 받고 또 어머니가 되면 쫓겨나는 게 아니라 오히려 회사의 지원을 받는다"고 강조했다. 이어 "아버지는 재능을 소중히 여기고 인종차별이나 성차별을 하지 않는다"며 "대통령이 되면 아버지는 노동법을 바꿔 아동 양육을 지원하고 모든 사람이 그 혜택을 볼 수 있도록 할 것"이라고 강조했다.

트럼프는 수락 연설에 앞서 『뉴욕타임스』와의 인터뷰에서 "우리는 군사에 엄청난 돈을 쓰면서도 8,000억 달러(약 909조 8,400억 원)의 (무역) 손실을 보고 있다"며 "이는 내게는 매우 현명해 보이지 않는다"고 말했다. 그는 "러시아가 나토 회원국인 발트 3국을 공격할 경우 어떻게 할 것이냐"는 질문에 "그 나라가 미국에 대한 의무를 다했는지를 검토한 뒤에 방어에 나설 것인지를 결정할 것"이라고 답변해 논란을 빚었다.

또 그는 "(방위비 분담금 협상에 제대로 응하지 않는 동맹에 대해서는) 항상 협상장에서 걸어나올 준비가 돼 있어야 한다"며 미군 철수도 검토할 수 있음을 시사했다. 그는 주한미군을 주둔시켜 평화가 유지되지 않느냐는 질문에 "한국에서 평화가 유지될 것이라는 보장이 없다"며 "북한은 점점 더 미쳐가고 있고, 점점 더 많은 핵무기를 보유하고 있다. 북한은 보일러boiler 같다"고 했다.[49]

아쉽지만 이제 대선에 관한 이야기는 여기서 마무리를 짓도록 하자. 이건 트럼프가 좋아하는 SNS가 아니라 편집·인쇄·배포에 적잖은 시간이 소요되는 종이책이니까 말이다. 북한 못지않게 보일러 같은 트럼프가 앞으로 대선 일까지 어떤 모습을 보일지 예의 주시해보기로 하자. 주한미군에서부터 한·미 FTA에 이르기까지 한국 관련 이슈들에서 트럼프는 많은 한국인을 화나게 만들었기 때문에 미국 언론은 물론 한국 언론의 '트럼프 때리기'는 앞으로도 계속되겠지만, 그런 애국주의적 관점에서 벗어나 트럼프 현상 그 자체를 감상해보는 것도 좋을 것 같다. 이제 '맺는말'에서 트럼프 현상을 '미디어 혁명'의 산물로 보는 나의 주장을 본격적으로 제시해보겠다.

'미디어 혁명'이 만든 '트럼프 현상'

"과소평가당하는 것을 역이용하라"

"무슨 일을 하시죠?"

"맨해튼 월가 금융기관에서 일합니다."

"어느 후보를 지지하시나요?"

"도널드 트럼프요."

"그럼 트럼프가 주장해온 미국과 멕시코 국경에 거대한 장벽 쌓기, 모든 무슬림의 미국 입국 금지도 지지하시나요?"

"아뇨. 바보 같은 소리죠. 미국은 '이민자의 나라'잖아요. 뉴욕은 미국의 힘인 다양성을 상징하는 도시고요."

"그런데 왜 트럼프를 지지하는 거죠?"

"그는 평생 협상을 해온 비즈니스맨이잖아요."

2016년 4월 19일 하루 종일 '지지 후보와 그 이유'에 대한 뉴요커들의 전화를 받는 뉴욕 지역 공영 라디오 방송 WNYC에서 흘러나온 대화 한 토막이다. 트럼프의 '막말'을 일종의 협상 카드로 생각한다는 이야기였다.[1] 사실 트럼프 지지자들에겐 그렇게 생각할 만한 역사적 경험이 있다. 로널드 레이건Ronald Reagan, 1911~2004도 처음엔 강한 도그마에 사로잡힌 인물로 여겨져 민주당 지지자들은 물론 기업계에서조차 우려의 대상이었지만 막상 집권 후 결과는 딴판으로 나타났지 않은가.[2]

트럼프의 강성 지지자들은 트럼프가 말한 대로 실천해주길 바라겠지만, 다수 지지자들은 트럼프의 '막말'을 일종의 협상 카드로 생각한다. 트럼프 지지자들은 이런 융통성이 있는 반면 트럼프 반대자들은 트럼프의 막말을 액면 그대로 받아들여 그 어떤 끔찍한 재앙을 떠올리는 경향이 있다. 재미있지 않은가? 일반적으로 정치인의 말은 액면 그대로 믿는 경우가 거의 없으면서 왜 트럼프의 말은 그대로 받아들이는 걸까?

왜 그럴까? 트럼프를 과대평가하는 걸까, 아니면 과소평가하는 걸까? 나쁜 쪽으론 과대평가하고, 좋은 쪽으론 과소평가한다고 보는 게 옳겠다. 우리는 혐오할 만한 인간이 나타나면 어떻게 해서건 그 인간을 깎아내리는 쪽으로 생각하고 행동하는 경향이 있는데, 이게 바로 '트럼프 현상'을 키운 자양분이기도 하다. 즉, 트럼프를 과소평가한 것이 '트럼프 현상'을 키웠다는 것이다. 트럼프는 자기계발서에서 "과소평가당하는 것을 역이용하라"고 했는데, 그의 말대로 된 셈이다.

트럼프는 그에게 적대적인 언론에서 자주 묘사되듯이, 멍청이는 아니다. 런던 킹스대학의 성격 신경생리학자 애덤 퍼킨스Adam Pekins가 잘 지적했듯이, 트럼프가 호감 가는 사람은 아닐 수 있어도 결코 멍청하지는 않다. "그는 아주 지적이고, 그의 성격 프로파일이 설정하는 목표들을 달성하기 위한 문제 해결 능력도 뛰어나다."³

트럼프에 대한 오판은 그에 대한 과소평가에서 시작되었다. 이춘근이 잘 지적했듯이, "소위 자신이 주류임을 자부하는 미국 언론, 미국 지식인들, 미국 정치가들, 그리고 이들의 견해를 무비판적으로 추종하는 미국 시민들은 처음에는 트럼프를 가지고 놀 대상 정도로 취급했다. 정치가 너무 근엄하면 재미가 없을 터인데 트럼프 같은 '또라이 freak'가 나와줘서 정치판이 재미있게 되었다는 식이었다".⁴ 그런데 트럼프에 대한 과소평가와는 별도로 트럼프가 '또라이'라는 건 분명한 사실 아닌가? 트럼프의 또라이 행태는 좀 다른 관점에서 이해하는 게 좋을 것 같다.

트럼프의 질풍노도 유전자, '조증'

미국 사회학자 제임스 재스퍼James M. Jasper는 『부단한 활동의 나라 Restless Nation: Starting Over in America』(2000)에서 이민을 떠나는 사람들의 비율은 전체 인구의 100분의 1에 불과하고 그런 이민자들은 남다른 적극성, 야망, 재능을 갖고 있는 특이한 사람들이라고 주장했다. 미국

존스홉킨스대학 정신분석 전문의인 존 가트너John D. Gartner는 『조중躁症 The Hypomanic Edge』(2005)에서 이 주장에 수긍하면서 질풍노도의 유전자, 즉 '조중Hypomania'이야말로 이민자의 나라인 미국을 만들고 발전시킨 원동력이라고 주장한다.

모국의 안정된 생활을 버리고, 새로운 기회를 찾아 타지로 떠나기 위해서는 남들보다 많은 도전 정신과 낙관주의가 필요하며, 그래서 이민자의 유전자를 타고난 사람들은 개척 정신이 뛰어나며 위험을 감수하면서도 도전을 서슴지 않는다는 것이다. 가트너는 이민자들은 조울증 발병률이 높으며, 이민자들로 이루어진 미국은 세계 어떤 나라보다도 조중 발병률이 높다면서, 이를 미국인의 기질과 연결시킨다.

가트너는 건국 이래 미국을 줄기차게 이끌어온 성공 요인은 이 같은 '하이포마니아Hypomania'라면서, 이는 유독 미국인에게 두드러지는 유전 형질이라고 주장한다. 미국인들의 피 속에는 실패나 파산을 두려워하지 않는 낙관주의가 흐르고 있다는 것이다. 그는 세계인들이 미국인들의 부, 발명 정신, 창의성 등엔 감탄하면서도 '천박한 물질만능주의'와 '메시아적 기질'을 손가락질하며 적대시하는 '사랑과 증오'의 양면성을 보이는 것이 '미국=하이포마니아 국가'임을 말해주는 좋은 증거라고 말한다.

가트너는 특히 성공한 사람들이 숨기고 있는 공통된 기질이 '조중'이며, 실제로 미국에서 성공한 기업가·탐험가·발명가들에겐 '살짝 미친' 듯한 기질이 공통적으로 나타난다고 말한다. 이와 관련, ABC 방송은 애플의 최고 경영자 스티브 잡스, 부동산 재벌 도널드 트럼프, TV 진행자 오프라 윈프리의 성공 비결이 가벼운 조중 기질이라고 밝했다. 가트너는 다음과 같은 '조증 예찬론'으로 책을 끝맺고 있지만, 이게 과연 트럼프에도 적용될 수 있을지는 의문이다.

"하이포마니아는 인류 사회의 진보를 앞당겨주는 존재일까? 방대한 양의 통계에 근거했을 때 그 대답은 '그렇다'이다.……아무도 가지 않은 미지의 신세계를 찾아나서는 이는 이런 바보 같은 사람들이다. 천재적인 인간들이 이 세상에 계속 존재하길 바란다면 우리는 앞으로도 이런 바보들의 행동을 기쁜 마음으로 참고 견뎌주는 아량을 베풀어야 할 것이다."[5]

트럼프는 그런 아량을 베풀기엔 좀 중증이었다. 혹 타고난 기질과 더불어 약 때문이었을까? 트럼프는 하루에 3~4시간밖에 자지 않는데다 암페타민amphetamine류의 다이어트 약을 복용했는데, 이 약은 식욕을 억제할 뿐만 아니라 행복감과 더불어 엄청난 활력을 갖게 만드는 효과를 낳았다. 그로 인한 조증의 증상은 트럼프 회사의 직원들 여러 명의 증언으로도 확인되었다.[6]

트럼프의 조증이 보이는 특성 중 하나는 그의 사전엔 아예 '겸손'이라는 단어가 없다는 점이다. 미국 카네기멜런대학 성격 연구자 타야 코언Taya R. Cohen이 지적했듯이, "공화당 토론 중의 도널드 트럼프는 자기중심적이고 겸손함이 없는 사람으로 보인다. 자신의 대선 코드네임은 '겸손Humble'이어야 한다고 아이러닉한 농담을 하는 걸 보면 그는 이러한 페르소나를 알고 있는 것 같다."

코언은 '정직함-겸손함'에 초점을 맞춰 트럼프의 페르소나를 분석했다. "트럼프는 실수를 인정하거나, 자신의 언행에 대한 죄책감, 수치, 부끄러움을 표현하는 일이 아주 드물거나 아예 없다. 이는 자존심을 제외하면 남의 시선을 의식하는 감정이 그의 삶에서 중심적 역할을 하지 않는다는 것을 의미한다."

여기에는 한 가지 큰 시사점이 있다. 트럼프는 정직-겸손 성격 차원을 분석해보았을 때 마키아벨리적인 특성을 갖고 있지는 않은 것으로 보인다. 코언은 마키아벨리즘이 강한 사람은 정직하지 않고, 냉담하며 남을 조종하려는 경향이 있다고 설명한다. "트럼프의 정직하고 솔직하고 노골적이라는 평판은 그를 지지하는 유권자들에겐 큰 매력으로 보인다. 트럼프와는 반대로, 마키아벨리적인 사람은 사람들이 듣고 싶어 하는 말을 해야 한다고 믿는다. 트럼프가 미디어에서 논란이 되는 말을 대놓고 하는 것은 사람들이 듣고 싶어 하는 말을 하는 것을 우선시하지 않는다는 걸 보여준다."[7]

트럼프의 나르시시즘과 '목표 중독'

트럼프는 못 말리는 나르시스트다. "외모를 갖고 날 비판하긴 어렵다. 나는 너무 잘생겼기 때문이다." 평소 이렇게 말하는 트럼프는 2016년 4월 25일 필라델피아 웨스트체스터대학에 모인 지지자 5,000여 명에게 "내가 대통령처럼 생겼느냐"고 물으며 "내가 얼마나 잘생겼나. 그렇지 않나"라며 자화자찬을 늘어놓았다. 그는 이어 "'트럼프는 잘생겼지만 대통령답게 생겼는지는 모르겠다'고 말하는 사람들도 있다"고 말하며 자신의 경쟁자인 힐러리에게 화살을 돌렸다. 트럼프가 "힐러리는 대통령처럼 생겼느냐"고 묻자 지지자들은 즉각 "아니다"라고

답변했다.[8]

유치하기 짝이 없는 이런 자화자찬과 그에 수반되는 경쟁자 비하는 예외적인 게 아니라 상습적이다. 이게 미시적 나르시시즘이라면, 그의 거시적 나르시시즘은 자신의 업적에 대한 평가에서 잘 나타난다. 트럼프는 『뉴욕타임스』 칼럼니스트 모린 다우드Maureen Dowd에게 이렇게 말한 적이 있다. "나는 대단한 일을 이룬 사람이다.……나는 늘 이긴다.……내가 하는 일이 그거다. 나는 남들을 이긴다. 나는 이긴다." 이와 관련, 심리치료자이자 『당신이 아는 나르시스트The Narcissist You Know』(2015)의 저자인 조지프 버고Joseph Burgo는 다음과 같이 말한다.

"도널드 트럼프 같은 나르시시스트들은 언제나 자신이 이 세상의 '승리자들' 중 하나라는 것을 증명해야 한다고 느낀다. 그러면서 다른 사람들을 상대적인 '패배자'로 폄하하고 이기려는 경우가 많다. 트럼프가 토론 때, 그리고 공개적으로 발언할 때 쓰는 말들을 관찰해보면, 그를 깎아내리는 사람들에게 패배자라고 코웃음 치며 자신의 승리자로서의 위치를 반복해서 선언하는 것을 볼 수 있다."[9]

트럼프의 나르시시즘이 다른 나르시스트와 다른 점은 나르시시즘의 실현을 위해 그가 미친 듯이 일을 하는 일중독자라는 점이다. 트럼프의 일중독은 '목표 중독'이기도 하다. 트럼프는 어느 강연장에서 걱정거리가 생겼을 때 어떻게 하냐는 질문을 받자 이렇게 답했다.

"대부분의 사람들은 가만히 앉아서 어떻게 하면 자신들의 인생이 행복해질 수 있는지 얘기하느라 시간을 다 보내는데 나는 다르다. 나는 긍정적인 생각도 부정적인 생각도 하지 않는다. 오로지 목표에 대해서만 생각한다. 그냥 가만히 앉아서 목표를 구상하는 걸 좋아하지 않는다. 그 시간에 나는 먼저 실행에 옮긴다. 나는 걱정도, 포기도 안 한다. 내 아버지가 걱정이나 하면서 지낼 시간에 일을 했던 것처럼 나도 그렇다. 사람들이 걱정을 하고 있을 시간에 난 일을 끝마치기 위해 땀을 흘린다."[10]

트럼프는 결코 서류 가방을 들고 다니지 않고 같이 걷는 사람이 따라잡기 어려울 정도로 빨리 걷는다. 늘 시간에 쫓기기 때문이다. 문제는 그의 목표엔 끝이 없다는 점이다. "나는 결코 만족하는 법이 없습니다. 어쩌면 나는 영원히 만족할 수 없는지도 모르지요. 일시적으로 기쁨을 느낄 수도 있습니다. 그러나 그것도 잠시뿐 곧 다음 목표를 생각하게 되지요."[11]

1989년 트럼프는 "나는 어떤 잘못된 일을 할 리가 없다고 생각했다. 그래서 만루 홈런보다 못한 것을 어떻게 치는지 몰랐다"고 말했다.[12] 이게 진실이라면 트럼프의 끊임없는 자기 자랑과 자기과시는 당연한 게 아닌가? 그의 지칠 줄 모르는 자기 자랑과 자기과시를 가리켜 어떤 이는 '입의 설사diarrhea of the mouth'라고 했지만, 트럼프는 '진실된 과장truthful hyperbole'이라고 주장했다. 뉴욕 맨해튼에서 가장 큰 부동산 회사를 운영하는 바버라 코크런Barbara Corcoran은 트럼프의 그런 '조증'에 대해 다음과 같이 말했다.

"도널드의 장점은 좋을 때나 힘들 때나 좋은 쪽으로 생각한다는 점이다. 그는 아무리 황당한 얘기라도 아무렇지 않게 뻔뻔스러울 정도로 얘기할 수 있는 재능을 가지고 있다. 누구나 고등학교 때 이런 스타일의 친구를 한두 명은 접해봤겠지만 그들과 도널드의 차이점이라면 대부분은 크면서 성격이 변하기 마련인데 도널드는 지금도 그렇다는 점이다."[13]

"기삿거리에 굶주려 있는 언론을 이용하라"

나는 앞서 트럼프가 온갖 비난에도 끄떡없는 불사신이 된 데엔 미디어 혁명과 더불어 그 혁명에 대처하지 못한 언론의 문제, 아니 기존 저널리즘의 기본 작동 방식과 메커니즘의 근본적 결함도 도사리고 있다고 했다. 어떤 결함인가?

트럼프는 정치도 사업 하듯이 한다. 트럼프의 자서전 『거래의 기술 The Art of the Deal』(1987)에 나오는 부동산 거래의 기술은 곧 그의 정치 거래의 기술이라고 해도 과언이 아니다. 토니 슈워츠Tony Schwartz가 다 써준 것일망정, 이 책에서 '정치인 트럼프'와 관련해 가장 주목할 만한 것은 "언론을 이용하라"는 것이다. 이는 트럼프가 평생 실천해온 것이기에 그 핵심 내용은 트럼프의 것으로 봐도 무방하다.

트럼프는 "이 세상에서 제일 좋은 물건을 갖고 있다 하더라도 다른 사람이 모른다면 아무런 소용이 없다. 프랭크 시나트라처럼 좋은 목소리를 가진 가수가 매일 그의 차고에서만 노래를 부른다면 아무런 소용이 없다는 얘기다. 남의 관심을 불러일으켜 동요를 일으키게 해야 한다. 홍보 책임자를 고용해 많은 돈을 주고 당신의 소유물을 팔리게 하는 것도 한 가지 방법이 될 수는 있다. 그러나 그 방법은 시장조사를 위해 조사원을 고용하는 것과 마찬가지이며 당신 스스로 활동하는 만큼의 효과는 절대로 얻을 수가 없다"며 다음과 같이 말한다.

"언론은 항상 좋은 기삿거리에 굶주려 있고, 소재가 좋을수록 대서 특필하게 된다는 속성을 나는 경험을 통해 배웠다. 당신이 조금 색다르거나 용기가 뛰어나거나 무언가 대담하고 논쟁거리가 되는 일을 하면 신문은 당신의 기사를 쓰게 된다. 따라서 나는 일을 조금 색다르게 처리했으며, 논쟁이 빚어지는 것을 두려워하지 않았고, 이 때문에 내가 관여한 거래는 다소 허황돼 보이기도 했다. 이런 성격 덕분에 나는 아주 젊어서부터 꽤 사업 수완을 보였다. 신문이 나를 주목하게 되어 내 기사를 쓰지 못해 안달을 하게 됐다."

그는 "언론이 항상 나를 좋아한다는 얘기는 아니다. 어떤 때는 긍정적인 기사를 쓰지만 어떤 경우에 헐뜯는 기사가 나올 때도 있다. 그러나 순전히 사업적인 관점에서 보면, 기사가 나가면 항상 손해보다는 이득이 많기 마련이다"며 다음과 같이 말한다.

"수치로 보아도 명백하다. 『뉴욕타임스』에 1쪽짜리 전면광고를 하려면 4만 달러가 든다. 그래도 독자들은 광고 내용을 의심하는 경향을 보인다. 그러나 『뉴욕타임스』가 내 사업에 관해 다소 호의적인 기사를 한 줄이라도 쓰면 돈 한 푼 들지 않았지만 그 효과는 4만 달러 이상 나타난다. 흥미로운 것은, 개인적으로 피해를 입게 되는 비판적인 기사일지라도 사업적인 측면에서는 크게 도움이 된다는 사실이다."[14]

이어 그는 "일을 성공시키는 마지막 열쇠는 약간의 허세다"고 말한다. "나는 사람들의 환상을 자극시킨다. 사람들은 자신을 위대하다고는 생각하지 않을 수 있으나, 남들이 그렇다고 부추겨 주면 괜히 우쭐하기 마련이다. 약간의 과장은 아무런 손해도 가져오지 않는 법이다. 사람들은 가장 크고 위대하며 특별한 대상을 신뢰하는 경향이 있는

데, 나는 그런 속성을 '건전한 과장'이라고 부르고 있다. 그것은 과대 망상의 순수한 형태로서 아주 효과적인 선전 수단이 될 수 있다."[15]

"우리, 저널리스트들이 괴물 트럼프를 만드는 데 일조했다"

기삿거리에 굶주려 있는 언론을 이용하는 트럼프의 언론플레이 기법은 '트럼프 현상'을 낳는 데에 결정적인 기여를 했다. 사실 '트럼프 현상'은 우선적으로 '미디어 현상'이다. 미국엔 수많은 유명 인사가 있으며, 이들에 관한 보도와 논평으로 밥을 먹고사는 '유명 인사 저널리즘celebrity journalism'이 세계에서 가장 발달되어 있다. 그런데 트럼프와 같은 메가셀러브리티megacelibrity는 드물며, 트럼프처럼 거의 40년간 유명 인사 지위를 유지하면서 장기 집권한 사람은 거의 없다. 트럼프는 남녀노소를 막론하고 미국인의 일상적 삶에 편재遍在해온 보통명사였다.[16]

'트럼프 현상'이 '미디어 현상'이라는 걸 언론이 모를 리 없었다. 『허핑턴포스트』 워싱턴 총국장 라이언 그림Ryan Grim은 2015년 7월 17일 "『허핑턴포스트』가 그를 대통령 후보로 다뤄온 것은 실수였다"며 "그가 공화당이나 이민 토론에 끼친 영향은 그 자체로 현실이어서 실체로써 다루겠지만, 트럼프의 입에서 마구 나오는 말은 모두 연예면에 실릴 것"이라고 발표했다. 경영진도 찬성했다. 『허핑턴포스트』 창립자 아리아나 허핑턴Arianna Huffington, 1950~은 "트럼프는 언론이 만들어낸 셈"이라며 "우리 사이트의 편집자들이 그를 어떻게 다룰지 많

은 내부 논의를 거쳤다"며 편집자들의 이 같은 결정을 지지했다.[17]

그러나 『허핑턴포스트』는 5개월 만에 이 결정을 뒤집고 트럼프를 다시 정치면에서 다루기 시작했다. 『허핑턴포스트』의 아리아나 허핑턴은 "더이상 트럼프는 즐겁지 않다"며 "트럼프가 미국 정치에 추악하고 위험한 영향을 미치고 있다. 우리의 보도 방식도 (트럼프가 유력 주자가 된) 변화를 반영해야 한다"고 밝혔다. 이 글은 정치 섹션에 게재되었다.

『허핑턴포스트』가 자신을 연예면에서 다루기로 했던 처음의 결정과 관련, 트럼프는 성명을 통해 "이 시나리오에서 유일하게 우스꽝스러운 것은 『허핑턴포스트』가 정당한 뉴스인 체하는 것"이라며 "『허핑턴포스트』는 정통 매체도 아니다"라고 반격했지만, 2016년 들어 여러 정통 매체와 정통 언론인이 같은 자세를 취하고 나섰다.

2016년 2월 25일 퓰리처상을 수상한 칼럼니스트 코니 슐츠Connie Schultz는 온라인 매체 『더내셔널메모』에 기고한 글에서 '우리, 저널리스트들이 괴물 트럼프를 만드는 데 일조했다'는 반성문을 썼다. 그는 "우리는 그의 혐오스런 표현을 오락으로 다루었다. 극우에 영합한 공화당이 그를 등장시켰고 우리는 날개를 달아주었다"고 자책했다.

2016년 3월 21일 『뉴욕타임스』는 「도널드 트럼프와 미디어의 상호 의존」이란 기사를 실었다. 언론을 활용하는 트럼프와 그 해악을 알면서도 그에게 매달리는 언론의 처지를 전했다. 『뉴욕타임스』에 따르면 CNN은 후보 토론회와 트럼프 보도 덕에 올해 시청률이 전년에 비해 170퍼센트 상승했다. 온라인 매체도 트럼프 기사로 클릭 수를 올린다. 『뉴욕타임스』는 "독자층 발굴·확대라는 욕심으로 언론이 트럼

프 거품을 키우고 있다"며 『NYT』도 마찬가지"라고 인정했다.[18]

2016년 5월 2일 저널리스트 수전 멀케이Susan Mulcahy는 『폴리티코 Politico』에 "고백할 것이 있는데, 부디 나를 (총으로) 쏘지는 말아달라"며 "나도 트럼프 신화를 만드는 데 일조했다. 정말 정말 미안하다"고 털어놨다. 1980년대에 미국 뉴욕의 타블로이드 신문 『뉴욕포스트』 기자를 지낸 멀케이는 트럼프를 취재했던 기억을 떠올리며 "그는 병적으로 거짓말을 했고, 그가 내뱉는 말의 팩트(사실)를 일일이 체크하느라 오랜 시간이 걸렸다"며 "그때는 몰랐지만 기사를 쓸 때마다 트럼프를 뉴욕의 아이콘으로 만들고 있었다"고 말했다.

사실 타블로이드 언론들은 트럼프를 기사의 소재로 삼으면 '장사'가 되었기 때문에 트럼프가 사들인 부동산부터 화려한 사생활, 스캔들에 이르기까지 경쟁적으로 보도했다. 『폴리티코Politico』는 "1970~1990년대 타블로이드 언론에서 시사와 엔터테인먼트의 경계가 모호해졌고, 트럼프는 주목을 끌기에 적당한 인물이었다"고 지적했다.[19]

그 밖에도 여러 언론사와 기자가 반성의 목소리를 냈지만, 이미 때는 늦었다. 언론의 속성을 꿰뚫어보면서 그걸 이용해온 트럼프는 기성 언론을 조롱한다. "나는 손해나지 않는 『뉴욕타임스』를 갖고 있는 것이나 마찬가지다." 『뉴욕타임스』뿐이겠는가. 그는 어느 방송사건 '손해나지 않는 방송사'를 갖고 있는 셈이었다. 예컨대, 2015년 5~12월 중 폭스뉴스에서 트럼프가 다루어진 시간의 총량은 23시간에 이르렀는데, 이는 다른 어떤 경쟁자의 총량보다 2배 많은 것이었다. 토론을 주관했던 CBS의 레스 문베스Les Moonves는 트럼프 덕분에 높은 시청률을 기록하자 "미국엔 좋지 않을지 몰라도 CBS엔 엄청나게 좋은 일이다It may not be good for America, but it is damn good for CBS"라는 명언을 남겼다.

트럼프는 이런 언론을 적극 활용한다. 언론에 자신의 막말을 중계하게 해 홍보 효과를 누린다. 동시에 무시하고 경멸한다. 언론인을 "멍청이", "백치", "인간쓰레기"라고 모욕하고, 명예훼손에 따른 배상을 강화해야 한다고 주장한다.[20] "꿩 먹고 알 먹는다"는 말이 있긴 하지만, 이거야말로 일거양득—擧兩得의 묘기 대행진이 아니고 무엇이랴.

자신의 미디어 체계를 구축한 트럼프

기성 언론사와 기자들이 낸 반성의 목소리가 때가 늦은 건 단지 트럼프가 이미 유명해졌기 때문만은 아니다. 더욱 결정적인 이유가 있다. 트럼프는 기성 미디어를 마음껏 공격할 수 있는 자신의 미디어 체계를 이미 구축했기 때문이다. 무엇인가? 바로 SNS와 인터넷이다. 정치는 비즈니스와 달리 '적을 만드는 게임'이다. 트럼프가 정치판에 발을 들여놓은 이상, 게다가 그가 무지막지한 막말로 거의 모든 언론을 적으로 만든 이상, 그에겐 유권자들과 직거래를 할 필요가 있었는데, 그걸 가능케 한 것이 바로 SNS와 인터넷이었다.

트럼프의 직거래 정신은 투철해서 언론과 정당을 무시하는 건 물론이고 로비스트와 여론조사가들도 무시한다. 자신은 '정치적 올바름'에 개의치 않기 때문에 결정을 내리기 위해 여론조사를 할 필요도 없다고 주장한다. 그는 의회와의 관계에 대해선 한마디도 않고 늘 직거래만을 강조하기 때문에 '히틀러' 딱지 외에 '미국의 무솔리니'라는

말을 들을 정도다.[21]

트럼프는 그러면서도 자신에게 적대적인 언론마저 그들의 속성을 최대한 활용해 자신을 세일즈하는 데에 이용한다. 그래서 그는 광고에 돈을 별로 쓰지 않았다. 수십 억 달러어치의 '공짜 매체' 뉴스 보도에 의존했다. 펜실베이니아대학의 정치 커뮤니케이션 교수 캐슬린 홀 제이미슨Kathleen Hall Jamieson은 "이런 일은 전례가 없다. 그는 어떻게 하면 관심을 끄는지 알기 때문에 다 공짜로 얻는다"고 했다.[22]

미 연방선거위원회가 2016년 2월 20일 공개한 자료에 따르면 트럼프는 선거 자금으로 1월까지 2,400만 달러(약 300억 원)을 썼다. 같은 당 경쟁자인 마코 루비오 상원의원(7,600만 달러, 약 937억 원)의 3분의 1, 테드 크루즈 상원의원(6,000만 달러, 약 740억 원)의 절반도 안 된다. 텔레비전 광고에 젭 부시가 8,090만 달러(약 1,000억 원), 마코 루비오가 5,040만 달러(약 620억 원)를 투입할 때 트럼프는 850만 달러(약 105억 원)만 썼다. 대신 의도적으로 '자극적 발언'을 던지고 거기에 미디어가 달려들게 해 '공짜로' 홍보를 했다. 돈 안 쓰고 짭짤하게 실리를 챙기는 새로운 선거 방식을 개척한 것이다. 『폴리티코Politico』는 "트럼프는 선거 자금의 룰을 다시 쓰고 있다"고 평가했다.[23]

논란이라면 사족을 못 쓰는 상업주의에 눈이 먼 미국 언론의 한심한 실태를 지적한 허친스위원회Hutchins Commission의 보고서가 나온 건 1947년이었다. 1950년대 전반 대통령보다 막강한 권력을 행사하던, 매카시즘McCarthyism의 주인공 조지프 매카시Joseph R. McCarthy, 1908~1957 상원의원의 부상은 허친스위원회의 우려가 틀리지 않았다는 것을 입증해준 좋은 사례였다. 매카시는 미국 언론의 구조와 속성을 꿰뚫어

보고 있었으며, 그것을 자신을 위해 최대한 활용했다.

몰락한 매카시는 죽기 전 한 신문에 "나의 정치와 정책은 당신들이 내게 전폭적인 지지를 보내주었을 때와 달라진 게 없는데" 왜 자신에게 지면을 전혀 할애하지 않느냐고 물었다.[24] 물론 매카시가 그 답을 몰라서 물은 게 아니다. 그는 한때 자신이 마음대로 주물렀던 언론의 천박함을 조롱한 것이었다. 만약 매카시의 시절에 SNS와 인터넷이 있었다면 그가 그렇게 허망하게 무너지지는 않았을 것이다.

반면 트럼프에겐 SNS와 인터넷이 있다. 동영상도 마음대로 올릴 수 있다. 유튜브에서 '트럼프'로 검색하면 조회수 수십만에서 수백만에 달하는 '막말 영상'이 뜨고, 그 어떤 게이트키핑도 거치지 않은 '날것' 그대로의 음성과 영상이 SNS를 타고 퍼져나간다. 렉시스넥시스 LexisNexis의 웹 커버리지web coverage 조사에 따르면, 트럼프에 관한 정보의 양은 다른 모든 공화당 후보를 합한 것보다 많았다. 한 토론에서 그는 5만 2,675개 기사의 주제였는데, 2등을 차지한 버니 샌더스는 4,000개에 불과했다.[25]

종교 집회를 닮은 트럼프의 유세장 분위기

유권자들을 직접 대하는 유세는 SNS와 인터넷 덕분에 과거엔 상상할 수 없었던 규모와 속도로 입소문 파워를 키웠다. 다른 후보들도 유세를 하지만 규모가 다르다. 흑인 표를 거의 싹쓸이했던 오바마의 유세 때는 대개 1,000명 단위의 청중이 공원과 광장을 메웠고, 조지 W. 부시 대통령이 대선 후보였을 때는 수백 명이 가득 찬 강당이 텔레비전에 사주 등장했지만, 트럼프 유세장은 스타디움 아니면 대형 돔구장이다. 수만 명이 몰린다는 이야기다. 미국에선 자발적이지 않으면 도저히 모을 수 없는 군중이다. 산만한 군중이 아니라 집중하는 군중이다. 송희영은 다음과 같이 말한다.

"유세장 분위기는 예상대로 종교 집회를 닮았다. 이슬람 이민자에게 아이를 잃은 엄마가 자신의 경험담을 말했다. 이슬람교도의 이민을 배척한 트럼프 공약에 맞춘 신앙 간증 같은 찬조 연설이다. 이어 록밴드가 트럼프 찬양가를 부른다. 지지 연설이 지루해질 때쯤 되면 트럼프가 무대에 올라 정열적으로, 때로는 익살스럽게 연설한다. 그가 '위대한 미국의 부활', '미국 최고'를 외칠 때마다 관중은 '할렐루야', '아멘' 합창하듯 환호한다."[26]

트럼프는 연설에도 능하다. 물론 지식인이나 언론인이 보기엔 한심한 수준이겠지만, 누가 군중집회에서 수준 높은 대학 강의를 원하겠는가. 그는 유세 현장에 어울리는 소통 방식을 잘 구사했는데, 그중의 하나는 자신의 경쟁자들에게 거짓말쟁이 테드, 꼬마 마코, 비뚤어진 힐러리, 약골弱骨 젭, 얼빠진 엘리자베스, 미친 버니Lyin' Ted, Little Marco, Crooked Hillary, Low-energy Jeb, Goofy Elizabeth, Crazy Bernie 등 부정적인 별명을 붙이는 것이었다.[27]

트럼프는 이른바 '메라비언의 법칙rule of Mehrabian'의 산 중인이기도 하다. '메라비언의 법칙'은 상대방에 대한 인상이나 호감을 결정하는 데 목소리(목소리의 톤이나 음색)는 38퍼센트, 보디랭귀지(자세 · 용모와 복장 · 제스처)는 55퍼센트의 영향을 미치는 반면, 말하는 내용은 겨우

7퍼센트만 작용한다는 법칙으로, 대화에서 언어보다는 시각과 청각 이미지가 중요시된다는 커뮤니케이션 이론이다. 그래서 '7%-38%- 55% 법칙' 또는 '7:38:55 법칙'이라고도 한다.[28] 엘리트 언론과 지식 인들은 트럼프의 7퍼센트에만 주목하지만, 트럼프의 지지자들은 38퍼 센트와 55퍼센트에 매료된다. 그는 군중을 사로잡을 수 있는 파워풀 한 음성과 탁월한 신체 언어를 구사한다.[29]

트럼프는 2015년 11월 아이오와주 유세에서 대선 후보들 중 그 누 구도 거론하지 않았던 참전 용사의 처우 문제를 제기했다. 그는 부상 당한 참전 용사가 제대로 치료를 받지 못하고 있다고 말하자, 직접 그 와 그의 가족 앞으로 다가가 전화번호를 받은 뒤 자신이 책임지고 해 결해주겠다고 공언해 그 자리에 있던 유권자들의 우레와 같은 박수를 받았다.[30]

트럼프는 순발력도 뛰어났다. 예컨대, 2016년 2월 21일 오후 조지 아주 애틀랜타Atlanta의 트럼프 유세장 조명이 갑자기 꺼졌다. 시위자 에 의한 것이었다. 10초가량 후 다시 조명이 들어오자 트럼프가 갑자 기 주먹을 쥐며 격하게 외치기 시작했다. "불 꺼, 불 꺼, 불 꺼." 유세장 의 지지자들도 이를 따라 외쳤다. 할 수 없이 행사장 조명 담당자가 불 을 껐다. 어둠 속에서 트럼프는 다시 외쳤다. "조명을 제대로 하지 못 했으니 난 오늘 이 행사장 대여료를 안 낼 것이다. 그럼 다음번에 더 좋은 조명을 쓸 수 있다. 협상이란 이렇게 하는 거다. 이게 바로 내가 대통령이 돼 다른 나라와 협상할 방식이다." 무역 적자·멕시코 등 이 민자들로 인해 일자리 위협을 받는 노동자 계층의 폐부를 파고드는 순발력이었다.[31]

트럼프는 '액체성 민주주의'의 선구자인가?

게다가 미국인 3명 가운데 2명꼴로 언론을 부정적으로 볼 정도로 기성 언론에 대한 유권자들의 불만은 높고 신뢰는 낮으니 이보다 좋을 순 없다.[32] 이게 바로 트럼프가 기성 언론을 마음껏 혼내고 조롱할 수 있는 든든한 권력 기반이다. '미디어 혁명'이라고 해도 좋을 정도로 미디어 환경이 근본적으로 달라진 것, 이게 바로 '트럼프 현상'을 만들었다. 앞서 말했듯이, 미국 정치사에 트럼프와 유사한 인물은 여럿 있었지만, 그 누구도 오늘날 트럼프가 누리는 그런 '미디어 혁명'의 수혜를 누리지는 못했다는 점을 잊어선 안 된다.

뉴미디어를 중심으로 한 제3의 산업혁명을 주장하는 미래학자 제러미 리프킨Jeremy Rifkin 미국 펜실베이니아대학 와튼 스쿨 교수는 "1·2차 산업혁명 세대는 생산수단을 누가 소유하느냐에 관심 있었다. 사유제냐 공유제냐, 자본주의냐 사회주의냐. 누가 뭘 갖느냐가 중요했다"며 다음과 같이 말한다.

"하지만 인터넷 세대는 정치 제도가 상향식이냐 집중식이냐 아니면 분산적이냐 협력적이냐가 관건이다. '액체성 민주주의Liquid Democracy'라고도 한다. 이들은 4년마다 선거를 통해 의사 표시하는 대의제를 너무 지루하고 늦다고 생각한다. 트위터 등을 통해 수시로 참여하고 싶어 한다. 분산형 자본주의는 권력 행사 방식을 더욱 수평적으로 만들 것이다."[33]

트럼프 현상이 그런 '액체성 민주주의'의 산물이며 트럼프가 그 선구자인지는 알 수 없지만, 트럼프의 권력 기반이 제2차 산업혁명 시대의 미디어가 아니라 트위터 등과 같은 수평적 미디어라는 건 분명한 사실이다. 트럼프는 70세라는 나이에 어울리지 않게 SNS 사용에 능하다. 트위터에 700만, 인스타그램에 100만 명 넘는 팔로어를 거느린 트럼프는 온라인에 자신만의 뉴스룸을 구축했다. 트럼프의 팔로어 수는 경쟁 후보들 중 누구와 비교하더라도 10배가량 많았다.

트럼프는 타고난 자기과시벽 때문에 중독이라고 해도 좋을 정도로 SNS에 매달려 산다. 매일 20건 가까운 트윗을 올려 볼거리를 제공한다. 59번이나 트윗을 올린 날도 있었다. 트위터에서 15시간 동안 침묵한 것이 뉴스가 될 정도로 그는 트위터 등을 통해 끊임없이 지지자들과 소통하고 때론 그들의 피를 끓어오르게 만드는 '트위터광'이다. 주가가 하락하고 있던 트위터가 트럼프 덕에 회생하고 있다는 말이 나올 정도다. CNN은 케네디가 텔레비전 대통령이고 오바마가 인터넷 대통령이라면, 트럼프가 승리할 경우 소셜미디어 대통령으로 기록될 것이라고 했고, '살롱닷컴www.salon.com'은 이미 트럼프가 소셜미디어 캠페인으로 성공한 미국 최초의 전국 정치인이라고 했다.[34]

백 마디, 천 마디 말보다 강한 사진 한 장으로 자신의 막말을 잠재우려는 시도를 가능케 한 것도 바로 SNS다. 트럼프가 사실상 공화당 대선 후보로 결정된 시점이었던 2016년 5월 5일 그는 자신의 트위터, 페이스북, 인스타그램에 "나는 히스패닉을 사랑해요"라는 글과 함께 타코 볼(멕시코 전통음식)을 먹는 사진을 게재했다. 이에 대해 민주당 대선 후보인 힐러리 클린턴은 이날 트위터에 트럼프가 하루 전까지만 해도 히스패닉이 강제 추방될 것이라고 하다가 오늘 히스패닉을 사랑한다고 말한다며 하루아침에 돌변한 그의 발언을 비꼬았지만, SNS가 그런 논리를 우대하는 미디어는 아닌 것 같다.

사실 SNS의 활용 정도와 방법이 트럼프가 힐러리에 비해 누리는 비교 우위이기도 하다. 『뉴욕타임스』 칼럼니스트 데이비드 브룩스David Brooks는 "TV에 나타나는 클린턴의 얼굴을 보라. 인간이라기보다 '선수(프로페셔널)'란 느낌이 들지 않는가. 클린턴은 완벽에 가까운 인물이다. 늘 부지런하고 계획적이며, 목표에 집중하고 주변에 대해 의심의 끈을 놓지 않는다. 하지만 우리 같은 사람이 아니라 워싱턴 정치 머신에 종속된 하나의 '기관'으로 느껴질 뿐이다"며 다음과 같이 말한다.

"클린턴은 인간적인 면모를 숨기고 공적인 모습만 비치려는 스타일 때문에 사생활에 관심 있고 개성을 중시하는 SNS 시대정신과 정면으로 충돌할 수밖에 없다. 미국인 대부분이 살아온 경험과도 충돌한다. 미국인들은 업무를 벗어나 개인적인 시간을 보낼 때 생기를 되찾고 살아 있음을 느낀다. 클린턴은 그 반대다. 그러니 당연히 많은 미국인에게 클린턴은 교활하고 권력 지향적인 마키아벨리로 여겨질 수밖에 없다."[35]

트럼프를 위한 트위터의 '140자 평등주의'

트럼프의 유세와 인터뷰, 아니 그의 모든 언어 구사 방식이 트위터의 '140자 평등주의'에 부합한다. 언론과 지식인은 그의 '초딩' 수준의 언어 구사력을 비웃지만, 오히려 그게 바로 트럼프의 힘이다. 앨빈 림Elvin T. Lim 웨슬리언대학 교수가 잘 지적했듯이, "140자만 쓰는 트위터나 10초짜리 TV 언어가 일반화돼 있는 시대에 간결한 언어가 유권자에게 주는 반향이 오히려 크다".[36]

유권자에게 주는 반향만 큰 게 아니라 보통 사람을 위한다는 명분까지 내세울 수 있다. 평소 워싱턴의 정치 전문 용어를 비판해온 그는 '당원대회'를 뜻하는 'caucus'라는 말을 쓰는 것에 반대할 뿐만 아니라 빌어먹을 단어라고 욕한다. 자신은 그냥 'voter(투표자)'라는 말을 쓰겠노라며 보통 사람들을 끔찍이 생각하는 자세를 취한다.[37]

트위터가 140자로 트윗의 글을 제한한 것은 휴대전화 문자 메시지와의 연동을 염두에 두었기 때문이다. 당시 미국의 단문 메시지는 최대 160자 이내였는데 기종에 따라서는 이보다 20자 정도가 적은 경우도 있었기 때문에 트위터의 글자 수도 최대 140자로 제한한 것이다. 이에 따라 사용자들은 모든 소식을 짧게 요약해야 했으며, 트윗을 올릴 때 중요하지 않은 내용 중 중요한 것을 뽑아낼 줄 알아야 했다.[38]

이런 글자 수 제한은 트위터의 약점이 아니라 오히려 강점이 되었다. 쓸데없는 말을 지껄이지 않게 되고 창의력을 발동해야 하는 구조라고나 할까.[39] 이게 재미를 더해준 셈이다. 이와 관련, 이지선·김지수는 "누구나 자신의 생각과 감정을 쉽게 올릴 수 있었던 블로그가 어느새 전문가의 정보 사이트쯤으로 변질되면서 사람들은 다른 이들과 좀더 손쉽게 소통할 수 있는 도구가 필요했다. 그래서 140자로 제한된 '마이크로 블로그'인 트위터가 새로운 대안으로 떠오르게 되었다"며 다음과 같이 말한다.

"140자 이내의 메시지에서는 제아무리 전문가라도 자신의 전문 지식을 뽐내기(?) 어려웠고, 결국 보통 사람들도 남의 눈치 보지 않고 손

쉽게 자신의 생각과 근황을 올릴 수 있기 때문이었다. 그러다 보니 트위터에서는 레스토랑에서 맛있는 음식을 먹고 있다거나, 유명한 곳에 구경 왔다 등의 신변잡기적 소식에서부터 언제 어디서 모인다는 번개 모임 공지 성격의 글까지 모든 종류의 짧은 메시지들이 통용된다. 사고 소식이나 희귀 혈액형 급구와 같이 긴급하게 전파해야 할 여러 소식들도 트위터(리트윗)를 타고 넘실넘실 퍼져나간다. 소소한 정보들의 짧은 폭발, 그것이 바로 트위터다."[40]

이택광은 "140자 이내에서 작문해야 한다는 트위터의 속성은 한국 사회의 평등주의와 연동한다"며 이렇게 주장한다. "인터넷 게시판이나 블로그의 속성상 댓글로 논쟁이 벌어지면 그에 대한 반론들을 논리적으로 제시해야 한다는 문제점이 있었다. 말하자면, 냉소와 야유를 던지는 것 이상 어떤 토론의 기술이 필요했던 셈이다. 그러나 트위터에 오면 상황은 달라진다. 트위터는 기본적으로 140자 이내로 의견을 주고받는다는 제한성뿐만 아니라, 자신이 원하는 사람들의 말만 듣고 대화를 나누는 기능을 가지고 있다."[41]

140자 평등주의의 장점은 한국인들에게만 매력으로 여겨진 건 아니다. 트럼프가 가장 반겼을 속성이다. 자신이 원하는 사람들의 말만 듣고 대화를 나누는 건 상당한 실력과 더불어 인내심을 요구하는 토론이나 논쟁보다 훨씬 재미있다. 뜻과 배짱이 맞는 사람들끼리 모여서 주고받는 이야기, 그 얼마나 화기애애한가. 사실 이게 바로 SNS의 속성이기도 하다. SNS는 관계 테크놀로지인데, 관계의 숙명은 편협이다. 본질적으로 관계 중심은 배타적이기 때문이다.

'트럼프 현상'과 '트위터 혁명'은 얼마나 다른가?

그러나 그런 배타성은 사회적 차원에선 다른 의미를 가질 수도 있다. 트럼프의 트위터 커뮤니케이션은 2010년에 있었던 '트위터 혁명' 논쟁을 상기시킨다. 2010년 12월에 일어난 튀니지 혁명은 '재스민 혁명'이라는 별명과 더불어 '트위터 혁명'이라는 별칭을 얻었다. 트위터가 시위의 확산에 큰 영향을 미쳤다는 뜻에서다. '트럼프 현상'은 그런 '트위터 혁명'과 얼마나 다를까.

SNS와 인터넷은 이른바 '집단 극화group polarization'의 텃밭이다. 집단 극화는 동질적인 사람들로 구성된 집단에선 가장 과격한 의견이 우위를 점하게 되는 경향을 말한다. 특히 SNS와 인터넷처럼 정보를 임의로 취사선택할 수 있는 공간에서 집단 극화 현상이 쉽게 일어난다. 비슷한 생각을 가진 사람들끼리 모여 의견을 주고받는 과정에서 반대 의견을 들을 기회가 없으며, 자신의 생각을 강화시킬 수 있는 새로운 정보만 획득하기 때문이다. 이런 집단엔 과격화를 선도하는 주동자들polarization entrepreneurs이 있기 마련인데, 대부분의 정치 관련 사이트와 SNS에서 그런 사람들이 대표 논객으로 활동하는 건 결코 우연이 아니다.[42]

이와 관련, 니컬러스 카Nicholas Carr는 "인터넷상에서 같은 성향을 가진 사람들, 그리고 자기 마음에 드는 생각들을 찾는 것이 얼마나 쉬운지를 고려해보고, 동질 집단을 형성하려는 우리의 타고난 성향을 가정한다면, 우리는 '이데올로기적 확대'가 온라인에서 쉽게 확산되리라는 것을 알 수 있다"며 다음과 같이 말한다.

"더 나아가 상황이 더 뒤틀리고 왜곡된다면, 인터넷에서 이용할 수 있는 매우 풍부한 정보가 과격수의를 완화시키는 데 기여하는 것이 아니라 오히려 그것을 더욱더 확대하는 데 기여할지도 모른다. 콜로라도 연구기 보여준 바처럼, 사람들은 자신들의 현재 견해를 지지하는 부가적인 정보를 발견할 때면 언제나 그 견해가 옳고, 자신과 다른 견해를 가진 사람들이 틀렸다고 한층 더 확신하게 된다. 정보를 확증해주는 단편적 지식들 각각은 사람들이 자신들의 견해가 정확하다는 믿음을 더 강화한다. 그리고 그런 믿음이 강해지면서 사람들의 견해도 더욱더 극단화되는 경향을 보인다. 사람들의 생각이 똑같아지게 된다. 다시 말해, 인터넷은 다른 견해를 가진 사람들을 분리하는 경향이 있을 뿐만 아니라 양 집단 간의 차이를 확대하는 경향이 있을 것이다."[43]

SNS와 인터넷이 정치에 미치는 영향이 커지면서 인터넷의 집단 극화는 정치의 집단 극화에 큰 영향을 미친다. 이런 '집단 극화'로 인해 경쟁하는 집단들 간의 극단적 싸움은 미디어의 좋은 '뉴스거리'가 되는바, 여기에 미디어의 과장 보도가 더해지면서 전반적인 여론의 형성에도 큰 영향을 미쳐, 여론을 양극화하는 효과를 낳는다.[44]

여기에 '편향 동화biased assimilation'가 가세해 대화와 토론은 무의미한 것이 되고 만다. 편향 동화는 자신의 생각과 다른 글은 어리석고 터무니없는 주장으로 치부하고, 자신의 생각과 같은 주장은 현명하고 논리적인 것으로 받아들여 결국 자신의 기존 입장을 더 강화시키는 현상을 말한다. 이와 관련, 캐스 선스타인Cass R. Sunstein은 다음과 같이 말한다.

"사람들은 자신의 입장과 반대되는 의견은 그것을 뒷받침하는 강력한 증거들이 있어도 무시해버린다. 그리고 자신의 입장과 어긋나는 정보들이 수두룩함에도 불구하고 극단적인 움직임을 보이는 것이다. 그런 정보들을 단순한 선전물로 간주해버린다. 중대한 문제일수록 기존에 갖고 있는 애착, 두려움, 판단, 선호는 고정되어 있기 때문에, 그것과 배치되는 정보가 아무리 많아도 기존 입장에 대한 확신은 그대로 유지된다. 특히 극단주의자들은 확고한 신념을 갖고 있어서, 그 신념에 반대되는 증거나 정보를 접하더라도 기존 신념이 줄어들기는커녕 더 커지는 경우가 많다."[45]

"편향성은 이익이 되는 장사다"

자기편 집단의 결속력이 강하면 이른바 '집단 애착in-group love'이 생겨난다. 마크 세이지먼Marc Sageman은 이런 경우 "집단의 구성원들끼리 상호작용이 활발해지는 '반향실echo chamber' 역할을 해서 자기들이 가진 우려나 신념을 키워서 결국 다른 사람들에 대한 증오심으로 발전시킨다"고 했다.[46]

'정치화된politicized' 대중은 그들이 두려워하고 혐오하는 사람이나 집단에 대한 반대를 통해 자신의 정체성을 규명하려는 경향이 있다. 이른바 '적敵 만들기enemy-making'가 정치 마케팅의 주요 메뉴가 되는 이유다.[47] 정치와 언론의 영역에서 '적 만들기'를 하지 않는 경우는 거의 없지만, 그걸 어느 정도로 추진하느냐 하는 건 별개의 문제다.

루퍼트 머독Rupert Murdoch의 24시간 케이블 뉴스 채널 폭스뉴스는

'적 만들기'를 극단으로까지 밀어붙였는데, 이는 증오를 부추겨 장사를 한다는 점에서 '증오 마케팅'의 신기원을 보여주는 것이었다.[48] 이런 증오 마케팅의 작동 방식에 대해 비키 쿤켈Vicki Kunkel은 『본능의 경제학: 본능 속에 숨겨진 인간 행동과 경제학의 비밀』에서 다음과 같이 말한다.

"지지자를 얻기 위해서는 적을 만들어야 한다. 그래야 당신을 지지하는 사람들이 열정을 보이며 당신의 적을 향해 더 많은 전투력을 키울 수 있기 때문이다. 끌어당김과 밀침은 단순히 보편적인 물리학의 법칙이 아니다. 이는 지위와 권력, 권위를 성취한 모든 사람들이 보편적으로 이용하는 원리이기도 하다. 비판자나 적이 없다면, 강력한 지지자 역시 얻을 수 없다."[49]

폭스뉴스의 시청자들은 이렇게 생각하지 않았을까? "우리의 마음에 풍파를 일으키지 마라. 그저 우리가 믿고 있는 바들을 더 많이 보여달라. 그러면 우리는 그 견해를 읽으며 계속 해서 만족감을 느낄 수 있으리라. 우리를 결집시킬 내용을 달라. 우리가 환호할 수 있는 사람을 달라!" 쿤켈의 분석이다. 그는 "몇몇 사회학 연구 논문들은 사람들이 심리적 지름길로서 자신이 아는 브랜드로 달려간다고 명확히 결론 짓는다"며 다음과 같이 말한다.

"중립적 뉴스 해설을 통해 자신의 입장을 가려내는 데는 너무 많은 심리적 에너지가 필요하다. 때문에 자신과 견해를 같이하는 방송국에서 해석한 뉴스를 듣는 편이 훨씬 마음이 편하다. 그 내용을 다시 생각할 일 없이 그저 고개를 끄덕이며 동의만 하면 되기 때문이다.……우리는 입으로는 편향적인 보도를 싫어한다고 말하지만 실제 행동은 말과 다르다. 그 증거가 바로 시청률이다. 편향성을 편안하게 받아들이는 우리의 본능적 성향은 많은 블로그와 웹사이트들이 성공한 비결이기도 하다. 비슷한 견해를 지닌 사람들은 비슷한 견해를 가진 다른 사람들이 작성한 글을 보고 싶어 한다.⋯⋯편향성은 이익이 되는 장사다."[50]

"트럼프는 영화 〈워싱턴에 간 스미스〉의 주인공"

편향성은 이익이 되는 장사라는 건 바로 폭스뉴스 회장 로저 에일스Roger Ailes, 1940~의 평소 지론이었다. 그는 "당신이 공화당 방송을 경영한다는 비판에 화나지 않는가"라는 질문에 "우리를 그렇게 부를수록 더 많은 보수 성향 시청자들이 우리 방송을 볼 것"이라고 응수했다.[51] 이는 당파성의 시장 논리에 대한 좋은 증언이라고 할 수 있겠다.

2010년 3월 14일 『워싱턴포스트』는 하월 레인스Howell Raines 전 『뉴욕타임스』 편집국장의 「불공정하고, 불균형하며, 견제 받지 않는 폭스뉴스Fox News: unfair, unbalanced, unchecked」라는 제목의 기고문을 실어 폭스뉴스가 언론의 기본을 벗어났다고 비판했다. 레인스는 특히 이 방송의 논점보다 사실 관계 왜곡과 정치적 목적 등을 지적했다. 그는 폭스뉴스가 "공정성과 객관성이라는 언론의 가치를 파괴하고 있다"며 "저널리즘이라고 볼 수 없다"고 단언했다.[52]

그러나 이런 단언과는 달리, 미국인들은 폭스뉴스를 가장 많이 시청하는 데다 가장 신뢰하는 게 현실이었다. 2010년 2월 미국의 여론조사기관인 PPPPublic Policy Polling가 미국의 주요 뉴스채널에 대한 수용자들의 신뢰도를 조사한 결과에 따르면, 49퍼센트의 미국인이 폭스뉴스를 신뢰한다고 응답해 가장 높은 신뢰도를 나타냈다. 폭스뉴스 다음으로는 CNN으로 39퍼센트의 응답자가 신뢰한다고 답했고, NBC 뉴스에 대한 신뢰도는 35퍼센트, CBS 뉴스는 32퍼센트, ABC 뉴스는 31퍼센트로 조사되었다.[53]

미국의 많은 언론 전문가에 의해 "저널리즘이라고 볼 수 없다"는 지탄을 받은 폭스뉴스가 일반 미국인들을 대상으로 한 조사에서는 가장 높은 신뢰도를 누린 이 기현상을 어떻게 이해해야 할까? 2011년 모든 케이블 채널 가운데 CNN과 MSNBC는 시청률 기준으로 '톱 20위' 안에도 들지 못했지만, 폭스뉴스는 늘 '톱 5'에 들면서 CNN과 MSNBC를 합한 것보다 많은 시청자를 확보한 것은 또 어떻게 이해해야 할까?[54]

2016 미국 대선에서 가장 흥미로운 사실은 폭스뉴스의 수법을 더욱 적나라하게 업그레이드시킨 트럼프가 폭스뉴스와 큰 갈등을 빚었다는 사실이다. 폭스뉴스로선 자업자득自業自得인 셈이었지만, 트럼프는 폭스뉴스와의 싸움을 통해 더욱 지지자들의 존경을 받게 되었다. 폭스뉴스는 조지 W. 부시 전 대통령의 연설 작가인 데이비드 프럼David Frum이 "우리 공화당원들은 폭스가 우리를 위해 일한다고 생각해 왔지만 이제야 우리가 폭스를 위해 일했다는 것을 알았다"고 말했을 정도로 공화당의 상전 노릇을 해왔다.[55] 그래서 모든 공화당 정치인이 폭스뉴스에 벌벌 떠는데, 트럼프는 단기필마로 나서 싸우는 대담함을 보이면서 사실상 승리를 거두었으니 지지자들이 어찌 열광하지 않을

수 있으랴.[56]

언론은 트럼프의 노선을 '고립주의'라고 부르지만, 트럼프 지지자들은 그간 일부 진보주의자들도 공격해온 세계화에 대한 심판이라고 생각한다. 공화·민주 양당 모두 세계화에 관한 한 같은 정당이며, 트럼프는 이에 도전하고 있다는 것이다. 세계화를 향한 동력이 민주·공화뿐만 아니라 모든 엘리트를 결합시키는 구심점인데, 이들은 자국민이나 자기 나라에 대한 충성도가 없거나 낮다고 본다. 그래서 2016 대선은 세계화에 대한 국민투표의 성격을 가지며, 트럼프가 그 선봉에 있다는 것이다.[57]

그런 일을 해내는 트럼프는 지지자들에겐 프랭크 캐프라Frank Capra, 1897~1991의 영화 〈워싱턴에 간 스미스Mr. Smith Goes to Washington〉(1939)에 등장하는 제퍼슨 스미스Jefferson Smith로 여겨진다. 썩어빠진 기득권 체제에 홀로 도전하는 영웅이라는 점에서 스미스나 트럼프는 같다는 것이다. 이 점에서 "트럼프가 대선을 리얼리티 쇼로 바꾸고 있다"는 비판은 상당한 설득력이 있지만, 그건 트럼프에게 손가락질을 할 일이 아니라 감사해야 할 일이라는 게 트럼프 지지자들의 생각이다.[58]

트럼프 현상은 기존 '위선의 게임'의 전복

나는 '머리말'에서 트럼프가 파괴하려고 애쓰는 '정치적 올바름'을 둘러싼 논란은 '위선'에 대한 철학적 문제이기도 하다고 했는데, 새로운 미디어 혁명은 '정치적 올바름'과 '위선'에도 치명타를 날렸다. 기존 매스미디어는 그 어떤 문제와 악행에도, 심지어 '정치적 올바름'을 공격하는 보수 미디어일지라도, 전제 공동체가 시켜야 할 최소한의 문명적 양식과 상식은 지키는 걸 전제로 해왔다. 설사 그것이 위선일지라도 말이다.

사실 공적 영역에선 위선이 필요악必要惡인 경우가 많다. 스코틀랜드 철학자 데이비드 흄David Hume, 1711~1776은 "사회의 일반적인 의무들은 위선을 필요로 하고, 위선 없는 세계를 경험하는 것은 불가능하다"고 했다.[59] 17세기 프랑스 작가로 풍자와 역설의 잠언으로 유명한 프랑수아 드 라로슈푸코François de La Rochefoucauld, 1613~1680가 갈파했듯이, "위선은 악덕이 미덕에 바치는 공물이다".[60] 개인적 차원에서 저질러지는 위선일지라도 그 위선은 전체 사회가 지켜야 할 도덕적 규범을 강조하는 의미를 갖기 때문이다. 우리가 위선자를 비판하는 이유도 언행일치가 안 된다는 것일 뿐, 그 위선의 메시지 자체를 비판하는 건 아니잖은가.

미국 신학자이자 정치학자인 라인홀드 니부어Reinhold Niebuhr, 1892~1971가 "국가의 가장 현저한 도덕적 특징은 아마도 위선일 것이다"라고 한 것도 바로 그 점을 지적하는 것이다. 그런 관점에서 보자면 사회의 상층부에 속할수록 위선이 강해지는 건 당연한 일이다. 니부어가 지적했듯이, "특권계급이 그렇지 않은 사람들보다 더 위선적인 이유는 특권이 오직 평등한 정의라고 하는 합리적 이상에 의해 정당화될 수 있으며, 그 정당화는 특권이 전체의 이익에 기여한다는 걸 입증함으로써 이루어지기 때문이다".[61]

문명사회일수록 광신보다는 위선이 발달하게 되어 있다. 그런데 문제는 위선이 사회적 매너리즘이나 관행으로 굳어져 오래 지속될 경우 위선의 그런 사회적 효용이 수명을 다하고 오히려 역효과가 날 수 있다는 점이다. 아이들이 부모와 교사에게서 위선의 관행을 배운다면 흉내낼 게 분명하다. 그래서 위선을 자연스러운 것으로 간주할 가능성이 높아지고, 자신의 부모나 선생처럼 행동하지 않는 사람은 이상한 사람이거나 광신자로 볼 수도 있다.

이는 결국 냉소주의로 가는 첩경이다. 위선은 전염력이 매우 높다는 점도 문제다. 정직한 정치인은 순진한 몽상가로 몰리고, 헌신하는 시민운동가나 복지운동가는 뭔가 좀 이상한 사람이 되고, 자기 규율이 엄격한 사람은 이상한 금욕주의자로 보일 수 있다. 그런 방향으로 나아가면 낮은 도덕 기준에 대한 양심의 가책도 사라지고 부도덕하거나 비도덕적인 행위도 인간적이라고 생각하게 된다.[62]

미국 보수 논객 피터 슈바이처Peter Schweizer는 보수적 위선과 진보적 위선을 구분하면서 후자가 더 해롭다고 주장한다. 전자의 위선은 개인적 삶의 영역에 국한되지만, 후자는 입법과 정책 등을 통해 사회 전체에 영향을 미치기 때문이라는 것이다.[63] 흥미로운 건 그간 미국에서 위선은 자유주의자들이 보수주의자들을 공격하는 강력한 무기였다는 점이다. 미국에선 우파가 도덕을 강조해왔기 때문이다. 그래서 리버럴 토크쇼 호스트 앨런 콤스Alan Colmes는 위선은 본질적으로 자유주의자들이 감염될 수 없는 보수주의자들의 질병이라고 주장한다.[64]

트럼프 현상은 그런 '위선의 게임'의 전복을 의미하는 것이다. 보수적 위선에서 자유로운, 아니 전방위적으로 위악적인 언행을 일삼는 트럼프는 보수와 진보를 막론하고 모든 종류의 위선에 맹폭격을 가하는 전사로 나타난 것이다. 앞서 말했듯이, 그간 기성 매스미디어는 문명의 이름으로 이런 전사들을 초전 박살하는 데에 혁혁한 공을 세워왔다. 그런데 SNS와 인터넷이 그 방어벽을 해체하면서 트럼프의 발판이 마련되었으니, 이 어찌 '미디어 혁명'이 만든 '트럼프 현상'이 아니겠는가 말이다.

한국은 '트럼프 현상'에서 자유로운가?

국내에선 트럼프를 비난하면서도 버니 샌더스는 매우 긍정적으로 평가하는 사람이 많다. 그러나 마크 로젤Mak Rozell 조지메이슨대학 교수가 잘 지적했듯이, 샌더스 현상과 트럼프 현상은 동전의 양면이다. "두 사람이 다른 정치적 스펙트럼에 속해 있는데도 대중이 기성 정치권에 대해 느끼는 좌절감을 활용한다는 점에서 똑같은 정치적 현상을 대표한다."[65]

버니 샌더스의 매체 고문이자 수십 년 지기인 테드 디바인Ted Devine은 "브루클린 출신의 74세 사회주의자가 이토록 인기를 얻는 데는 이유가 있다. 기득권층에 대한 불만이 하늘을 찌를 듯하는데, 힐러리 클린턴은 기득권층의 상징이다"고 했다. 트럼프가 자꾸 샌더스를 자신의 동료라고 주장하고 있는 것도 "이대론 안 된다"는 점에선 같다는 뜻일 게다.[66]

사실 본문에서 보았듯이 '기득권 체제establishment'를 공격한다는 점에선 트럼프와 샌더스는 같다. 우리가 트럼프 현상에서 가장 주목해야 할 점은 그 텃밭이라 할 집단적 좌절이다. 물론 기득권 체제에 대한 집단적 좌절이다. 이 점에서 트럼프 현상은 바다 건너 먼 나라만의 이야기는 아니다.

『조선일보』 주필 송희영은 「1등 국민, 2등 국민」이라는 칼럼에서 "대한민국에는 두 국민이 있다고들 한다. 1등 국민은 공무원, 공기업 직원, 대기업 정규직과 그 가족들이고 2등 국민은 계약직, 비정규직, 일용직을 말한다. 제1국민·제2국민, A급·B급이라 쉽게 부르는 사람도 있다. 어떤 이는 갑질 잘하는 갑민甲民, 갑에 굽실대야 하는 을민乙民이 있을 뿐이라고 냉소한다" 며 다음과 같이 말한다.

"1등 국민과 2등 국민 간의 전면전이 언제 발발할지 조마조마하다. 선거판도 지역 대결이 엷어지면서 소득 계층 간 대결, 사회적 신분身分의 대결로 가고 있는 느낌이다. 성장이 뒷걸음칠수록 신분 간 갈등, 계층 간 충돌은 잦아질 것이다. 정당들도 여야 할 것 없이 제1국민 이익을 감싸고 돌았다. 변변한 협회도, 노조도, 조합도 없는 B급 시민들은 여의도에 접근할 수도 없다. 정치가 이들에게 숨통을 터줘야 한다. 그렇지 않으면 그들은 결국 변칙적이고 과격한 싸움을 선택할 수밖에 없지 않을까. 이대로 2등 국민의 거사擧事를 기다리고만 있을 것인가."[67]

미국 워싱턴대학 잭슨 스쿨 한국학 석좌교수 하용출은 「한국 정치에는 트럼프가 필요하다」는 칼럼에서 한 걸음 더 나아간다. "분배 구조의 양극화는 갈수록 많은 국민을 생계 대책조차 어려운 지경으로 내몰고 있으며 한국 사회의 통합도 어렵게 하고 있다. 국제경제 사정은 시시각각 변하며 앞날을 예측하기 어렵고, 요동치는 안보 환경과 어정쩡한 대북관계 등도 불안 요소다. 막혀 있는 한국 정치에 시원한 카타르시스와 대안을 제시할 수 있는 한국의 트럼프가 나왔으면 한다. 수많은 독설과 외설에도 불구하고 기성 정치인들을 농락하면서 압도하는 충만한 끼와 자신의 독자적인 노력으로 일궈낸 성공에 기반하여 펼치는 트럼프의 카리스마야말로 바로 지금 한국 정치에서 필요한 것이 아닐까."[68]

이런 주장들에 동의할 필요는 없지만, 트럼프를 다시 볼 필요성은 있다는 점에서 경청할 만하다. 그렇지만 나는 '트럼프 현상'은 '미디어 혁명'의 산물이라는 점에서 미디어에 더 방점을 두고 싶다. 우리는 새로운 미디어 현상에 부합되는 사회적 제도를 갖추지 못한 채 구미디어 체제를 전제로 하는 시스템을 계속 고수하고 있다. 이에 대한 문제의식을 가져야 할 필요성은 극에 이른 위선의 제도화에 대한 집단적 성찰을 요구하는 것이기도 하다.

트럼프 현상은 그렇게 극에 이른 위선의 제도화에 대한 반동으로 사실상 '위선의 종언'을 선언하고 재촉하는 현상이기도 하며, 이런 현상은 이미 우리 사회에도 광범위하게 퍼져나가고 있다. 사회학자 오찬호의 『우리는 차별에 찬성합니다: 괴물이 된 이십대의 자화상』(2013)을 비롯하여 최근 출간된 일련의 청년문화 분석서들은 '위선의 종언'이 '능력주의'라는 가면을 쓰고 당당하게 외쳐지고 있는 현실을 잘 보여준다.

과거엔 은밀하게 사석에서나 나눌 수 있었던 이야기들이 새로운 커뮤니케이션 테크놀로지의 확산으로 공사公私 영역 구분의 붕괴 현상과 손을 잡고 공공 영역에 진출하여 무시할 수 없는 규모의 지지를 누리는 현상, 이게 바로 우리 사회에서도 일어나고 있는 트럼프 현상의 본질이다. 위선의 제도화로 인해 생겨난 성역을 깨는 기쁨을 동력으로 삼아 번져나간 이른바 '일베 현상'도 그런 관점에서 다시 살펴볼 필요가 있다.

이제 우리는 위선의 제도화에 대해 그 어떤 판단을 내리고 사회적 합의 과정을 거쳐 그 어떤 출구를 모색해야 하지 않을까? 다시 말하지만, 우리는 어떤 지도자나 책임자가 입으로는 차별에 반대한다고 해놓고 실제로는 자신의 책임하에 있는 조직이 엄청난 차별을 저지르는 것을 방관하는 기존 의식과 행태를 다시 생각해봐야 한다. 아무리 사회적 차원에서 위선이 어느 정도 필요악이라지만, 지금처럼 집단적 사기극을 계속해나가는 것을 정당화할 정도는 아니다.

트럼프 현상은 일반적인 비난과 단죄의 대상이라기보다는 바로 그런 성찰의 기회를 제공해주었다는 점에서 좀더 진지하게 대해야 할 현상으로 봐야 하지 않을까? 위선의 종언은 인간 세계에서 실현 불가능한 목표지만, 그 방향으로 애는 써야 한다. '트럼프 현상'을 미국에만 머무르게 하려면 말이다.

주

*

머리말 트럼프는 왜 '불사신'이 되었는가?

1 이준웅, 「[이준웅의 오! 마이 미디어] 억만장자인데 백만장자로 썼다고…NYT 기자 상대 5년 소송한 트럼프」, 『중앙일보』, 2016년 7월 12일.

2 J. Bartholomew Walker, 『Donald Trump Candidacy According to Matthew?』(Wilmington, DE: 2016), p.34; J. M. Carpenter, 『Stumped: How Trump Triumphed: The Open Secrets of Donald Trump's Gravity-Defying Political Domination and How You Can Use Them(pamphlet)』(2016), pp.17~19.

3 Michael J. Robinson & Maura Clancey, 「Teflon Politics」, 『Public Opinion』, 7:2(April/May 1984), pp.14~18; Sam Donaldson, 『Hold On, Mr. President!』(New York: Fawcett Crest, 1987), p.125.

4 Marc Shapiro, 『Trump This! The Life and Times of Donald Trump: An Unauthorized Biography』(Riverdale, NY: Riverdale Avenue Books, 2016), p.146; J. M. Carpenter, 『Stumped: How Trump Triumphed: The Open Secrets of Donald Trump's Gravity-Defying Political Domination and How You Can Use Them(pamphlet)』(2016), pp.35, 45.

5 정의길, 「트럼프는 히틀러의 '도플갱어'?」, 『한겨레』, 2016년 3월 22일; Horace Bloom, 『Donald Trump and Adolf Hitler: Making a Serious Comparison(pamphlet)』(2016).

6 Kimberly Bratton, 『Donald Trump: An American Love-Fest』(Loganville, GA: Vixen Publishing, 2016), pp.122~123; Horace Bloom, 『Donald Trump and Adolf Hitler: Making a Serious Comparison(pamphlet)』(2016), p.20; Surya Yalamanchili, 『Decoding the Donald: Trump's Apprenticeship in Politics(pamphlet)』(2016), p.92.

7   강원택, 『인터넷과 한국정치: 정당정치에 대한 도전과 변화』(집문당, 2007), 21쪽.

8   지그문트 프로이트(Sigmund Freud), 김석희 옮김, 『문명 속의 불만』(열린책들, 1997), 303쪽.

9   강준만, 「왜 근린증오가 더 격렬할까?: 사소한 차이에 대한 나르시시즘」, 『우리는 왜 이렇게 사는 걸까?: 세상을 꿰뚫는 50가지 이론 2』(인물과사상사, 2014), 111~115쪽 참고.

10   Stanley B. Greenberg, 『The Two Americas: Our Current Political Deadlock and How to Break It』(New York: Thomas Dunne Books, 2005); Ronald Brownstein, 『The Second Civil War: How Extreme Partisanship Has Paralyzed Washington and Polarized America』(New York: Penguin Books, 2007).

11   Robert D. Putnam & David E. Campbell, 『American Grace: How Religion Divides and United Us』(New York: Simon & Schuster, 2010), p.516.

12   Donald J. Trump, 『My Fellow Americans: How to Make America Great Again(pamphlet)』(2016), p.21.

13   문정우, 「트럼프가 드러낸 위태로운 세상」, 『시사IN』, 454호(2016년 6월 2일).

14   윤정호, 「미국인 사로잡은 '막말의 달인'⋯트럼프, 백악관 주인이 될 수 있을까」, 『조선일보』, 2015년 10월 3일.

15   김현기, 「"기성 정치 환멸" 의사·재벌·CEO가 유권자 사로잡았다」, 『중앙일보』, 2015년 9월 2일.

16   심인성, 「'고액 강연' 힐러리 "전용기 유세 트럼프 일반인과 동떨어진 사람"」, 『연합뉴스』, 2016년 4월 26일; 김신회, 「힐러리, 1,500만 원 '아르마니' 입고 '불평등' 연설」, 『머니투데이』, 2016년 6월 7일; 박효재, 「힐러리, 1,400만 원짜리 아르마니 재킷 입고 소득불평등 얘기했다가⋯」, 『경향신문』, 2016년 6월 9일; Kathleen Geier, 「Hilary Clinton, Economic Populist: Are You Fucking Kidding Me?」, Liza Featherstone, ed., 『False Choices: The Faux Feminism of Hillary Rodham Clinton』(New York: Versom 2016), pp.29~45.

17   토머스 프랭크(Thomas Frank), 김병순 옮김, 『왜 가난한 사람들은 부자를 위해 투표하는가: 캔자스에서 도대체 무슨 일이 있었나』(갈라파고스, 2004/2012), 324쪽; Andrew Gelman et al., 『Red State, Blue State, Rich State, Poor State: Why Americans Vote the Way They Do』(Princeton, NJ: Princeton University Press, 2008), pp.145, 183.

18   David Callahan, 『Fortunes of Change: The Rise of the Liberal Rich and the Remaking of America』(Hoboken, NJ: John Wiley & Sons, 2010), pp.31~32; Andrew Gelman et al., 『Red State, Blue State, Rich State, Poor State: Why Americans Vote the Way They Do』(Princeton, NJ: Princeton University Press, 2008), p.24.

19   Donald J. Trump, 『My Fellow Americans: How to Make America Great Again(pamphlet)』(2016), p.35.

20   Tricia Leblanc, 『Donald Trump: Uncensored(pamphlet)』(2016), p.14; 부형권, 「트럼프를 얕잡아보지 말아야 하는 이유」, 『동아일보』, 2016년 1월 4일.

21   Brad Lowry, 『Donald Trump: The Top Reasons He Should Win the 2016 Presidential Election(pamphlet)』(2016), pp.16~17; J. M. Carpenter, 『Stumped: How Trump Triumphed: The Open Secrets of Donald Trump's Gravity-Defying Political Domination and How You Can Use Them(pamphlet)』(2016), pp.52~53.

22   John K. Wilson, 『The Myth of Political Correctness: The Conservative Attack on Higher Education』(Durham: Duke University Press, 1995), p.9.

23   배리 글래스너(Barry Glassner), 연진희 옮김, 『공포의 문화』(부광, 1999/2005), 44~55쪽.

24   Tammy Bruce, 『The New Thought Police: Inside the Left's Assault on Free Speech and Free Minds』(New York: Forum, 2001); Diane Ravitch, 『The Language Police: How

Pressure Groups Restrict What Students Learn』(New York: Alfred A. Knopf, 2003);
Bernard Goldberg, 『Arrogance: Rescuing America from the Media Elite』(New York:
Warner Books, 2003), p.19.

25   Charles J. Sykes, 『A Nation of Victims: The Decay of the American Character』(New
York: St. Martin's Press, 1992), pp.163~174; 빌 브라이슨(Bill Bryson), 정경옥 옮김, 『빌 브라이
슨 발칙한 영어산책: 엉뚱하고 발랄한 미국의 거의 모든 역사』(살림, 1994/2009), 619~628쪽.

26   노재현, 「[분수대] 시험문제에 '공룡' 못 쓰는 미국…극단으로 가는 정치적 올바름…우리는 어디쯤
와 있을까」, 『중앙일보』, 2012년 4월 3일.

27   캐스 R. 선스타인(Cass R. Sunstein), 박지우 · 송호창 옮김, 『왜 사회에는 이견이 필요한가』(후마니
타스, 2003/2009), 226쪽.

28   Michael D'Antonio, 『The Truth about Trump』(New York: Thomas Dunne Books,
2015/2016), p.328; Brad Power, 『Donald Trump: White America Is Back(pamphlet)』(2016),
p.13; 심인성, 「트럼프 "잭슨 20달러 지폐에 두고 터브먼은 2달러 지폐 인물로"」, 『연합뉴스』, 2016년
4월 22일.

29   Kimberly Bratton, 『Donald Trump: An American Love-Fest』(Loganville, GA: Vixen
Publishing, 2016), pp.123~124.

30   정의길, 「트럼프는 막말만 하지 않는다」, 『한겨레』, 2015년 12월 26일.

31   맬컴 글래드웰(Malcolm Gladwell), 노정태 옮김, 『아웃라이어』(김영사, 2008/2009), 74쪽.

32   맬컴 글래드웰(Malcolm Gladwell), 노정태 옮김, 『아웃라이어』(김영사, 2008/2009), 80~85쪽.

33   목정민, 「서울공대 86학번 3인방 '인터넷 지배'」, 『경향신문』, 2014년 5월 29일.

34   Tricia Leblanc, 『Donald Trump: Uncensored(pamphlet)』(2016), p.22.

제1장 "저는 뉴욕 부동산업계의 왕이 되고 싶습니다"

1   채병건, 「이민자 배척하는 트럼프, 조부모 · 어머니 · 부인은 이민 1세대」, 『중앙일보』, 2015년 10월
12일.

2   그웬다 블레어(Gwenda Blair), 지병현 옮김, 『억만장자 도널드 트럼프의 비즈니스 법칙』(미래와경
영, 2005/2011), 17쪽; 도널드 트럼프(Donald Trump), 이재호 옮김, 『거래의 기술: 트럼프는 어떻
게 원하는 것을 얻는가』(살림, 1987/2016), 94~96쪽; 로버트 기요사키(Robert Kiyosaki) · 도널드
트럼프(Donald Trump), 김재영 · 김성미 옮김, 『부자』(리더스북, 2006/2007), 229쪽.

3   도널드 트럼프(Donald Trump), 이재호 옮김, 『거래의 기술: 트럼프는 어떻게 원하는 것을 얻는가』
(살림, 1987/2016), 73~74쪽.

4   Marc Shapiro, 『Trump This! The Life and Times of Donald Trump: An Unauthorized
Biography』(Riverdale, NY: Riverdale Avenue Books, 2016), pp.11~12; 그웬다 블레어
(Gwenda Blair), 지병현 옮김, 『억만장자 도널드 트럼프의 비즈니스 법칙』(미래와경영, 2005/
2011), 4쪽.

5   Kimberly Bratton, 『Donald Trump: An American Love-Fest』(Loganville, GA: Vixen
Publishing, 2016), pp.17~18; 김현기, 「초등생 말투로 애국심 자극…킹 노리는 조커, 트럼프」, 『중
앙일보』, 2015년 11월 6일.

6   김현기, 「초등생 말투로 애국심 자극…킹 노리는 조커, 트럼프」, 『중앙일보』, 2015년 11월 6일.

7   그웬다 블레어(Gwenda Blair), 지병현 옮김, 『억만장자 도널드 트럼프의 비즈니스 법칙』(미래와경
영, 2005/2011), 18~19쪽.

8   Gwenda Blair, 『Donald Trump: The Candidate』(New York: Simon & Schuster, 2015), p. 4; Michael D'Antonio, 『The Truth about Trump』(New York: Thomas Dunne Books, 2015/2016), pp.38~39.

9   Marc Shapiro, 『Trump This! The Life and Times of Donald Trump: An Unauthorized Biography』(Riverdale, NY: Riverdale Avenue Books, 2016), pp.23~31; Donald J. Trump, 『Crippled America: How to Make America Great Again』(New York: Threshold Editions, 2015), p.129; 도널드 트럼프(Donald Trump), 이재호 옮김, 『거래의 기술: 트럼프는 어떻게 원하는 것을 얻는가』(살림, 1987/2016), 99~100쪽; 진 랜드럼(Gene Landrum), 조혜진 옮김, 『기업의 천재들』(말글빛냄, 2004/2006), 256쪽; Michael D'Antonio, 『The Truth about Trump』(New York: Thomas Dunne Books, 2015/2016), pp.xviii, 42~43.

10   Marc Shapiro, 『Trump This! The Life and Times of Donald Trump: An Unauthorized Biography』(Riverdale, NY: Riverdale Avenue Books, 2016), pp.32~33.

11   로버트 기요사키(Robert Kiyosaki) · 도널드 트럼프(Donald Trump), 김재영 · 김성미 옮김, 『부자』(리더스북, 2006/2007), 265쪽.

12   Michael D'Antonio, 『The Truth about Trump』(New York: Thomas Dunne Books, 2015/2016), p.46.

13   Marc Shapiro, 『Trump This! The Life and Times of Donald Trump: An Unauthorized Biography』(Riverdale, NY: Riverdale Avenue Books, 2016), pp.34~35.

14   Gwenda Blair, 『Donald Trump: The Candidate』(New York: Simon & Schuster, 2015), p.13.

15   Marc Shapiro, 『Trump This! The Life and Times of Donald Trump: An Unauthorized Biography』(Riverdale, NY: Riverdale Avenue Books, 2016), p.21; 도널드 트럼프(Donald Trump), 이재호 옮김, 『거래의 기술: 트럼프는 어떻게 원하는 것을 얻는가』(살림, 1987/2016), 101~102쪽; 도널드 트럼프(Donald Trump) · 빌 쟁커(Bill Zanker), 김원호 옮김, 『도널드 트럼프 억만장자 마인드』(청림출판, 2007/2008), 166쪽.

16   도널드 트럼프(Donald Trump), 이재호 옮김, 『거래의 기술: 트럼프는 어떻게 원하는 것을 얻는가』(살림, 1987/2016), 104~105쪽; 그웬다 블레어(Gwenda Blair), 지병현 옮김, 『억만장자 도널드 트럼프의 비즈니스 법칙』(미래와경영, 2005/2011), 31쪽; Marc Shapiro, 『Trump This! The Life and Times of Donald Trump: An Unauthorized Biography』(Riverdale, NY: Riverdale Avenue Books, 2016), pp.37~39; 도널드 트럼프(Donald Trump) · 빌 쟁커(Bill Zanker), 김원호 옮김, 『도널드 트럼프 억만장자 마인드』(청림출판, 2007/2008), 67쪽; 로버트 기요사키(Robert Kiyosaki) · 도널드 트럼프(Donald Trump), 김재영 · 김성미 옮김, 『부자』(리더스북, 2006/2007), 242쪽; Timothy L. O'Brien, 『Trump Nation: The Art of Being the Donald』(New York: Grand Central Publishing, 2005/2016), p.xii.

17   Donald J. Trump, 『Crippled America: How to Make America Great Again』(New York: Threshold Editions, 2015), p.50.

18   Marc Shapiro, 『Trump This! The Life and Times of Donald Trump: An Unauthorized Biography』(Riverdale, NY: Riverdale Avenue Books, 2016), p.44.

19   Marc Shapiro, 『Trump This! The Life and Times of Donald Trump: An Unauthorized Biography』(Riverdale, NY: Riverdale Avenue Books, 2016), p.40; Michael D'Antonio, 『The Truth about Trump』(New York: Thomas Dunne Books, 2015/2016), pp.68~69.

20   도널드 트럼프(Donald Trump), 이재호 옮김, 『거래의 기술: 트럼프는 어떻게 원하는 것을 얻는가』(살림, 1987/2016), 111~121쪽; 김현기, 「초등생 말투로 애국심 자극…킹 노리는 조커, 트럼프」, 『중앙일보』, 2015년 11월 6일.

21   Gwenda Blair, 『Donald Trump: The Candidate』(New York: Simon & Schuster, 2015), p. 20; 도널드 트럼프(Donald Trump), 이재호 옮김, 『거래의 기술: 트럼프는 어떻게 원하는 것을 얻는가』(살림, 1987/2016), 111쪽; 서유진, 「카슨에 밀린 트럼프 "언론은 인간쓰레기"」, 『중앙일보』, 2015년 10월 28일.

22   도널드 트럼프(Donald Trump), 이재호 옮김, 『거래의 기술: 트럼프는 어떻게 원하는 것을 얻는가』(살림, 1987/2016), 98쪽.

23   Michael D'Antonio, 『The Truth about Trump』(New York: Thomas Dunne Books, 2015/2016), pp.154~155.

24   도널드 트럼프(Donald Trump), 이재호 옮김, 『거래의 기술: 트럼프는 어떻게 원하는 것을 얻는가』(살림, 1987/2016), 106쪽.

25   도널드 트럼프(Donald Trump), 이재호 옮김, 『거래의 기술: 트럼프는 어떻게 원하는 것을 얻는가』(살림, 1987/2016), 72~73쪽.

26   데얀 수딕(Deyan Sudjic), 안진이 옮김, 『거대건축이라는 욕망』(작가정신, 2005/2011), 23쪽; 강준만, 「왜 정치인들은 대형 건축물에 집착하는가?: 거대건축 콤플렉스」, 『독선 사회: 세상을 꿰뚫는 50가지 이론 4』(인물과사상사, 2015), 73~78쪽 참고.

27   도널드 트럼프(Donald Trump), 이재호 옮김, 『거래의 기술: 트럼프는 어떻게 원하는 것을 얻는가』(살림, 1987/2016), 107쪽; 로버트 기요사키(Robert Kiyosaki) · 도널드 트럼프(Donald Trump), 김재영 · 김성미 옮김, 『부자』(리더스북, 2006/2007), 236~237쪽.

28   도널드 트럼프(Donald Trump), 이재호 옮김, 『거래의 기술: 트럼프는 어떻게 원하는 것을 얻는가』(살림, 1987/2016), 102~103쪽; 그웬다 블레어(Gwenda Blair), 지병현 옮김, 『억만장자 도널드 트럼프의 비즈니스 법칙』(미래와경영, 2005/2011), 15~17쪽; Michael D'Antonio, 『The Truth about Trump』(New York: Thomas Dunne Books, 2015/2016), pp.xvi~xvii.

29   도널드 트럼프(Donald Trump) · 빌 쟁커(Bill Zanker), 김원호 옮김, 『도널드 트럼프 억만장자 마인드』(청림출판, 2007/2008), 141~142쪽.

30   도널드 트럼프(Donald Trump), 이재호 옮김, 『거래의 기술: 트럼프는 어떻게 원하는 것을 얻는가』(살림, 1987/2016), 126쪽.

31   Michael D'Antonio, 『The Truth about Trump』(New York: Thomas Dunne Books, 2015/2016), p.77; 도널드 트럼프(Donald Trump), 이재호 옮김, 『거래의 기술: 트럼프는 어떻게 원하는 것을 얻는가』(살림, 1987/2016), 126~129쪽; 김현기, 「초등생 말투로 애국심 자극…킹 노리는 조커, 트럼프」, 『중앙일보』, 2015년 11월 6일.

32   도널드 트럼프(Donald Trump), 이재호 옮김, 『거래의 기술: 트럼프는 어떻게 원하는 것을 얻는가』(살림, 1987/2016), 139~140쪽.

33   도널드 트럼프(Donald Trump), 이재호 옮김, 『거래의 기술: 트럼프는 어떻게 원하는 것을 얻는가』(살림, 1987/2016), 131~132쪽; Marc Shapiro, 『Trump This! The Life and Times of Donald Trump: An Unauthorized Biography』(Riverdale, NY: Riverdale Avenue Books, 2016), pp.53~54.

34   도널드 트럼프(Donald Trump), 이재호 옮김, 『거래의 기술: 트럼프는 어떻게 원하는 것을 얻는가』(살림, 1987/2016), 130~132쪽; 그웬다 블레어(Gwenda Blair), 지병현 옮김, 『억만장자 도널드 트럼프의 비즈니스 법칙』(미래와경영, 2005/2011), 46쪽; Michael D'Antonio, 『The Truth about Trump』(New York: Thomas Dunne Books, 2015/2016), pp.xviii~xix.

35   Gwenda Blair, 『Donald Trump: The Candidate』(New York: Simon & Schuster, 2015), p.67.

36   Michael D'Antonio, 『The Truth about Trump』(New York: Thomas Dunne Books, 2015/2016), pp.115~118.

37 Donald Trump & Meredith McIver, 『Trump: How to Get Rich』(New York: Ballantine Books, 2004), pp.124~125; Donald Trump & Bill Zanker, 『Trump: Think Big』(New York: Harper, 2007), pp.249~264; Michael D'Antonio, 『The Truth about Trump』(New York: Thomas Dunne Books, 2015/2016), p.237.

38 도널드 트럼프(Donald Trump) · 빌 쟁커(Bill Zanker), 김원호 옮김, 『도널드 트럼프 억만장자 마인드』(청림출판, 2007/2008), 36~37, 267쪽.

39 Michael D'Antonio, 『The Truth about Trump』(New York: Thomas Dunne Books, 2015/2016), p.53; Marc Shapiro, 『Trump This! The Life and Times of Donald Trump: An Unauthorized Biography』(Riverdale, NY: Riverdale Avenue Books, 2016), pp.4, 57; Gwenda Blair, 『Donald Trump: The Candidate』(New York: Simon & Schuster, 2015), p.68; Donald J. Trump, 『Crippled America: How to Make America Great Again』(New York: Threshold Editions, 2015), p.130.

40 그웬다 블레어(Gwenda Blair), 지병현 옮김, 『억만장자 도널드 트럼프의 비즈니스 법칙』(미래와경영, 2005/2011), 85~86쪽.

41 Gwenda Blair, 『Donald Trump: The Candidate』(New York: Simon & Schuster, 2015), pp. 67~68.

제2장 "나쁜 평판은 평판이 전혀 없는 것보다 낫다"

1 그웬다 블레어(Gwenda Blair), 지병현 옮김, 『억만장자 도널드 트럼프의 비즈니스 법칙』(미래와경영, 2005/2011), 88~89쪽; 도널드 트럼프(Donald Trump) · 로버트 기요사키(Robert Kiyosaki), 윤영삼 옮김, 『마이더스 터치』(흐름출판, 2011/2013), 66쪽; 도널드 트럼프(Donald Trump) · 빌 쟁커(Bill Zanker), 김원호 옮김, 『도널드 트럼프 억만장자 마인드』(청림출판, 2007/2008), 52~53쪽.

2 도널드 트럼프(Donald Trump) · 로버트 기요사키(Robert Kiyosaki), 윤영삼 옮김, 『마이더스 터치』(흐름출판, 2011/2013), 198~199쪽.

3 도널드 트럼프(Donald Trump), 이재호 옮김, 『거래의 기술: 트럼프는 어떻게 원하는 것을 얻는가』(살림, 1987/2016), 215~216쪽.

4 도널드 트럼프(Donald Trump), 이재호 옮김, 『거래의 기술: 트럼프는 어떻게 원하는 것을 얻는가』(살림, 1987/2016), 216~217쪽; Gwenda Blair, 『Donald Trump: The Candidate』(New York: Simon & Schuster, 2015), pp.92~93.

5 Marc Shapiro, 『Trump This! The Life and Times of Donald Trump: An Unauthorized Biography』(Riverdale, NY: Riverdale Avenue Books, 2016), pp.62~63; Gwenda Blair, 『Donald Trump: The Candidate』(New York: Simon & Schuster, 2015), pp.78~79; 김형석, 「미국 공화당 대선 유력 후보 '도널드 트럼프' 흑역사」, 『일요신문』, 2016년 4월 20일.

6 도널드 트럼프(Donald Trump), 이재호 옮김, 『거래의 기술: 트럼프는 어떻게 원하는 것을 얻는가』(살림, 1987/2016), 217쪽; Gwenda Blair, 『Donald Trump: The Candidate』(New York: Simon & Schuster, 2015), pp.80~81.

7 도널드 트럼프(Donald Trump), 이재호 옮김, 『거래의 기술: 트럼프는 어떻게 원하는 것을 얻는가』(살림, 1987/2016), 106쪽; 그웬다 블레어(Gwenda Blair), 지병현 옮김, 『억만장자 도널드 트럼프의 비즈니스 법칙』(미래와경영, 2005/2011), 102~103쪽; 도널드 트럼프(Donald Trump) · 로버트 기요사키(Robert Kiyosaki), 윤영삼 옮김, 『마이더스 터치』(흐름출판, 2011/2013), 113쪽.

8 도널드 트럼프(Donald Trump), 이재호 옮김, 『거래의 기술: 트럼프는 어떻게 원하는 것을 얻는가』

살림, 1987/2016), 225~226쪽.

9 Michael D'Antonio, 『The Truth about Trump』(New York: Thomas Dunne Books, 2015/2016), pp.140~141; 그웬다 블레어(Gwenda Blair), 지병현 옮김, 『억만장자 도널드 트럼프의 비즈니스 법칙』(미래와경영, 2005/2011), 104쪽; 도널드 트럼프(Donald Trump), 이재호 옮김, 『거래의 기술: 트럼프는 어떻게 원하는 것을 얻는가』(살림, 1987/2016), 233쪽.

10 도널드 트럼프(Donald Trump) · 로버트 기요사키(Robert Kiyosaki), 윤영삼 옮김, 『마이더스 터치』(흐름출판, 2011/2013), 332~333쪽.

11 도널드 트럼프(Donald Trump) · 로버트 기요사키(Robert Kiyosaki), 윤영삼 옮김, 『마이더스 터치』(흐름출판, 2011/2013), 333쪽.

12 그웬다 블레어(Gwenda Blair), 지병현 옮김, 『억만장자 도널드 트럼프의 비즈니스 법칙』(미래와경영, 2005/2011), 111~114쪽; Michael D'Antonio, 『The Truth about Trump』(New York: Thomas Dunne Books, 2015/2016), pp.150~154.

13 Gwenda Blair, 『Donald Trump: The Candidate』(New York: Simon & Schuster, 2015), pp.94~96.

14 그웬다 블레어(Gwenda Blair), 지병현 옮김, 『억만장자 도널드 트럼프의 비즈니스 법칙』(미래와경영, 2005/2011), 111~114쪽.

15 도널드 트럼프(Donald Trump) · 빌 쟁커(Bill Zanker), 김원호 옮김, 『도널드 트럼프 억만장자 마인드』(청림출판, 2007/2008), 289쪽.

16 도널드 트럼프(Donald Trump), 이재호 옮김, 『거래의 기술: 트럼프는 어떻게 원하는 것을 얻는가』(살림, 1987/2016), 240~242쪽.

17 도널드 트럼프(Donald Trump), 이재호 옮김, 『거래의 기술: 트럼프는 어떻게 원하는 것을 얻는가』(살림, 1987/2016), 243쪽.

18 그웬다 블레어(Gwenda Blair), 지병현 옮김, 『억만장자 도널드 트럼프의 비즈니스 법칙』(미래와경영, 2005/2011), 142쪽; Gwenda Blair, 『Donald Trump: The Candidate』(New York: Simon & Schuster, 2015), pp.124~125; Timothy L. O'Brien, 『Trump Nation: The Art of Being the Donald』(New York: Grand Central Publishing, 2005/2016), p.207.

19 리처드 코니프(Richard Conniff), 이상근 옮김, 『부자』(까치, 2002/2003), 78~80쪽.

20 리처드 코니프(Richard Conniff), 이상근 옮김, 『부자』(까치, 2002/2003), 100쪽.

21 리처드 코니프(Richard Conniff), 이상근 옮김, 『부자』(까치, 2002/2003), 273~274쪽.

22 리처드 코니프(Richard Conniff), 이상근 옮김, 『부자』(까치, 2002/2003), 111, 172쪽.

23 리처드 코니프(Richard Conniff), 이상근 옮김, 『부자』(까치, 2002/2003), 172~173쪽.

24 리처드 코니프(Richard Conniff), 이상근 옮김, 『부자』(까치, 2002/2003), 173~174쪽.

25 리처드 코니프(Richard Conniff), 이상근 옮김, 『부자』(까치, 2002/2003), 174~175쪽.

26 Donald Trump & Meredith McIver, 『Trump: Think Like a Billionaire』(New York: Ballantine Books, 2004), pp.xvi~xix.

27 Marc Shapiro, 『Trump This! The Life and Times of Donald Trump: An Unauthorized Biography』(Riverdale, NY: Riverdale Avenue Books, 2016), p.85.

28 김정원, 「트럼프의 '베르사유' 방 118개…22m 탑까지」, 『한국일보』, 2016년 3월 16일.

29 도널드 트럼프(Donald Trump), 이재호 옮김, 『거래의 기술: 트럼프는 어떻게 원하는 것을 얻는가』(살림, 1987/2016), 406쪽; 그웬다 블레어(Gwenda Blair), 지병현 옮김, 『억만장자 도널드 트럼프의 비즈니스 법칙』(미래와경영, 2005/2011), 145~147쪽.

30 도널드 트럼프(Donald Trump), 이재호 옮김, 『거래의 기술: 트럼프는 어떻게 원하는 것을 얻는가』(살림, 1987/2016), 409~410쪽.

31　도널드 트럼프(Donald Trump) · 로버트 기요사키(Robert Kiyosaki), 윤영삼 옮김, 『마이더스 터치』 (흐름출판, 2011/2013), 74~76쪽; 도널드 트럼프(Donald Trump) · 빌 쟁커(Bill Zanker), 김원호 옮김, 『도널드 트럼프 억만장자 마인드』(청림출판, 2007/2008), 51쪽; 「Wollman Rink」, 『Wikipedia』.

32　그웬다 블레어(Gwenda Blair), 지병현 옮김, 『억만장자 도널드 트럼프의 비즈니스 법칙』(미래와경영, 2005/2011), 155~158쪽; Gwenda Blair, 『Donald Trump: The Candidate』(New York: Simon & Schuster, 2015), pp.130~131, 140~141; Michael D'Antonio, 『The Truth about Trump』(New York: Thomas Dunne Books, 2015/2016), pp.149~150.

33　김의철, 「트럼프, 2016 '막말' vs 1987 '광고'」, 『KBS 뉴스』, 2016년 4월 4일; 강인선, 「트럼프의 "충격적일 정도로 무식한 외교정책"」, 『조선일보』, 2016년 4월 2일; Gwenda Blair, 『Donald Trump: The Candidate』(New York: Simon & Schuster, 2015), p.139; Michael Oreskes, 「Trump Gives a Vague Hint of Candidacy」, 『New York Times』, September 2, 1987.

34　Marc Shapiro, 『Trump This! The Life and Times of Donald Trump: An Unauthorized Biography』(Riverdale, NY: Riverdale Avenue Books, 2016), p.96; Michael D'Antonio, 『The Truth about Trump』(New York: Thomas Dunne Books, 2015/2016), pp.181~183.

35　Michael D'Antonio, 『The Truth about Trump』(New York: Thomas Dunne Books, 2015/2016), pp.183~186.

36　Timothy L. O'Brien, 『Trump Nation: The Art of Being the Donald』(New York: Grand Central Publishing, 2005/2016), p.239; 김환영, 「'사업가 촉' 믿은 트럼프, 정치도 통할까」, 『중앙일보』, 2016년 6월 4일.

37　이명희, 「트럼프 자서전 대필 작가 "나는 돼지에게 립스틱 발랐다"」, 『경향신문』, 2016년 7월 20일; 김수연, 「트럼프 자서전 대필 작가 "트럼프는 거짓말쟁이 소시오패스"」, 『동아일보』, 2016년 7월 20일; Morgan Winsor, 「Tony Schwartz, Co-Author of Donald Trump's 'The Art of the Deal', Says Trump Presidency Would Be 'Terrifying'」, 『ABC News』, July 18, 2016.

38　「Tony Schwartz(author)」, 『Wikipedia』.

39　Morgan Winsor, 「Tony Schwartz, Co-Author of Donald Trump's 'The Art of the Deal', Says Trump Presidency Would Be 'Terrifying'」, 『ABC News』, July 18, 2016.

40　Tricia Leblanc, 『Donald Trump: Uncensored(pamphlet)』(2016), p.15; 「Trump: The Art of the Deal」, 『Wikipedia』; Michael D'Antonio, 『The Truth about Trump』(New York: Thomas Dunne Books, 2015/2016), pp.11~12.

41　도널드 트럼프(Donald Trump), 이재호 옮김, 『거래의 기술: 트럼프는 어떻게 원하는 것을 얻는가』 (살림, 1987/2016), 17쪽.

42　도널드 트럼프(Donald Trump), 이재호 옮김, 『거래의 기술: 트럼프는 어떻게 원하는 것을 얻는가』 (살림, 1987/2016), 69~89쪽.

43　도널드 트럼프(Donald Trump), 이재호 옮김, 『거래의 기술: 트럼프는 어떻게 원하는 것을 얻는가』 (살림, 1987/2016), 34~35쪽.

44　도널드 트럼프(Donald Trump), 이재호 옮김, 『거래의 기술: 트럼프는 어떻게 원하는 것을 얻는가』 (살림, 1987/2016), 57~58쪽.

45　Donald Trump & Meredith McIver, 『Trump: Think Like a Champion』(Philadelphia, PA: Running Press, 2009), p.54.

46　도널드 트럼프(Donald Trump), 이재호 옮김, 『거래의 기술: 트럼프는 어떻게 원하는 것을 얻는가』 (살림, 1987/2016), 22쪽.

47　그웬다 블레어(Gwenda Blair), 지병현 옮김, 『억만장자 도널드 트럼프의 비즈니스 법칙』(미래와경

영, 2005/2011), 4~5쪽.

48   그웬다 블레어(Gwenda Blair), 지병현 옮김, 『억만장자 도널드 트럼프의 비즈니스 법칙』(미래와경영, 2005/2011), 169~172쪽; Gwenda Blair, 『Donald Trump: The Candidate』(New York: Simon & Schuster, 2015), pp.146~148; 「Plaza Hotel」, 『Wikipedia』; Timothy L. O'Brien, 『Trump Nation: The Art of Being the Donald』(New York: Grand Central Publishing, 2005/2016), pp.102~103; Michael D'Antonio, 『The Truth about Trump』(New York: Thomas Dunne Books, 2015/2016), pp.168~169.

49   그웬다 블레어(Gwenda Blair), 지병현 옮김, 『억만장자 도널드 트럼프의 비즈니스 법칙』(미래와경영, 2005/2011), 144쪽; Michael D'Antonio, 『The Truth about Trump』(New York: Thomas Dunne Books, 2015/2016), p.169.

50   그웬다 블레어(Gwenda Blair), 지병현 옮김, 『억만장자 도널드 트럼프의 비즈니스 법칙』(미래와경영, 2005/2011), 177~180쪽; Gwenda Blair, 『Donald Trump: The Candidate』(New York: Simon & Schuster, 2015), p.151; Marc Shapiro, 『Trump This! The Life and Times of Donald Trump: An Unauthorized Biography』(Riverdale, NY: Riverdale Avenue Books, 2016), pp.64~65.

51   Gwenda Blair, 『Donald Trump: The Candidate』(New York: Simon & Schuster, 2015), pp. 139~141, 225; Brad Power, 『Donald Trump: White America Is Back(pamphlet)』(2016), p.6; Steve Gold, 『Donald Trump: Lessons in Living Large(pamphlet)』(2015), p.25.

제3장 "자기가 잘한 걸 끊임없이 떠들고 과시하라"

1   채병건, 「'패' 감추고 막말로 '판돈' 키워…트럼프, 선거 도박 위기」, 『중앙일보』, 2016년 4월 11일.

2   그웬다 블레어(Gwenda Blair), 지병현 옮김, 『억만장자 도널드 트럼프의 비즈니스 법칙』(미래와경영, 2005/2011), 138쪽.

3   그웬다 블레어(Gwenda Blair), 지병현 옮김, 『억만장자 도널드 트럼프의 비즈니스 법칙』(미래와경영, 2005/2011), 188~195쪽.

4   그웬다 블레어(Gwenda Blair), 지병현 옮김, 『억만장자 도널드 트럼프의 비즈니스 법칙』(미래와경영, 2005/2011), 223~231쪽.

5   Donald Trump & Meredith McIver, 『Trump: Think Like a Champion』(Philadelphia, PA: Running Press, 2009), pp.88~91.

6   도널드 트럼프(Donald Trump) · 빌 쟁커(Bill Zanker), 김원호 옮김, 『도널드 트럼프 억만장자 마인드』(청림출판, 2007/2008), 68~70쪽.

7   Marc Shapiro, 『Trump This! The Life and Times of Donald Trump: An Unauthorized Biography』(Riverdale, NY: Riverdale Avenue Books, 2016), p.6; Horace Bloom, 『Donald Trump and Adolf Hitler: Making a Serious Comparison(pamphlet)』(2016), pp.23~24; 리처드 코니프(Richard Conniff), 이상근 옮김, 『부자』(까치, 2002/2003), 346쪽; Michael D'Antonio, 『The Truth about Trump』(New York: Thomas Dunne Books, 2015/2016), p.194.

8   그웬다 블레어(Gwenda Blair), 지병현 옮김, 『억만장자 도널드 트럼프의 비즈니스 법칙』(미래와경영, 2005/2011), 183~184, 248쪽; Gwenda Blair, 『Donald Trump: The Candidate』(New York: Simon & Schuster, 2015), pp.142~143, 149, 210~211; Marc Shapiro, 『Trump This! The Life and Times of Donald Trump: An Unauthorized Biography』(Riverdale, NY: Riverdale Avenue Books, 2016), pp.75~76; 리처드 코니프(Richard Conniff), 이상근 옮김, 『부자』(까치,

2002/2003), 332쪽.

9 그웬다 블레어(Gwenda Blair), 지병현 옮김, 『억만장자 도널드 트럼프의 비즈니스 법칙』(미래와경영, 2005/2011), 135쪽.

10 주희연, 「WP, 기자 20명 투입 '트럼프 파헤치기'…WP 발행인 베저스 "트럼프 우주로 보내버리겠다"」, 『조선일보』, 2016년 5월 14일.

11 장재은, 「"트럼프, 다이애나비와 결혼하고 싶어 했다"」, 『연합뉴스』, 2015년 8월 16일; Marc Shapiro, 『Trump This! The Life and Times of Donald Trump: An Unauthorized Biography』(Riverdale, NY: Riverdale Avenue Books, 2016), pp.90~91; Michael D'Antonio, 『The Truth about Trump』(New York: Thomas Dunne Books, 2015/2016), pp.236~237.

12 그웬다 블레어(Gwenda Blair), 지병현 옮김, 『억만장자 도널드 트럼프의 비즈니스 법칙』(미래와경영, 2005/2011), 249쪽; Gwenda Blair, 『Donald Trump: The Candidate』(New York: Simon & Schuster, 2015), p.211; Marc Shapiro, 『Trump This! The Life and Times of Donald Trump: An Unauthorized Biography』(Riverdale, NY: Riverdale Avenue Books, 2016), pp.88~91; Michael D'Antonio, 『The Truth about Trump』(New York: Thomas Dunne Books, 2015/2016), pp.237~238; 리처드 코니프(Richard Conniff), 이상근 옮김, 『부자』(까치, 2002/2003), 313쪽.

13 도널드 트럼프(Donald Trump)·로버트 기요사키(Robert Kiyosaki), 윤영삼 옮김, 『마이더스 터치』(흐름출판, 2011/2013), 71~72쪽; Donald Trump & Meredith McIver, 『Trump: How to Get Rich』(New York: Ballantine Books, 2004), pp.169~173.

14 진 랜드럼(Gene Landrum), 조혜진 옮김, 『기업의 천재들』(말글빛냄, 2004/2006), 254쪽.

15 엄남석, 「"유엔본부 주변 대우 건물 신축 막아 달라"」, 『연합뉴스』, 1999년 8월 15일.

16 남정호, 「트럼프의 한국 인연」, 『중앙일보』, 2016년 5월 23일.

17 도널드 트럼프(Donald Trump)·로버트 기요사키(Robert Kiyosaki), 윤영삼 옮김, 『마이더스 터치』(흐름출판, 2011/2013), 269쪽.

18 고성연, 「빌 게이츠, 뉴욕 맨해튼서 2백억 넘는 고급 아파트 장만」, 『한국경제』, 2000년 7월 31일.

19 도널드 트럼프(Donald Trump)·로버트 기요사키(Robert Kiyosaki), 윤영삼 옮김, 『마이더스 터치』(흐름출판, 2011/2013), 188쪽.

20 박수현, 「아파트도 '명품시대' 왔다」, 『파이낸셜뉴스』, 2002년 10월 28일; 윤창기, 「대선 주자 트럼프, 대우건설에게 돈 받았다?」, 『TV조선』, 2016년 5월 11일; 남정호, 「트럼프의 한국 인연」, 『중앙일보』, 2016년 5월 23일; 양태삼, 「미국 트럼프사 도널드 트럼프 회장」, 『연합뉴스』, 1999년 5월 29일; 강병철, 「첫 부동산 해외 진출은 한국의 '트럼프월드'」, 『서울신문』, 2016년 5월 7일.

21 그웬다 블레어(Gwenda Blair), 지병현 옮김, 『억만장자 도널드 트럼프의 비즈니스 법칙』(미래와경영, 2005/2011), 234~236쪽; Marc Shapiro, 『Trump This! The Life and Times of Donald Trump: An Unauthorized Biography』(Riverdale, NY: Riverdale Avenue Books, 2016), pp. 91~92.

22 유진평, 「美 부동산 왕 트럼프 골프장 '왕' 노린다」, 『매일경제』, 2002년 11월 30일; Steve Gold, 『Donald Trump: Lessons in Living Large(pamphlet)』(2015), p.24; 「Donald Trump」, 『Wikipedia』.

23 Donald Trump & Meredith McIver, 『Trump: How to Get Rich』(New York: Ballantine Books, 2004), pp.53~58.

24 진 랜드럼(Gene Landrum), 조혜진 옮김, 『기업의 천재들』(말글빛냄, 2004/2006), 252쪽.

제4장 "매주 2천만 명이 보는 〈어프렌티스〉는 완전히 차원이 다르다"

1 신기섭, 「트럼프, 윈프리를 러닝메이트로 꼽아」, 「연합뉴스」, 1999년 10월 8일.
2 로버트 기요사키(Robert Kiyosaki) · 도널드 트럼프(Donald Trump), 김재영 · 김성미 옮김, 「부자」 (리더스북, 2006/2007), 57쪽.
3 로버트 기요사키(Robert Kiyosaki) · 도널드 트럼프(Donald Trump), 김재영 · 김성미 옮김, 「부자」 (리더스북, 2006/2007), 59쪽.
4 로버트 기요사키(Robert Kiyosaki) · 도널드 트럼프(Donald Trump), 김재영 · 김성미 옮김, 「부자」 (리더스북, 2006/2007), 46쪽.
5 Donald J. Trump, 『Time to Get Tough: Make America Great Again!』(Washington, D.C.: Regnery Publishing, 2011), pp.43~44.
6 백민정, 「트럼프 2000년 북한 '정밀 타격론' 제기」, 「중앙일보」, 2016년 5월 12일.
7 그웬다 블레어(Gwenda Blair), 지병현 옮김, 「억만장자 도널드 트럼프의 비즈니스 법칙」(미래와경영, 2005/2011), 261~262쪽; Marc Shapiro, 『Trump This! The Life and Times of Donald Trump: An Unauthorized Biography』(Riverdale, NY: Riverdale Avenue Books, 2016), p.100.
8 Timothy L. O'Brien, 『Trump Nation: The Art of Being the Donald』(New York: Grand Central Publishing, 2005/2016), p.213.
9 그웬다 블레어(Gwenda Blair), 지병현 옮김, 「억만장자 도널드 트럼프의 비즈니스 법칙」(미래와경영, 2005/2011), 264쪽.
10 마크 버넷(Mark Burnett), 「추천의 글」, 도널드 트럼프(Donald Trump) · 로버트 기요사키(Robert Kiyosaki), 윤영삼 옮김, 「마이더스 터치」(흐름출판, 2011/2013), 6쪽.
11 그웬다 블레어(Gwenda Blair), 지병현 옮김, 「억만장자 도널드 트럼프의 비즈니스 법칙」(미래와경영, 2005/2011), 265쪽; Marc Shapiro, 『Trump This! The Life and Times of Donald Trump: An Unauthorized Biography』(Riverdale, NY: Riverdale Avenue Books, 2016), p.110.
12 그웬다 블레어(Gwenda Blair), 지병현 옮김, 「억만장자 도널드 트럼프의 비즈니스 법칙」(미래와경영, 2005/2011), 266~268쪽; Gwenda Blair, 『Donald Trump: The Candidate』(New York: Simon & Schuster, 2015), pp.221~222; Marc Shapiro, 『Trump This! The Life and Times of Donald Trump: An Unauthorized Biography』(Riverdale, NY: Riverdale Avenue Books, 2016), pp.101, 110; 「The Apprentice(U. S. TV series」, 「Wikipedia」.
13 그웬다 블레어(Gwenda Blair), 지병현 옮김, 「억만장자 도널드 트럼프의 비즈니스 법칙」(미래와경영, 2005/2011), 3~5, 266~269쪽; Gwenda Blair, 『Donald Trump: The Candidate』(New York: Simon & Schuster, 2015), p.225.
14 Marc Shapiro, 『Trump This! The Life and Times of Donald Trump: An Unauthorized Biography』(Riverdale, NY: Riverdale Avenue Books, 2016), pp.100, 110~111; 그웬다 블레어(Gwenda Blair), 지병현 옮김, 「억만장자 도널드 트럼프의 비즈니스 법칙」(미래와경영, 2005/2011), 263쪽; 도널드 트럼프(Donald Trump) · 로버트 기요사키(Robert Kiyosaki), 윤영삼 옮김, 「마이더스 터치」(흐름출판, 2011/2013), 192~193쪽; Donald Trump & Meredith McIver, 『Trump: How to Get Rich』(New York: Ballantine Books, 2004), pp.267~268; Brad Lowry, 『Donald Trump: The Top Reasons He Should Win the 2016 Presidential Election(pamphlet)』(2016), p.9; 「The Apprentice(U. S. TV series」, 「Wikipedia」.
15 도널드 트럼프(Donald Trump) · 로버트 기요사키(Robert Kiyosaki), 윤영삼 옮김, 「마이더스 터치」(흐름출판, 2011/2013), 210~211, 215쪽.
16 그웬다 블레어(Gwenda Blair), 지병현 옮김, 「억만장자 도널드 트럼프의 비즈니스 법칙」(미래와경영,

2005/2011), 258, 269쪽.

17 Thomas Weiss, 『Donald J. Trump & Social Media Marketing(pamphlet)』(2016), p.5; 『Donald Trump: A Biography(pamphlet)』(2016), p.40; 「List of things named after Donald Trump」, 『Wikipedia』.

18 Gwenda Blair, 『Donald Trump: The Candidate』(New York: Simon & Schuster, 2015), p.226.

19 그웬다 블레어(Gwenda Blair), 지병현 옮김, 『억만장자 도널드 트럼프의 비즈니스 법칙』(미래와경영, 2005/2011), 270~271쪽.

20 Donald Trump & Meredith McIver, 『Trump: How to Get Rich』(New York: Ballantine Books, 2004), pp.xi~xii.

21 Donald Trump & Meredith McIver, 『Trump: How to Get Rich』(New York: Ballantine Books, 2004), pp.10~11; Donald Trump & Bill Zanker, 『Trump: Think Big』(New York: Harper, 2007), pp.201~223; Donald Trump & Meredith McIver, 『Trump: Think Like a Champion』(Philadelphia, PA: Running Press, 2009), pp.80~83.

22 Donald Trump & Meredith McIver, 『Trump: How to Get Rich』(New York: Ballantine Books, 2004), pp.191~192.

23 Donald Trump & Meredith McIver, 『Trump: Think Like a Billionaire』(New York: Ballantine Books, 2004), pp.xi~xxiii.

24 Marc Shapiro, 『Trump This! The Life and Times of Donald Trump: An Unauthorized Biography』(Riverdale, NY: Riverdale Avenue Books, 2016), pp.102~103; Kimberly Bratton, 『Donald Trump: An American Love-Fest』(Loganville, GA: Vixen Publishing, 2016), pp.23~24; Timothy L. O'Brien, 『Trump Nation: The Art of Being the Donald』(New York: Grand Central Publishing, 2005/2016), pp.199~200.

25 Marc Shapiro, 『Trump This! The Life and Times of Donald Trump: An Unauthorized Biography』(Riverdale, NY: Riverdale Avenue Books, 2016), pp.74, 77, 90; 「Donald Trump」, 『Wikipedia』.

26 로버트 기요사키(Robert Kiyosaki) · 도널드 트럼프(Donald Trump), 김재영 · 김성미 옮김, 『부자』(리더스북, 2006/2007), 46쪽.

27 도널드 트럼프(Donald Trump) · 로버트 기요사키(Robert Kiyosaki), 윤영삼 옮김, 『마이더스 터치』(흐름출판, 2011/2013), 313, 339쪽.

28 케빈 필립스(Kevin P. Phillips), 오삼교 · 정하용 옮김, 『부와 민주주의: 미국의 금권정치와 거대 부호들의 정치사』(중심, 2002/2004), 524쪽.

29 존 케네스 갤브레이스(John Kenneth Galbraith), 지길홍 옮김, 『불확실성의 시대』(홍신문화사, 1977/1995), 51쪽; 제임스 A. 스미스(James A. Smith), 손영미 옮김, 『미국을 움직이는 두뇌집단들』(세종연구원, 1991/1996), 61쪽.

30 Michael D'Antonio, 『The Truth about Trump』(New York: Thomas Dunne Books, 2015/2016), p.326.

31 도널드 트럼프(Donald Trump) · 빌 쟁커(Bill Zanker), 김원호 옮김, 『도널드 트럼프 억만장자 마인드』(청림출판, 2007/2008), 6, 15쪽.

32 도널드 트럼프(Donald Trump) · 빌 쟁커(Bill Zanker), 김원호 옮김, 『도널드 트럼프 억만장자 마인드』(청림출판, 2007/2008), 9~13쪽.

33 도널드 트럼프(Donald Trump) · 빌 쟁커(Bill Zanker), 김원호 옮김, 『도널드 트럼프 억만장자 마인드』(청림출판, 2007/2008), 290쪽.

34 도널드 트럼프(Donald Trump)·빌 쟁커(Bill Zanker), 김원호 옮김, 『도널드 트럼프 억만장자 마인드』(청림출판, 2007/2008), 32쪽.

35 도널드 트럼프(Donald Trump)·빌 쟁커(Bill Zanker), 김원호 옮김, 『도널드 트럼프 억만장자 마인드』(청림출판, 2007/2008), 34~35쪽.

36 도널드 트럼프(Donald Trump)·빌 쟁커(Bill Zanker), 김원호 옮김, 『도널드 트럼프 억만장자 마인드』(청림출판, 2007/2008), 34쪽.

37 도널드 트럼프(Donald Trump)·빌 쟁커(Bill Zanker), 김원호 옮김, 『도널드 트럼프 억만장자 마인드』(청림출판, 2007/2008), 57쪽.

38 도널드 트럼프(Donald Trump)·빌 쟁커(Bill Zanker), 김원호 옮김, 『도널드 트럼프 억만장자 마인드』(청림출판, 2007/2008), 161~162쪽.

39 도널드 트럼프(Donald Trump)·빌 쟁커(Bill Zanker), 김원호 옮김, 『도널드 트럼프 억만장자 마인드』(청림출판, 2007/2008), 72~73쪽.

40 프레더릭 L. 알렌(Frederick Lewis Allen), 박진빈 옮김, 『빅 체인지』(앨피, 1952/2008), 119쪽.

41 원용석, 「"TV 주문하면 다 삼성·LG"…한국 기업 별러온 트럼프」, 『중앙일보』, 2016년 5월 6일.

42 정지원, 「美 부동산재벌 트럼프, 중국산 수입품에 25% 관세 부과 주장」, 『파이낸셜뉴스』, 2011년 4월 20일.

43 Marc Shapiro, 『Trump This! The Life and Times of Donald Trump: An Unauthorized Biography』(Riverdale, NY: Riverdale Avenue Books, 2016), pp.119~121; 윤정호, 「오바마 출마 땐 美 출생 여부 따졌는데…캐나다서 태어난 크루즈는 문제없을까」, 『조선일보』, 2016년 2월 5일.

44 천영식, 「오바마, 출생 의혹에 비키니 걸 조크 '화끈한 복수'」, 『문화일보』, 2011년 5월 2일.

45 Donald J. Trump, 『Time to Get Tough: Make America Great Again!』(Washington, D.C.: Regnery Publishing, 2011), pp.160~161.

46 Donald J. Trump, 『Time to Get Tough: Make America Great Again!』(Washington, D.C.: Regnery Publishing, 2011), p.1.

47 Donald J. Trump, 『Time to Get Tough: Make America Great Again!』(Washington, D.C.: Regnery Publishing, 2011), pp.37~42.

48 Donald J. Trump, 『Time to Get Tough: Make America Great Again!』(Washington, D.C.: Regnery Publishing, 2011), pp.45~47, 91~92.

49 Donald J. Trump, 『Time to Get Tough: Make America Great Again!』(Washington, D.C.: Regnery Publishing, 2011), pp.5~16, 93~95.

50 Donald J. Trump, 『Time to Get Tough: Make America Great Again!』(Washington, D.C.: Regnery Publishing, 2011), p.189.

51 Marc Shapiro, 『Trump This! The Life and Times of Donald Trump: An Unauthorized Biography』(Riverdale, NY: Riverdale Avenue Books, 2016), pp.119~121; 윤정호, 「오바마 출마 땐 美 출생 여부 따졌는데…캐나다서 태어난 크루즈는 문제없을까」, 『조선일보』, 2016년 2월 5일.

52 김재현, 「"내가 오랑우탄 자식이라고?" 트럼프 거액 소송」, 『연합뉴스』, 2013년 2월 5일; Marc Shapiro, 『Trump This! The Life and Times of Donald Trump: An Unauthorized Biography』 (Riverdale, NY: Riverdale Avenue Books, 2016), pp.115~116; Michael D'Antonio, 『The Truth about Trump』(New York: Thomas Dunne Books, 2015/2016), pp.3, 296.

53 Timothy L. O'Brien, 『Trump Nation: The Art of Being the Donald』(New York: Grand Central Publishing, 2005/2016), pp.xv~xvi, 153~157; Marc Shapiro, 『Trump This! The Life and Times of Donald Trump: An Unauthorized Biography』(Riverdale, NY: Riverdale Avenue Books, 2016), p.86; 이준웅, 「[이준웅의 오! 마이 미디어] 억만장자인데 백만장자로 썼다

고⋯NYT 기자 상대 5년 소송한 트럼프」, 『중앙일보』, 2016년 7월 12일.

54 김보경, 「'고소왕 트럼프' 소송 건수만 3천 500건⋯부동산·세금 분쟁」, 『연합뉴스』, 2016년 6월 2일; 「Legal affairs of Donald Trump」, 『Wikipedia』.

55 Marc Shapiro, 『Trump This! The Life and Times of Donald Trump: An Unauthorized Biography』(Riverdale, NY: Riverdale Avenue Books, 2016), p.113.

56 「트럼프, 뉴욕市 상대로 5억弗 손배소」, 『연합뉴스』, 2002년 11월 9일.

57 김정원, 「트럼프의 '베르사유' 방 118개⋯22m 탑까지」, 『한국일보』, 2016년 3월 16일.

58 김유성, 「美 부동산 재벌 도널드 트럼프, 사기죄로 고소 당해」, 『이데일리』, 2013년 8월 26일; 「Trump University」, 『Wikipedia』.

59 송이라, 「도널드 트럼프 美 부동산 재벌, 대선 출마 시사」, 『이데일리』, 2014년 11월 18일.

제5장 "아메리칸 드림을 복원시킬 것을 맹세한다"

1 강의영, 「'좌충우돌' 트럼프 "롬니·부시로는 대선 못 이겨"」, 『연합뉴스』, 2015년 1월 25일.

2 정이나, 「美 부동산 재벌 트럼프 이번엔 진짜?⋯"대선 출마 진지하게 고심"」, 『뉴스1』, 2015년 2월 26일.

3 강의영, 「부동산 재벌 트럼프 대선판 또 기웃⋯준비위 공식 가동」, 『연합뉴스』, 2015년 3월 18일.

4 Marc Shapiro, 『Trump This! The Life and Times of Donald Trump: An Unauthorized Biography』(Riverdale, NY: Riverdale Avenue Books, 2016), pp.127~129; Gwenda Blair, 『Donald Trump: The Candidate』(New York: Simon & Schuster, 2015), p.132; 이윤영, 「미 대선 출마 트럼프 막말에 멕시코 발끈」, 『연합뉴스』, 2015년 6월 17일; 이소라, 「美 대선 후보자 도널드 트럼프, 부통령으로 '오프라 윈프리' 언급」, 『이코노믹리뷰』, 2015년 6월 18일.

5 김리안, 「"내 노래, 선거 송으로 쓰지 마시오"」, 『문화일보』, 2015년 6월 18일; 장경순, 「닐 영 "트럼프, 내 노래 쓰지 마", 트럼프 "그래도 닐 영 좋아해"」, 『초이스경제』, 2015년 6월 18일.

6 Kimberly Bratton, 『Donald Trump: An American Love-Fest』(Loganville, GA: Vixen Publishing, 2016), pp.11~12.

7 채병건, 「'트럼프 현상'은 미 공화당의 자충수」, 『중앙일보』, 2015년 7월 7일.

8 채병건, 「'트럼프 현상'은 미 공화당의 자충수」, 『중앙일보』, 2015년 7월 7일; 채병건, 「트럼프가 경쟁자 부인까지 끌어들여 비난한 까닭은⋯」, 『중앙일보』, 2015년 7월 7일; 심인성·강건택, 「'멕시코 혐오 발언' 트럼프 "히스패닉은 내게 투표할 것"」, 『연합뉴스』, 2015년 7월 9일; Marc Shapiro, 『Trump This! The Life and Times of Donald Trump: An Unauthorized Biography』(Riverdale, NY: Riverdale Avenue Books, 2016), p.131.

9 심인성·강건택, 「'멕시코 혐오 발언' 트럼프 "히스패닉은 내게 투표할 것"」, 『연합뉴스』, 2015년 7월 9일.

10 남지원, 「다시 불러낸 보수의 향수」, 『경향신문』, 2015년 8월 14일.

11 노효동, 「미 공화 '막말 트럼프'와 거리두기⋯대선 그르칠까 경계」, 『연합뉴스』, 2016년 7월 13일.

12 채병건, 「막말 트럼프, 전쟁 영웅 험담했다가 자충수」, 『중앙일보』, 2015년 7월 20일; 김태성, 「공화당의 대부 존 매케인이 트럼프 지지를 공식 표명하다」, 『허핑턴포스트코리아』, 2016년 5월 9일; Marc Shapiro, 『Trump This! The Life and Times of Donald Trump: An Unauthorized Biography』(Riverdale, NY: Riverdale Avenue Books, 2016), p.135; 정의길, 「막말 도 넘었다⋯공화, 트럼프 때리기 나서」, 『한겨레』, 2015년 7월 23일.

13 강주형, 「계속되는 트럼프 막말⋯라이벌 향해 "거지" 폰 번호까지 공개」, 『한국일보』, 2015년 7월

23일.

14 김현기, 「10위 들어야 대선 TV 토론 자격…미국 공화 후보 16명 "튀고 보자"」, 『중앙일보』, 2015년 7월 24일.

15 김현기, 「'1조 원 누굴 밀어줄까'…대선 후보 5명 면접 본 코흐 형제」, 『중앙일보』, 2015년 8월 5일.

16 배명복, 「트럼프, 샌더스 그리고 코빈」, 『중앙일보』, 2015년 8월 4일.

17 윤정호, 「트럼프, 당신 혹시 엑스맨?」, 『조선일보』, 2015년 8월 7일; 김현기, 「클린턴 대통령 만들려 자폭 막말? 밀약설 도는 트럼프」, 『중앙일보』, 2015년 12월 11일; Marc Shapiro, 『Trump This! The Life and Times of Donald Trump: An Unauthorized Biography』(Riverdale, NY: Riverdale Avenue Books, 2016), pp.117~118, 137.

18 윤정호, 「17명이 모였다…오직 1명, 트럼프만 보였다」, 『조선일보』, 2015년 8월 8일.

19 김현기, 「아슬아슬했던 트럼프의 입 결국…」, 『중앙일보』, 2015년 8월 10일; Marc Shapiro, 『Trump This! The Life and Times of Donald Trump: An Unauthorized Biography』 (Riverdale, NY: Riverdale Avenue Books, 2016), pp.142~144.

20 Marc Shapiro, 『Trump This! The Life and Times of Donald Trump: An Unauthorized Biography』(Riverdale, NY: Riverdale Avenue Books, 2016), pp.142~144.

21 이춘근, 「우리가 전혀 모르는 트럼프 이야기」, 『미래한국』, 2016년 5월 25일.

22 김현기, 「아슬아슬했던 트럼프의 입 결국…」, 『중앙일보』, 2015년 8월 10일; 심인성, 「트럼프, 켈리에 '빔보의 컴백'…폭스뉴스 회장 "사과하라"」, 『연합뉴스』, 2015년 8월 26일; 손제민, 「트럼프, 폭스뉴스 앵커 켈리에 또 막말」, 『경향신문』, 2015년 8월 27일.

23 이지예, 「메긴 켈리 "트럼프 때문에 힘들었다"…17일 트럼프 단독 인터뷰」, 『뉴시스』, 2016년 5월 12일; 강덕우, 「희대의 트럼프-켈리 인터뷰 NCIS보다 못한 시청률」, 『뉴시스』, 2016년 5월 19일.

24 Kimberly Bratton, 『Donald Trump: An American Love-Fest』(Loganville, GA: Vixen Publishing, 2016), pp.232~233.

25 스테판 해거드, 「미국 정치 우습게 만드는 '트럼프 현상'」, 『중앙일보』, 2015년 8월 17일.

26 이혜운, 「[Weekly BIZ] '얼간이' 소리 듣는 트럼프, 자신의 브랜드 정확히 계산하고 세일즈한다…유권자 홀릴 수밖에」, 『조선일보』, 2016년 3월 19일.

27 고경석, 「美 대통령이 거치는 7단계 중, 오바마는 5단계에: 포린폴리시, 대통령 변화 분석」, 『한국일보』, 2015년 8월 26일.

28 "our 21st-century reincarnation of P. T. Barnum"은 미국 소설가 커트 앤더슨(Kurt Anderson, 1954~)이 2006년에 한 말이다. Maureen Dowd, 「Trump the Disrupter」, 『New York Times』, August 8, 2015; Timothy L. O'Brien, 『Trump Nation: The Art of Being the Donald』(New York: Grand Central Publishing, 2005/2016), pp.9, 214~217; Michael D'Antonio, 『The Truth about Trump』(New York: Thomas Dunne Books, 2015/2016), p.10.

29 제임스 B. 트위첼(James B. Twitchell), 김철호 옮김, 『욕망, 광고, 소비의 문화사』(청년사, 2000/2001), 30쪽.

30 Carl Bode, 「Introduction: Barnum Uncloaked」, John Seelye, ed., 『P. T. Barnum: Struggles and Triumphs(Edited and Abridged with an Introduction by Carl Bode)』(New York: Penguin Books, 1981), pp.12~13; Neil Harris, 『Humbug: The Art of P. T. Barnum』 (Chicago, IL: The University of Chicago Press, 1973), pp.23~27.

31 바넘에 대해선 강준만, 『흥행의 천재 바넘: P. T. 바넘의 '엔터테인먼트 민주주의'』(인물과사상사, 2016) 참고.

32 Michael D'Antonio, 『The Truth about Trump』(New York: Thomas Dunne Books, 2015/2016), p.245; 양모듬, 「트럼프, 도대체 미용실 어디 다녀요?」, 『조선일보』, 2015년 8월 8일;

원용석, 「헤어스타일은 정치 스타일」, 『LA중앙일보』, 2015년 11월 21일; Donald Trump & Meredith McIver, 『Trump: How to Get Rich』(New York: Ballantine Books, 2004), pp.177~180.

33 리처드 코니프(Richard Conniff), 이상근 옮김, 『부자』(까치, 2002/2003), 116쪽.

34 Donald Trump & Meredith McIver, 『Trump: Think Like a Billionaire』(New York: Ballantine Books, 2004), pp.xvi~xix.

35 채병건, 「미국 속내 '배설'…백인 보수층 사로잡은 트럼프 스타일」, 『중앙일보』, 2015년 8월 31일; 윤정호, 「[Why] 미국인 사로잡은 '막말의 달인'…트럼프, 백악관 주인이 될 수 있을까」, 『조선일보』, 2015년 10월 3일.

36 김지훈, 「美 유권자, '억만장자 트럼프' 좋지만 '월가' 싫어」, 『머니투데이』, 2015년 9월 2일.

37 채병건, 「미국 속내 '배설'…백인 보수층 사로잡은 트럼프 스타일」, 『중앙일보』, 2015년 8월 31일.

38 하워드 파인먼, 「미국 정치에 '디스럽션'이 찾아오다」, 『허핑턴포스트코리아』, 2015년 9월 3일.

제6장 "중국이 미국의 피를 빨아먹고 있다"

1 강남규, 「4조 원 부자가 얘기 하니까…미국 홀리는 트럼프 '개똥 경제학'」, 『중앙일보』, 2015년 9월 4일; 박수진, 「'부자 증세' 외치는 공화당 대선 후보들」, 『한경비즈니스』, 2015년 10월 1일.

2 심인성, 「젭 부시 '트럼프 때리면 지지율 오르려나' 연일 맹공」, 『연합뉴스』, 2015년 9월 3일.

3 진 랜드럼(Gene Landrum), 조혜진 옮김, 『기업의 천재들』(말글빛냄, 2004/2006), 273~276쪽; Donald Trump & Meredith McIver, 『Trump: How to Get Rich』(New York: Ballantine Books, 2004), pp.67~70, 84.

4 김현기, 「막말이 다는 아니네, 지지층 중독 시킨 트럼프 4색 마력」, 『중앙일보』, 2016년 2월 23일.

5 Donald J. Trump, 『Time to Get Tough: Make America Great Again!』(Washington, D.C.: Regnery Publishing, 2011), p.184.

6 Marc Shapiro, 『Trump This! The Life and Times of Donald Trump: An Unauthorized Biography』(Riverdale, NY: Riverdale Avenue Books, 2016), pp.31~32.

7 Gwenda Blair, 『Donald Trump: The Candidate』(New York: Simon & Schuster, 2015), p. 144; 도널드 트럼프(Donald Trump) · 빌 쟁커(Bill Zanker), 김원호 옮김, 『도널드 트럼프 억만장자 마인드』(청림출판, 2007/2008), 167쪽.

8 피터 코리건(Peter Corrigan), 이성룡 외 옮김, 『소비의 사회학』(그린, 2001), 176쪽.

9 피터 버크(Peter Burke), 조한욱 옮김, 『문화사란 무엇인가』(길, 2004/2005), 144쪽.

10 캐서린 애션버그(Katherine Ashenburg), 박수철 옮김, 『목욕, 역사의 속살을 품다』(예지, 2007/2010), 7쪽.

11 Brad Lowry, 『Donald Trump: The Top Reasons He Should Win the 2016 Presidential Election(pamphlet)』(2016), pp.21~22.

12 김현기, 「"쿠드스 압니까" 사회자 질문에 트럼프 "쿠르드는 말이죠"」, 『중앙일보』, 2015년 9월 7일.

13 김덕한, 「진보 경제학자 크루그먼 "경제는 트럼프가 옳다니깐"」, 『조선일보』, 2015년 9월 9일; 손제민, 「'트럼프 현상'의 이면」, 『경향신문』, 2015년 9월 23일.

14 김현기, 「트럼프 대 기타 10인의 3시간 혈투…승자는 여성」, 『중앙일보』, 2015년 9월 18일.

15 강건택, 「트럼프 또 "자폐증은 백신 탓"…의학계 비난 봇물」, 『연합뉴스』, 2015년 9월 18일; 황정우, 「트럼프, 아일랜드 골프 리조트 해안 방벽 추진…"지구온난화 우려"」, 『연합뉴스』, 2016년 5월 25일; Carolyn Gregoire, 「일부 보수층이 지구온난화를 받아들일 수 없는 이유」, 『허핑턴포스트코리아』,

2015년 11월 24일; Marc Shapiro, 『Trump This! The Life and Times of Donald Trump: An Unauthorized Biography』(Riverdale, NY: Riverdale Avenue Books, 2016), p.122; Brad Power, 『Donald Trump: White America Is Back(pamphlet)』(2016), p.7.

16 천관율, 「트럼프라는 신호」, 『시사IN』, 455호(2016년 6월 10일).

17 박봉권, 「미국 홍역 확산 막기 위한 백신 접종 정치 이슈화 왜?」, 『매일경제』, 2015년 2월 4일; 김지은, 「미국 홍역 확산은 엄마들 때문?」, 『한겨레』, 2015년 2월 23일; 「Vaccine controversies」, 『Wikipedia』; 「Jenny McCarthy」, 『Wikipedia』.

18 조나 버거(Jonah Berger), 정윤미 옮김, 『컨테이저스: 전략적 입소문』(문학동네, 2013), 285~286쪽.

19 서수민, 「언론의 불편부당 객관주의가 키운 '홍역 확산'」, 『신문과방송』, 제531호(2015년 3월), 105~107쪽; Brendan Nyhan, 「When 'he said', 'she said' is dangerous」, 『Columbia Journalism Review』, July 16, 2013.

20 손제민, 「트럼프를 띄운 '거친 입'」, 『경향신문』, 2015년 7월 21일.

21 장기영, 「'아베 돌직구' 한인 학생, 이번엔 트럼프 겨냥」, 『채널A』, 2015년 10월 13일.

22 이장훈, 「"남의 나라 왜 챙겨?" 바닥 민심 미국發 '동맹 균열' 대비해야」, 『신동아』, 2016년 5월호.

23 김미경, 「트럼프 또…"美가 한국 공짜로 방어"」, 『서울신문』, 2015년 10월 20일.

24 윤정호 · 이기훈, 「대통령 되려면 트럼프처럼 '초딩' 단어 써라」, 『조선일보』, 2015년 10월 23일.

25 김현기, 「초등생 말투로 애국심 자극…킹 노리는 조커, 트럼프」, 『중앙일보』, 2015년 11월 6일.

26 김유진, 「미 대선 주자들 언어는 '중딩 수준'」, 『경향신문』, 2016년 3월 19일; 홍주희, 「"역겨운 · 끔찍한 단어 자주 써…트럼프 어휘력은 7학년 수준"」, 『중앙일보』, 2016년 3월 21일.

27 장재은, 「트럼프, '메리 크리스마스 vs 해피 홀리데이' 논란 재점화」, 『연합뉴스』, 2015년 10월 22일.

28 Donald J. Trump, 『Crippled America: How to Make America Great Again』(New York: Threshold Editions, 2015), pp.130~132.

29 서하늘이, 「'스타벅스 크리스마스 컵' 왜 이렇게 시끄러울까」, 『이코노믹리뷰』, 2015년 11월 12일; 표현모, 「메리 크리스마스'냐 '해피 홀리데이'냐?」, 『기독공보』, 2015년 11월 17일; Horace Bloom, 『Donald Trump and Adolf Hitler: Making a Serious Comparison(pamphlet)』(2016), pp.41~42; Tricia Leblanc, 『Donald Trump: Uncensored(pamphlet)』(2016), p.21.

30 서유진, 「카슨에 밀린 트럼프 "언론은 인간쓰레기"」, 『중앙일보』, 2015년 10월 28일.

31 이지예, 「트럼프, 3차 토론서도 '입심'…카슨 공격은 자제」, 『뉴시스』, 2015년 10월 29일.

32 채병건, 「루비오 상승세에 안달 난 트럼프 "그가 미남이라고? 내가 더 잘생겨"」, 『중앙일보』, 2015년 11월 4일.

제7장 "나는 이민을 사랑한다. 불법 이민에 반대할 뿐이다"

1 Donald J. Trump, 『Crippled America: How to Make America Great Again』(New York: Threshold Editions, 2015), p.viiii. 이 책의 번역본은 2016년 7월 20일에 출간되었다. 도널드 트럼프, 김태훈 옮김, 『불구가 된 미국: 어떻게 미국을 다시 위대하게 만들 것인가』(이레미디어, 2015/2016) 참고.

2 Donald J. Trump, 『Crippled America: How to Make America Great Again』(New York: Threshold Editions, 2015), pp.4, 69~70, 98, 136, 161, 165.

3 이춘근, 「우리가 전혀 모르는 트럼프 이야기」, 『미래한국』, 2016년 5월 25일.

4 이지예, 「트럼프 신간이 美 서점 유머 섹션에…"당신을 웃길 책"」, 『뉴시스』, 2015년 12월 30일.

5 Donald J. Trump, 『Crippled America: How to Make America Great Again』(New York:

Threshold Editions, 2015), pp.14~16.

6   설원태, 「미디어와 정치의 상호작용에 관한 포괄적 이해」, 『신문과방송』, 제421호(2006년 1월), 129쪽.

7   Donald J. Trump, 『Crippled America: How to Make America Great Again』(New York: Threshold Editions, 2015), pp.21~22.

8   Donald J. Trump, 『Crippled America: How to Make America Great Again』(New York: Threshold Editions, 2015), p.24.

9   Donald J. Trump, 『Crippled America: How to Make America Great Again』(New York: Threshold Editions, 2015), pp.98~99.

10 Donald J. Trump, 『Crippled America: How to Make America Great Again』(New York: Threshold Editions, 2015), pp.102~103; 「Mar-a-Lago」, 「Wikipedia」.

11 김현기, 「트럼프 "불법 이민자 추방 군대 만들겠다"」, 『중앙일보』, 2015년 11월 12일.

12 심인성, 「트럼프 막말 어디까지…이번엔 카슨 '아동 성추행범'에 비유」, 『연합뉴스』, 2015년 11월 14일.

13 김지헌, 「'파리 테러' 트럼프 "총기 소지 허용했으면 다른 상황 됐을 것"」, 『연합뉴스』, 2015년 11월 15일.

14 심인성, 「'파리 테러' 오바마-공화 난민 정면 충돌…하원의장·28개 주 난민 거부」, 『연합뉴스』, 2015년 11월 18일; 채병건·박세용, 「메릴랜드 등 31개 주 "난민 안 받겠다"」, 『워싱턴 중앙일보』, 2015년 11월 18일.

15 윤재준, 「트럼프, 미국 내 일부 이슬람 사원 폐쇄 재강조」, 『파이낸셜뉴스』, 2015년 11월 19일.

16 노창현, 「미 대선 후보 트럼프 "미국 내 모든 무슬림 등록 관리해야"」, 『뉴시스』, 2015년 11월 21일.

17 김지헌, 「트럼프 "9·11 때 뉴저지서 환호하는 사람들 봤다"」, 『연합뉴스』, 2015년 11월 23일.

18 강지혜, 「장애 기자 조롱한 트럼프…비난 봇물」, 『뉴시스』, 2015년 11월 26일; 정은지, 「장애 기자 흉내 논란 트럼프 되레 사과 요구 '적반하장'」, 『뉴스1』, 2015년 11월 27일.

19 신지홍, 「"9·11 때 무슬림 수천 명 환호" 트럼프 주장 논란 격화」, 『연합뉴스』, 2015년 12월 2일.

20 심인성, 「'파리 테러' 트럼프 반사이익?…지지율 상승세 두드러져」, 『연합뉴스』, 2015년 11월 20일.

21 신지홍, 「"트럼프 증오 부추겨" 미국 언론 속속 트럼프 반대 선언」, 『연합뉴스』, 2015년 12월 3일; 김유진, 「'막말 트럼프'에 등 돌리는 미 언론」, 『경향신문』, 2015년 12월 4일.

22 윤지원, 「트럼프 "IS 격퇴 위해 그 가족 빼앗겠다"…논란 가열」, 『뉴스1』, 2015년 12월 3일; Horace Bloom, 『Donald Trump and Adolf Hitler: Making a Serious Comparison(pamphlet)』(2016), p.52.

23 박수진, 「반이슬람 정서 자극 발언…트럼프 지지율 크게 올라」, 『한국경제』, 2015년 12월 7일.

24 윤주혜, 「자생적 테러로 밝혀지자 오바마 때리기 나선 공화당 주자들…힐러리는 총기 규제 강화 강조」, 『아주경제』, 2015년 12월 7일.

25 김남권, 「트럼프 또 폭탄 발언…"무슬림 미국 입국 전면 금지해야"」, 『연합뉴스』, 2015년 12월 8일.

26 조철환, 「트럼프 막말 논란, 미국의 '정체성'을 묻다」, 『한국일보』, 2015년 12월 10일; 김현기, 「백악관 "트럼프 독설 쓰레기통 가야…대통령 자격 없다"」, 『중앙일보』, 2015년 12월 10일; Marc Shapiro, 『Trump This! The Life and Times of Donald Trump: An Unauthorized Biography』 (Riverdale, NY: Riverdale Avenue Books, 2016), pp.154~156.

27 조철환, 「트럼프 막말 논란, 미국의 '정체성'을 묻다」, 『한국일보』, 2015년 12월 10일; 김현기, 「백악관 "트럼프 독설 쓰레기통 가야…대통령 자격 없다"」, 『중앙일보』, 2015년 12월 10일; Marc Shapiro, 『Trump This! The Life and Times of Donald Trump: An Unauthorized Biography』(Riverdale, NY: Riverdale Avenue Books, 2016), pp.154~156.

28 김현기, 「클린턴 대통령 만들려 자폭 막말? 밀약설 도는 트럼프」, 『중앙일보』, 2015년 12월 11일.

29 강남규, 「TV엔 트럼프만 보여도 돈은 젭 부시로 흐른다」, 『중앙일보』, 2015년 12월 11일.

30 이강원, 「'막말 트럼프' 대신 '거짓말 트럼프'라고 보도했다면?」, 『신문과방송』, 제541호(2016년 1월), 115~118쪽.

31 신지홍, 「막말 대왕 트럼프 '올해의 거짓말' 타이틀 차지」, 『연합뉴스』, 2015년 12월 22일; 김세훈, 「"이 남자가 한 말, 열에 일곱은 거짓"」, 『경향신문』, 2015년 12월 23일.

32 정재철, 「미국 대선 주자들도 '거짓 주장' 많아」, 『내일신문』, 2016년 4월 8일.

33 신보영, 「오바마 "트럼프, 노동계급 경제 불안 악용"」, 『문화일보』, 2015년 12월 22일.

34 고진아, 「'올해의 거짓말' 왕관 획득 '도널드 트럼프'…KKK도 환영」, 『아시아투데이』, 2015년 12월 22일.

35 정의길, 「트럼프 소재 삼아 미국 KKK 세 불리기」, 『한겨레』, 2015년 12월 23일.

36 Marc Shapiro, 『Trump This! The Life and Times of Donald Trump: An Unauthorized Biography』(Riverdale, NY: Riverdale Avenue Books, 2016), p.16.

37 Michael D'Antonio, 『The Truth about Trump』(New York: Thomas Dunne Books, 2015/2016), pp.xii~xiii; Horace Bloom, 『Donald Trump and Adolf Hitler: Making a Serious Comparison(pamphlet)』(2016), pp.45~46.

38 정의길, 「트럼프 소재 삼아 미국 KKK 세 불리기」, 『한겨레』, 2015년 12월 23일.

39 김현기 · 성호준, 「트럼프, 힐러리 향해 "오바마에게 X됐다"」, 『중앙일보』, 2015년 12월 24일; 윤정호, 「갈 데까지 간 트럼프…美는 어떤 선택할까」, 『조선일보』, 2015년 12월 24일; Marc Shapiro, 『Trump This! The Life and Times of Donald Trump: An Unauthorized Biography』(Riverdale, NY: Riverdale Avenue Books, 2016), pp.158~159.

40 정의길, 「미국 공화당이 만든 괴물, 트럼프」, 『한겨레』, 2015년 12월 22일.

41 신지홍, 「WP "2015년 미국 정치, 트럼프 전과 후로 나뉘어"」, 『연합뉴스』, 2016년 1월 5일.

42 Lee Harris, 『The Next American Civil War: The Populist Revolt Against the Liberal Elite』(New York: Palgrave, 2010); John M. O'Hara, 『A New American Tea Party: The Counterrevolution Against Bailouts, Handouts, Reckless Spending, and More Taxes』(Hoboken, NJ: Wiley, 2010); Scott Rasmussen & Douglas Schoen, 『Mad As Hell: How the Tea Party Movement Is Fundamentally Remaking Our Two-Party System』(New York: Harper, 2010); Kate Zernike, 『Boiling Mad: Inside Tea Party America』(New York: Times Books, 2010).

43 신지홍, 「WP "2015년 미국 정치, 트럼프 전과 후로 나뉘어"」, 『연합뉴스』, 2016년 1월 5일.

44 Brad Power, 『Donald Trump: White America Is Back(pamphlet)』(2016), p.10.

제8장 "내가 후보로 지명되지 않으면 '폭동'이 일어날 것이다"

1 Michael D'Antonio, 『The Truth about Trump』(New York: Thomas Dunne Books, 2015/2016), p.xi.

2 신지홍, 「"보수주의 위협 트럼프 대통령 안 돼"…美 대표 보수 잡지 반대 선언」, 『연합뉴스』, 2016년 1월 23일; 「미 보수 잡지 내셔널리뷰, '트럼프 절대 안 돼' 특별판」, 『뉴시스』, 2016년 1월 22일; Marc Shapiro, 『Trump This! The Life and Times of Donald Trump: An Unauthorized Biography』(Riverdale, NY: Riverdale Avenue Books, 2016), p.161.

3 이지예, 「트럼프, 아이오와 코커스 엿새 앞두고 5개 여론조사 '올 킬'」, 『뉴시스』, 2016년 1월 27일.

4 문혜원, 「도널드 트럼프, 아이오와 코커스 참패 "불공정 보도에 대해 얘기할 것"」, 『머니위크』, 2016년 2월 3일.

5   신지홍 · 심인성, 「트럼프 "크루즈 아이오와서 유권자에 사기 쳐…재선거해야"」, 『연합뉴스』, 2016년 2월 4일.

6   고미혜, 「'모욕, 협박, 그리고 더한 모욕'…트럼프 취재기자들의 고충」, 『연합뉴스』, 2016년 2월 5일; J. M. Carpenter, 『Stumped: How Trump Triumphed: The Open Secrets of Donald Trump's Gravity-Defying Political Domination and How You Can Use Them(pamphlet)』 (2016), pp.63~65; 노효동, 「미 공화 '막말 트럼프'와 거리두기…대선 그르칠까 경계」, 『연합뉴스』, 2016년 7월 13일; 김현기, 「초등생 말투로 애국심 자극…킹 노리는 조커, 트럼프」, 『중앙일보』, 2015년 11월 6일; Michael D'Antonio, 『The Truth about Trump』(New York: Thomas Dunne Books, 2015/2016), p.xiv.

7   윤정호, 「샌더스 · 트럼프 압승…"美 주류 정치권엔 끔찍한 밤"」, 『조선일보』, 2016년 2월 11일; 홍주희, 「'사회주의자 · 극우의 약진'… '유럽형 정치' 미국 대선 장악」, 『중앙일보』, 2016년 2월 12일.

8   Paul Ginsborg, 『Silvio Berlusconi: Television, Power and Patrimony』(New York: Versom 2005), pp.12~121.

9   채병건, 「'흙수저' 샌더스 '금수저' 트럼프, 닮은 점 많은 극과 극」, 『중앙일보』, 2016년 2월 15일; J. M. Carpenter, 『Stumped: How Trump Triumphed: The Open Secrets of Donald Trump's Gravity-Defying Political Domination and How You Can Use Them(pamphlet)』(2016), p.83.

10   조일준, 「교황 "트럼프, 기독교인 아니다"…트럼프 "종교 지도자로서 수치"」, 『한겨레』, 2016년 2월 20일; Marc Shapiro, 『Trump This! The Life and Times of Donald Trump: An Unauthorized Biography』(Riverdale, NY: Riverdale Avenue Books, 2016), p.176.

11   심인성, 「트럼프, 사우스캐롤라이나 대의원 50명 싹쓸이…대세 굳히기」, 『연합뉴스』, 2016년 2월 23일; 김현기, 「막말이 다는 아니네, 지지층 중독 시킨 트럼프 4색 마력」, 『중앙일보』, 2016년 2월 23일.

12   윤지원, 「트럼프, 유세장 시위자 향해 "얼굴에 주먹 날리고 싶다"」, 『뉴스1』, 2016년 2월 23일; Horace Bloom, 『Donald Trump and Adolf Hitler: Making a Serious Comparison (pamphlet)』(2016), p.29.

13   이동휘, 「트럼프, 네바다 코커스 승리…파죽의 3연승」, 『조선일보』, 2016년 2월 24일; 심인성, 「美 네바다서 히스패닉계 유권자 트럼프 압도적 지지 기현상」, 『연합뉴스』, 2016년 2월 25일.

14   홍주희, 「NYT "트럼프 발 이렇게 걸어라"…CNN "혐오에 투표 말라"」, 『중앙일보』, 2016년 2월 26일.

15   이지예, 「멕시코 전 대통령 "트럼프, 장벽 세우고 싶으면 자기 돈으로 해라"」, 『뉴시스』, 2016년 2월 26일; 부형권, 「트럼프는 '협상의 달인'…한국, 손 놓고 있다간 큰 코 다친다」, 『동아일보』, 2016년 4월 29일.

16   「클린턴 8곳 · 트럼프 7곳 승리…슈퍼 화요일, 이변은 없었다」, 『국제신문』, 2016년 3월 2일.

17   김민아, 「[여적] 트럼프포비아」, 『경향신문』, 2016년 3월 4일.

18   이동휘, 「트럼프는 할리우드의 적 · 조지 클루니 · 마일리 사이러스 "트럼프는 NO!"」, 『조선일보』, 2016년 3월 5일.

19   신수정, 「트럼프, 알고 보면 온건한 남자?…이민 정책 제외하면 중도파」, 『헤럴드경제』, 2016년 3월 5일.

20   정의길, 「트럼프는 막말만 하지 않는다」, 『한겨레』, 2015년 12월 26일; 부형권, 「트럼프를 얕잡아보지 말아야 하는 이유」, 『동아일보』, 2016년 1월 4일; 정의길, 「트럼프 현상은 미국을 개혁할 수도 있다」, 『한겨레』, 2016년 5월 19일.

21   『Donald Trump: A Biography(pamphlet)』(2016), p.17; 「Donald Trump」, 『Wikipedia』.

22   윤정호, 「롬니 "트럼프는 부정직…대통령 될 판단력 못 갖췄다" 트럼프 "4년 前 진 후보가 무슨 소리…롬니는 겁쟁이"」, 『조선일보』, 2016년 3월 5일.

23   전석운, 「"트럼프 막을 마지막 기회"…루비오의 플로리다 추격전」, 『국민일보』, 2016년 3월 8일; 황

윤정, 「트럼프 "中 환율 조작" 비난에…전문가들 "헛소리"」, 『뉴스1』, 2016년 3월 10일.

24 김유진, 「[2016 미국의 선택] "트럼프, 5분에 한 번꼴로 거짓말" 미국 언론들의 혹독한 '팩트 체크' 경쟁」, 『경향신문』, 2016년 3월 16일.

25 김현기, 「폭력, 기득권 혐오, 이단아…1968년 '분노의 대선' 판박이」, 『중앙일보』, 2016년 3월 16일.

26 김현기, 「트럼프 "내가 후보로 지명 안 되면 폭동 일어날 것"」, 『중앙일보』, 2016년 3월 18일.

27 채병건, 「유대인 파워, 공화당 TV 토론까지 취소시켰다」, 『중앙일보』, 2016년 3월 21일.

28 채병건, 「트럼프 부인 반라 사진까지…막가는 미 대선」, 『중앙일보』, 2016년 3월 25일.

29 채병건, 「부인 누드 공개에 미모 비교로 앙갚음한 트럼프」, 『중앙일보』, 2016년 3월 26일.

30 Donald J. Trump, 『Time to Get Tough: Make America Great Again!』(Washington, D.C.: Regnery Publishing, 2011), p.178.

31 채병건, 「'패' 감추고 막말로 '판돈' 키워…트럼프, 선거 도박 위기」, 『중앙일보』, 2016년 4월 11일.

32 성연철, 「트럼프 "한국·일본에 핵무기 개발·보유 허용"」, 『한겨레』, 2016년 3월 28일.

33 성연철, 「미국이 더는 당해선 안 돼?…하나만 아는 트럼프」, 『한겨레』, 2016년 3월 28일; 강인선, 「트럼프의 "충격적일 정도로 무식한 외교정책"」, 『조선일보』, 2016년 4월 2일.

34 고미혜, 「허핑턴포스트 창립자 "트럼프·김정은 둘 다 '위험한 광대'"」, 『연합뉴스』, 2016년 4월 4일.

35 「[사설] 美 트럼프 '北 도발, 알아서 잘 즐겨라' 할 말인가」, 『조선일보』, 2016년 4월 4일.

36 정의길, 「'샌더스 지지' 수잔 서랜던이 트럼프 지지를 고민한다?」, 『한겨레』, 2016년 3월 30일.

37 정의길, 「공화 주류들, 왜 트럼프에게 유권자 뺏겼나」, 『한겨레』, 2016년 3월 30일.

38 오상도, 「"트럼프 때문에 미국이 멍청해 보인다" 클린턴까지 디스한 배우 수잔 서랜던」, 『서울신문』, 2016년 5월 17일.

39 이용인, 「'입으로 망한 트럼프'」, 『한겨레』, 2016년 4월 7일.

40 정의길, 「트럼프냐, 화장한 트럼프인 크루즈냐」, 『한겨레』, 2016년 4월 7일.

41 신지홍, 「美 CIA 국장 "다신 물고문 안 해" vs 트럼프 "어처구니없다"」, 『연합뉴스』, 2016년 4월 11일.

42 김도훈, 「트럼프가 가장 좋아하는 성경 구절은 '눈에는 눈'이다」, 『허핑턴포스트코리아』, 2016년 4월 15일.

43 이동휘, 「'별명짓기 달인' 트럼프? 유세장서 "부정직한 힐러리", "거짓말쟁이 테드" 반복 언급」, 『조선일보』, 2016년 4월 19일.

44 심인성, 「트럼프의 주류 구애 작전…"루비오, 꼭 같이했으면 좋겠다"」, 『연합뉴스』, 2016년 4월 22일; 왕선택, 「트럼프 "대통령 되면 대통령다운 행동하겠다"」, 『YTN』, 2016년 4월 23일.

45 장재은, 「크루즈-케이식, 트럼프 과반 저지 제휴…트럼프 "끔찍한 행위"」, 『연합뉴스』, 2016년 4월 25일; 윤현, 「'트럼프 막아라', 크루즈-케이식 '사실상 단일화'」, 『오마이뉴스』, 2016년 4월 25일.

46 양이랑, 「[美 대선 돋보기] 트럼프 '파죽지세'…5개 주 경선 싹쓸이」, 『조선일보』, 2016년 4월 28일.

47 오로라, 「美 오바마, 마지막 백악관 기자단 만찬에서 트럼프 저격…"세계 정상급 미녀 다 만나본 외교 인재"」, 『조선일보』, 2016년 5월 2일; 손제민, 「오바마 "트럼프, 세계 미녀들 만나 외교"」, 『경향신문』, 2016년 5월 2일.

제9장 "바뀌는 것은 항상 가능하다. 나는 신축성과 융통성을 믿는다"

1 김미경, 「트럼프 "美, 中에 강간당하도록 내버려 두지 않겠다"」, 『서울신문』, 2016년 5월 3일.

2 이나희, 「美 도널드 트럼프, '우리는 세계 경찰 아냐'」, 『폴리뉴스』, 2016년 5월 2일.

3 전석운, 「미국인 절반, 트럼프 대외 정책 공감」, 『국민일보』, 2016년 5월 6일; 노효동, 「퓨리서치 "미국인 절반 트럼프의 고립주의'에 공감"」, 『연합뉴스』, 2016년 5월 6일.

4   조일준, 「"데이터 오독·인물 경시…트럼프 과소평가했다"」, 『한겨레』, 2016년 5월 6일.

5   부형권, 「'반성문' 쓰는 美 선거 전문가들…"트럼프가 될 줄 몰랐다" 망신살」, 『동아일보』, 2016년 5월 6일.

6   신지홍, 「WP "전 세계에 재앙 안 되게 트럼프 대통령 막아야"」, 『연합뉴스』, 2016년 5월 5일; 부형권, 「WP "대통령 절대 불가"」, 『동아일보』, 2016년 5월 7일.

7   김신회, 「트럼프, 무식하면 용감하다?…'부채왕' 발언 줄비난」, 『머니투데이』, 2016년 5월 8일.

8   박영환, 「크루그먼 "트럼프, 상상 이상으로 경제 정책에 무지"」, 『뉴시스』, 2016년 5월 10일.

9   김덕한, 「트럼프 "돈 찍어 나라 빚 갚겠다"…전문가 "세계경제 파탄 낼 발상"」, 『조선일보』, 2016년 5월 11일.

10   김경윤, 「트럼프, '르윈스키 성추문' 언급하며 힐러리에 공세」, 『연합뉴스』, 2016년 5월 8일; 정지원, 「[2016 美 대선] 트럼프 "힐러리, 비열하고 못됐다" 對 힐러리 "여성 경멸 지나치다"…美 대선 인신공격 난무」, 『파이낸셜뉴스』, 2016년 5월 8일.

11   김남권, 「"트럼프, 힐러리보다 좌파…때론 샌더스와 한목소리"」, 『연합뉴스』, 2016년 5월 10일; 허완, 「"최저임금 올리면 안 된다"던 도널드 트럼프, 거침없이 말을 바꾸다」, 『허핑턴포스트코리아』, 2016년 5월 9일.

12   박성제, 「'세금 인하? 인상?' 오락가락 트럼프 "공약은 바뀔 수 있어"」, 『연합뉴스』, 2016년 5월 11일.

13   이승헌, 「오바마-케리, 트럼프 저격 나서 "대통령직은 리얼리티 쇼 아니다"」, 『동아일보』, 2016년 5월 9일.

14   이지예, 「'트럼프 책사' 매나포트 "대선은 결국 리얼리티 쇼"」, 『뉴시스』, 2016년 5월 11일.

15   박상주, 「매케인 "유권자가 선택한 트럼프, 공화 후보로 인정해야"」, 『뉴시스』, 2016년 5월 9일; 김태성, 「공화당의 대부 존 매케인이 트럼프 지지를 공식 표명하다」, 『허핑턴포스트코리아』, 2016년 5월 9일.

16   김성진, 「트럼프 강세에 세계 지도자들 '비판·조롱 급수습'」, 『연합뉴스』, 2016년 5월 10일.

17   주희연, 「WP, 기자 20명 투입 '트럼프 파헤치기'…WP 발행인 베저스 "트럼프 우주로 보내버리겠다"」, 『조선일보』, 2016년 5월 14일.

18   황숙혜, 「트럼프 '뿔났다' 아마존에 선전포고」, 『뉴스핌』, 2016년 5월 14일; 주희연, 「WP, 기자 20명 투입 '트럼프 파헤치기'…WP 발행인 베저스 "트럼프 우주로 보내버리겠다"」, 『조선일보』, 2016년 5월 14일.

19   한윤조, 「트럼프, 25년 전 대변인인 척 언론 인터뷰까지…WP 폭로에 "나 아니다" 부인」, 『매일신문』, 2016년 5월 14일.

20   손병호, 「트럼프, 뉴욕타임스 보도에 "왜 빌 클린턴 여자들은 안 쓰냐" 반발」, 『국민일보』, 2016년 5월 16일; 윤정호, 「美 언론, 트럼프 때리기…이번엔 마피아 연계說」, 『조선일보』, 2016년 5월 19일.

21   윤정호, 「美 언론, 트럼프 때리기…이번엔 마피아 연계說」, 『조선일보』, 2016년 5월 19일.

22   윤정호·이벌찬, 「트럼프 氣勢 좋아도…선거인단 판세는 힐러리 편」, 『조선일보』, 2016년 5월 25일; 김현기, 「힐러리 삼면초가」, 『중앙일보』, 2016년 5월 25일.

23   윤정호, 「'클린턴 부부 살인 의혹'까지 꺼낸 트럼프」, 『조선일보』, 2016년 5월 26일.

24   박효재, 「"트럼프가 지른 불에 미국이 타고 있다"」, 『경향신문』, 2016년 5월 26일.

25   채병건, 「네오콘 씨 말리는 트럼프」, 『중앙일보』, 2016년 5월 24일.

26   이윤정, 「"트럼프는 히틀러" 유세 현장서 성난 시민 수백 명 투석 시위」, 『경향신문』, 2016년 5월 26일; 홍주희, 「"트럼프는 파시스트" 또 폭력으로 얼룩진 유세장」, 『중앙일보』, 2016년 5월 26일; 정환보, 「불안한 경제, '파시즘 망령'을 불러내다」, 『경향신문』, 2016년 5월 30일.

27   손제민, 「'매직넘버' 넘긴 트럼프, 대선 후보 확정」, 『경향신문』, 2016년 5월 28일.

28   김현기, 「클린턴 망칠 4대 오판 vs 살릴 6대 지표」, 『중앙일보』, 2016년 5월 30일.

29   심인성, 「트럼프, 언론과 대놓고 거친 설전…ABC 기자에 "추잡한 녀석"」, 『연합뉴스』, 2016년 6월
      1일; 조일준, 「트럼프, 딴 나라서 선거 운동 하나」, 『한겨레』, 2016년 6월 3일; 정종문, 「트럼프 "추
      잡·부정직한 기자들" 막말…미 언론클럽 "여기가 북한이냐" 반격」, 『중앙일보』, 2016년 6월 3일;
      Noah Bierman, 「Trump rails at media on money trail」, 『Chicago Tribune』, June 1, 2016,
      Section 1, p.14.

30   Marc Shapiro, 『Trump This! The Life and Times of Donald Trump: An Unauthorized
      Biography』(Riverdale, NY: Riverdale Avenue Books, 2016), pp.4~5.

31   도널드 트럼프(Donald Trump)·빌 쟁커(Bill Zanker), 김원호 옮김, 『도널드 트럼프 억만장자 마인
      드』(청림출판, 2007/2008), 201쪽.

32   김화영, 「트럼프, 편지 쓰기도 즐겨…반박·회유·극찬 등에 활용」, 『연합뉴스』, 2016년 6월 3일.

33   김화영, 「트럼프, 편지 쓰기도 즐겨…반박·회유·극찬 등에 활용」, 『연합뉴스』, 2016년 6월 3일; 이
      상렬, 「"패배자" 비난, "마음 바꾸길" 회유…트럼프의 비밀 병기는 친필 편지」, 『중앙일보』, 2016년
      6월 4일.

34   하비 매카이(Harvey MacKay), 강주헌 옮김, 『기회』(북폴리오, 2004/2006), 219~220쪽.

35   진 랜드럼(Gene Landrum), 조혜진 옮김, 『기업의 천재들』(말글빛냄, 2004/2006), 275쪽.

36   도널드 트럼프(Donald Trump)·로버트 기요사키(Robert Kiyosaki), 윤영삼 옮김, 『마이더스 터치』
      (흐름출판, 2011/2013), 339쪽.

37   김화영, 「트럼프, 편지 쓰기도 즐겨…반박·회유·극찬 등에 활용」, 『연합뉴스』, 2016년 6월 3일.

제10장 "공화당이 뭉치든 뭉치지 않든 나는 이길 수 있다"

1   윤정호, 「힐러리 초조한가…"트럼프는 사기꾼" 맹공」, 『조선일보』, 2016년 6월 3일.

2   정환보, 「[2016 미국의 선택] 힐러리 카드는 '안티 트럼프'?」, 『경향신문』, 2016년 6월 4일.

3   윤정호, 「미셸 오바마도 '트럼프 때리기' 가세」, 『조선일보』, 2016년 6월 6일.

4   손제민, 「트럼프 "북한과 절대 대화 안 된다는 태도 어리석다"」, 『경향신문』, 2016년 6월 6일.

5   전정윤, 「트럼프 또 거친 막말…공화 주류 '끙끙'」, 『한겨레』, 2016년 6월 7일; 윤정호, 「"무슬림 판
      사는 불공정할 수도"…트럼프 또 舌禍」, 『조선일보』, 2016년 6월 7일.

6   백민정, 「"트럼프는 자극적 선동 멈춰라" "클린턴은 인간미를 보여라"」, 『중앙일보』, 2016년 6월 9일.

7   윤정호, 「트럼프 '멕시코계 판사 불공정 발언' 사과」, 『조선일보』, 2016년 6월 9일.

8   정의길, 「'변하지 않는 입'…상승세 꺾인 트럼프」, 『한겨레』, 2016년 6월 13일.

9   강영두, 「클린턴, 대선 본선용 TV 광고…트럼프 '분열 발언' 재활용」, 『연합뉴스』, 2016년 6월 13일.

10   김현기, 「반무슬림 트럼프 "이건 전쟁"…흔들리는 플로리다 표심」, 『중앙일보』, 2016년 6월 14일;
      윤정호, 「反이슬람 외쳐온 트럼프 "그것 봐라" 공세」, 『조선일보』, 2016년 6월 14일.

11   손제민, 「선거 캠프 출입 막은 트럼프에 밥 우드워드 맹비난」, 『경향신문』, 2016년 6월 17일; Marc
      Shapiro, 『Trump This! The Life and Times of Donald Trump: An Unauthorized
      Biography』(Riverdale, NY: Riverdale Avenue Books, 2016), pp.152~153.

12   손제민, 「'앵그리 오바마', 무슬림 입국 막자는 트럼프에 "짖지 말라"」, 『경향신문』, 2016년 6월 16일;
      윤정호, 「오바마, '짖는다' 표현 써가며 트럼프 맹공」, 『조선일보』, 2016년 6월 16일.

13   이용인, 「트럼프 "김정은과 햄버거 먹으며 핵 협상 할 것"」, 『한겨레』, 2016년 6월 17일.

14   로저 코언, 「[The New York Times] 분노의 정치 키운 미 올랜도 총기 난사」, 『중앙일보』, 2016년
      6월 21일.

15   백민정, 「트럼프 "김정은 미국 오면 햄버거 먹으며 핵 협상 할 것"」, 『중앙일보』, 2016년 6월 17일.

16 윤정호, 「美 공화당 거물 아미티지 "트럼프는 공화당원 아냐…힐러리 지지"」, 『조선일보』, 2016년 6월 18일.

17 윤정호, 「애플 "공화 전당대회에 한 푼도 지원 안 하겠다"」, 『조선일보』, 2016년 6월 20일.

18 채병건, 「애플·포드의 복수? "트럼프 후원 안 한다"」, 『중앙일보』, 2016년 6월 20일.

19 윤정호, 「美 공화당 거물 아미티지 "트럼프는 공화당원 아냐…힐러리 지지"」, 『조선일보』, 2016년 6월 18일.

20 이용인, 「클린턴·트럼프 '집안 단속' 만만치 않네」, 『한겨레』, 2016년 6월 20일.

21 윤정호, 「독불장군 트럼프, 공화당 지도부와 내전」, 『조선일보』, 2016년 6월 21일.

22 김현기, 「클린턴 "트럼프는 회사를 네 번이나 파산. 자기는 무사"」, 『중앙일보』, 2016년 6월 23일.

23 이용인, 「미 대선, 정책 선거보다 '상대편 깎아내리기'」, 『한겨레』, 2016년 6월 23일.

24 김혜경, 「트럼프 "힐러리는 세계 정상급 거짓말쟁이"」, 『뉴시스』, 2016년 6월 23일; 정원엽, 「트럼프 "클린턴, 세계 최고 거짓말쟁이"」, 『중앙일보』, 2016년 6월 24일; 윤정호, 「"힐러리, 세계 최상급 거짓말쟁이"…"트럼프는 美 경제 망칠 인물"」, 『조선일보』, 2016년 6월 24일.

25 신지홍, 「트럼프 "힐러리가 걷는 선거 자금은 모두 '피묻은 돈'"」, 『연합뉴스』, 2016년 6월 22일.

26 김화영, 「트럼프 '경선은 내 돈으로' 재확인…캠프 자금 상환 안 해」, 『연합뉴스』, 2016년 6월 24일.

27 장주영, 「브렉시트 반대 호소한 해리포터 작가 롤링 "트럼프는 파시스트"」, 『중앙일보』, 2016년 6월 21일.

28 고정애, 「EU 떠난 영국, 신고립주의 방아쇠 당기다」, 『중앙일보』, 2016년 6월 25일; 윤정호, 「트럼프 "영국은 그들의 나라를 되찾았다…그건 위대한 결정"」, 『조선일보』, 2016년 6월 25일; 김외현, 「브렉시트 반응…프랑스·독일 '슬픈 결정'…미 트럼프 '환상적'」, 『한겨레』, 2016년 6월 25일; 김상범, 「브렉시트 '투표 분석' 미, 대선서 트럼프 탄력 중, 영국과 협력 강화 러, 군사·안보 반사 이익」, 『경향신문』, 2016년 6월 25일; 윤정호, 「브렉시트에 신난 트럼프 "내 골프장 손님 늘겠네"」, 『조선일보』, 2016년 6월 27일.

29 김미나, 「트럼프 "한·미 FTA로 미국 무역적자 2배…중국 환율 조작 처벌해야" 맹공격」, 『국민일보』, 2016년 6월 29일; 채병건, 「트럼프 "한·미 FTA로 미국인 일자리 10만 개 사라져"」, 『중앙일보』, 2016년 6월 30일; 박영환, 「[2016 미국의 선택] "미 침체는 NAFTA·중국 탓" 트럼프의 '신고립주의' 일방통행」, 『경향신문』, 2016년 6월 30일; 손영일·이승헌, 「트럼프 "TPP 탈퇴"…수출 코리아 위협하는 보호무역 광풍」, 『동아일보』, 2016년 6월 30일.

30 「사설」한·미 FTA 흔드는 트럼프의 무책임한 선동」, 『중앙일보』, 2016년 7월 1일.

31 김현기, 「클린턴 'e메일 족쇄' 풀린 날…오바마와 공동 유세」, 『중앙일보』, 2016년 7월 7일.

32 윤정호, 「에어포스원 얻어 탄 힐러리, 백악관 가는 길 '쾌청'」, 『조선일보』, 2016년 7월 7일.

33 강영두, 「극렬 지지자들 "힐러리 목을 매달아라"…트럼프 유세장 과격화」, 『연합뉴스』, 2016년 7월 7일; 이용인, 「'힐러리의 날'이었지만…」, 『한겨레』, 2016년 7월 7일.

34 박종현, 「트럼프는 독재자에 호의적?」, 『세계일보』, 2016년 7월 7일; Horace Bloom, 『Donald Trump and Adolf Hitler: Making a Serious Comparison(pamphlet)』(2016), p.64.

35 이용인, 「샌더스, 클린턴 지지 공식 선언… '441일 드라마' 명장면 6가지」, 『한겨레』, 2016년 7월 14일; 손제민, 「샌더스의 2가지 성취…최저시급 15달러, 소액기부 27달러」, 『경향신문』, 2016년 7월 14일; 강남규, 「'월가 탐욕에 대항' 미 민주당 정강에 '샌더스 파워'」, 『중앙일보』, 2016년 7월 15일.

36 이선기, 「샌더스, 힐러리 공식 지지 선언…트럼프 맹비난」, 『시사포커스』, 2016년 7월 13일.

37 채병건, 「트럼프, 밀리는 줄 알았는데…경합 주 3곳서 역전·동률」, 『중앙일보』, 2016년 7월 15일; 윤정호, 「힐러리 이메일 스캔들 후유증」, 『조선일보』, 2016년 7월 15일.

38 손제민, 「'트럼프의 짝'은 강경 보수 티파티의 펜스 주지사」, 『경향신문』, 2016년 7월 16일.

39 최주용, 「미 공화당 트럼프, 러닝메이트로 마이크 펜스 인디애나 주지사 지명」, 『조선일보』, 2016년

7월 16일; 윤정호, 「'트럼프 대관식' 보려 5만 명 인파⋯곳곳선 贊反 시위」, 『조선일보』, 2016년 7월 18일.

40 신지홍, 「힐러리 측 "트럼프, 100년 만에 부통령 가장 극단적 인물 선택"」, 『연합뉴스』, 2016년 7월 16일.

41 채병건, 「AR-15 소총 들고 온 백인⋯거대한 참호로 변한 클리블랜드」, 『중앙일보』, 2016년 7월 19일; 윤정호, 「대회장 주변 당당히 총 든 시민⋯경찰·州방위군 긴장」, 『조선일보』, 2016년 7월 19일; 손제민, 「세상에서 가장 위험한 전당대회⋯"부디 살아서 돌아가시오"」, 『경향신문』, 2016년 7월 19일.

42 손제민, 「세상에서 가장 위험한 전당대회⋯"부디 살아서 돌아가시오"」, 『경향신문』, 2016년 7월 19일.

43 안상현, 「힐러리, 최대 흑인 단체 연설, "링컨 정당이 트럼프 정당으로⋯민주주의 위협"」, 『조선일보』, 2016년 7월 19일.

44 김현기, 「연설 극찬 받은 멜라니아⋯미셸 오바마 연설 표절 의혹」, 『중앙일보』, 2016년 7월 20일; 윤정호, 「160년 全大 전통 깨고 출발한 트럼프」, 『조선일보』, 2016년 7월 20일; 오윤희, 「남편 위해 이례적으로 마이크 잡은 멜라니아」, 『조선일보』, 2016년 7월 20일; 이용인, 「트럼프, 공화당 전당대회 첫날 깜짝 출현」, 『한겨레』, 2016년 7월 20일; 윤정호, 「끝내 지지 안 했다⋯트럼프 잔칫날 재 뿌린 크루즈」, 『조선일보』, 2016년 7월 22일.

45 김현기, 「"양심 따라 투표하라" 크루즈의 반란⋯깜짝 등장해 환호로 진압한 트럼프」, 『중앙일보』, 2016년 7월 22일; 윤정호, 「끝내 지지 안 했다⋯트럼프 잔칫날 재 뿌린 크루즈」, 『조선일보』, 2016년 7월 22일.

46 윤정호, 「76분간 토해낸 아메리카니즘⋯"I am your voice"에 열광」, 『조선일보』, 2016년 7월 23일.

47 이승헌, 「트럼프 "글로벌리즘 아닌 아메리카니즘으로"」, 『동아일보』, 2016년 7월 23일.

48 윤정호, 「지지율 1%였던 막말꾼, 大選 후보 쟁취 드라마 쓰다」, 『조선일보』, 2016년 7월 23일.

49 김현기, 「트럼프, 아메리카니즘 선언」, 『중앙일보』, 2016년 7월 23일; 김현기, 「트럼프 "LGBT 보호할 것"⋯160년 공화당 스타일 바꿨다」, 『중앙일보』, 2016년 7월 23일; 김현기·정종문, 「이반카 "미국 경제에 적합한 단 한 분" WP "그녀, 홈런 쳤다"」, 『중앙일보』, 2016년 7월 23일; 이용인, 「트럼프 연설, 미국인 분노 자극했다」, 『한겨레』, 2016년 7월 23일; 윤정호, 「76분간 토해낸 아메리카니즘⋯"I am your voice"에 열광」, 『조선일보』, 2016년 7월 23일; 오윤희, 「눈도 마음도 홀린 이반카」, 『조선일보』, 2016년 7월 23일; 윤정호, 「지지율 1%였던 막말꾼, 大選 후보 쟁취 드라마 쓰다」, 『조선일보』, 2016년 7월 23일; 윤정호, 「'트럼프의 도박' 앞에 선 韓美동맹」, 『조선일보』, 2016년 7월 23일; 정의길, 「공화당은 트럼프에게 '접수'됐나, '납치'됐나?」, 『한겨레』, 2016년 7월 23일; 김정은, 「트럼프, 미군 철수 위협 반복⋯"나토 동맹국도 무조건 방어 안 해"」, 『연합뉴스』, 2016년 7월 22일.

맺는말 '미디어 혁명'이 만든 '트럼프 현상'

1 부형권, 「트럼프는 '협상의 달인'⋯한국, 손 놓고 있다간 큰 코 다친다」, 『동아일보』, 2016년 4월 29일.

2 Don Lee, 「Corporate world wary of Trump」, 『Chicago Tribune』, June 1, 2016, Section 2, p.3.

3 Carolyn Gregoire, 「트럼프의 머릿속에선 무슨 일이 벌어질까?(심리분석)」, 『허핑턴포스트코리아』, 2015년 9월 22일.

4 이춘근, 「우리가 전혀 모르는 트럼프 이야기」, 『미래한국』, 2016년 5월 25일.

5 존 가트너(John D. Gartner), 조자현 옮김, 『조증: 성공한 사람들이 숨기고 있는 기질』(살림비즈, 2005/2008), 24~25, 461~471쪽; 정제원, 「미국을 이끌어 온 '살짝 미친' 사람들」, 『중앙일보』, 2008년 9월 20일.

6   Gwenda Blair, 『Donald Trump: The Candidate』(New York: Simon & Schuster, 2015), p.143.

7   Carolyn Gregoire, 「트럼프의 머릿속에선 무슨 일이 벌어질까?(심리분석)」, 『허핑턴포스트코리아』, 2015년 9월 22일.

8   Tricia Leblanc, 『Donald Trump: Uncensored(pamphlet)』(2016), p.14; 최은경, 「美 트럼프 "힐러리가 대통령처럼 생겼나? 난 잘생겼다" 외모 공격으로 또 구설」, 『조선일보』, 2016년 4월 27일.

9   Carolyn Gregoire, 「트럼프의 머릿속에선 무슨 일이 벌어질까?(심리분석)」, 『허핑턴포스트코리아』, 2015년 9월 22일.

10   그웬다 블레어(Gwenda Blair), 지병현 옮김, 『억만장자 도널드 트럼프의 비즈니스 법칙』(미래와경영, 2005/2011), 271쪽.

11   진 랜드럼(Gene Landrum), 조혜진 옮김, 『기업의 천재들』(말글빛냄, 2004/2006), 252쪽.

12   진 랜드럼(Gene Landrum), 조혜진 옮김, 『기업의 천재들』(말글빛냄, 2004/2006), 251쪽.

13   그웬다 블레어(Gwenda Blair), 지병현 옮김, 『억만장자 도널드 트럼프의 비즈니스 법칙』(미래와경영, 2005/2011), 255쪽; Gwenda Blair, 『Donald Trump: The Candidate』(New York: Simon & Schuster, 2015), pp.215~216.

14   도널드 트럼프(Donald Trump), 이재호 옮김, 『거래의 기술: 트럼프는 어떻게 원하는 것을 얻는가』(살림, 1987/2016), 81~82쪽.

15   도널드 트럼프(Donald Trump), 이재호 옮김, 『거래의 기술: 트럼프는 어떻게 원하는 것을 얻는가』(살림, 1987/2016), 84쪽.

16   Timothy L. O'Brien, 『Trump Nation: The Art of Being the Donald』(New York: Grand Central Publishing, 2005/2016), p.82; Michael D'Antonio, 『The Truth about Trump』(New York: Thomas Dunne Books, 2015/2016), pp.2, 12~13.

17   「"트럼프 막말, 논할 가치 없는 가십거리"…美 매체 트럼프 맹비난」, 『헤럴드경제』, 2015년 7월 20일.

18   홍주희, 「"저널리스트들이 괴물 트럼프 만들어" 미 언론 반성문」, 『중앙일보』, 2016년 3월 23일.

19   김유진, 「"미안하다, 나도 트럼프 띄워" 뉴욕 언론인들 '때늦은 후회'」, 『경향신문』, 2016년 5월 4일.

20   홍주희, 「"저널리스트들이 괴물 트럼프 만들어" 미 언론 반성문」, 『중앙일보』, 2016년 3월 23일; 서유진, 「카슨에 밀린 트럼프 "언론은 인간쓰레기"」, 『중앙일보』, 2015년 10월 28일; Steve Gold, 『Donald Trump: Lessons in Living Large(pamphlet)』(2015), p.44; Thomas Weiss, 『Donald J. Trump & Social Media Marketing(pamphlet)』(2016), pp.121~123.

21   Horace Bloom, 『Donald Trump and Adolf Hitler: Making a Serious Comparison (pamphlet)』(2016), p.67.

22   하워드 파인먼, 「트럼프는 쉬운 상대가 아니다」, 『허핑턴포스트코리아』, 2016년 4월 28일; Donald J. Trump, 『Crippled America: How to Make America Great Again』(New York: Threshold Editions, 2015), p.136.

23   김현기, 「막말이 다는 아니네, 지지층 중독시킨 트럼프 4색 마력」, 『중앙일보』, 2016년 2월 23일.

24   Robert Sherrill, 「The Trajectory of a Bumbler」, 『New York Times Book Review』, June 5, 1983, p.31.

25   신동흔, 「'막말' 정치의 증폭」, 『조선일보』, 2016년 5월 27일; Thomas Weiss, 『Donald J. Trump & Social Media Marketing(pamphlet)』(2016), pp.120~121.

26   송희영, 「한국의 트럼프는 언제 나올까」, 『조선일보』, 2016년 5월 21일.

27   J. M. Carpenter, 『Stumped: How Trump Triumphed: The Open Secrets of Donald Trump's Gravity-Defying Political Domination and How You Can Use Them(pamphlet)』(2016), pp.36~37; Andy Ostroy, 「'파산한 트럼프'가 숨기고 있는 것은 무엇인가?」, 『허핑턴포스트코리아』, 2016년 5월 13일.

28 강준만, 「왜 우리는 대화를 하면 상황이 나아질 거라고 착각하는가?: 메라비언의 법칙」, 『독선 사회: 세상을 꿰뚫는 50가지 이론 4』(인물과사상사, 2015), 37~41쪽 참고.

29 J. M. Carpenter, 『Stumped: How Trump Triumphed: The Open Secrets of Donald Trump's Gravity-Defying Political Domination and How You Can Use Them(pamphlet)』 (2016), pp.52~53.

30 J. M. Carpenter, 『Stumped: How Trump Triumphed: The Open Secrets of Donald Trump's Gravity-Defying Political Domination and How You Can Use Them(pamphlet)』 (2016), pp.60~61.

31 김현기, 「막말이 다는 아니네, 지지층 중독시킨 트럼프 4색 마력」, 『중앙일보』, 2016년 2월 23일.

32 전석운, 「도널드 트럼프 인기 누리는 6가지 이유」, 『국민일보』, 2015년 12월 13일.

33 전병근, 「굴뚝 혁명은 끝났다…액체(Liquid Democracy) 민주주의 시대다」, 『조선일보』, 2012년 5월 9일. 리프킨이 말하는 제3의 산업혁명에 대해선 제러미 리프킨(Jeremy Rifkin), 안진환 옮김, 『3차 산업혁명: 수평적 권력은 에너지, 경제, 그리고 세계를 어떻게 바꾸는가』(민음사, 2011/2012) 참고.

34 J. M. Carpenter, 『Stumped: How Trump Triumphed: The Open Secrets of Donald Trump's Gravity-Defying Political Domination and How You Can Use Them(pamphlet)』 (2016), pp.29~30; Thomas Weiss, 『Donald J. Trump & Social Media Marketing (pamphlet)』(2016), p.80; 홍주희, 「"저널리스트들이 괴물 트럼프 만들어" 미 언론 반성문」, 『중앙일보』, 2016년 3월 23일; 이윤정, 「미 공화당 전당대회」 '내리막' 트위터, 트럼프 덕에 회생」, 『경향신문』, 2016년 7월 21일; 황용석, 「트럼프는 미디어 전략가인가」, 『한겨레』, 2016년 7월 22일.

35 데이비드 브룩스, 「[The New York Times] 왜 힐러리는 트럼프 못지않게 비호감인가」, 『중앙일보』, 2016년 6월 8일.

36 윤정호·이기훈, 「대통령 되려면 트럼프처럼 '초딩' 단어 써라」, 『조선일보』, 2015년 10월 23일.

37 Donald J. Trump, 『My Fellow Americans: How to Make America Great Again(pamphlet)』 (2016), p.8; Horace Bloom, 『Donald Trump and Adolf Hitler: Making a Serious Comparison(pamphlet)』(2016), pp.20~21.

38 카르스텐 괴릭(Carsten Görig), 박여명 옮김, 『SNS 쇼크: 구글과 페이스북, 그들은 어떻게 세상을 통제하는가?』(시그마북스, 2011/2012), 97쪽; 이지선·김지수, 『디지털 네이티브 스토리』(리더스하우스, 2011), 72쪽.

39 조엘 컴(Joel Comm)·켄 버지(Ken Burge), 신기라 옮김, 『트위터: 140자로 소통하는 신인터넷 혁명』(예문, 2009), 144쪽.

40 이지선·김지수, 『디지털 네이티브 스토리』(리더스하우스, 2011), 72~73쪽.

41 이택광, 「1장 트위터라는 히스테리 기계」, 이택광 외, 『트위터, 그 140자 평등주의』(자음과모음, 2012), 21~22쪽.

42 Cass R. Sunstein, 『Why Societies Need Dissent』(Cambridge, MA: Harvard University Press, 2003); Cass R. Sunstein, 『Going to Extremes: How Like Minds Unite and Divide』 (New York: Oxford University Press, 2009).

43 Nicholas Carr, 『The Big Switch: Rewriting the World, from Edison to Google』(New York: W.W. Norton, 2008), pp.228~231.

44 Russell Brooker & Todd Schaefer Brooker, 『Public Opinion in the 21st Century: Let the People Speak?』(New York: Houghton Mifflin Co., 2006); Tammy Bruce, 『The American Revolution: Using the Power of the Individual to Save Our Nation from Extremists』(New York: William Morrow, 2005); Richard Davis, 『The Web of Politics: The Internet's Impact on the American Political System』(New York: Oxford University Press, 1999); C. J. Glynn

et al., 『Public Opinion』, 2nd ed.(Boulder, CO: Westview, 2004); V. L. Hutchings, 『Public Opinion and Democratic Accountability: How Citizens Learn about Politics』(Princeton, NJ: Princeton University Press, 2003); Patricia M. Wallace, 『The Psychology of the Internet』(Cambridge, United Kingdom: Cambridge University Press, 1999).

45 캐스 R. 선스타인(Cass R. Sunstein), 이정인 옮김, 『우리는 왜 극단에 끌리는가』(프리뷰, 2009/2011), 78쪽.

46 캐스 R. 선스타인(Cass R. Sunstein), 이정인 옮김, 『우리는 왜 극단에 끌리는가』(프리뷰, 2009/2011), 79쪽.

47 Murray Edelman, 『Constructing the Political Spectacle』(Chicago, IL: University of Chicago Press, 1988), pp.73~83.

48 James Davison Hunter & Alan Wolfe, 『Is There a Culture War?: A Dialogue on Values and American Public Life』(Washington D.C.: Brookings Institution Press, 2006), p.18; Alan Wolfe, 『Does American Democracy Still Work?』(New Haven: Yale University Press, 2006), pp.6~7.

49 비키 쿤켈(Vicki Kunkel), 박혜원 옮김, 『본능의 경제학: 본능 속에 숨겨진 인간 행동과 경제학의 비밀』(사이, 2009), 79~80쪽.

50 비키 쿤켈(Vicki Kunkel), 박혜원 옮김, 『본능의 경제학: 본능 속에 숨겨진 인간 행동과 경제학의 비밀』(사이, 2009), 85~86쪽.

51 Richard A. Viguerie & David Franke, 『America's Right Turn: How Conservatives Used News and Alternative Media to Take Power』(Chicago: Bonus Books, 2004), pp.219~221.

52 권태호, 「왜곡 일삼는 '폭스뉴스', 시청률·신뢰도는 '1위'」, 『한겨레』, 2010년 3월 17일.

53 김동준, 「미국인 49% 폭스뉴스 가장 신뢰」, 『PD저널』, 2010년 2월 10일.

54 Ellen McCarthy & Paul Farhi, 「How Fox News Changed the Face of Journalism」, 『The Washington Post』, October 14, 2011.

55 심혜리, 「"미국 보수화 선동 폭스뉴스…그 중심엔 로저 에일스"」, 『경향신문』, 2011년 8월 12일; David Brock, Ari Rabin-Havt, & Media Matters for America, 『The Fox Effect: How Roger Ailes Turned a Network into a Propaganda Machine』(New York: Anchor Books, 2012), p.18.

56 Surya Yalamanchili, 『Decoding the Donald: Trump's Apprenticeship in Politics(pamphlet)』(2016), p.10.

57 J. M. Carpenter, 『Stumped: How Trump Triumphed: The Open Secrets of Donald Trump's Gravity-Defying Political Domination and How You Can Use Them(pamphlet)』(2016), pp.83~121.

58 David Erdely, 『How Donald Trump Broke Politics(pamphlet)』(2015), pp.1~4.

59 주디스 슈클라(Judith N. Shklar), 사공일 옮김, 『일상의 악덕』(나남, 1984/2011), 124쪽.

60 James S. Spiegel, 『Hypocrisy: Moral Fraud and Other Vices』(Grand Rapids, MI: Baker Books, 1999), p.105.

61 Reinhold Niebuhr, 『Moral Man and Immoral Society: A Study in Ethics and Politics』(New York: Charles Scribner's Sons, 1932, 1960), p.117.

62 Jay Newman, 『Fanatics & Hypocrites』(Buffalo, NY: Prometheus Books, 1986), pp.116~121, 143.

63 Peter Schweizer, 『Do As I Say(Not As I Do): Profiles in Liberal Hypocrisy』(New York: Broadway Books, 2005), pp.6~7.

64 Peter Schweizer, 『Do As I Say(Not As I Do): Profiles in Liberal Hypocrisy』(New York: Broadway Books, 2005), pp.4~7.

65 손제민, 「"스펙트럼 전혀 다른 샌더스·트럼프 성지권에 대한 쇠설감 녹같이 활용"」, 『경향신문』, 2016년 2월 20일.

66 하워드 파인먼, 「트럼프가 대선에서 승리할 수도 있는 이유 7가지」, 『허핑턴포스트코리아』, 2016년 5월 4일.

67 송희영, 「1등 국민, 2등 국민」, 『조선일보』, 2016년 6월 4일.

68 하용출, 「한국 정치에는 트럼프가 필요하다」, 『한국일보』, 2015년 10월 12일.

도널드 트럼프

ⓒ 강준만, 2016

초판 1쇄 2016년 8월 19일 펴냄
초판 2쇄 2016년 11월 17일 펴냄

지은이 | 강준만
펴낸이 | 강준우
기획·편집 | 박상문, 박효주, 김환표
디자인 | 최진영, 최원영
마케팅 | 이태준, 박상철
인쇄·제본 | 대정인쇄공사

펴낸곳 | 인물과사상사
출판등록 | 제17-204호 1998년 3월 11일

주소 | (121-839) 서울시 마포구 서교동 392-4 삼양E&R빌딩 2층
전화 | 02-325-6364
팩스 | 02-474-1413

www.inmul.co.kr | insa@inmul.co.kr

ISBN 978-89-5906-405-2 03300
값 19,000원

이 저작물의 내용을 쓰고자 할 때는 저작자와 인물과사상사의 허락을 받아야 합니다.
파손된 책은 바꾸어 드립니다.

이 도서의 국립중앙도서관 출판시도서목록(CIP)은 서지정보유통지원시스템 홈페이지(http://seoji.nl.go.kr)와
국가자료공동목록시스템(http://www.nl.go.kr/kolisnet)에서 이용하실 수 있습니다.
(CIP제어번호 : CIP2016018922)